LINDA
SCOTT

DAS WEIBLICHE KAPITAL

Aus dem Englischen von
Stephanie Singh

Carl Hanser Verlag

Titel der Originalausgabe:
The Double X Economy. The Epic Potential of Women's Empowerment.
London, Faber & Faber 2020

2. Auflage 2020

ISBN 978-3-446-26780-0

Umschlag: Anzinger und Rasp, München
Satz: Kösel Media GmbH, Krugzell
Druck und Bindung: CPI books GmbH, Leck
Printed in Germany

MIX
Papier aus verantwortungsvollen Quellen
FSC® C083411

Für Jim, Catherine und Paul

THE TRUTH WILL SET YOU FREE,
BUT FIRST IT WILL PISS YOU OFF.

Gloria Steinem

INHALT

1

DIE XX-ÖKONOMIE

Das Auto raste durch die unbeleuchteten Straßen von Accra. Mein Herz klopfte. Der Fahrer erklärte wütend und zugleich besorgt, was links und rechts zu sehen war.

Hunderte obdachloser jugendlicher Mädchen bewegten sich wie Schatten durch die Nacht. Manche wuschen sich halb nackt in großen Eimern, weil sie keine andere Möglichkeit hatten. Andere lagen übereinander und schliefen. »Sie flüchten aus den Dörfern«, sagte der Fahrer. »Die Eltern wollen sie an fremde Männer verkaufen und verheiraten. Tagsüber müssen sie wie die Tiere schuften und sich nachts den Männern sexuell unterwerfen. Im Glauben, alldem entkommen zu können, flüchten sie in die Stadt.«

Viele der Mädchen waren schwanger oder hielten Babys in den Armen. Vergewaltigung sei in den Dörfern Alltag, erzählte der Fahrer, aber hier auf der Straße sei es auch nicht sicherer. »Eine ganze Generation ist auf der Straße aufgewachsen«, fuhr er gequält fort. »Sie werden nie ein Leben in einer Familie oder Gemeinschaft kennenlernen. Wie sollen sie lernen, richtig und falsch zu unterscheiden? Was wird aus Ghana, wenn diese Kinder erwachsen werden?«

Viele Mädchen arbeiteten auf den Märkten als Trägerinnen. Sie balancierten die Einkäufe der Kunden in Körben auf ihren Köpfen. Manche rutschten in die Prostitution ab. Andere waren in einem jahrtausendealten Albtraum gefangen – dem Sklavenhandel, der noch immer die riesigen Kriminalitätsnetzwerke der Welt bedient.

Die Lobby meines Hotels fühlte sich an wie ein anderes Universum. Ich recherchiere schon lange in den Armenvierteln dieser Welt, aber nie zuvor hatte mich etwas so sehr verstört wie das, was ich in der ersten Nacht in Ghana sah.

Ich war am Nachmittag angekommen, um ein vielversprechendes Projekt zu beginnen: Mein Team von der Universität Oxford wollte eine Maßnahme erproben, die jungen Mädchen vom Land helfen sollte, länger zur Schule zu gehen. Die Methode war einfach, aber einen Versuch wert – wir stellten kostenlose Binden zur Verfügung. Zum Zeitpunkt unserer Studie war bereits bekannt, dass arme Länder große wirtschaftliche Vorteile hatten, wenn Mädchen die Mittelschule absolvierten. Mädchen mit besserer Bildung erhöhen Qualität und Menge der Arbeitskräfte, wodurch das Wirtschaftswachstum steigt. Mädchen, die ihre Ausbildung abschließen, bekommen auch später ihr erstes Kind und haben somit insgesamt weniger Kinder, wodurch das oft enorme Bevölkerungswachstum verlangsamt wird. Gut ausgebildete Frauen erziehen ihre Kinder zudem anders: Sie begleiten sie eher bis zum Schulabschluss, ernähren sie gut und stellen eine gute gesundheitliche Versorgung sicher. Diese Mütter durchbrechen den Teufelskreis der Armut, der viele Länder Afrikas fest im Griff hat.

Doch an jenem Abend bekam ich das Gegenteil zu sehen, nämlich was geschieht, wenn die Kräfte, die die Mädchen aus den Schulen drängen, sie gänzlich in die Flucht schlagen. Die geflohenen Mädchen geraten in eine Abwärtsspirale, die in der gesamten Region für ganze Generationen Leid und Gefahr bedeutet. Ich wusste, dass diese destruktiven Dynamiken auf der ganzen Welt am Werk sind und auch in anderen Ländern zu Gewalt und Destabilisierung führen – denn Menschenhandel ist eine der gewinnbringendsten Sparten des internationalen Verbrechens. Doch was ich in dieser Nacht erlebte, veränderte meinen Blick auf meine Arbeit für immer und verlieh mir ein Gefühl der Dringlichkeit, das ich nie wieder verloren habe.

Im Zentrum dieses Buchs steht die überraschende Wahrheit, dass die wirtschaftliche Gleichstellung von Frauen einige der teuersten Übel der Welt beheben und zugleich Wohlstand für alle aufbauen würde. Auf den folgenden Seiten werde ich Geschichten erzählen, die jener aus den Schatten von Accra ähneln. Ich werde über persönliche Erfahrungen aus afrikanischen Dörfern und asiatischen Slums berichten, aber auch aus Londoner Vorstandszimmern und amerikanischen Universitäten. Ich werde zeigen, wie Frauen an all diesen Orten wirtschaftlich ausgeschlossen werden und welche negativen Folgen das hat.

Seit 2005 kann diese Realität zunehmend durch eine zuvor nicht verfügbare Menge an Daten belegt werden: Die weibliche Bevölkerung aller Länder ist durch ein besonderes Muster ökonomischer Benachteiligung geprägt, und diese Benachteiligung wird überall mit den strukturell gleichen Mechanismen aufrechterhalten. Die eingeschränkte wirtschaftliche Inklusion von Frauen geht allerorten über Arbeit und Lohn hinaus und umfasst auch Besitztümer, Kapital, Kredite und Märkte. Zu diesen ökonomischen Hindernissen kommen kulturelle Beschränkungen, die Frauen gemeinhin auferlegt werden, etwa geringere Mobilität, die vulnerable Position, die sie im Zusammenhang mit der Fortpflanzung innehaben, oder die allgegenwärtige Bedrohung durch Gewalt. Zusammengenommen entsteht so eine spezifisch weibliche Schattenwirtschaft, die ich als »XX-Ökonomie« oder das »weibliche Kapital« bezeichne.

Entschiede sich die Weltgemeinschaft, die wirtschaftlichen Hindernisse für Frauen abzubauen, könnten wir in eine nie dagewesene Ära des Friedens und Wohlstands eintreten. Im vergangenen Jahrzehnt ist eine kleine Bewegung entstanden, die von dem Ziel getrieben wird, eben diese Hindernisse abzuschaffen. An dieser Bewegung zur wirtschaftlichen Stärkung und vor allem auch Selbstermächtigung von Frauen beteiligen sich zwar noch nicht viele, doch sie hat bereits eine globale Reichweite und kooperiert mit einer wachsenden Zahl der mächtigsten Institutionen der Welt: Staatsregierungen, internationalen Behörden, großen Stiftungen, weltweit tätigen Wohltätigkeitsorganisationen, religiösen Organisationen und multinationalen Konzernen.

Ich selbst war von Anfang an Teil der Bewegung. Zunächst habe ich in meiner Forschung Möglichkeiten erprobt, Frauen zu finanzieller Autonomie zu verhelfen. Anfangs war ich in ländlichen Gebieten tätig, vor allem in Afrika. Ich habe sowohl eigene Ideen als auch Vorschläge anderer getestet und in verschiedenen Ländern und unter verschiedenen Umständen direkt mit den betroffenen Frauen zusammengearbeitet. Zudem habe ich eine jährliche Konferenz von Spezialisten auf dem Gebiet der wirtschaftlichen Stärkung von Frauen unter dem Titel »Power Shift Forum for Women in the World Economy« ausgerichtet, auf der Experten sich über ihre Erkenntnisse austauschen konnten. Seit 2015 konzentriere ich mich auf andere Dinge. Ich forsche zwar immer noch in entlegenen Gebieten, aber inzwischen reise ich auch in die Hauptstädte dieser Welt, um mich auch an politischen Gesprächen auf höchster Ebene zu beteiligen. Dabei geht es um die Frage, wie weltweite Reformen implementiert werden können.

Dabei mache ich oft bestürzende Beobachtungen. Die nationalen Finanzminister, die die Weltwirtschaft lenken, unterminieren die Fürsprecherinnen der Frauenrechte, indem sie sie wie einen weiblichen Hilfstrupp behandeln. Die Asiatisch-Pazifische Wirtschaftsgemeinschaft (APEC) und die G20 veranstalten zwar eine »Frauenwoche«, gründen eine »Arbeitsgruppe« oder bauen sogar einen Satz über Frauen in ihre Communiqués ein, aber sie weigern sich, in ihren Planungen die besonderen Bedürfnisse der Hälfte ihrer Bevölkerung zu berücksichtigen. Sie weigern sich, zu erfahren, wie die Ausgrenzung von Frauen ihrer Wirtschaft schadet oder wie die Einbeziehung von Frauen in ihre nationalen Budgets das ersehnte Wachstum bringen könnte. Aufgrund von Vorurteilen übergehen sie die XX-Ökonomie.

Deshalb brauchen wir euch. Ich hoffe, mit diesem Buch viele Unterstützer und Unterstützerinnen zu finden, die sich der wirtschaftlichen Einbeziehung der Frauen verschreiben. Ich schlage konkrete, vernünftige und wirksame Maßnahmen vor. Ich rufe euch auf, euch dieser Bewegung anzuschließen, unabhängig von sexueller Orientierung, Geschlecht, Nationalität oder Herkunft. Unabhängig davon, ob ihr in einer Fabrik, einem Büro, auf einem Bauernhof, zu Hause oder online arbeitet. Jedes Mal, wenn ich in diesem Buch schreibe, »*wir* sollten dieses tun« oder »*wir* können jenes daraus schließen«, meine ich *uns alle*.

Warum sehen wir diese Schattenwirtschaft erst jetzt so deutlich? Bislang gab es zwei Schwierigkeiten: fehlende Daten und eine engstirnige Vorstellung davon, wie unsere Tauschsysteme funktionieren. Wirtschaft wird hauptsächlich am Austausch von Geld bemessen, aber ein Großteil der Beiträge von Frauen zur Wirtschaft ist unbezahlt – etwa in Form von Hausarbeit oder landwirtschaftlicher Arbeit. Außerdem wird normalerweise der Haushalt als kleinste Dateneinheit benutzt, doch Einkünfte von Frauen werden typischerweise einem männlichen Haushaltsvorstand zugerechnet. Allein aus diesen beiden Gründen berücksichtigen unsere Beschreibungssysteme die wirtschaftliche Aktivität von Frauen meist nicht.

Zusätzlich verschlimmert wurde die Situation lange deshalb, weil Institutionen – von Universitäten bis hin zu Regierungen – Daten meist nicht nach Geschlecht erhoben und analysiert haben und es aus armen Ländern zudem ohnehin kaum Informationen gibt – erst recht keine nach Geschlecht differenzierten. Während der Frauenbewegung in den 1970er-Jahren waren nur sehr wenige Frauen im akademischen Betrieb tätig, sodass keine wissenschaftliche Disziplin ihnen besondere Beachtung schenkte. In den letzten 50 Jahren stiegen sowohl Anzahl als auch Bekanntheitsgrad der Wissenschaftlerinnen. Eine Disziplin nach der anderen – Geschichte, Anthropologie, Psychologie, Soziobiologie, Archäologie, Medizin und Biowissenschaften, um nur einige zu nennen – veränderte sich durch eine einfache Frage: Was ist mit den Frauen? Einige Gebiete sind allerdings bis heute von diesem intellektuellen Wandel unberührt geblieben. Die Wirtschaftswissenschaft ist eines davon. Das Fehlen vollständiger geschlechterdifferenzierter Daten hat dazu geführt, dass die wirtschaftliche Lage von Frauen *hier* verglichen mit *dort* oder *heute* verglichen mit *früher* nicht systematisch untersucht werden konnte.

Das größte Hindernis bestand jedoch im tiefen Misstrauen männlicher Ökonomen gegenüber Frauen. Es hielt sie davon ab, die Frage überhaupt aufzugreifen. Die für die Volkswirtschaften Verantwortlichen werden in den Promotionsprogrammen der Ökonomie-Fakultäten ausgebildet, wo sie lernen, Wirtschaft als eine interesselose Maschine zu betrachten, die in luftiger Höhe operiert und von Problemen wie dem Ausschluss eines Geschlechts nicht berührt ist. Und an den Universitäten lernen Ökonomen auch, Frauen als Gruppe abzutun und geringzuschätzen.

Die Animosität männlicher Ökonomen gegenüber Frauen war jüngst Thema einiger Artikel in der *New York Times*, der *Washington Post*, der *Financial Times* und im *Economist*. Die Aufmerksamkeit der Presse wurde durch eine Studie ausgelöst, die in schockierenden Einzelheiten aufzeigte, wie sich Wirtschaftswissenschaftler privat über Frauen äußern. Eine Million Posts eines Online-Diskussionsforums, in dem Ökonomiestudenten und Fakultätsmitarbeiter Klatsch und Tratsch über Kollegen austauschen, wurden im Hinblick darauf untersucht, ob die Wirtschaftswissenschaftler sich in einem solchen Umfeld unterschiedlich über Männer und Frauen äußerten. Die in Bezug auf eine Kollegin am häufigsten verwendeten Wörter waren *heißer, lesbisch, Sexismus, Titten, anal, heiraten, Feminazi, Nutte, heiß, Vagina, Brüste, schwanger, Schwangerschaft, süß, heiraten, Gebühr, wunderschön, geil, verliebt, schön, Sekretär(in), abservieren, einkaufen, Date, Nonprofit, Absichten, sexy, verabredet* und *Prostituierte*. Die in Verbindung mit Männern auftauchenden Begriffe waren *Mathematiker, Preisgestaltung, Berater, Lehrbuch, motiviert, Wharton, Ziele, Nobelpreis* und *Philosoph*. Ökonominnen berichteten den Journalisten, diese Wörterliste zeige, wie ältere Wirtschaftswissenschaftler Jüngeren beibrächten, Frauen in Verruf zu bringen.[1]

Die Ökonomie ist weltweit das am stärksten von Männern dominierte Fach an den Universitäten – noch mehr als naturwissenschaftliche und technische Fächer, Ingenieurwissenschaften und Mathematik. Aufgrund der wachsenden Anzahl von Frauen in den Naturwissenschaften werden in manchen Ländern, wie beispielsweise in den

Vereinigten Staaten, über die Hälfte der Promotionen von Frauen abgelegt. In den Wirtschaftswissenschaften beträgt diese Quote weniger als ein Drittel.[2] Frauen sind dort seit Jahrzehnten nicht stärker vertreten, weil die Ökonomen das Geschlechterverhältnis innerhalb ihres Fachs nicht als Problem sehen. Die Wirtschaftswissenschaftlerin Shelly Lundberg erklärt: »In den meisten Disziplinen wird unterstellt, dass Diversität per se etwas Gutes sei. Die Mainstream-Ökonomie bestreitet das tendenziell. Sie glaubt nur allzu gern, dass fehlende Diversität schlicht ein marktwirtschaftliches Ergebnis sei, dass also die geringe Anzahl von Frauen in ihrem Fach darin gründe, dass Frauen sich entweder nicht besonders dafür interessierten oder nicht produktiv seien.«[3]

Die an den wirtschaftswissenschaftlichen Fakultäten herrschende Kultur legt allerdings eine andere Erklärung nahe. 48 Prozent der Professorinnen für Ökonomie berichten, im Beruf aufgrund ihres Geschlechts diskriminiert worden zu sein. Es herrscht eine allgegenwärtige Atmosphäre des Mobbings. Viele der befragten Professorinnen führen in diesem Zusammenhang die von neu eingestellten Beschäftigten sowie Doktoranden und Doktorandinnen verlangten Forschungspräsentationen an. Diese Vorträge würden von den männlichen Fakultätsmitgliedern stets mit feindseliger Kritik überzogen, mit dem Ziel, »den oder die Vortragende/n fertigzumachen«. 46 Prozent der Teilnehmerinnen wissenschaftlicher Konferenzen sagen, sie würden aus Angst vor unfairer Behandlung keine Fragen beantworten oder Ideen vortragen. 2018 gestand die American Economic Association ein, die Frauenfeindlichkeit in ihrer Disziplin führe zu »inakzeptablem Verhalten, [das] fortbesteht, weil es schweigend hingenommen wird«. Laut Leah Boustan, Ökonomin an der Universität Princeton, betrachten die Professoren ihrer Disziplin Frauen als ihnen untergeordnete Schicht, deren Aufstieg innerhalb des Fachs ihren eigenen Status gefährde. Also schüchtern sie die Frauen ein, um sie zu vertreiben und das eigene Prestige zu wahren.[4]

Die Ökonomie als Disziplin hat einen übergroßen Einfluss auf die

Gesellschaft, weil sie Regierungen berät. »Wenn das Fach alles durch die Brille systematischer geschlechtsbezogener Benachteiligung betrachtet«, so der *Economist*, »hat das Auswirkungen für die Politik und andere Sektoren, die sich auf der Suche nach Analysen, Rat oder sogar Weisheit an diese Disziplin wenden.«[5] Die Benachteiligung realer Frauen durch Wirtschaftsexperten führt zu einer negativen Haltung gegenüber dem Thema weiblicher Ökonomie, sodass die XX-Ökonomie sich nur schwer einen Platz auf der globalen Agenda erkämpfen kann.

Auch die Philosophie hinter dieser kompromisslosen Haltung stellt ein großes Hindernis dar. Ihr erstes Prinzip lautet, die Wirtschaft basiere auf dem kollektiven Handeln rationaler, informierter Individuen, die unabhängige, freie Entscheidungen im eigenen Interesse träfen. Eine solche Wirtschaft führe, sich selbst überlassen, ungeachtet aller scheinbaren Ungleichheit für alle Beteiligten zu optimalen Ergebnissen – als sei sie durch Adam Smiths berühmte »unsichtbare Hand« gesteuert. Wer von dieser ökonomischen Fingerfertigkeit nicht profitiere, habe entweder ein inhärentes Defizit oder sich gewissermaßen selbst für die eigene Benachteiligung entschieden.

Die XX-Ökonomie kämpft mit Bedingungen, die diesen Grundannahmen so fundamental entgegenstehen, dass sie die gesamte Philosophie widerlegen. Wie wir in diesem Buch sehen werden, haben Frauen stark eingeschränkte Optionen, erhalten nicht alle wichtigen Informationen und werden bestraft, sobald sie auch nur ansatzweise Eigeninteresse durchblicken lassen. In ihren ökonomischen Entscheidungen können Frauen selten unabhängig handeln – und sind im Gegenteil oft zu irrationalen, also nicht den eigenen Interessen entsprechenden Handlungen gezwungen. Frauen kämpfen mit wirtschaftlicher *Ausgrenzung*, nicht nur mit ungleichen wirtschaftlichen Ergebnissen. Die Wissenschaft verfügt nicht einmal über die Werkzeuge, um diesen Umstand begrifflich zu fassen. Die vorherrschende Philosophie bietet als einzige Erklärung, dass (a) Frauen im Hinblick auf jedwede Art wirtschaftlichen Engagements biologisch unterlegen seien oder (b) sich *freiwillig* in *jedem* Land und *jedem* Wirtschaftssektor in eine unterprivilegierte Position begeben hätten. Diese Vorstellung ist ebenso fanatisch wie unplausibel. Bereits an ihren Wurzeln kann die Wirtschaftsphilosophie des Weltmarkts die Hälfte der Weltbevölkerung nicht einmal adressieren. Eine Ökonomin warnte in der *Financial Times*: »Hauptsächlich männliche Wirtschaftsforschung und Politikberatung sind genauso schlecht wie die Praxis, Medikamente vorrangig an Männern zu testen. Die Ergebnisse werden mindestens der Hälfte der Bevölkerung nicht gerecht.«[6]

Aufgrund dieser Engstirnigkeit der akademischen Welt wurde die Datenanalyse, aus der sich das Profil der XX-Ökonomie ergibt, nicht von Universitäten durchgeführt, sondern von mit Geschlechterfragen befassten Gruppen innerhalb großer internationaler Behörden. Anfang dieses Jahrhunderts begannen große Institutionen wie das UN-Entwicklungsprogramm und das Weltwirtschaftsforum, Informationen über den Status von Frauen (Bildung, Beschäftigung, Führungspositionen, Gesundheit, Rechte) mit den Leistungsdaten von Volkswirtschaften zu vergleichen.[7] Angesichts der gängigen Vorstellungen von Wirtschaft waren sie überrascht, eine deutliche Korrelation zwischen Geschlechtergleichberechtigung und nationaler Wirtschaftsleistung festzustellen (Abb. 1). In Ländern mit hoher Gleichberechtigung der Geschlechter waren auch Einkommen und Lebensstandard hoch; in Ländern mit geringer Gleichberechtigung herrschten Armut und Konflikte.

Zunächst hieß es: »Ach, in den armen Ländern kämpfen die Menschen ums Überleben, deshalb müssen die Männer dort dominieren. Den reichen Ländern geht es besser, also können sie es sich leisten, den Frauen mehr Freiheiten zu gewähren.«[8] Doch die Notwendigkeit männlicher Dominanz für das Überleben wurde nie bewiesen. Gestützt auf zahlreiche Hinweise können wir heute im Gegenteil sagen, dass eine zu starke Vorherrschaft der Männer sich destabilisierend auswirkt und die Überlebenschancen senkt – vor allem, weil sie so häufig zu Konflikten führt. Die Standarderklärung, die Gleichstellung der Geschlechter sei ein Luxusgut und männliche Macht sei für die Bevölke-

WIRTSCHAFTLICHE MÖGLICHKEITEN VON FRAUEN UND NATIONALE WETTBEWERBSFÄHIGKEIT

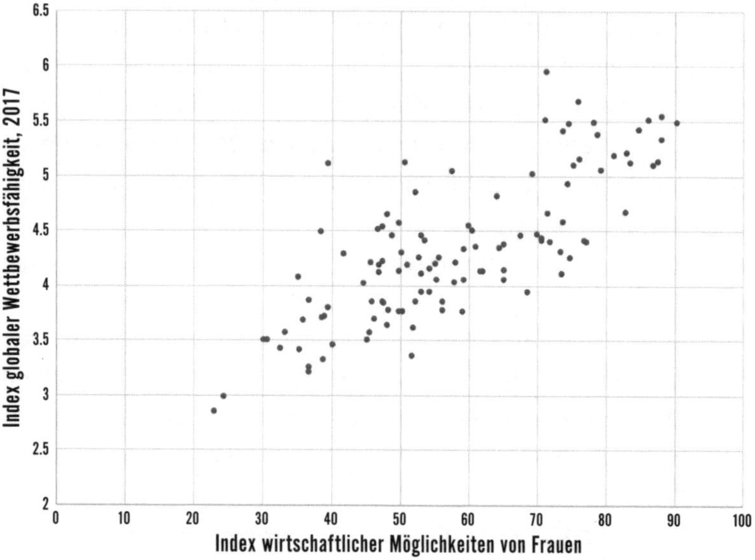

WIRTSCHAFTLICHE MÖGLICHKEITEN VON FRAUEN UND BIP

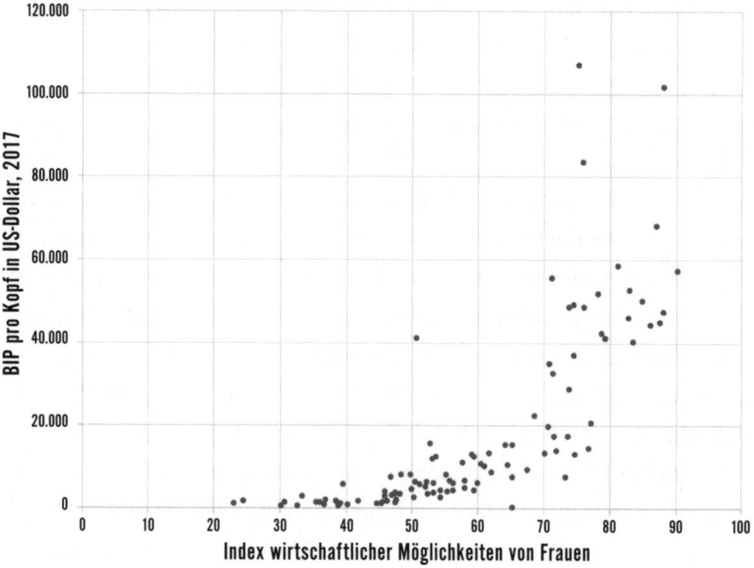

rung von Vorteil, passte zu den damals vorherrschenden Überzeugungen und wurde deshalb akzeptiert.

2006 entwickelte der Jahresbericht *Global Gender Gap Report* des Weltwirtschaftsforums jedoch ein neues Verständnis der Ökonomie der Geschlechter. Es besagte, dass die gleichberechtigte Einbeziehung von Frauen in die Nationalwirtschaften Wachstum befördere und es ohne diese Einbeziehung zur Stagnation komme. Die Lösung für arme Länder bestehe darin, es den reichen Ländern gleichzutun und die Gleichberechtigung der Geschlechter umzusetzen. Das bedeutete auch: Die reichen Länder können es sich nicht leisten, Frauen gleichzustellen – sondern die Gleichstellung der Frauen machte sie erst reich.

Seither haben der Internationale Währungsfonds (IWF), die Weltbank, UNICEF und verschiedene internationale Denkfabriken weitere Daten generiert und analysiert.[9] 2018 wurden all diese Daten zusammengeführt, und es zeigte sich, dass Geschlechtergleichberechtigung den wirtschaftlichen Erfolg und das gesellschaftliche Wohlergehen in den jeweiligen Ländern insgesamt positiv beeinflusste. Die Daten verdeutlichten auch den negativen Einfluss männlicher Wirtschaftsmonopole. Zur selben Zeit untersuchten kleinere, praktische Studien –

ABB. 1 Jeder Punkt in den beiden Grafiken steht für die Rate wirtschaftlicher Möglichkeit von Frauen in einem Land in Beziehung zum Wachstumspotenzial (Bild oben) oder Bruttoinlandsprodukt (Bild unten). Auf jeder Grafik sind ungefähr 100 Nationen zu sehen – alle, über die Daten zur Verfügung standen. Die nach oben rechts strebenden Punkte auf der ersten Abbildung zeigen, dass größere wirtschaftliche Freiheit für Frauen sich positiv auf die nationale Wettbewerbsfähigkeit auswirkt. Die untere Abbildung zeigt ein vergleichbares Muster für das Verhältnis von Pro-Kopf-BIP und der wirtschaftlichen Einflussnahme von Frauen. Beide Grafiken zusammen zeigen das Vorher und Nachher eines steigenden BIP und legen nahe, dass Frauenrechte sich positiv auf den Reichtum eines Landes auswirken. Inzwischen weisen auch andere Daten in dieselbe Richtung.
Quellen: Weltbank-Daten über das BIP bei gleicher Kaufkraft; Economist Intelligence Unit for the Women's Economic Opportunity Index; World Economic Forum for the Global Competitiveness Index

etwa unsere in Ghana – die Mechanismen, die Ungleichheit zwischen den Geschlechtern begünstigen, und erprobten Wege zur stärkeren Beteiligung von Frauen. Insgesamt hat sich unser Verständnis der Rolle der Frauen in der Wirtschaft dramatisch verändert.

Die XX-Ökonomie ist ähnlich wie der Schwarzmarkt, die Gig-Economy, die Informationswirtschaft und der informelle Sektor zu verstehen. Jede dieser Wirtschaftsformen lässt sich als Teil des weltweiten Systems identifizieren, doch keine von ihnen ist gänzlich unabhängig – sie alle haben Auswirkungen auf die Weltwirtschaft und werden eine mehr oder weniger günstige Rolle für ihre künftige Entwicklung spielen. Die XX-Ökonomie ist eine Ökonomie der Frauen. Sie umfasst spezifische Geschäftspraktiken sowie typische Produkte und Dienstleistungen. Für viele ist sie so unsichtbar wie der Schwarzmarkt, aber sie wird die Zukunft genauso beeinflussen, wie sie bereits die Vergangenheit beeinflusst hat. Die Bewegung zur wirtschaftlichen Stärkung der Frauen will die Zukunft besser machen – nicht schlechter.

In der Anfangszeit der Bewegung argumentierten wir für die Unterstützung der XX-Ökonomie, indem wir auf den Anschub des Wirtschaftswachstums hinwiesen, der dadurch zu erwarten ist. Diese Strategie gefiel dem Publikum – das hauptsächlich aus Ökonomen und Finanzministern bestand, die sich für Wachstum interessierten, nicht aber für mehr soziale Gerechtigkeit für Frauen. Mit der Zeit benutzten wir das BIP als Chiffre für die Größe und Entwicklungsrichtung der Wirtschaft im Hinblick auf Ausschluss oder Einbeziehung von Frauen. Genauso werde ich das BIP hier verwenden. Ich sage keineswegs, dass wir Frauen nur aufgrund des Wachstums zu mehr wirtschaftlichem Einfluss verhelfen sollten. Das blinde Streben nach einem wachsenden BIP ist ein Charakteristikum patriarchaler Ökonomien und sollte nicht unser Hauptziel sein.

Die Zahlen zeigen, dass die XX-Ökonomie riesig ist und nur übersehen werden kann, wenn die Fachleute entschlossen wegschauen. Um es anschaulicher zu machen: Wäre die XX-Ökonomie der Vereinigten Staaten eine eigene Volkswirtschaft, wäre sie groß genug, um den G7 beizutreten. Frauen erwirtschaften bereits 40 Prozent des BWP, und bald wird ihr Beitrag mit dem der Männer gleichziehen. Frauen stellen fast die Hälfte der Agrarprodukte weltweit her. Obwohl sie die Hälfte der Menschheit, die Hälfte der nationalen Einkommen und der Nahrungsmittelversorgung stellen, wird ihnen von Ökonomen und Politikern nur eine Nebenrolle eingeräumt.[10]

Die XX-Ökonomie ist also der verlässlichste Motor des Wirtschaftswachstums. Als in den 1970er-Jahren in Nordamerika und Westeuropa viele Frauen in den Arbeitsmarkt eintraten, machte der so ausgelöste wirtschaftliche Aufschwung diese Länder zu den starken Wirtschaftsmächten, die sie heute sind. Daten aus 163 Ländern belegen, dass arbeitende Frauen Wohlstand befördern.[11] In allen Ländern bilden Männer die Grundlage der Wirtschaft, weil fast alle von ihnen mehr oder weniger ständig arbeiten. Wenn es nicht zu einer Revolution der Produktivität kommt, wird männliche Arbeit folglich nicht zum Wirtschaftswachstum beitragen, weil ihr Potenzial ausgeschöpft ist. Frauen hingegen stellen eine häufig nicht oder nicht ausreichend genutzte Ressource dar, sodass mehr arbeitende Frauen zu Wachstum führen. Die Daten zeigen, dass der Eintritt der Frauen in die Arbeitswelt sich additiv auswirkt und Wachstum befördert - anders als oft befürchtet kostet er Männer also keine Arbeitsplätze. Der Glaube, die wirtschaftliche Inklusion von Frauen sei ein Nullsummenspiel und die von einem Geschlecht erwirtschafteten Gewinne führten beim anderen zu Verlusten, hat sich als falsch erwiesen.

Die wirtschaftliche Stärkung von Frauen trägt zur Wohlstandsbildung bei und schafft so bessere Lebensbedingungen für alle Bürger. Doch auch der Umkehrschluss stimmt: Wo Frauen keinerlei Freiheiten genießen, leiden alle. In den ärmsten und instabilsten Ländern der Welt sind die Indikatoren für Gleichstellung der Geschlechter am niedrigsten und die Auswirkungen der wirtschaftlichen Ausgrenzung der Frauen verheerend. Zu diesen Effekten gehören eine Verschärfung der Armut, Gewalt, wachsender Hunger, schlechtere Kinderversorgung, Ressourcenverschwendung, Zunahme der Sklaverei und Verstärkung von Konflikten. Die zerstörerischen Auswirkungen extremer männlicher Dominanz in diesen Gesellschaften betreffen die gesamte Welt.

Frauen zu mehr wirtschaftlichem Einfluss zu verhelfen ist heute eine erprobte Strategie im Kampf gegen das Leid. »Studie um Studie hat uns gelehrt, dass es kein wirksameres Werkzeug gibt als die Ermächtigung der Frauen«, so Kofi Annan, ehemaliger Generalsekretär der Vereinten Nationen, in der Einleitung des UNICEF-Berichts *The State of the World's Children* (2007). »Keine andere politische Maßnahme hat bessere Chancen, die wirtschaftliche Produktivität zu erhöhen oder die Kinder- und Müttersterblichkeit zu senken. Keine andere politische Maßnahme hat derart eindeutige, positive Auswirkungen auf Ernährung und Gesundheit, die HIV-Prävention eingeschlossen. Keine andere politische Maßnahme erhöht die Bildungschancen der nächsten Generation so wirksam.«[12] Obwohl all das bekannt ist, kommt Frauen nur ein marginaler Anteil internationaler Hilfsleistungen zu.

Die Ausgrenzung der XX-Ökonomie kommt die ganze Welt teuer zu stehen. Beispielsweise zwingen die fehlenden Investitionen der reichen Länder in Kinderbetreuung Millionen von Frauen, die gerne in Vollzeit arbeiten würden, zu Teilzeitarbeit oder zur gänzlichen Aufgabe ihres Berufs, wodurch das BIP um Milliarden geringer ausfällt. Diese »Mütterbestrafung« macht auch den größten Anteil des Gender Pay Gap aus. Schätzungen der Weltbank zufolge verliert die Weltwirtschaft durch ungleiche Löhne und Gehälter jährlich 160 Billionen US-Dollar und bestraft zugleich die XX-Ökonomie für einige ihrer wirtschaftlich wichtigsten Beiträge – die »Aufzucht von Humankapital«.[13]

Eine gut ausgebildete, gesunde Bevölkerung ist die wertvollste Ressource einer modernen Wirtschaft. Allerdings betrachtet der Westen Kinder inzwischen nicht mehr als öffentliches Kapital, sondern als privaten Luxus. Eltern müssen Geld und Anstrengung in ihre Kinder investieren, bis diese ihren Lebensunterhalt selbst bestreiten können. Von erwachsenen Kindern wird nur selten erwartet, ihre Eltern finanziell zu unterstützen. Die Erziehung von Kindern fühlt sich an wie Konsum, nicht wie eine Investition. Vielleicht haben die Menschen in den wohlhabenden Ländern deshalb vergessen, wie wichtig jede heranwachsende Generation für jede ihnen vorausgehende Kohorte ist: Wir alle müssen uns auf *die Kinder anderer* verlassen, die für uns bei der Feuerwehr, der Polizei oder auf dem Bau Dienst tun oder in den Bereichen Bildung, Medizin, Musik oder Bibliotheken tätig sind, die unser Leben sicherer und erfüllter machen.

Die XX-Ökonomie bildet den Grundstein einer positiven Zukunft, weil sie so viel in Familien und Gemeinschaften investiert. Die Vorstellung, Frauen seien frivole Konsumentinnen, die ihr Geld für Kleider und Kosmetika ausgäben, während Männer rational und verantwortungsvoll wirtschafteten, ist weit verbreitet. Die Fakten zeigen aber, dass dies nichts anderes ist als ein geschlechtsspezifisches Vorurteil. Männer als Gruppe geben oft Geld für eigene Luxusgüter aus, statt ihre Einnahmen mit ihren Familien zu teilen. Dabei sind ihnen sogar Alkohol, Tabak, Glücksspiel, Prostitution und Waffen wichtiger als die Ausbildung ihrer Kinder. Im Gegenteil dazu geben Frauen als Gruppe ihr Geld zuerst für ihre Familien - vor allem für die Kinder - und für Gemeinschaften aus. Laut einem Bericht des Global Market Institute von Goldman Sachs müssen die BRIC-Staaten (Brasilien, Russland, Indien und China) sowie die »Next 11«-Länder (Bangladesch, Ägypten, Indonesien, Iran, Mexiko, Nigeria, Pakistan, die Philippinen, die Türkei, Südkorea und Vietnam) die Gleichberechtigung der Geschlechter erreichen, um eine Mittelklasse auszubilden - die jede Marktwirtschaft für ihre Stabilität benötigt. Goldman Sachs zufolge bilden gerade die Ausgaben der Frauen für das Wohlergehen der Haushalte - Ernährung, Bildung, medizinische Versorgung, Bekleidung, Kinderbetreuung und Haushaltsgüter - das Grundgerüst der Mittelschicht.[14] Die Forschung hat immer wieder gezeigt, dass die wirtschaftliche Stärkung der Frauen selbst in den ärmsten Ländern die Ausgaben für Bildung, Ernährung und Gesundheit steigen lässt und diese Länder somit stärkt.

Ungeachtet der zentralen Rolle der Frauen für unser aller materielles Wohlergehen wird die XX-Ökonomie konsequent unterschätzt und unter Wert gehandelt. Denn weltweit hält sich die hartnäckige Überzeugung, Frauen hätten eine gleiche Bezahlung einfach nicht verdient. Sie zeigt sich zum Beispiel in den vom Weltwirtschaftsforum jährlich erhobenen Daten »Wage Equality for Similar Work« (gleicher Lohn für gleiche Arbeit).[15] In einer Meinungsumfrage des WEF (Executive Opinion Survey) wurde Führungskräften aus 132 Nationen die Frage gestellt: »Bis zu welchem Grad wird in Ihrem Land Frauen für gleiche Arbeit der gleiche Lohn gezahlt?« Die Summe der Antworten ist kein direkter Bericht über tatsächliche Löhne und Gehälter, aber sie ist eine aussagekräftige Schätzung der normativen Praxis im jeweiligen Land – also dessen, was Frauen gemeinhin, und implizit *fair*, bezahlt wird. Abb. 2 zeigt, dass es in keinem Land der Welt üblich ist, die Geschlechter für gleiche Arbeit gleich zu entlohnen. Die globale Daumenregel besagt, dass eine Frau nur 65 Prozent des Werts eines Mannes hat – unabhängig von der Berufsgruppe. Dieses Vorurteil liegt der Benachteiligung zugrunde, der sich Frauen in allen Wirtschaftsbereichen ausgesetzt sehen.

Für jede Art von Arbeit in jeder Branche, jeder Tätigkeit und jedem Land wird Frauen weniger bezahlt als Männern. Jede Quelle, die Gehaltsinformationen liefert, und jede Methode zum Erhalt dieser Informationen, kommt zu diesem Schluss. Ein anderes Ergebnis ist nur durch Manipulation der Daten möglich. Viele Apologeten männlicher Dominanz tun leider genau das und perpetuieren damit den Mythos, dass der Gender Pay Gap »nur Fiktion« sei. Wie Trolle manipulieren sie die Gehaltsdaten, indem sie sich auf klar geschlechtsspezifische Faktoren konzentrieren, vor allem auf die Auswirkungen von Hausarbeit und Kinderversorgung auf die Karrieren von Frauen. Und verkünden dann triumphierend, es gebe keine Geschlechterdiskriminierung.

Die Misere der XX-Ökonomie gründet in der ihr immanenten Abhängigkeit: Sogenannte »häusliche Pflichten« benachteiligen Frauen am Arbeitsplatz und erhöhen ihr persönliches wirtschaftliches Risiko. In allen Ländern leisten Frauen die gleiche (oder sogar mehr) Arbeitszeit wie Männer, aber weil sie die Last der unbezahlten Hausarbeit tra-

ABB. 2 Gleicher Lohn für gleiche Arbeit wird hier gemessen als der Prozentsatz der Gehälter von Männern, die Frauen für dieselbe oder vergleichbare Arbeit erhalten. Die schwarze Linie markiert den Punkt, an dem Frauen die gleiche Bezahlung wie Männer erhalten würden. Es ist klar zu erkennen, dass Frauen in keinem Land der Welt üblicherweise die gleiche Bezahlung erhalten. Die Länder sind in alphabetischer Reihe abgebildet, beginnend mit Albanien, endend mit Venezuela.
Quelle: Weltwirtschaftsforum, *Global Gender Gap Report* (2018)

gen, haben sie sowohl weniger Zeit für bezahlte Arbeit als auch für Freizeit. Männer können mehr Stunden bezahlte Arbeit leisten und die wirtschaftlichen Vorteile einheimsen, weil Frauen ihnen zu Hause den Rücken freihalten.

Länderübergreifende Vergleiche illustrieren, was dieses Verhältnis für Frauen und Regierungen bedeutet. Abb. 3 zeigt, dass die Beteiligung der Frauen am Arbeitsmarkt in reichen Ländern wie Schweden, den USA und Großbritannien zu höheren Pro-Kopf-BIP geführt hat. Dabei handelt es sich um Länder, in denen fast genauso viele Frauen wie Männer bezahlter Arbeit nachgehen. Allerdings haben Frauen in diesen Ländern weniger bezahlte Arbeitsstunden als Männer, denn sie leisten immer noch mehr Hausarbeit – von 30 Prozent mehr in Schweden bis zum fast doppelten Anteil in Großbritannien. Frauen und Männer arbeiten also insgesamt gleich viel, aber Männer werden für den Großteil ihrer Arbeitsstunden bezahlt, während Frauen mehr unbezahlte Stunden ableisten. Mexiko, die Türkei und Indien weisen eine niedrigere Beteiligung der Frauen am Arbeitsmarkt und folglich niedrigere BIP auf.

BEZAHLTE UND UNBEZAHLTE ARBEIT NACH GESCHLECHT

	Teilnahme am Arbeitsmarkt (Verhältnis Frauen/Männer in %)	BIP pro Kopf in 1000 US-$	Unbezahlte Arbeitszeit pro Woche (Verhältnis Frauen/Männer in %)	Gesamtarbeitsstunden pro Woche (Verhältnis Frauen/Männer)	Platz (von insges. 144) im Economic Participation and Opportunity Ranking des WEF (2017)
Schweden	95	51,5	1,3	1,00	12
USA	86	59,5	1,6	1,01	19
Groß-britannien	87	44,1	1,8	1,04	53
Mexiko	59	19,9	2,8	1,02	124
Türkei	44	26,9	3,6	1,15	128
Indien	35	7,2	6,8	1,21	139

ABB. 3 Der Prozentsatz arbeitender Frauen variiert in dieser Grafik von oben nach unten in etwa entsprechend dem Pro-Kopf-BIP jedes Landes. Dies ist der Zusammenhang zwischen arbeitenden Frauen und nationalem Wohlstand. Die dritte Spalte zeigt die Zeit, die Frauen im Verhältnis zu Männern im jeweiligen Land mit unbezahlter Arbeit verbringen. In der vierten Spalte findet sich das Verhältnis zwischen allen - bezahlten und unbezahlten - Arbeitsstunden im Vergleich zu Männern. Die Abbildung illustriert, dass Männer sich umso weniger unbezahlte Arbeit mit Frauen teilen, je geringer das Einkommen im jeweiligen Land ist. Frauen können deshalb weniger bezahlte Arbeitsstunden leisten, was wiederum das BIP senkt.
Quellen: Arbeit: Weltwirtschaftsforum, *Global Gender Gap Report* (2017). BIP pro Kopf: CIA, *World Factbook* (2017). Zeitnutzung: Organisation for Economic Cooperation and Development (Zugriff: 2. Nov. 2018)

Frauen, die zu Hause bleiben, stellen für diese Länder hohe Opportunitätskosten dar. Diese Frauen leisten drei- bis siebenmal so viel Hausarbeit wie Männer. In der Türkei und Indien ist diese Last so ungleich verteilt, dass Frauen ein bis zwei Stunden länger zu Hause arbeiten, als Männer bezahlte Arbeit leisten – sie wischen noch den Fußboden, während ihre Ehemänner längst vor dem Fernseher sitzen.

Die wirtschaftliche Viabilität oder Überlebensfähigkeit von Frauen steht deshalb in umgekehrtem Verhältnis zu ihrer Rolle im Haushalt: Je mehr Hausarbeit sie leisten, umso weniger wirtschaftliche Möglichkeiten haben sie. Auch ihre untergeordnete Rolle im Haushalt bedeutet für die Frauen unverhältnismäßig große Verluste und Risiken. Gemeinhin wird von ihnen erwartet, die eigenen Ziele denen der Männer unterzuordnen. Fast immer ist es die Frau, die mit der Geburt der Kinder ihren Beruf aufgibt oder auf Teilzeit reduziert. Der Mann bastelt weiter an seiner Karriere, während die der Frau stagniert oder sich gänzlich auflöst. Frauen verzichten auf berufliche Aufstiegsmöglichkeiten, weil ihre Ehemänner nicht zum Umzug bereit sind – während von Frauen normalerweise erwartet wird, ihren Männern zuliebe umzuziehen. Die »häuslichen Pflichten« von Frauen führen schrittweise zu geringerer Bezahlung und weniger Aufstiegschancen, doch das sind nicht alle negativen Folgen: Wenn ein Paar sich trennt oder der Ehemann stirbt, geraten Frau und Kinder in eine wirtschaftliche Notlage und rutschen oft in die Armut ab. Weil Frauen ihr Leben lang wirtschaftliche Nachteile in Kauf nehmen müssen, fallen auch ihre Renten- oder Pensionszahlungen deutlich niedriger aus als die der Männer, sodass sie eher von Altersarmut betroffen sind und ihren Familien und Staatskassen zur Last fallen.[16]

Die Arbeit, die Frauen zu Hause leisten, ist für das Funktionieren des Wirtschaftssystems von entscheidender Bedeutung. Da nur Geld als Indikator ökonomischer Aktivität verwendet wird, kommt den häuslichen Arbeiten allerdings kein spezifischer Wert zu. Aus dieser Auslassung entwickelte sich mit der Zeit leider die Neigung der Wirtschaftswissenschaft, diese Arbeit als gänzlich wertlos zu behandeln. Feministische Ökonominnen und Aktivistinnen für die wirtschaftliche Ermächtigung und Stärkung von Frauen versuchen die Regierungen und deren Berater dazu zu bringen, den Wert dieser unbezahlten Arbeit zu berechnen und in ihre Modelle aufzunehmen.

Die XX-Ökonomie hat nie einen gleichberechtigten Anteil des von ihr hervorgebrachten Wohlstands erhalten. Das liegt vor allem daran, dass Frauen die Güter ihrer Familien nicht gleichberechtigt besitzen. Weltweit liegt der Anteil der Frauen am Grundbesitz bei unter 20 Prozent. Weil Frauen fast nie Land besitzen durften, Grundbesitz aber über lange Zeit die größte Wohlstandsquelle war, verfügen sie heute weltweit über weit weniger Kapital als Männer. Selbst wenn der Wohlstand steigt und einzelne Frauen zu Reichtum gelangen, erhalten sie noch immer keinen fairen Anteil.[17]

Ein weiterer Grund für den geringeren Wohlstand von Frauen in der heutigen Zeit ist, dass sie historisch gesehen weder die Möglichkeit hatten, Geld privat und sicher aufzubewahren, noch es zu investieren. Die XX-Ökonomie wurde jahrhundertelang aus dem Finanzsystem ausgeschlossen. Erst in den 1970er-Jahren erlangten Frauen im Westen das Recht auf Bankkonten und Kreditkarten unter ihrem Namen. Frauen in den Entwicklungsländern kämpfen heute um dieselben Rechte. In der Finanzwelt ist die Geringschätzung von Frauen leider immer noch an der Tagesordnung, obgleich die Branche ein Eigeninteresse daran haben müsste, Frauen mit offenen Armen aufzunehmen. Banker protestieren mit dem Argument, Frauen seien Risikoinvestments, kümmerten sich um Babys statt um Geschäftliches und seien keine profitablen Finanzkunden. Keines ihrer Argumente sollte jedoch ernst genommen werden, weil diese Institutionen ihre Daten nicht geschlechtsspezifisch aufschlüsseln und derartige Ansichten somit schlicht auf Stereotypen statt auf Fakten basieren.[18] Sie wissen tatsächlich nicht, wovon sie reden.

In einer Welt, die sich allzu gerne für ihr offenes Finanzwesen und den Freihandel lobt, kämpft die XX-Ökonomie kontinuierlich mit geschlechterbasierten Hindernissen, die ihr den Markteintritt erschweren. In der westlichen Welt schlossen Gewerke, Gewerkschaften, Kooperativen und Wirtschaftsverbände Frauen über lange Zeit aus; in anderen Teilen der Welt ist das noch heute so. Doch vom weltweiten Finanzhandel, in dem die Märkte und Gewinne am größten sind, bleiben Frauen weiterhin fast gänzlich ausgeschlossen. Nur sehr wenige Frauen partizipieren am internationalen Handel oder ergattern große Verträge mit Institutionen – in beiden Wirtschaftsbereichen kontrollieren Männer unglaubliche 99 Prozent der Geschäfte. Dem IWF zufolge wäre ein ausgeglicheneres Geschlechterverhältnis im Welthandel vorteilhaft, weil Diversität Volkswirtschaften besser gegen Konjunkturflauten schützt und ihre Innovationskraft stärkt.[19]

Die XX-Ökonomie unterliegt auf den Märkten auch Zwängen, weil Frauen nur begrenzt Zugang zu produktiven Ressourcen haben. Frauen haben überall Schwierigkeiten, sich die Ausrüstung, Arbeitskräfte und Materialien zu beschaffen, die sie zur Gründung und zum Ausbau ihrer Firmen benötigen. Kunden und Zulieferer sind eher geneigt zu glauben, es sei in Ordnung, Frauen zu betrügen, sodass diese nicht die gleichen Gewinne erzielen können wie ihre männlichen Wettbewerber. Die Hindernisse sind systemisch, und dennoch werden Unternehmerinnen oft wegen des langsameren Wachstums ihrer Betriebe kritisiert. Ihre Gegner behaupten, Frauen hätten »einfach keine Ahnung vom Geschäftsleben« oder nähmen »wirtschaftliches Wachstum nicht ernst«.

Das effiziente Funktionieren eines Marktes setzt den freien Austausch von Informationen voraus. Selbst im digitalen Zeitalter haben Frauen dennoch nicht den gleichen Zugang zu Daten. Frauen in hoch entwickelten Ländern nutzen Ressourcen wie das Internet und Mobiltelefone genauso häufig wie Männer, doch im Rest der Welt besteht hinsichtlich des Zugangs zu Informations- und Kommunikationstechnologien eine große Lücke zwischen den Geschlechtern. Sie gründet in alten Traditionen, nach denen die Frauen zu Hause bleiben sollen und ihre Kommunikation mit der Außenwelt kontrolliert wird.

Die XX-Ökonomie hatte schon immer nur begrenzt Zugang zu Informationen, und zwar aufgrund der historischen, geschlechtsspezifischen Bildungshindernisse. Seit der Erfindung von Schrift und Mathematik haben die Gesellschaften die Bildung von Frauen begrenzt. In der Antike verbot man ihnen das Lesen und Schreiben, und auch heute sind erwachsene Frauen häufiger Analphabetinnen als jede andere Bevölkerungsgruppe auf der Welt. Über Jahrtausende hinweg konzentrierte sich Bildung für Mädchen, wenn es sie überhaupt gab, auf für die Hausarbeit nötige Fertigkeiten. Medizin, Finanzen, Regierung und

Führungsaufgaben waren den Jungen vorbehalten. Bis ins 19. Jahrhundert hinein durften Frauen nicht studieren, und einige Fächer, etwa Naturwissenschaften und Mathematik, gestatteten ihnen erst nach dem Zweiten Weltkrieg den Zugang. Frauen zogen in diesen Fächern während der 1990er-Jahre mit den Leistungen der Männer gleich, weil Regierungen ihnen endlich gleichberechtigten Zugang zum Unterricht in höherer Mathematik ermöglicht hatten.[20] Alle den Frauen unterstellten kognitiven Defizite waren demnach offenbar nicht durch unterlegene weibliche Gehirne begründet, sondern durch Gesellschaften, die den Frauen die Bildung verweigerten.

Heute bewegen sich die Frauen dieser Welt erstmals in der Geschichte auf eine Bildungsgleichheit mit den Männern zu. In den Industrieländern haben sie bereits den gleichen Bildungsgrad wie Männer erreicht oder sind sogar besser ausgebildet. Dennoch werden sie weiter daran gehindert, ihr Potenzial voll auszuschöpfen. In den G7-Staaten - USA, Großbritannien, Frankreich, Deutschland, Italien, Japan und Kanada - haben Frauen zwischen 25 und 54 Jahren mit 10 Prozent höherer Wahrscheinlichkeit einen höheren Bildungsabschluss als gleichaltrige Männer (Abb. 4). Obwohl Frauen in diesen Ländern einen großen Anteil am Arbeitsmarkt haben und die am höchsten spezialisierten Berufe mit den höchsten Bildungsanforderungen zu gleichen Teilen ausüben wie Männer, machen sie nicht in dem Maß Karriere, das ihrem Qualifikationsgrad entspricht: Männer bekleiden im öffentlichen wie im privaten Sektor doppelt so häufig Führungspositionen wie Frauen. Dieser fehlende berufliche Aufstieg ist ein Grund, warum Frauen in allen G7-Staaten nur 62 Prozent des Einkommens von Männern erreichen. Zugleich verfolgen in diesen Ländern 20 Prozent mehr Frauen als Männer einen höheren Bildungsabschluss. Wenn die Hindernisse, die die vorausgegangene Generation blockiert haben, nicht beseitigt werden, wird auch die nächste Kohorte junger Frauen nur langsam Karriere machen und in jeder Phase ihrer beruflichen Entwicklung eine zu niedrige Position innehaben.

Man stelle sich vor, wie viel in die Ausbildung dieser Frauen inves-

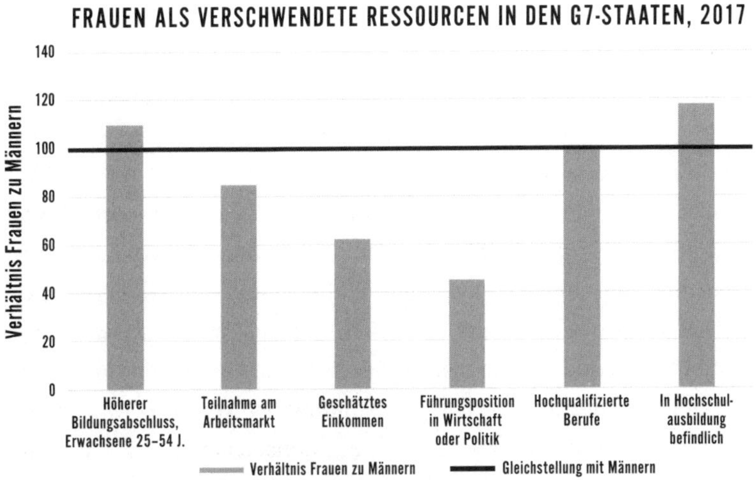

ABB. 4 Die Säulen zeigen wichtige Wirtschaftsindikatoren als Verhältnis von Frauen zu Männern. Die schwarze Linie markiert die Stelle, an der jeweils Geschlechterparität bestünde. Übersteigt eine Säule diese Linie, haben Frauen die Männer hier übertroffen; in den Säulen unterhalb der Linie ist noch keine Parität erreicht. Von links: Frauen haben Männer bei den höheren Bildungsabschlüssen um 10 Prozent übertroffen, erreichen 85 Prozent der männlichen Repräsentation auf dem Arbeitsmarkt, erhalten 62 Prozent des Einkommens der Männer, sind nicht einmal halb so oft in Führungspositionen vertreten, sind gleich häufig in hoch qualifizierten Berufen tätig und streben inzwischen um 20 Prozent häufiger einen höheren Bildungsabschluss an. *Quelle:* Weltwirtschaftsforum, *Global Gender Gap Report* (2017)

tiert wird: Familienersparnisse, Ausbildungsförderungen vom Staat und Stipendien, Spenden für Universitäten, Steuergelder. Diese Staaten leisten hohe Aufwendungen, um Frauen auszubilden, nutzen aber deren Talente zu wenig.

Ironischerweise steht den G7-Ländern langsames oder sogar Nullwachstum bevor – ein Problem, das durch die bessere Inklusion von Frauen gelöst werden könnte. Zudem besteht oder droht – je nach Land – ein Mangel an hoch qualifizierten Arbeitskräften, von denen es auch deshalb nicht genug gibt, weil die G7-Staaten viele ihrer leistungsfähigsten Bürger links liegen lassen. Die XX-Ökonomie könnte tatsächlich die Ressource sein, die weltweit am fahrlässigsten verschwendet wird.

Die Gleichberechtigung der Geschlechter ist allerdings genauso wichtig, um Kosten zu reduzieren, die das Wachstum bremsen. Häusliche Gewalt beispielsweise steht in enger Verbindung mit der ökonomischen Ungleichheit zwischen den Geschlechtern innerhalb von Gemeinschaften und ist für ein Land extrem teuer. Unabhängig vom Preis des menschlichen Leids, der nicht beziffert werden kann, fallen Polizeieinsätze, Aufenthalte in Notaufnahmen, Frauenhäuser, Krankschreibungen und psychologische Beratung an. All diese Faktoren können preislich beziffert und zur Berechnung der Kosten herangezogen werden. 2014 schätzte das Copenhagen Consensus Center, dass »Gewalt gegen Frauen durch Intimpartner« die Weltwirtschaft jährlich 4,4 Billionen Dollar kostet - das sind 5,2 Prozent des BWP. Das entspricht etwa dem Prozentsatz, den Nationen für Vor- und Grundschulbildung ausgeben, oder dem Dreißigfachen der weltweiten Ausgaben für internationale Hilfsleistungen. Weil Übergriffe im häuslichen Umfeld so häufig von Kindern miterlebt werden - und Jungen dazu neigen, das Verhalten als erwachsene Männer nachzuahmen -, setzen sich die wirtschaftlichen Auswirkungen in der Zukunft fort. Dieses Phänomen wird jedoch dramatisch verzerrt, weil die Gewalt durch Intimpartner in ärmeren, krisengeschüttelten Ländern mit der geringsten Gleichberechtigung zwischen den Geschlechtern höher ist: In Schweden beispielsweise haben 24 Prozent der Frauen häusliche Gewalt erlebt, während es in Afghanistan 87 Prozent sind.[21]

Natürlich ist eine Quote von 24 Prozent schwedischer Frauen viel zu hoch. Konzentrieren wir uns aber auf die 76 Prozent schwedischer Männer, die ihre Partnerinnen nicht verletzt haben und wahrscheinlich überhaupt noch nie gewalttätig geworden sind, im Vergleich zu nur 13 Prozent der Männer in Afghanistan. Statistisch gesprochen werden Männer (als Gruppe betrachtet) weitaus häufiger gewalttätig als Frauen - und Gewalt ist immer teuer. Doch in Ländern mit mehr Gleichberechtigung ist Gewalt *jeder* Art seltener. Darüber hinaus sinkt die Gewalt weltweit seit dem Zweiten Weltkrieg. Sogar die Anzahl lokaler zwischenstaatlicher Konflikte ist gesunken.[22]

Der Rückgang weltweiter Gewalt in den vergangenen 75 Jahren wird in der internationalen Forschung und Politik als »Langer Frieden« bezeichnet. Diesem Trend liegen die öffentlichen Institutionen UN und EU zugrunde, die in der Absicht gegründet wurden, einen weiteren Flächenbrand wie den Zweiten Weltkrieg zu verhindern, der mit 58 Millionen Todesopfern der blutigste Krieg in der Menschheitsgeschichte war. Die Organisationen, die vornehmlich Frieden schaffen sollten, nennen in ihren Satzungen die Gleichberechtigung der Geschlechter als ein Ziel. Experten führen den Rückgang gewaltsamer Auseinandersetzungen zwischen Staaten seit dem Zweiten Weltkrieg auf drei zentrale Faktoren zurück - nämlich auf die Ausweitung internationaler Wirtschaftsaktivitäten, die Ausbreitung der Demokratie und den dramatischen Anstieg der Gleichberechtigung.[23]

Die Nachkriegsordnung sollte die wirtschaftliche Aktivität von Militärausgaben weg und in Richtung des internationalen Handels steuern. Leider war der Westen in den frühen 1950er-Jahren durch die aggressive Haltung der Sowjetunion zur Aufrüstung gezwungen. Der damalige US-Präsident, General Dwight D. Eisenhower, beklagte diese Wiederaufrüstung:

> Jede Kanone, die gebaut wird, jedes Kriegsschiff, das vom Stapel gelassen wird, jede Rakete, die abgefeuert wird, ist letztlich Diebstahl an jenen, die hungern und nichts zu essen bekommen, die frieren und keine Kleidung haben. Eine Welt unter Waffen verpulvert nicht nur Geld allein. Sie verpulvert auch das Genie ihrer Wissenschaftler und die Hoffnungen ihrer Kinder [...]. So kann man in keiner Hinsicht leben. Unter der Wolke des drohenden Krieges hängt die Menschheit an einem eisernen Kreuz.[24]

Obwohl der internationale Handel zunahm und der Lange Frieden hielt, führte der Kalte Krieg zu einem massiven Wettrüsten. Die Welt gibt noch immer sehr viel Geld für Waffen aus: Die Vereinigten Staaten wenden mehr als die Hälfte ihres frei verfügbaren Budgets für das Militär auf. Unter Präsident Trump ist dieser Anteil stark gestiegen. Man stelle sich vor, wie viel Gutes mit nur einem Teil dieses Geldes bewirkt werden könnte. In diesem Buch diskutiere ich häufig Verbindungen zwischen Kriegerökonomie, männlicher Dominanz, allen Formen von Gewalt und der Verteilung wichtiger Ressourcen.

Die Zwänge, denen die XX-Ökonomie unterliegt, werden durch potenzielle Gewalt verstärkt. Wir wissen jedoch inzwischen, dass männliche Gewalttätigkeit nicht Teil unserer DNA ist. Wäre sie ein festes Merkmal, das wir nicht ändern können, würde die Zahl der Übergriffe nicht geografisch oder historisch variieren. Gewiss gäbe es auch keine Länder wie Schweden, in denen die überwältigende Mehrheit der Männer nicht gewalttätig wird.

Diese Fakten zwingen uns, zwischen zwei Gruppen von Männern zu unterscheiden: jenen, die Gleichberechtigung unterstützen, und jenen, die es nicht tun. Umfragen zeigen, dass vor allem in den westlichen Ländern die meisten Männer Grundprinzipien wie gleichberechtigtem Zugang zum Arbeitsmarkt, gleicher Bezahlung und gleichen Aufstiegschancen zustimmen. Dennoch gibt es weiterhin Männer, die der Präsenz von Frauen in der Wirtschaft und dem daraus folgenden Statusgewinn von Frauen ablehnend gegenüberstehen. Sie neigen dazu, wütend zu werden, wenn das Thema zur Sprache kommt, was wiederum das Verhalten anderer Männer in ihrer Umgebung beeinflusst. Derart reizbare Männer sind, anders als vernünftigere Geschlechtsgenossen, oft in Führungspositionen, weil ihre Arbeitgeber Aggression immer noch als Kernmerkmal einer Führungspersönlichkeit betrachten. Ich bin der Überzeugung, dass solches Gruppenverhalten und derartige institutionelle Normen die ökonomische Lücke zwischen den Geschlechtern deutlich vertiefen – doch weil jeder sofort den Fehler bei den Frauen sucht, geschieht dies unbemerkt. Im Folgenden werde ich deshalb die Rolle von Gruppen betonen und zwischen *einigen* und *den meisten* Männern differenzieren.

Eine der tragischsten Folgen der ökonomischen Ausgrenzung von Frauen ist, dass Frauen selbst wie Waren gehandelt werden. Der zu Beginn dieses Kapitels erwähnte Sklavenhandel ist ein globales Phänomen, und es ist größer als je zuvor. Mit ca. 70 Prozent ist die große Mehrheit der versklavten Menschen weiblich. Frauen werden meist aufgrund wirtschaftlicher Not Opfer von Menschenhandel, doch dieser Handel ist nicht auf arme Länder beschränkt, wie etwa die jüngsten Enthüllungen über Jeffrey Epsteins Zwangsprostitutionsnetzwerk zeigen. Wie in diesem Fall deutlich wurde, lassen die Institutionen, die gefährdete Frauen schützen sollen, diese oft im Stich. Nicht zuletzt aus diesem Grund kommt Kevin Bales, führender Experte für die Untersuchung des Menschenhandels, zu dem Schluss, der einzige Weg, die Welt von der Sklaverei zu befreien, sei die wirtschaftliche Ermächtigung der Opfer.[25]

Die XX-Ökonomie leidet auch unter Feindseligkeit am Arbeitsplatz und auf den Weltmärkten. Die meisten Frauen haben entweder selbst sexuelle Übergriffe am Arbeitsplatz erfahren oder kennen eine Frau, die dies erlebt hat. Diese Tatsache wurde jedoch so lange unter den Tisch gekehrt, dass die #MeToo-Bewegung für die meisten überraschend kam. Dabei gibt es diese Übergriffe in Fabriken und Hightech-Konzernen genau wie in Hollywood. Aufseher stellen Landarbeiterinnen nach und attackieren sie auf offenem Feld, wo niemand sie sieht oder hört. Risikokapitalgeber befummeln Frauen, die nach Investoren suchen, und verweigern die Unterstützung, falls die Frauen sich wehren. Gewalt in Zügen oder Bussen auf dem Weg zwischen Wohnung und Arbeit gefährdet Frauen tagtäglich. Es gibt keine Branche und kein Land, in dem Frauen absolut sicher sind.

Die XX-Ökonomie wird zudem ständig durch omnipräsente Ideologien gehemmt. Unternehmen und andere Organisationen sehen dieser Tatsache nicht gerne ins Gesicht, verstecken sich lieber hinter schicken, aber nicht ehrlich gemeinten Förderprogrammen für »Diversität« und beschönigen die Ideologien als »unbewusste Vorurteile« *(unconscious bias)*. Unbewusste Vorurteile sind bestimmte kognitive Phänomene, bei denen, salopp gesprochen, Wahrnehmungsgewohnheiten zu Kurzschlüssen in der mentalen Verarbeitung führen. Solche Kurzschlüsse führen zwar manchmal zu unbewusst unfairem Verhalten, gehen letztlich aber selbst darauf zurück, dass derartige Verbindungen im Gehirn bereits jahrelang geprägt wurden, nämlich durch die konstante Behauptung, Frauen seien weniger wert. Dennoch wird der Begriff inzwischen weithin verwendet, um – unbewusste oder offene – Diskriminierung zu beschönigen. Alle Formen der Diskriminierung als »unbewusste Vorurteile« zu bezeichnen erlaubt jenen, die bewusst Vorurteile pflegen, damit unbehelligt fortzufahren.

In männerdominierten Unternehmen – also solchen, in denen Männer mindestens 70 Prozent der Beschäftigten stellen – werden Frauen häufiger sexuell belästigt und diskriminiert. In diesen Organisationen werden jedoch auch männliche Angestellte häufiger schlecht behandelt. Mobbing und Autokratie spielen eine große Rolle. In männlich dominierten Branchen sind die Arbeitgeber eher »gierige Institutionen«, beanspruchen also die gesamte mentale und emotionale Energie ihrer Beschäftigten, zwingen diese, der Arbeit den Vorrang vor dem Privatleben (selbst der Familie und dem Schlaf) zu geben, und entwerten alle anderen Aktivitäten. Männer in solchen Organisationen haben bedeutend häufiger gesundheitliche Probleme, vor allem Herzerkrankungen. So entsteht das, was die Japaner *karōshi* nennen – Tod durch Überarbeitung.[26] Die ungesunde Arbeitsumgebung in diesen Firmen gründet zum Teil in der Gruppendynamik unter den Männern, die bei steigender Anspannung oft zu höherer Aggression und stärkerer negativer Einstellung gegenüber Frauen führt.

Ein ausgeglichenes Geschlechterverhältnis macht die Arbeitsplätze angenehmer und fairer und führt gleichzeitig zu besseren Geschäftsergebnissen. Eine Studie nach der anderen zeigt, dass die besten Ergebnisse von Teams erzielt werden, die aus Frauen und Männern bestehen: Sie produzieren bessere Produkte, generieren mehr Innovationen und höhere Gewinne. Aufsichtsräte mit mindestens 30 Prozent Frauen zeigen stark verbesserte Leistungen mit höheren Renditen, geringeren Risiken, besserer Unternehmensführung, verbesserter Verantwortlichkeit, fairerem Personalmanagement, mehr Transparenz, nachhaltigeren Prozessen und einer geringeren Tendenz zu unerhört hohen Gehältern oder Boni.

Regierungen und die Öffentlichkeit profitieren von divers zusammengesetzten Unternehmensführungen, weil die verbesserte Transparenz und die Reduktion der Risiken die Stabilität der Wirtschaft insgesamt schützen. Auch viele Vorteile für Gesellschaft und Umwelt lassen sich auf Werte zurückführen, die Frauen in die Unternehmensführung einbringen. Eine Studie der kalifornischen Universität Berkeley aus dem Jahr 2012 zeigte, dass Firmen mit mehr weiblichen Aufsichtsratsmitgliedern eher in erneuerbare Energien investieren, die Umweltfolgen ihrer Produktion und Verpackungen eher messen und reduzieren, Programme zur CO_2-Reduktion bei ihren Zulieferern implementieren, den Einfluss des Klimawandels in ihren Planungen und finanziellen Entscheidungen berücksichtigen, den Kunden beim Umgang mit den Risiken des Klimawandels helfen und Störfaktoren für Biodiversität minimieren oder umgehen.[27]

Die XX-Ökonomie führt deshalb zu einer Führungsethik, die die schlimmsten Impulse des patriarchalen Systems einhegen könnte. Weil Frauen historisch von der Welt der Hochfinanz und der schnellen Bereicherung ausgeschlossen waren, scheinen sie Risiken realistischer einzuschätzen als Männer. Da sie für das Großziehen der Kinder verantwortlich sind, scheinen sie die Frage der Kapitalrendite langfristiger zu betrachten als ihre männlichen Kollegen und langfristige Schäden (beispielsweise an der Umwelt) eher zu scheuen. Vielleicht wegen ihrer historischen Bindung an Haushalt und Beziehungspflege investieren Frauen eher in Gemeinschaften, spenden eher und erwarten von den Produkten und Anteilen, die sie erwerben, eher soziale Verantwortlichkeit.

In den reichen Ländern führt die Berücksichtigung der XX-Ökonomie zu mehr Effizienz und besserer Leistung, und sie reduziert zugleich Risiken und Verschwendung. In den ärmsten Ländern kann die Ermächtigung der XX-Ökonomie als Gegengewicht zu den desaströsen Tendenzen fungieren, die in Gesellschaften mit extremer männlicher Dominanz entstehen. Doch ihr größtes Potenzial könnte dazwischenliegen: die Schwellenländer (wie Brasilien, Indien und die Türkei) sind alle irgendwo zwischen den vergleichsweise besseren Gleichstellungsbedingungen der reichen Länder und der schwierigen Lage in den Konfliktgebieten angesiedelt. Diese Volkswirtschaften mittlerer Stärke arbeiten erfolgreich auf Stabilität und Wohlstand hin, bleiben aber angreifbar - nicht zuletzt, weil die Hälfte ihrer jeweiligen Bevölkerung durch die diskriminierende ökonomische Praxis so stark benachteiligt ist. In Schwellenländern kann die wirtschaftliche Ermächtigung von Frauen innerhalb der Haushalte Entscheidungsprozesse in der Familie gleichberechtigt machen, den Lebensstandard erhöhen, interpersonellen Stress vermindern und allen Familienmitgliedern neue Möglichkeiten eröffnen.

Frauen werden in jedem Land der Welt wirtschaftlich benachteiligt. Keine Gesellschaft hat bislang das Problem der Gleichberechtigung der Geschlechter gelöst. Es scheint, als seien Frauen innerhalb jeder einzelnen Gruppe auf diesem Planeten wirtschaftlich benachteiligt. Es gibt keine religiösen oder ethnischen Gruppen und keine gesellschaftliche Schicht, innerhalb derer Frauen ökonomisch die gleiche Autonomie genießen wie Männer. In jeder Kultur und Subkultur gibt es Raum für Verbesserungen - und für die Vorteile, die die wirtschaftliche Stärkung von Frauen mit sich bringt.

Nie zuvor hatten wir eine so deutliche Blaupause für die Reduzierung von Leid, das Erreichen von Gerechtigkeit und die Sicherung des Friedens. Nie zuvor war es möglich, mit der Lösung eines Problems gleichzeitig so viele andere zu beheben. Was wir erreichen können, ist jede Mühe, jedes Hilfsmittel und jede Investition wert. Für alle Frauen und Männer ist jetzt die Zeit gekommen, sich der Bewegung anzuschließen und der XX-Ökonomie zu mehr Einfluss zu verhelfen.

2

DIE WAHRHEIT HINTER BIG DATA

Grafiken zur Beschreibung der XX-Ökonomie können nur darstellen, was geschehen ist - über die Gründe der Ereignisse geben sie keine Auskunft. Wenn wir sinnvolle Veränderungen herbeiführen wollen, ist das Wissen um das, was hinter den Daten liegt, von entscheidender Bedeutung, damit unsere praktischen Maßnahmen nicht scheitern oder gar Schaden anrichten. Nach der Betrachtung des Datenmaterials nähern wir uns deshalb unserem Thema nun so weit wie möglich und suchen dabei eher nach einem Narrativ als nach einer Tabellenkalkulation. Am besten verständlich wird dieses Verfahren, wenn ich die Geschichte von unserem Binden-Projekt in Afrika zu Ende erzähle und einer ganz anderen Erzählung aus amerikanischen Business Schools gegenüberstelle.

Wir begannen unser Binden-Projekt 2008 in der Hoffnung, eine Antwort auf ein Phänomen zu finden, das in der Politik bereits sehr viel Aufmerksamkeit erhielt: Erste Daten zeigten einen eindeutigen Zusammenhang zwischen höherer Schulbildung von Mädchen und einem Anstieg des BIP. In den ärmsten Ländern reichte die Schulbildung der Mädchen jedoch nur selten über die Grundschule hinaus. Niemand wusste genau, warum die Mädchen abbrachen, aber es gab viele mögliche Erklärungen: Sie würden für die Hausarbeit benötigt, die Eltern gäben ihr Geld lieber für die Bildung der Söhne aus, und ältere Mädchen hätten sich um jüngere Geschwister zu kümmern.

In Ghana gab es den lokalen Mythos, Mädchen im Teenageralter brächen die Schule ab, weil sie zu materialistisch seien und Sex im Tausch für Mobiltelefone und neue Kleidung anböten. Solche Mädchen bekämen ihre »gerechte Strafe«, wenn sie schwanger würden und deshalb die Schule abbrechen müssten, erzählte man mir empört. Diese Geschichte klang zwar ziemlich selbstgerecht, doch sie erklärte zugegebenermaßen andere Daten, denen zufolge Schwangerschaften unter Jugendlichen zurückgingen, je mehr Mädchen eine Schule besuchten. Dieses umgekehrte Verhältnis zwischen Schulbesuch und Schwangerschaft schien logisch, aber es war noch immer nicht klar, warum einer der beiden Faktoren zum Anstieg des BIP führte (Abb. 5).

Wir gingen davon aus, dass es Mädchen in armen Gegenden an den nötigen Hygieneartikeln fehlte und sie mit Beginn der Menstruation jeden Monat mehrere Tage zu Hause blieben. Wir unterstellten, dass die Fehlzeiten zu schlechteren Leistungen führten, wodurch die Mädchen entmutigt wurden und schließlich die Schule abbrachen. Dann hatten sie keine andere Wahl, als zu heiraten und eine Familie zu gründen. Gelänge es uns, dieses Muster zu durchbrechen, würde die bessere Ausbildung der Mädchen zu höherer Teilnahme am Arbeitsmarkt und somit zu Wirtschaftswachstum führen – und die Mädchen hätten mehr Möglichkeiten. Der Lebensstandard würde sich verbessern und es gäbe mehr Steuereinnahmen. Stellten Regierungen Binden bereit, könnten sie davon so stark profitieren, dass sich die Ausgaben lohnen würden.

Unsere Hypothese war nicht abwegig: Betrachtet man den Moment *im Leben* – und nicht *in der Schule* –, in dem Mädchen die Schule abbrechen, scheint eine Verbindung zwischen der Menarche, also dem erstmaligen Einsetzen der Menstruation, und dem Abbruch der Schulausbildung wahrscheinlich (Abb. 6). Ungeachtet dieser Logik schlug uns Widerstand seitens der internationalen Hilfsorganisationen entgegen, weil niemand aus einem armen Dorf ihnen gegenüber jemals das Thema Menstruation problematisiert hatte.[1] Die US-Behörde für internationale Entwicklung (USAID) bezeichnete unsere Ideen als unseriös.

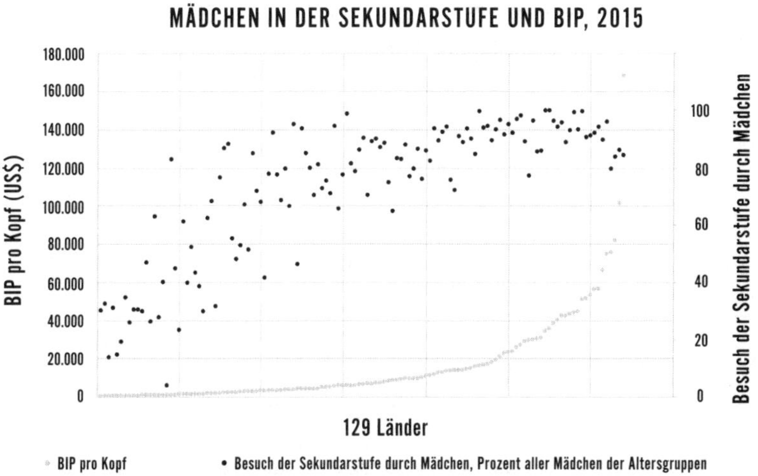

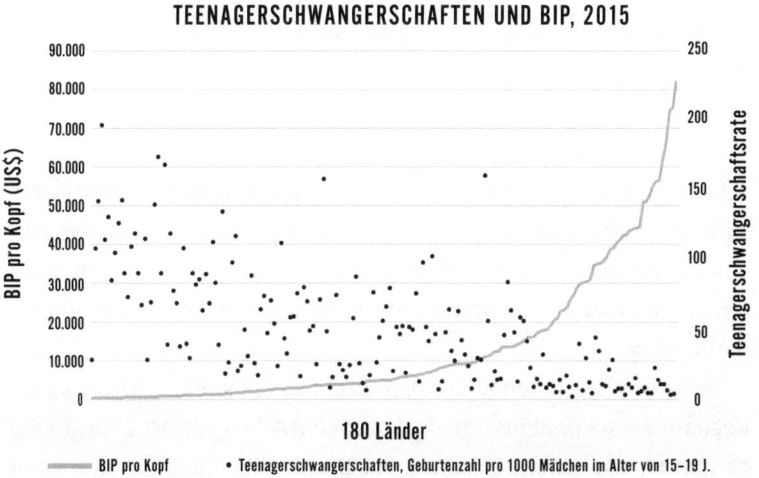

ABB. 5 Die obere Darstellung zeigt die Zunahme des BIP mit zunehmender Zahl an Mädchen, die länger zur Schule gehen. Der Zuwachs ist abhängig vom Schulbesuch, nicht vom Schulabschluss. Jedes Jahr, das ein Mädchen länger in der Schule bleibt, hilft ihr und ihrem Land. Die untere Grafik zeigt, dass das BIP auch dann steigt, wenn weniger Mädchen schwanger werden. Steigt der Schulbesuch in der Sekundarstufe, sinkt also die Zahl der Teenagerschwangerschaften – doch das BIP steigt in beiden Fällen.
Quelle: Datenbank der Weltbank, Zugriff 15.12.2018 (neueste verfügbare Daten)

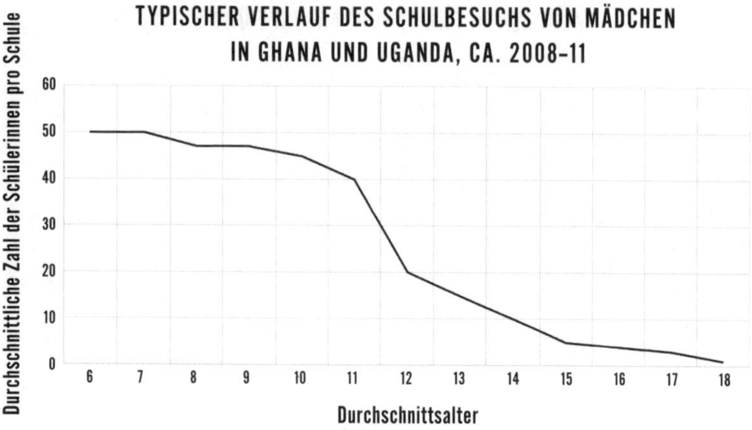

ABB. 6 Diese Grafik entstand aus Hunderten Fotos und Notizen, die meine Kollegen und ich über Schulbesuchsstatistiken in ländlichen Gebieten und Vororten in Ghana und später auch in Uganda anfertigten. (In Uganda wurde die randomisierte Studie durchgeführt.) Der Rückgang des Schulbesuchs zwischen Grund- und Sekundarschule – wenn die meisten Mädchen zwischen 11 und 14 Jahre alt sind – sieht, wie auf dieser Grafik, immer wie eine Skisprungschanze aus.

Andere hielten sie für Vorstellungen, die der westlichen Fantasie entsprungen waren. Damals versuchte man, Eltern mit Info-Postern davon zu überzeugen, dass Schulbildung für Mädchen eine gute Sache sei. Alle standen gleichermaßen hinter diesem Ansatz – und er funktionierte nicht.

Als meine britischen Kollegen in Accra zu mir stießen, baten wir die Regierung um Erlaubnis, mit der konkreten Arbeit vor Ort zu beginnen, bemühten uns um die Zustimmung der Ethikkommission und baten örtliche NGOs um Hilfe bei der Umsetzung unseres Testvorhabens. Wir scheiterten ein ums andere Mal. Die NGOs sagten, die Frauen hätten bereits Binden oder benützten ein tradiertes rituelles Mittel, das gut funktioniere. Diese Aussagen waren allerdings erfunden – niemand hatte je mit den Frauen selbst über das Thema Menstruation gesprochen.

Unsere letzte Chance, die Hilfe einer NGO zu gewinnen, war das Büro von CARE International in Kumasi, einer Stadt im Süden Ghanas.

Während der ersten 20 Minuten des Meetings waren mein Kollege Paul Montgomery und ich überzeugt, dass man uns erneut abweisen würde. Plötzlich betrat ein großer Mann den Raum, der sichtlich außer Atem war, weil er sich so beeilt hatte. Das Gespräch verstummte. Alle wandten sich ihm zu. Er erklärte, als er von unserem Projekt mit den Hygieneartikeln gehört habe, sei er in die Dörfer gefahren und habe die Frauen selbst befragt. Er sei eben erst zurückgekehrt. »Es ist ein echtes Problem«, sagte er und setzte sich. »Sie sprechen nur nicht darüber.« Wenig später fuhr der Mann uns in seinem Geländewagen in die Dörfer, sodass wir mit den Frauen sprechen und die Zustimmung der Dorfältesten einholen konnten.

Der große Mann, George Appiah, informierte die Chiefs immer vorab über unsere Ankunft, sodass der jeweilige Ältestenrat auf uns vorbereitet war. Ich liebte das Willkommensritual – eine Begrüßung durch singende, tanzende Frauen. Bei den Gesprächen und der Entscheidungsfindung selbst waren allerdings immer nur Männer anwesend, und wir mussten einen Weg aushandeln, die Frauen einzubeziehen.

An ein Dorf erinnere ich mich besonders deutlich. Wir saßen unter einem großen Baum. Der Rat bestand ausschließlich aus alten Männern. Wir fragten, ob einige Frauen hinzukommen könnten. Das sei nicht nötig, versicherte man uns. Wir beharrten darauf. Also versammelten sich die Frauen unter einem anderen Baum, der aber zu weit weg war, als dass wir uns gegenseitig hätten sehen oder hören können. Wir fragten, ob die Frauen bei uns sitzen könnten, da es sich doch um ein Frauenthema handele. Der Rat stimmte schließlich zu, und die Frauen durften zu uns kommen. Als wir das Problem erläuterten, blickten die Männer erst schockiert und dann peinlich berührt drein. Mit glasigen Blicken beschlossen sie, dies sei kein Thema, über das sie nachdenken oder sprechen wollten. Ich schlug vor, mit den Frauen an einem privateren Ort eine Übereinkunft zu finden. Die Männer reagierten erleichtert.

Wir gingen in ein leeres Klassenzimmer in der Schule, wo wir offen sprechen und den Frauen unser Vorhaben erklären konnten. Sie zeigten sich interessiert, hatten aber noch nie Binden gesehen und wollten nicht blind zustimmen. Ich hatte unterwegs an verschiedenen Kiosken Binden gekauft, um herauszufinden, welche Produkte zu welchen Preisen verfügbar waren. Ich zog sie hervor und holte eine halb volle Flasche warme Cola aus dem Auto. Die Frauen reckten die Hälse. Eine junge CARE-Mitarbeiterin goss Cola auf die Binde und hob sie hoch, um zu zeigen, dass die braune Flüssigkeit nicht heraustropfte. »Aaaah!«, riefen die Frauen alle zugleich und lachten. Ihre Anführerin, die sogenannte »Queen Mother«, verkündete, dass alle die Studie unterstützen würden.

Ehe wir mit dem eigentlichen Feldversuch begannen, befragten wir Hunderte Menschen in ganz Ghana – Lehrer, Krankenschwestern, Vertreter der Schule, Eltern und Schülerinnen. Wir fanden heraus, dass die Mädchen tatsächlich nicht zur Schule gingen, weil sie nur über improvisierte Hygieneartikel verfügten. Doch wir erfuhren auch, dass sie die Schule nicht aus akademischen Gründen abbrachen, sondern aufgrund von Zwangsheirat, Schwangerschaft, oder weil sie von zu Hause weggelaufen waren.

Mädchen, bei denen die Menstruation einsetzte, wurden von den Männern ihrer Gemeinschaft als »reif« betrachtet, erzählte man uns, und galten sowohl als heiratsfähig wie auch als sexuell verfügbar. Ihre Väter wollten sie in der Regel schnell verheiraten, um das Brautgeld zu erhalten – einen hohen Betrag, den der Bräutigam dem Brautvater im Tausch für die Tochter zahlt. Der gängige Preis für eine Frau betrug damals um die 500 Dollar. Dafür konnte der Vater eine Kuh kaufen und hatte noch 150 Dollar übrig. Die Verheiratung der Tochter entlastete die Eltern auch hinsichtlich des Schulgelds und der Verpflegung. Die frühe Verheiratung der Tochter erschien somit als gutes Geschäft.

Der Vater wählte als Bräutigam normalerweise denjenigen aus, der das beste Angebot machte, oder einigte sich mit einem etwaigen Gläubiger. Einmal fragte ich einen Lehrer in Ghana, ob Töchter ein Mitspracherecht bezüglich ihrer künftigen Ehemänner hätten. »Nein!«, bellte er. »Als Frau hast du nichts zu entscheiden!« Ich fragte nicht weiter, weil ich nicht wusste, ob es diese Praxis war, die ihn so aufbrachte, oder meine Frage.

Nach der Hochzeit zog die Tochter normalerweise zur Familie des Ehemanns - manchmal in ein weit entferntes Dorf - und musste von nun an alle etwaigen eigenen Einkünfte an den Mann oder dessen Verwandte abgeben. Die Eltern sahen deshalb keine wirtschaftlichen Vorteile in einem längeren Schulbesuch ihrer Töchter und investierten eher in die Bildung der Söhne. Diese blieben zu Hause, übernahmen den Hof oder Betrieb und unterstützten die Eltern im Alter. Diese kulturellen, in vielen Schwellenländern üblichen Übereinkünfte führten zu einer starken Bevorzugung von Söhnen.

Zu außerehelichen Schwangerschaften kam es bei Mädchen in Ghana aus unterschiedlichen Gründen, darunter auch die naheliegenden wie Leidenschaft und Kopflosigkeit. Häufig gab es jedoch auch Sex gegen Bezahlung, Güter oder eine Gefälligkeit, weil die Mädchen nicht viele Möglichkeiten hatten, Geld zu verdienen. Mädchen, die von Verwandten großgezogen wurden - was angesichts der Verbreitung von HIV/AIDS nicht selten vorkam -, wurde manchmal mit dem Einsetzen der Menstruation die wirtschaftliche Unterstützung entzogen. Den Verwandten zufolge waren sie ab diesem Alter Frauen und hatten selbst für sich zu sorgen. Mütter, Tanten und Großmütter berichteten uns, es würde erwartet, dass die Mädchen sich männliche Partner suchten, die sie unterstützten - vor allem, falls sie weiterhin die Schule besuchen wollten. Wurden sie schwanger, heirateten ihre Partner sie in manchen Fällen - andernfalls rutschten sie mit ihren Kindern tiefer in die Armut ab.

Allzu häufig waren Schwangerschaften das Ergebnis von Vergewaltigungen. Ich war schockiert darüber, wie häufig erzwungener Sex vorkam und in welchem Maß er toleriert wurde. Eine Studie an 50 000 Schulmädchen in zehn afrikanischen Ländern zeigte 2012, dass ein Drittel der 16-jährigen Mädchen bereits zum Sex gezwungen worden war, normalerweise ab dem 12. Lebensjahr (wahrscheinlich mit Einsetzen der Pubertät). Es kam häufiger zu erzwungenem Sex, wenn die

Dorfgemeinschaft den Tausch von Sex gegen Gefälligkeiten grundsätzlich eher positiv betrachtete. Viele Erwachsene waren selbst bereits zum Sex gezwungen worden.[2]

Sobald in der Dorfgemeinschaft bekannt wurde, dass bei einem Mädchen die Menstruation eingesetzt hatte, verfolgten Männer sie auf dem Schulweg. Diese Art von Stalking, die euphemistisch als *Eve-Teasing* bezeichnet wird, ist in Entwicklungs- und Schwellenländern weit verbreitet. Die »Lösung« nach einer Vergewaltigung besteht darin, dass der Täter das Mädchen heiratet und so die Angelegenheit gegenüber dem Vater des Mädchens bereinigt. Kaum jemand schien besorgt um die traumatisierten Mädchen, denn die von Männern ausgehende sexuelle Aggression war einfach Teil des Alltags. Viele öffentliche Kampagnen plädierten für sexuelle Abstinenz, doch offenkundig verschwanden Schwangerschaften und Geschlechtskrankheiten nicht einfach durch »Neinsagen«.

Uns war nun klar, dass viele Mädchen die Schule aufgrund von Schwangerschaften abbrachen, wie man sich erzählte – doch sie hatten es nicht auf schicke Kleider und coole Smartphones abgesehen. Vielmehr waren sie einem überwältigenden Druck ausgesetzt, sich auf sexuelle Beziehungen einzulassen, weil sie über keinerlei eigene wirtschaftliche Möglichkeiten verfügten. Ließe sich dieser Druck senken, würde das BIP zweifellos ansteigen – nicht nur, weil mehr Arbeitskräfte zur Verfügung stünden, sondern auch, weil die mit Teenagerschwangerschaften verbundenen gesellschaftlichen, gesundheitlichen und wirtschaftlichen Kosten sänken. Schätzungen der Weltbank zufolge könnten arme Länder zwischen 15 und 30 Billionen Dollar an verlorener Produktivität und entgangenem Einkommen sparen, wenn Mädchen die Schule bis zur 12. Klasse besuchen würden. Kinderehen kosten die Welt jedes Jahr 1,4 Prozent des globalen BIP – das sind im Durchschnitt jährlich 4 Billionen Dollar.[3]

Um das zu ändern, war es von entscheidender Bedeutung, die Menstruation geheim zu halten. Leider waren die von den Mädchen anstelle der Binden verwendeten Materialien äußerst verräterisch: Sie benutzten Stoffreste, die sie »fanden« und die meist von alten Kleidungsstücken stammten. Manchmal verwendeten sie auch Matratzenfüllungen oder andere saugfähige Materialien. Das funktionierte meistens nicht besonders gut, sodass häufig Blut durch ihre Kleidung drang. Geschah das in der Öffentlichkeit, waren sie »enttarnt«.

Doch es geht noch schlimmer. Stoff muss gewaschen und getrocknet werden, aber in den Häusern gab es häufig kein fließendes Wasser. Oft hatten die Mädchen auch keine Seife oder keinen privaten Rückzugsort, an dem sie die Sachen hätten trocknen können. Sie wuschen den Stoff in Flüssen, die oft nicht sauber waren, und trockneten ihn in einem geheimen Versteck - häufig unter dem Bett, wo es dunkel und schmutzig war. Weil Stoff Mangelware war, mussten sie jeden Fetzen mehrfach verwenden, selbst wenn er noch feucht war. Nach ein oder zwei Tagen sonderte der Stoff einen eindeutigen Geruch ab, den jeder erkannte und manch einer öffentlich kommentierte. Die Gesundheitsbehörden rieten den Mädchen zwar, den Stoff in der Sonne zu trocknen, aber die Zurschaustellung der blutigen Fetzen in der Öffentlichkeit machte die Mädchen noch verwundbarer. Männer in Nordghana berichteten meinen männlichen Kollegen, der Anblick blutiger, vor dem Haus zum Trocknen aufgehängter Stoffstreifen sei erregend, weil er bedeute, dass das Mädchen im Haus »reif« sei.

Eine unzureichende Infrastruktur verschlimmerte die Situation weiter. Es gab oft nur wenige, weit auseinanderliegende Schulen. Die Überquerung schlechter Straßen glich bisweilen einer Klettertour. Die improvisierten Binden verrutschten in der Unterwäsche der Mädchen und erhöhten die Wahrscheinlichkeit verräterischer Flecken auf der Kleidung. Die Schulen verfügten oft nicht über eigene Toiletten, oder diese waren versperrt. Manche Schulen hatten nur eine gemeinsame Toilette für Jungen und Mädchen, und es gab oft kein Wasser zum Reinigen.

Mädchen, die während ihrer Periode zur Schule gingen, machten sich den ganzen Tag Sorgen über Flecken auf der Kleidung. Die Lehrmethoden trugen ihren Teil zu ihrer Angst bei, denn der Unterricht basierte auf Vorsprechen (durch den Lehrer) und Rezitieren (durch die Schüler). Antworteten die Schüler auf Fragen, hatten sie aufzustehen. Die Angst vor Flecken auf der Rückseite der Röcke hinderte Schülerinnen an der Beteiligung, und die Angst vor Entdeckung senkte den Lernerfolg.

Mädchen, die während der Unterrichtszeit menstruierten, verließen deshalb oft das Klassenzimmer und zogen sich versteckt im Unterholz um, was – zumal mit Stofffetzen – ein ziemlich unangenehmes Unterfangen war. Während sie mit heruntergezogener Unterhose im Gebüsch saßen, waren sie leichte Beute für Männer, die in der Nähe auf eine Gelegenheit lauerten. Die existierenden Praktiken erhöhten also das Risiko, entdeckt zu werden – mit Konsequenzen, die über eine reine Bloßstellung weit hinausgingen.

Wegwerfbinden wären unter diesen Umständen von Vorteil, aber wir wussten, dass es im Westen Leute gab, die aus Umweltschutzgründen für Stoffbinden statt Wegwerfprodukten plädieren würden. So führten wir an einer Mittelschule einen kurzen Test mit mehreren Stoffversionen durch. Wir fanden heraus, dass die Mädchen – sofern sie das Geld hatten und die Produkte erhältlich waren – sogar dann Wegwerfbinden kauften, wenn sie die Stoffbinden von uns kostenlos bekamen. Sie verzichteten lieber auf Essen als auf die Binden. Doch in den meisten abgelegenen Dörfern waren Wegwerfbinden nicht verfügbar – es gab ein Verteilungsproblem.[4] Menstruationstassen und Tampons kamen nicht infrage: Einen Fremdkörper innerhalb des Körpers zu tragen war für eine Jungfrau ein starkes Tabu.

Diese Umstände führten dazu, dass wir zunächst keine Stoffprodukte, sondern handelsübliche Binden für unseren Test verwendeten, die wir selbst in die entsprechenden Regionen lieferten – und zwar aus folgendem Grund: Wegwerfbinden sind sauberer. Wir vergessen gerne, dass sie mit gutem Grund als *Hygieneartikel* bezeichnet werden. Alle Stoffbinden führen – ungeachtet ihrer Beschaffenheit – zu hygienischen Problemen. Handelsübliche Binden sind außerdem weitaus zuverlässiger: Der Plastikklebestreifen schützt nicht nur vor dem Durchfeuchten, sondern fixiert die Binde auch an der Unterhose und trägt dazu bei, dass sie binnen Sekunden gewechselt werden kann. Für unseren Versuch wählten wir ein Modell, das notfalls acht Stunden lang trocken hält. Aufgrund von Mangelernährung fiel die Menstruation in vielen Fällen weniger stark aus, als wir es im Westen kennen, sodass die meisten Mädchen mit einer Binde täglich auskamen und selbst bei stärkerem Blutfluss nur zwei benötigten. Sie brauchten also nur einen Zehnerpack monatlich. Die Kosten von nur einem US-Dollar waren auch in sehr armen Regionen erschwinglich. Bis auf den Plastikstreifen auf der Unterseite waren die von uns verwendeten Binden zudem biologisch abbaubar. Doch wir hatten ohnehin eine Lösung für das Wegwerfproblem: Der ugandische Ingenieur Moses Musaazi hatte einen kleinen Brennofen erfunden, der auf der Damentoilette direkt an die Wand montiert werden konnte. Die Mädchen konnten ihre Binden dort unbemerkt entsorgen. Ein Streichholz genügte, um die Binden bei einer für Medizinabfälle vorgesehenen Temperatur emissionsfrei zu verbrennen.

Zu bedenken ist in der globalen Umweltdebatte auch, dass Mädchen im Westen zudem vier- bis sechsmal so viele Binden verwenden und die notwendigen Mittel haben, um ihre Kleidung sauber zu halten. Dort ist es leichter, nachhaltig mit der Situation klarzukommen. Arme afrikanische Schülerinnen sollten nicht für die Sünden der reichen Länder büßen müssen.

Es war nicht schwer, die Mädchen von unserem Vorhaben zu überzeugen. Sie wussten, dass Bildung ihre größte Chance auf ein besseres Leben ist. Einige Mädchen, die ältere Schwestern hatten, versuchten, ihre bereits eingesetzte Monatsblutung vor den Eltern zu verbergen. Zugang zu sauberen, wirksamen, gut fixierbaren Wegwerfbinden konnte ihre Privatsphäre schützen und ihre erste sexuelle Erfahrung vielleicht hinauszögern. Wenn die sekundären Geschlechtsmerkmale sichtbar wurden, konnten die Mädchen die Pubertät nicht länger verstecken, aber wenn die Binden ihnen auch nur einige Jahre mehr Zeit gaben, bedeutete dies für sie, ihre Kinder und ihre Gesellschaft einen enormen Unterschied. Sollten die Mädchen aber in die Lage versetzt werden, ihr Schicksal selbst zu bestimmen, mussten sie im Vorhinein von der Menarche erfahren. Wir erfuhren, dass selbst innerhalb der Familien kaum über Menstruation gesprochen wurde. Die Mädchen sahen das erste Blut, gerieten in Panik und erzählten es ihren Müttern, die daraufhin den Vätern mitteilten, es sei Zeit für die Heirat. Mit Erlaubnis der Elternhäuser und Schulen erprobten wir also nicht nur die Verteilung kostenloser Binden, sondern führten auch eine Art »Pubertätserziehung« ein.

Die ersten Untersuchungsergebnisse aus Ghana zeigten, dass die Mädchen nach Erhalt der Binden und der Informationen über die Pubertät mehr Zeit in den Schulen verbrachten. Die folgende große, randomisierte Studie in Uganda lieferte immerhin einige Hinweise darauf, dass der kombinierte Einsatz von Binden und Information die Zahl der Schulabbrüche verringern würde.[5] Doch wir wussten inzwischen, dass eine solche Intervention weder den sexuellen noch den wirtschaftlichen Druck beenden würde und dass die Binden deren Auswirkungen höchstens verzögern konnten. Wirkliche Entscheidungsfreiheit für Mädchen konnte nur erreicht werden, wenn das negative männliche Verhalten aufhörte – also der Verkauf der Töchter an die Meistbietenden und das *Eve-Teasing*.

Kurz nach dem Abschluss des Pilotversuchs in Ghana flog ich mit Catherine Dolan, meiner langjährigen Forschungskollegin, nach Bangladesch. Wir untersuchten dort ein »ländliches Verteilungssystem«. Dabei handelt es sich um ein Verkaufsnetzwerk, das arme Frauen in ländlichen Regionen dafür bezahlt, Güter direkt an Haushalte zu verteilen. Unser NGO-Partner CARE Bangladesch hatte das System eingeführt, doch die CARE-Mitarbeiter wollten auch andere Maßnahmen erproben und uns einige davon demonstrieren. Eines Nachmittags wollten wir gerade ein sogenanntes »Informationsschiff« besuchen – eine Fähre mit Kommunikationstechnologie, die Frauen in ländlichen Gebieten Zugang zum Internet ermöglichte. In diesem Moment fragte man uns, ob wir warten könnten, da jemand eigens einen weiten Weg auf sich genommen habe, um mehr über unser Binden-Projekt zu erfahren. Ein Auto hielt, und ein großer, junger Mann sprang heraus. Sobald er in Hörweite war, stellte er sich als Leiter eines Schulsportprogramms für Mädchen vor. Viele der Mädchen brächen das Programm mit Einsetzen der Pubertät ab. Der Mann begleitete uns auf der Bootsfahrt, um weiter mit uns zu sprechen.

Was er beschrieb, ähnelte stark der Situation, die wir in Ghana kennengelernt hatten. Es gab nur zwei Unterschiede: Zum einen hat außerehelicher Sex für ein Mädchen in Bangladesch weit ernstere Konsequenzen. Auch dort arrangieren die Väter die Ehen für ihre Töchter, doch wenn ein Mädchen außerhalb des väterlichen Arrangements Sex hat, kann es nicht mehr verheiratet werden, und damit hat es die Familie »entehrt«, und zwar auch dann, wenn es Opfer einer Vergewaltigung geworden ist. Die männlichen Verwandten begehen noch immer sogenannte »Ehrenmorde« - eine schockierende, auch im Nahen Osten verbreitete Praxis. Mädchen, die sich der Entscheidung der Väter widersetzen, werden hart bestraft und manchmal durch Säure entstellt oder blind gemacht. Weil *Eve-Teasing* auch in Bangladesch verbreitet ist und die Risiken hoch sind, nehmen viele Eltern ihre Töchter aus der Schule.

Der zweite kulturelle Unterschied besteht darin, dass in Bangladesch kein Brautgeld gezahlt wird, sondern eine Mitgift. Im Mitgift-System bezahlt die Familie den Bräutigam dafür, dass er die Tochter heiratet. In Bangladesch fällt die Mitgift astronomisch hoch aus und kann bei armen Familien mehrere Monatseinkommen betragen. Die Mitgift ist niedriger, wenn die Mädchen jung sind, sodass ein hoher wirtschaftlicher Anreiz besteht, sie früh zu verheiraten. Vor allem in Kulturen mit Mitgift-System werden Mädchen als ein so großes finanzielles Risiko betrachtet, dass sie von den Eltern manchmal schon als Säuglinge getötet werden. Die in Bangladesch häufige Tötung weiblicher Föten oder Neugeborener ist bzw. war in Indien und China so weit verbreitet, dass dort ein gefährlicher Männerüberschuss herrscht.

Entsetzt hörten Catherine und ich dem jungen Mann zu. Uns wurde klar, dass die so speziell und lokal begrenzt scheinenden Umstände in Ghana die Ausformung eines weltweiten Musters sein könnten. Zwischen Ghana und Bangladesch gab es offensichtliche kulturelle Unterschiede, aber die Mechanismen – *Eve-Teasing* und Väter, die ihre Töchter verkaufen – glichen einander, genau wie die Folgen: Mädchen wird potenzielle Autonomie verweigert, sie werden in Abhängigkeit von Männern gebracht und andernfalls ausgestoßen, entstellt oder gar getötet.

Zehn Jahre später ist die kostenlose Bereitstellung von Binden in der Entwicklungshilfe üblich. NGOs und Regierungen stellen heute sicher, dass Mädchen damit versorgt sind, und das Thema hat sich zu einem eigenen Forschungsgebiet entwickelt. Örtliche Unternehmen stellen bezahlbare, umweltfreundliche Binden her und kümmern sich um Möglichkeiten zu deren Entsorgung. Eines Tages rief mich die Leiterin der Gruppe für Wasser- und Sanitäranlagen der UN an und fragte nach Binden für eine politische Planungsrunde. Sie erklärte mir ihre aktuelle Debatte und sagte, das Komitee halte Würde, nicht Bildung, für das eigentliche Problem und den Zugang zu Binden für ein Menschenrecht. Ich empfand Stolz darüber, wie viel wir erreicht hatten. Doch wären wir auf Basis der Makrodaten vorgegangen, die von außenstehenden Beobachtern erhoben worden waren – und den Status quo damit erklärten, dass die Mädchen sich für schicke Kleidung prostituierten, nicht auf ihre schulischen Leistungen vertrauten oder ihren Müttern im Haushalt helfen würden –, hätten wir deutlich danebengelegen und uns auf die falschen Lösungsansätze konzentriert.

Derzeit führe ich eine Studie in Uganda durch, die untersucht, ob Mobile-Banking-Konten Frauen auf dem Land helfen, die Kontrolle über ihre Einnahmen zu behalten. In den 2000er-Jahren akzeptierten die von uns befragten Mütter, dass ihre Töchter heirateten, statt die Schule zu beenden, und kritisierten sie, wenn sie schwanger wurden oder von zu Hause wegliefen. Frage ich heute die Mütter der neuen Generation, wofür sie sparen, sagen sie, sie wollten sicherstellen, dass ihre Töchter weiter zur Schule gehen können. Die Frauen sagen dies unabhängig davon, ob sie selbst eine Schule besucht haben oder nicht. Sie hoffen, dass die Lebenswege ihrer Töchter anders verlaufen werden als ihre eigenen. Wenn wir diesen Müttern zu wirtschaftlicher Unabhängigkeit verhelfen, können sie ihre Töchter besser unterstützen.

Wenn wir den Blick nun auf die Vereinigten Staaten richten, drohen wir leicht, in die gleiche Falle zu tappen: Die bloße Konzentration auf quantitative Daten führt zu einer Schlussfolgerung, die Frauen in ein schlechtes Licht rückt und wirkungslose praktische Maßnahmen nach sich zieht. Zwar handelt es sich hier um andere Daten, doch zwischen den beiden sehr verschiedenen Situationen gibt es überraschende Gemeinsamkeiten.

Die Menschen in den westlichen Industrieländern haben natürlich ihre eigenen geschlechterbezogenen Probleme. Gut ausgebildete Bewohner und Bewohnerinnen dieser Länder glauben nicht selten, sie seien nicht von Geschlechterdiskriminierung betroffen, doch selbst unter Fakultätsmitgliedern von Eliteuniversitäten herrscht noch immer extreme geschlechtsspezifische Benachteiligung. 2014 gingen zwei Geschichten über die fehlende Gleichberechtigung der Geschlechter durch die US-Presse. Die erste handelte von unabhängigen Untersuchungen, denen zufolge Frauen sich an der Business School der University of California in Los Angeles (UCLA) keineswegs willkommen fühlten. Die zweite erzählte, wie die Harvard Business School (HBS) sich selbst ein »gender makeover« verpasste.[6]

Auf Einladung von Bloomberg schrieb ich in einem Blogbeitrag, dass der Statistik zufolge an allen US-amerikanischen Business Schools Geschlechterdiskriminierung herrscht. Daten der Association to Advance Collegiate Schools of Business zeigten, dass den Fakultäten weniger als 30 Prozent Frauen angehörten (Abb. 7). Die große Mehrheit von ihnen hatte befristete Stellen, und die höchsten Posten wurden gänzlich von Männern dominiert. Frauen waren ungeachtet ihrer Berufserfahrung unterbezahlt. Das Problem bestand nicht in der Einstellungspraxis, sondern im Verschleiß: Frauen gaben ihre Positionen schneller auf, als neue eingestellt wurden. Das größte Defizit herrschte an finanzwissenschaftlichen Fakultäten, die landesweit zu 80 Prozent männlich besetzt waren. Männer hatten dort 90 Prozent der ordentlichen Professuren inne (im Gegensatz zu Assistenz- oder außerordentlichen Professuren). Die Finanzwissenschaft hatte auch den größten Gender Pay Gap aller Fachbereiche. Ich schloss meinen Beitrag mit dem Aufruf an die Universitäten, sich diesen Belegen für die Ungleichbehandlung zu stellen, statt sie wie üblich zu vertuschen.[7]

Die finanzwissenschaftlichen Fakultäten hatten jedoch eine Erklärung parat: Frauen seien nicht gut genug in Mathematik, um in diesem Fachgebiet Erfolg zu haben. Ein Professor der Finanzwissenschaften von der UCLA antwortete in der *Huffington Post* auf meinen Blogbeitrag. Er behauptete, Bemühungen zur Beschäftigung von mehr Frauen würden die Qualität der Fakultäten senken.[8]

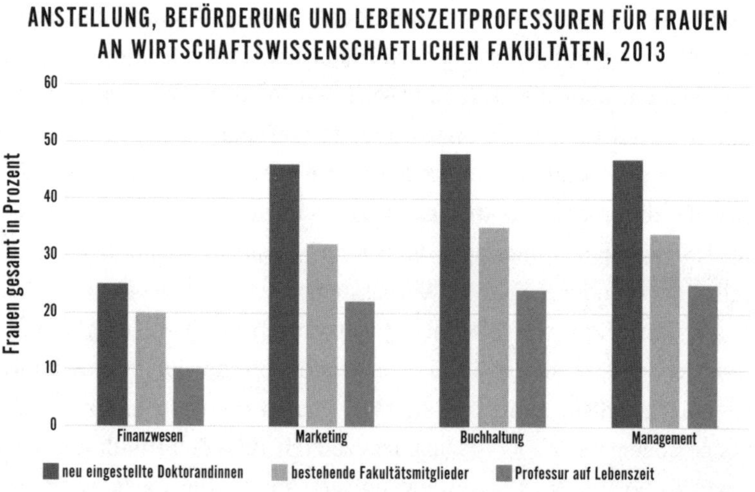

ABB. 7 Die Grafik zeigt den prozentualen Anteil von Frauen unter den Fakultätsmitgliedern der vier häufigsten wirtschaftswissenschaftlichen Abteilungen. Zu beachten ist, dass die Finanzwissenschaften weniger Frauen direkt »von der Uni weg« aus den Graduiertenschulen einstellen, weniger von ihnen behalten und weniger auf die höchsten Positionen befördern als jede andere Abteilung.
Quelle: American Association of Collegiate Schools of Business

Andere - weibliche wie männliche - Fakultätsmitglieder der UCLA kontaktierten mich privat und monierten, mein Beitrag verallgemeinere das Geschlechterproblem, indem er suggeriere, es beziehe sich auf alle Business Schools, während die Situation an der UCLA doch besonders schlimm sei. Irritierend sei auch, dass die Fakultät von einer der wenigen Dekaninnen an US-Business Schools geleitet werde, die sich der Sache aber nicht annehme - diese Sorge wurde später durch einen weiteren unabhängigen Bericht bestätigt.[9]

Ich sah mir das Ranking der Business Schools der *Financial Times* an. Die UCLA zählte tatsächlich zu den Fakultäten mit dem geringsten Frauenanteil, war damit aber in bester Gesellschaft: Die niedrigsten Frauenquoten hatten Fakultäten von Eliteuniversitäten wie Columbia, Chicago und Harvard. Doch andere angesehene Universitäten wie Yale, U.C. Berkeley oder die Northwestern hatten mehr weibliche Fakultätsmitglieder und zeigten damit, dass es möglich war, eine gute Uni zu sein und gleichzeitig ein besser ausbalanciertes Geschlechterverhältnis zu haben.

Die Universitäten mit wenigen weiblichen Fakultätsmitgliedern hatten noch etwas gemeinsam: Alle hatten enorm große Fakultäten für Finanzwissenschaften, deren Mitglieder meist kurz vor oder bereits im Rentenalter waren.[10] Die älteren Professoren hatten in den 1970er-Jahren zu unterrichten begonnen, also während der Anfänge der Frauenbewegung. Sie mussten die Auswirkungen der ersten Programme für »affirmative action« direkt gespürt haben. Ab 1972 übte die US-Regierung großen Druck auf die Universitäten aus, mehr Frauen einzustellen. Irgendwie hatte diese Handvoll angesehener wirtschaftswissenschaftlicher Fakultäten vier Jahrzehnte durchlaufen, in denen Diversität eine hohe Priorität hatte - ohne sich zu verändern. Das war nur möglich, wenn sie sich dieser Entwicklung bewusst entgegengestellt hatten. Diese Leute hatten es gelernt, die Gleichberechtigung der Geschlechter zu verhindern, da war ich mir sicher.

Die Frauenbewegung der 1970er-Jahre stand auch der konventionellen amerikanischen Ehe skeptisch gegenüber, in der die Frauen zu

Hause blieben und die Männer die Rechnungen bezahlten. Ich vermutete, dass die meisten dieser Männer mit Hausfrauen verheiratet waren, weil das damals die Norm war. Später konnte ich diese Vermutung bestätigen. Ich wollte es genau wissen, weil die Forschung zeigt, dass mit Hausfrauen verheiratete amerikanische Männer eher der Meinung sind, Organisationen würden sich mit der Einstellung von mehr Frauen selbst schaden. In diesem Glauben treffen diese Männer Entscheidungen, die qualifizierte Frauen am beruflichen Aufstieg hindern. Sie wollen eine klare Trennlinie zwischen der privaten Welt und der Arbeitswelt - und beharren darauf, dass Frauen zu Hause bleiben. Ein Mann von der UCLA sagte: »Ich kann mir das nicht vorstellen. Wer arbeiten will, muss arbeiten. Kinder, Eltern etc. rechtfertigen keine unterschiedlichen Maßstäbe. So etwas regelt man zu Hause.« Weibliche Fakultätsmitglieder der UCLA gaben an, es werde oft über sie hergezogen: »Ich habe gehört, wie jemand sagte: ›Sie ist so produktiv - bestimmt ignoriert sie ihre Kinder.‹ Und jemand anders hat gesagt: ›Sie ist eine schreckliche Mutter‹.«[11]

Diese älteren Professoren der Finanzwissenschaften waren darüber hinaus in einer Zeit aufgewachsen, in der amerikanische Frauen fast gänzlich aus dem Finanzsystem ausgeschlossen waren. Damals teilten sich die meisten Frauen Bankkonten mit ihren Ehemännern oder erhielten ein »Haushaltsgeld« in bar. Sie konnten selbstständig keinen Kredit aufnehmen und keine Kreditkarte beantragen. Viele wussten nichts über die finanzielle Situation ihrer eigenen Familien, da es weithin als Aufbegehren betrachtet wurde, wenn Frauen ihre Männer danach fragten. Die Vorstellung, eine Frau könne eine Lebenszeitprofessur für Finanzwissenschaften bekleiden, musste diesen Herren geradezu lächerlich erscheinen.

Die älteren Professoren waren des Weiteren an wirtschaftswissenschaftlichen Abteilungen ausgebildet worden, weil es damals noch keine eigenen Promotionsprogramme in den Finanzwissenschaften gab. Die Ökonomie hing damals der Philosophie Milton Friedmans an, der später den Nobelpreis erhielt und dessen Denken der Öffentlichkeit durch populäre Bücher und Fernsehsendungen nahegebracht wurde. Friedman wandte sich gegen beinahe jede Form staatlicher Einmischung in die Wirtschaft – etwa Quotenregelungen – und war der Überzeugung, die Märkte behandelten alle gleich. Wenn Individuen mit ihrer wirtschaftlichen Situation nicht zufrieden waren, hatten sie das allein sich selbst zuzuschreiben. Auch die unverantwortlichste Vorstellung, der je ein Wirtschaftswissenschaftler erlegen ist, stammt von Friedman – nämlich der Gedanke, Unternehmen hätten keine soziale Verantwortung gegenüber ihren Standorten und sollten sich ausschließlich darauf konzentrieren, Profite für ihre Anteilseigner zu generieren.

Auch die Harvard Business School hatte ein Geschlechterproblem, bekannte sich aber immerhin dazu. Der damals neue Dekan Nitin Nohria hatte Harvards erster Präsidentin versprochen, mit einem mutigen Programm das ungleiche Geschlechterverhältnis an der Business School zu verbessern. Sogar das Online-Magazin *Slate* musste Nohria echtes Engagement zugestehen: »Öffentlich gezeigte Zerknirschtheit ist neu für die HBS, an der künftige Börsenmakler und Aufsichtsräte ausgebildet werden. Wenn der Wille, Fehler einzugestehen und Traditionen zu hinterfragen, von einem Ort des Anspruchsdenkens und der Privilegien kommt, ist das vielleicht Grund genug zum Feiern.«[12] Nohria identifizierte die Probleme und ging sie direkt an: Es gab trotz gleicher Zulassungsqualifikationen nur wenige weibliche Fakultätsmitglieder, das Klima unter den Studenten und Studentinnen war toxisch, und die Lehrmaterialien bevorzugten Männer. Noch wusste niemand, wie die Fakultätsmitglieder der Harvard Business School, die von Finanzwissenschaftlern dominiert wurden, darauf reagieren würden.

Ich konnte der Dramaturgie dieses Narrativs nicht widerstehen. Ich beschloss, hinter die Zahlen zu blicken, indem ich an US-Business Schools Interviews zur Geschlechterfrage führte. Meine Gesprächspartner gingen echte Karriererisiken ein, weil das Sprechen über Geschlechterfragen tabu war. Das Oxforder Aufsichtsgremium für Ethik in der Forschung verlangte deshalb, dass ich personenbezogene Informationen vertraulich behandeln müsse. Also nenne ich hier keine Namen oder Universitäten aus den betreffenden Interviews. Als Gesprächspartner (beiderlei Geschlechts) wählte ich WirtschaftsprofessorInnen aus den gesamten USA, darunter von sechs Eliteuniversitäten, sowie von staatlichen Universitäten und einigen weniger renommierten Unis. Ich wählte GesprächspartnerInnen, die sowohl herausragende WissenschaftlerInnen als auch erfahrene Lehrende waren. Alle von ihnen hatten volle Professorenstellen.

Meine GesprächspartnerInnen gaben zunächst der innerhalb der Fakultäten herrschenden, von den Finanzwissenschaften propagierten Ideologie die Schuld. Sie sagten, der »extremen Marktwirtschaft« – wie einige es bezeichneten – liege der Ansatz zugrunde, der Markt sei perfekt und unaufhaltsam und dabei weder irrational noch einer bestimmten Seite zugeneigt. Was auch immer der Markt an Ungleichheit hervorbringe, sei das richtige Ergebnis. Was immer die Menschen brauchten, werde automatisch zur Verfügung gestellt, und was nicht produziert werde, sollten die Menschen auch nicht haben. »Heldenhafte Anstrengungen«, das Tun der Märkte zu ändern, seien zum Scheitern verurteilt.

Die meisten der von mir Befragten verachteten diese »extrem marktorientierte« Ausrichtung, die vor 50 Jahren in Mode gewesen sein mochte, aber unter »echten Ökonomen« nicht mehr gelte. Sie sagten auch, die Anhänger der extremen Marktwirtschaft seien zu verblendet für rationale Argumente. »Sie lassen keine anderen Erklärungen zu«, sagte ein Finanzprofessor,* der sich davon distanzierte. »Sie betrachten es als Religion ... Mit Leuten, die an so etwas glauben, kann man nicht reden, also kann man auch nichts dagegen tun.« »Sie halten

* Die Wahl der männlichen Form ist in diesen Fällen streng als generisches Maskulinum zu verstehen. Gemäß der oben genannten Ethikrichtlinien hat die Autorin auch das Geschlecht einzelner Interviewpartner nicht offengelegt. Im Deutschen ergibt sich daraus leicht das Missverständnis, es habe ich ausschließlich um männliche Gesprächspartner gehandelt, das hiermit ausgeräumt werden soll (A. d. R.).

sich nicht nur für objektiv, sondern auch für unfehlbar«, sagte ein Arbeitsökonom mit Erfahrung an Business Schools. »Diese Arroganz ist erstaunlich.« Den Befragten zufolge ist die extreme Marktorientierung zugleich die Begründung für die Untätigkeit hinsichtlich der Geschlechterdiversität. Liefere der Markt keine qualifizierten Frauen, die Professorinnen der Finanzwissenschaften werden können, müssten die Business Schools eben warten, bis die unsichtbare Hand sanft einige Frauen auf der Türschwelle absetze.

Um das zu glauben, muss man auch der Überzeugung sein, die Verfechter der extremen Marktorientierung seien in der Lage, die Qualifikation der Bewerber und Bewerberinnen objektiv zu beurteilen. Doch genau hier lag das Problem: An der UCLA beispielsweise hatten die Finanzprofessoren sehr enge Vorstellungen von qualifizierten Kandidaten und Kandidatinnen, und ihre Kolleginnen erfüllten diese Kriterien nicht. Selbst das oberste Tenure-Komitee der Universität hatte bereits Entscheidungen der Business School über Lebenszeitprofessuren von Frauen rückgängig gemacht. Universitäten greifen äußerst selten in solche auf Abteilungsebene gefällten Entscheidungen ein. Es handelte sich also um ein Warnsignal: Die angesehensten Wissenschaftlerinnen und Wissenschaftler waren der Meinung, dass Frauen an der Business School systematisch benachteiligt würden.

Die Evaluation der Qualifikation von Professoren und Professorinnen hinsichtlich Einstellung, Lebenszeitanstellung oder Beförderung hängt von dem Urteil ab, das sich die Fakultät über die Forschungsarbeit des Kandidaten oder der Kandidatin bildet. Bei extremer Marktorientierung folgt gute Forschung der Annahme, die Märkte seien richtig und fair. Nur quantitative Methoden sind dann akzeptabel. Im Vergleich zu anderen Disziplinen müssen astronomisch viele Datenpunkte - nämlich Millionen statt Hunderte oder Tausende - geliefert werden. Nur monetäre Daten wie Aktienpreise und Einnahmen, die im normalen Geschäftsbetrieb erhoben werden, zählen.

Die Forschung wird in zwei Stereotypen unterteilt: Die »harte« Wissenschaft ist demnach quantitativ, arbeitet mit großen Datenmengen, stimmt mit dem Glaubenssystem überein, ist objektiv, schwierig und wird von Männern betrieben. »Weiche« Forschung ist qualitativ, arbeitet mit kleinen Datenmengen, steht dem Glaubenssystem kritisch gegenüber, ist subjektiv, einfach und wird Frauen zugeschrieben. Den von mir Befragten zufolge würden Frauen abgewiesen, weil sie »weiche« Wissenschaft produzierten. Einige sagten, wenn eine Frau »harte« Forschung betreibe, würde sie kritischer beäugt und verdächtigt, die mathematischen Teile von männlichen Kollegen erledigen zu lassen.

Wie die meisten Unterscheidungen zwischen »Männerarbeit« und »Frauenarbeit« halten auch diese Stereotype der Praxis nicht stand. Man stelle sich beispielsweise einen Ökonomen mit extremer Marktorientierung vor, der seine Daten aus sekundären Quellen erhält und nie selbst erhebt. Er sitzt in Boston oder Los Angeles am Computer, nippt an seinem Latte Macchiato und tippt auf der Tastatur herum. Man vergleiche nun dieses Szenario mit den Feldstudien aus Afrika und Bangladesch, die ich eben beschrieben habe. Wir haben unsere Tollwut- und Tetanusimpfungen aufgefrischt, uns einer Malariaprophylaxe unterzogen und Antibiotika eingepackt, ehe wir zwischen 10 und 30 Stunden im Flugzeug zubrachten. Dann fuhren wir stundenlang mit einem Lastwagen durch zum Teil unwegsames Gelände und brachten zwölfstündige Arbeitstage zu, ohne eine saubere Toilette nutzen, uns die Hände waschen oder etwas essen zu können. Jedem Projekt gingen monatelange Planungen voraus. Komplexe Budgets mussten erstellt und viele Unterstützer gewonnen werden. Wir produzierten Massen sowohl qualitativer als auch quantitativer Daten. Doch aus Sicht der Anhänger der extremen Marktwirtschaft sind die sekundären, vom Latte Macchiato trinkenden Mann manipulierten Daten »hart«, unsere Forschungen dagegen »weich«.

Die Forschung wird nach einem aus der Ökonomie importierten Ritual beurteilt: Es besteht in einem Seminar, in dem potenzielle Beschäftigte, Kandidaten und Kandidatinnen für eine Beförderung sowie Doktoranden und Doktorandinnen ihre Arbeit vorstellen und die männlichen Professoren einander darin übertreffen, die Präsentationen mit vernichtender Kritik zu überziehen. Eine Professorin auf Lebenszeit an einer Fakultät einer der Top-5 Universitäten erinnerte sich: »Beim Bewerbungsgespräch hatte ich das Gefühl, dass die Fragen unfair waren. Nicht nur, weil die Bewerberinnen Frauen waren, sondern auch, weil sie so jung waren. ... Die altgedienten Fakultätsmitglieder waren äußerst herablassend – eine entsetzliche Reaktion. Die Mehrheit der Fakultätsangehörigen ist männlich und lebt in einer vergangenen Ära.«

An Business Schools mit geringem Frauenanteil herrscht insgesamt eine respektlose, sarkastische und aggressive Atmosphäre. Eine sehr angesehene Frau einer Eliteuniversität beschrieb eine Fakultätsversammlung so: »Im Raum sind 65 Menschen, davon 60 Männer. Man kann das Testosteron förmlich spüren und sich vor Alphamännchen kaum retten.« Rein männliche Mittagessensrunden sind weithin üblich; Besuche von Sportveranstaltungen oder abendliche Scotch-Verkostungen sind für die Fakultätskultur von zentraler Bedeutung. Selbst in gemischtgeschlechtlichen Kontexten sind derbe Witze nicht selten: »Eine der jüngeren Fakultätsangehörigen, die jetzt an [einer anderen guten Universität] arbeitet, erzählte mir von einer Beobachtung, die traurig stimmt: ›Es sind gar nicht einmal die Witze übers Arschficken, die mich so deprimieren, sondern die subtileren sexuellen Anspielungen.‹ Diese bestanden ihr zufolge darin, dass Geschichten über andere zum Besten gegeben wurden, deren Moral stets lautete: ›Eine Anstellung auf Lebenszeit erhält man nur als Mann, der in einer traditionellen Beziehung mit einer Hausfrau lebt, die ihn unterstützt.‹« Eine Gruppe »reifer« Fakultätsmitglieder machte sich Sorgen, solche Gespräche könnten »eine Kultur der sexuellen Belästigung« schaffen, und beriefen ein Treffen ein, um dies zu unterbinden. Einer der Beschuldigten fühlte sich angegriffen und betrachtete die Forderung als Einschränkung seiner intellektuellen Freiheit. »Aber: ›Dreckige Witze und intellektuelle Freiheit sind nicht in derselben Kategorie.‹«

Wie die junge Frau in dieser Geschichte, die letztlich an eine andere Universität wechselte, empfanden viele Frauen - selbst, wenn sie eine Lebenszeitprofessur ergattert hatten - ihr Umfeld als unterdrückend und unfreundlich. Viele hatten jedoch Ehemänner, die aufgrund ihrer eigenen beruflichen Situation nicht umziehen konnten oder wollten. In der Wissenschaft ist ein Arbeitsplatzwechsel gleichbedeutend mit einem Wechsel der Universität, was in fast allen Fällen einen Umzug beinhaltet. Diese Frauen fühlten sich also an einem Arbeitsplatz gefangen, an dem sie keine Wertschätzung erfuhren. Die männlichen Fakultätsmitglieder erkannten diesen begrenzten Handlungsspielraum und schienen in der Annahme gestärkt, ihr negatives Verhalten ohne Angst vor Konsequenzen fortsetzen zu können.

Obwohl die Finanzwissenschaftler für das toxische Klima verantwortlich sind, werden sie mit den höchsten Gehältern, besten Büros und meisten Assistenzstellen belohnt. Ihre Vorgesetzten riskieren keine Disziplinarmaßnahmen. Das Kräfteungleichgewicht macht es den »Guten« schwer, sich zu widersetzen - und es gibt gute Leute an all diesen Universitäten. Sie beugen sich jedoch meist lieber, als eine Konfrontation zu riskieren. Auch die Frauen äußern sich nur selten. Eine Beschäftigte einer Business School, an der zu 88 Prozent Männer arbeiteten, berichtete mir, sie melde sich in Fakultätssitzungen nie zu Wort, weil sie sich dann fühle, als ginge ihr »ein Rudel Pitbulls an den Hals«. Ob Frauen oder Männer das Geschlechterproblem in Fakultätsdiskussionen aufbringen - die Alphamännchen reagieren stets höchst empört und setzen sich wütend zur Wehr. Um diesem Ärger aus dem Weg zu gehen, folgen die anderen Fakultätsmitglieder einem Kodex des Schweigens.

Mehrere von mir Befragte erzählten von einer Ausnahme - einer angesehenen Universität im mittleren Westen, deren finanzwissenschaftliche Fakultät eine ungewöhnlich große Zahl von Frauen ausgebildet, eingestellt und dauerhaft beschäftigt hatte. Eine Frau von dort berichtete mir, ihre Fakultät sei so anders, weil der erste Dekan auf höflichen Umgangsformen der Mitglieder untereinander bestanden habe.

Ich fand es bemerkenswert, dass normale Höflichkeit zu einem derart großen Unterschied führte.

Die meisten weiblichen Fakultätsangehörigen an Business Schools haben auch mit Aggressionen seitens der Studenten zu kämpfen. Unter männlichen MBA-Studenten wird eine Vorrangstellung nicht selten durch das systematische Niedermachen eines oder einer Lehrenden errungen. Weil diese Studenten glauben, Frauen könnten von Natur aus nicht mit Zahlen umgehen, besteht ihre Lieblingstaktik darin, eine Professorin während des Unterrichts bei einem Rechenfehler zu ertappen. Einem Bericht zufolge plante eine Gruppe männlicher MBA-Studenten, eine weibliche Lehrkraft bis zum Ende des Semesters zum Weinen zu bringen. Die Studenten erreichten ihr Ziel weit vor Ablauf der Frist. Die Universitäten disziplinieren MBA-Studenten normalerweise nicht, sodass weibliche Fakultätsmitglieder über keinerlei Handhabe gegen sie verfügen.

Auch Studentinnen leiden unter dieser aggressiven Atmosphäre. Einige der Top-Universitäten bemerkten, dass Studentinnen ihr Studium zwar mit den gleichen Qualifikationen begannen wie die Männer, dass ihre Leistungen aber während des ersten Semesters sanken. Finanzwissenschaftliche Seminare, in denen männliche Dozenten und Studenten sich Berichten zufolge gegenüber Frauen respektlos verhielten und ihre Antworten belächelten, hatten besonders negative Auswirkungen. Frauen, die eine Karriere in den Finanzwissenschaften angestrebt hatten, wechselten ins Marketing, weil sie glaubten, für die Finanzwissenschaften einfach nicht geeignet zu sein. Weil das toxische Verhalten an den Fakultäten die Karriereentscheidungen beeinflusst, wird es in die Geschäftswelt hineingetragen, vor allem in den Finanzsektor.

Harvards ehrlichstes Eingeständnis war, dass die an der Universität eingesetzte berühmte Methodik der Lehre anhand von Fallstudien zur Benachteiligung bei der Benotung führte. Bei dieser Methode erhalten die Studenten und Studentinnen die schriftliche Darstellung einer wirtschaftlichen Problemstellung aus dem echten Leben und sollen im

Unterricht einen Lösungsansatz vorstellen. Die Professoren benoten sie anhand der Häufigkeit der Beteiligung, nicht anhand der Inhalte, und tragen die Noten nach dem Seminar gemäß ihrer Erinnerung ein. In schriftlichen Prüfungen erbrachten Frauen die gleichen Leistungen wie Männer, nicht aber bei der Beteiligung an der Seminardiskussion, die 50 Prozent der Note ausmachte. Nachforschungen zeigten, dass die Professoren männliche Studenten öfter aufriefen und sich häufiger an sie erinnerten. Als das System geändert wurde und die Professoren angehalten waren, beide Geschlechter – mit Unterstützung eines Protokollanten – gleichermaßen aufzurufen, kehrte sich der Notenunterschied drastisch um. In diesem Jahr erhielten so viele Frauen Preise und Anerkennung wie nie zuvor in der Geschichte der Harvard Business School.

Als das erste Jahr des Geschlechterexperiments vorbei war, stimmten in einer internen Umfrage 70 Prozent der Professoren-, Studenten- und Mitarbeiterschaft der Harvard Business School überein, dass die Initiative die Atmosphäre verbessert habe. An der UCLA waren die Ergebnisse weniger positiv. Die Universität gab einen weiteren unabhängigen Bericht in Auftrag, diesmal bei der Beraterfirma Korn Ferry. Diese fragte die Fakultätsmitglieder, ob die Universität mit höherer Geschlechterdiversität ein besserer Ort wäre. 78 Prozent antworteten mit Ja. Eine kleine Gruppe missmutiger Männer, etwa 20 Prozent der Fakultätsmitglieder, hielt alle anderen jedoch in Geiselhaft und berichtete Korn Ferry, sie litten unter »umgekehrter Diskriminierung«. Das war doch recht gewagt an einer Fakultät, die zu 90 Prozent aus Männern bestand und an der Männer alle Entscheidungsprozesse kontrollierten.[13]

Der Bericht von Korn Ferry benannte die Probleme klar und kritisierte die Führung, schlug aber wenig aussichtsreiche Gegenmaßnahmen vor: Mentoren für neue Fakultätsmitglieder, Coaching für die Führung, Zusammenarbeit der Fakultätsmitglieder bei der Planung der Diversität und Weiterbildung über unbewusste Bevorzugung für alle. Keine dieser Maßnahmen adressierte das Hauptproblem: Die Mächtigsten waren strikt gegen Diversität, ignorierten die Wünsche der restlichen Fakultätsmitglieder, fühlten sich mit ihrer Bevorzugung eines Geschlechts im Recht und erklärten sich angesichts der Versuche der Gleichbehandlung von Frauen selbst zu Opfern. Einige Jahre später erneuerte die Universität den Vertrag mit der Dekanin, obwohl diese nachgewiesenermaßen die Geschlechterdiversität nicht verbessert hatte. Die weiblichen Fakultätsmitglieder mussten daraus schlussfolgern, dass niemand auf der Führungsebene der Angelegenheit Bedeutung beimaß und die extrem marktorientierten Männer mit ihrem Rachefeldzug fortfahren konnten.

Anhand dieses Beispiels zeigt sich erneut, dass die konventionelle Erklärung der vorhin erwähnten Grafiken falsch ist: Man muss wirklich an eine Menge rückwärtsgewandtes Gewäsch glauben, um anzunehmen, alle Frauen auf der Welt seien so schlecht in Mathematik, dass keine von ihnen die Anforderungen einer Business School erfüllen könnte. Doch für die Faktoren, die das alternative Narrativ stützen, gibt es keine »harten« Daten: Es gibt keine quantitative Bemessungsmethode für Mobbing, beleidigende Witze beim Mittagessen, missgünstige alte Männer, desinteressierte Verwaltungsmitarbeiter, absurde Forschungsanforderungen und toxisches Verhalten, mit dem das Verschwinden der Frauen aus den Fakultäten der Business Schools zu erklären wäre.

Die Erklärung bestand an jeder individuellen Universität vielmehr in Vorurteilen gegen Frauen: Sie seien Schlampen, selbstsüchtig oder dumm. Empirische Beweise dafür gab es keine. Im Fall des Afrika-Beispiels wäre der nächste, kurzsichtige Schritt, den Mädchen bessere Werte zu vermitteln, indem man Abstinenz predigt, »gefallene« Mädchen sozial ausgrenzt und jene rühmt, die sich widerstandslos verheiraten lassen. Weil die Mädchen so wenig Kontrolle über ihre eigene Sexualität haben und oft aufgrund wirtschaftlicher Zwänge Sex für Gegenleistungen haben, würden solche, an den *Scharlachroten Buchstaben* erinnernde Maßnahmen selbstverständlich nicht wirken. Wer das Problem wirklich angehen will, muss das aggressive Verhalten der Männer oder die Heiratspraxis hinterfragen. Doch die Menschen stellen sich patriarchalen Normen im Allgemeinen ungern entgegen, selbst wenn sie so destruktiv wirken wie in diesem Fall.

An den Business Schools hieß es, die Frauen beherrschten die Mathematik nicht und könnten somit die für den Erfolg nötige »harte« Forschung nicht durchführen. Wären Frauen *tatsächlich* aus biologischen Gründen schlecht in Mathe, könnte man nicht viel dagegen tun. Und genau das wollten die Professoren für Finanzwissenschaften: nichts tun. Wenn die Frauen richtig rechneten, änderten die Finanzwissenschaftler ihr Narrativ, um die Vorurteile aufrechtzuerhalten: Sie behaupteten nun, in diesen Fällen müsse ein Mann geholfen haben. Das tatsächliche Problem war hier also der fehlende Respekt vor Frauen. Solche Männer lassen sich höchstwahrscheinlich nicht davon überzeugen, dass sie falsch liegen.

In beiden Fällen lag die Ursache für die Zahlen also nicht bei den Frauen, sondern bei den Männern, die ihren Willen über die von ihnen dominierten Institutionen durchsetzten, indem sie sowohl die Entscheidungsprozesse als auch die Kontrolle über die Ressourcen monopolisierten. Die Forschung zeigt, dass aggressives männliches Verhalten so lange fortbesteht, wie es belohnt wird.[14] An Business Schools werden die Aggressoren an den Fakultäten am höchsten bezahlt und verlangen universelle Unterordnung. Väter in Afrika werden für den Verkauf ihrer Töchter bezahlt und erhöhen zugleich ihr Ansehen gegenüber anderen Männern. Selbst Vergewaltiger bekommen Sex ohne Konsequenzen und gerieren sich als Helden, was ihnen wiederum Statusgewinn bringt.

Auch andere für die XX-Ökonomie, für das weibliche Kapital typische Merkmale finden sich in beiden Fällen. Patriarchen entscheiden für alle anderen. Sie zwingen Frauen Heiratsnormen auf, obwohl die Frauen sich Bildung und Autonomie wünschen, statt den Erwartungen zu entsprechen, die sie als servil und aufopferungsvoll sehen wollen. Fruchtbarkeit wird auf beiden Kontinenten als stumpfe Waffe eingesetzt: Die afrikanischen Mädchen werden gezwungen, Kinder zu bekommen, und die amerikanischen Frauen stehen unter dem Druck, die Mutterschaft der Arbeit zu opfern oder umgekehrt. In beiden Fällen können Frauen die Früchte der Bildung nicht ernten, weil das Patriarchat bestimmte Vorstellungen von der Rolle einer Ehefrau hat.

Beide Fälle veranschaulichen einen in der XX-Ökonomie verbreiteten Zustand: Wie unwirtlich die Umgebung von Frauen auch sein mag, sie sind an die Ortswahl ihrer Ehemänner gebunden und können sich nicht einfach an einen anderen, besseren Ort begeben. Das Schweigen führt zum Fortbestand solch negativer Situationen. In der Studie mit den Binden konfrontierten wir das weltweit virulente Tabu der Menstruation. An den Business Schools perpetuierte das Schweigen die Ungleichheit zwischen den Geschlechtern und erlaubte den Alphamännern, Konfrontationen und Schuldzuweisungen zu umgehen. Das Verbot, Geschlecht zu thematisieren, ermöglichte den Business Schools, weiterhin keine Verantwortung für ihre toxische Kultur zu übernehmen. Der Kodex des Schweigens ließ die fehlende Gleichberechtigung zwischen den Geschlechtern in beiden Fällen als schambesetzt erscheinen und machte die Auseinandersetzung damit noch unwahrscheinlicher.

2014 waren die von mir untersuchten Fakultäten zu 80 Prozent männlich. Dieses Verhältnis führte zu Problemen für die Frauen, aber auch zu Autokratie und Mobbing unter den Männern. Kleine Gruppen aggressiver Männer, die Frauen ablehnend gegenüberstanden, übten eine unverhältnismäßige Kontrolle auch über jene Männer aus, die den Umgang mit den Frauen als unfair empfanden. Die aggressiven Männer pflegten strenge, traditionelle Vorstellungen von einem – insbesondere in der Ehe – Männern und Frauen je angemessenen Verhalten, und sie wehrten sich, wenn das kritisch hinterfragt wurde.

In der Psychologie wird diese Empfindlichkeit gegenüber Konflikten der Geschlechterrollen als »prekäre Männlichkeit« oder »masculine gender role stress« (MGRS) bezeichnet: Männer, die den traditionellen Vorstellungen von Männlichkeit zu stark anhängen, reagieren mit übermäßigem Ärger auf jedwede Herausforderung der Geschlechterrollen, selbst wenn diese trivial oder subtil ausfällt.[15] Wirtschaftliche Dominanz ist für diese Männer ein besonders sensibles Thema. Psychologen erklären dieses Verhalten mit dem Verweis auf das Bedürfnis der Männer, sich das ganze Leben hindurch »das Mannsein verdienen« zu müssen. Dieser beständige Druck mache manche Männer besonders empfindlich für das konstante Risiko, als ungenügend zu gelten. Werden diese Männer direkt konfrontiert, reagieren sie mit unverhältnismäßigem Ärger und müssen ihr Mannsein bekräftigen, um sich wieder zu beruhigen. In Labortests und Feldstudien bauen sie den Ärger ab, indem sie auf Dinge einschlagen, riskantes Verhalten zeigen, Geld ausgeben oder dem Glücksspiel nachgehen. Im echten Leben trinken solche Männer – statistisch, als Gruppe betrachtet – viel, schlagen ihre Frauen, betreiben Glücksspiel und nehmen Drogen. Gemeinsam ist allen prekären Männern, dass sie, wenn sie sich bedroht fühlen, jeden Vorschlag ablehnen, der die Gleichberechtigung der Geschlechter impliziert oder thematisiert. Wichtig ist es, hier mit Nachdruck zu betonen, dass prekäre Männer eine kleine Minderheit darstellen. In den hier genannten Studien stellten die Männer, die *nicht* so reagierten, zwischen 60 und 80 Prozent der Teilnehmer.

Dennoch hat ihre Anwesenheit Auswirkungen auf die gesamte Gruppe. Wo MGRS-Männer den Ton angeben, geraten auch »normale« Männer hinsichtlich der Anforderungen des Mannseins unter Stress und verhalten sich anders, als sie es üblicherweise tun würden – indem sie etwa schweigend zustimmen oder selbst aggressiv werden. Diese Reaktion hat in keiner Weise mit den Frauen zu tun, sondern signalisiert anderen Männern Loyalität und Geltung als Mann. Im Ergebnis solidarisieren sich die Männer gegen die Frauen und verhindern eine produktivere Reaktion. Im Folgenden unterscheide ich zwischen der verärgerten Individualreaktion (prekäre Männlichkeit) und der Gruppenreaktion, die ich als »Verbrüderungseffekt« bezeichne.

Es ist interessant, wie die älteren Professoren der Finanzwissenschaften bei der Stellenbesetzung, der Ausbildung, dem Management, der Beförderungspraxis und den Gehaltsentscheidungen anderen

Männern gewissermaßen modellhaft Techniken der Ausgrenzung und Aggression vorleben. Sie hatten jahrzehntelang Zeit, männliche Neuankömmlinge zu lehren, was es heißt, innerhalb ihrer Bruderschaft *ein Mann zu sein*. Eine Form der Aufrechterhaltung der Bruderschaft ist, neue männliche Mitglieder aufzunehmen und Frauen zugleich auszuschließen. So wird es schwieriger, eine Frau zu befördern, ohne aus der Gruppe auszuscheren.

Forschungen zufolge lässt sich diese Situation auflösen, indem man das Geschlechterverhältnis der Gruppe verändert, also die Zahl der Frauen erhöht. Eine Daumenregel besagt, dass das Problem ab einem Frauenanteil von 30 Prozent geringer wird und bei einem Anteil von 40 Prozent nahezu verschwunden ist. Doch die Business Schools geraten hier in die gleiche Zwickmühle, mit der sich auch andere männlich dominierte Organisationen konfrontiert sehen: Sie müssen das Geschlechterverhältnis *trotz* der toxischen Umgebung ändern, können aber Frauen *wegen* dieser toxischen Umgebung nicht zum Bleiben bewegen.

An den Business Schools wurden seit 2014 Anstrengungen unternommen, die denen des HBS-Dekans Nitin Nohria ähneln. Im Ergebnis konnten die meisten Fakultäten ihren Frauenanteil in den vergangenen fünf Jahren tatsächlich in beeindruckendem Maß erhöhen. Eine zentrale Strategie zur Aufweichung der alten Strukturen war, gleich viele Männer und Frauen in die MBA-Programme aufzunehmen – typisch gewesen war ein Missverhältnis von 70 zu 30 oder schlechter. Laut meinen Interviews wirkte sich die Veränderung des Geschlechterverhältnisses innerhalb der Studentenschaft sofort positiv auf die dort herrschende Kultur aus, weil sie die Aggressionen reduzierte. Die Fakultätsmitglieder gaben an, den Unterschied sofort gespürt zu haben. Die zweite Strategie bestand in der Reduzierung der Zahl der finanzwissenschaftlichen Seminare, vor allem im ersten Semester. Auf diese Weise haben die Männer aus den Finanzwissenschaften weniger Gelegenheit, den Ton anzugeben, indem sie Studenten für Aggressionen belohnen und Studentinnen niedermachen. Indem sie die

Studierenden im ersten Semester zu gleich mehreren finanzwissenschaftlichen Seminaren verpflichteten, hatten die Fakultäten die entsprechenden Professoren auch als Rollenmodelle präsentiert. Eine geringere Anzahl solcher Seminare zu Beginn des Studiums gab anderen Fakultätsmitgliedern den Raum, als Vorbilder in Erscheinung zu treten, besonders in Seminaren über Führung oder Wirtschaftsethik, die schon per se positive Effekte haben. Insgesamt reagierten die Business Schools auf das problematische Geschlechterverhältnis, indem sie einige der zugrunde liegenden institutionellen Probleme adressierten. Und dieser Ansatz funktionierte eindeutig.

An den Beispielen aus Afrika und den Vereinigten Staaten lässt sich eine weitere sehr wichtige Lektion über männliches Verhalten ableiten: In beiden Fällen gab es »gute Männer«, von denen einige sogar Widerstand leisteten. Die Frauen an der UCLA hatten Fürsprecher unter den Männern, und auch an den anderen Universitäten gab es Männer, die Geschlechterdiversität unterstützten – wie etwa Nohria, der Dekan der HBS, der das Problem wirklich begriffen zu haben schien. Im Fall der Afrika-Studie gab es George Appiah, Paul Montgomery, Moses Musaazi, den Fahrer in Accra (Thomas Okyere) und viele weitere, darunter mehrere Lehrer und alle männlichen CARE-Mitarbeiter vor Ort. Auch einige Väter verweigerten sich dem von der Tradition vorgegebenen Weg und unterstützten stattdessen die Bildung ihrer Töchter – später erfuhren wir, dass sie ihnen unter anderem Binden kauften, die Verwandte eigens aus der Stadt ins Dorf bringen mussten. Die Taten dieser *good guys* sind in beiden Fällen ein entscheidender Faktor für das Herbeiführen von Veränderungen. Es ist jedoch wichtig, sich des beachtlichen Risikos bewusst zu sein, das die »Guten« eingehen, wenn sie sich jenseits dessen bewegen, was von ihnen »als Männern« erwartet wird.

Schließlich gibt es zwischen den Frauen im ländlichen Afrika und den Frauen in den USA noch einen bedeutsamen Unterschied. Weibliche Fakultätsmitglieder an amerikanischen Business Schools verfügen über Geld, Bildung und gesellschaftliche Mobilität und haben damit um ein Vielfaches mehr an Möglichkeiten als die Frauen in Afrika.

Diese Freiheiten sind das direkte Ergebnis eines 200-jährigen Kampfs für Frauenrechte. Die Solidarität unter Frauen ist ein entscheidender Faktor, wenn wir gegen die Bruderschaft aufbegehren wollen.

Die älteren Männer im US-Beispiel mögen noch immer negativ auf die sogenannte »zweite Welle« des Feminismus in den 1970er-Jahren reagieren (die »erste Welle« war der Kampf der Frauen für das Wahlrecht im frühen 20. Jahrhundert). Die jungen Frauen an diesen Fakultäten waren im Wortsinn die Töchter der Aktivistinnen der zweiten Welle, und doch war ihnen vielleicht nicht klar, dass sie noch immer unter einem 50 Jahre währenden Groll zu leiden hatten.

Ohne historische Perspektive ist es schwer, dem Hier und Heute Sinn zu verleihen. Als Nächstes will ich deshalb aufzeigen, wie Hunderte Jahre wirtschaftlicher Ausgrenzung im großen Stil so dauerhafte Spuren hinterlassen haben, dass nun etwas bedroht ist, das für uns alle lebenswichtig ist: die Lebensmittelversorgung.

3

DAS REGIMENT DER ZWÄNGE

Ich stand auf einem Schulhof im ländlichen Uganda und wartete. Unsere örtlichen Forschungsassistenten waren in den Klassenzimmern und versuchten herauszufinden, was mit den Mädchen von unserer Liste geschehen war, die aus der Schule verschwunden waren. Als Ausländerin wirkte ich bei solchen Gesprächen immer wie ein Eindringling. So wartete ich draußen, während mein Team sich umhörte.

Aus dem Augenwinkel sah ich eine alte Frau auf mich zukommen. Ich machte mich auf etwas gefasst. Auf solchen Schulhöfen hatte ich schon öfters alte, wütend dreinblickende Frauen getroffen, und ich konnte nicht besonders gut mit ihnen umgehen. Sam, der Fahrer der NGO, die mit uns zusammen die Studie durchführte, wollte sie aufhalten. Er vermutete wohl, sie würde um Geld betteln. Globale Wohltätigkeitsorganisationen sehen nicht gerne Besuch aus dem Westen, weil die Situation schnell außer Kontrolle geraten kann. Doch ehe er sie erreichte, blieb die alte Frau stehen, sah mich mit klarem Blick an und fragte auf Englisch: »Schwester, kannst du mir helfen?«

Sam legte ihr sanft den Arm um die Schultern, flüsterte etwas und lotste sie von mir weg. Doch nach ein paar Sekunden drehte sie sich um und sagte: »Entschuldigung. Das wusste ich nicht.« Die beiden gingen zu einem kleinen, reetgedeckten Schuppen am Rand des Schulgeländes.

Auf dem Weg zur nächsten Schule erklärte Sam, dass die Frau – sie hieß Agnes – einer wohlhabenden Familie entstammte, gebildet war und einen Mann mit ähnlichem Hintergrund geheiratet hatte. Er war jung gestorben. Wie in Uganda üblich, hatten seine Brüder seinen Grundbesitz geerbt und der Witwe nichts zum Leben gelassen. Dann starb auch noch ihr Vater, dessen Ländereien traditionsgemäß an Agnes' Bruder gingen. So musste Agnes von dem Leben, was ihre Geschwister ihr zukommen ließen.

Hätte Agnes' Geschichte ein glückliches Ende, läse sie sich wie ein Roman von Jane Austen. Agnes' Bruder spekulierte mit dem Grundbesitz und verlor ihn. Er und seine Familie lebten nun in einem kleinen Haus nahe der Schule; Agnes wohnte in dem kleinen Schuppen dahinter. Er war zu niedrig zum Stehen, schlafen konnte man darin nur zusammengekrümmt, und es gab weder Strom noch fließend Wasser. Gegen Lebensmittel half Agnes in der Schule bei der Essensausgabe.

Meine Begegnung mit Agnes führte dazu, dass sich eine Erkenntnis für mich herauskristallisierte. Vielleicht lag es daran, dass ich die Gemeinsamkeiten zwischen dieser Frau und mir klarer sah als sonst. Wir waren ungefähr gleich alt und gleich groß, sie sah mir direkt in die Augen und sprach meine Sprache. Auch ihre Anrede war entscheidend: »*Schwester*, kannst du mir helfen?« Ich dachte lange darüber nach und wusste schließlich, worin die Verbindung zwischen Agnes, mir und auch den zwangsverheirateten oder geflohenen Mädchen und den verwirrten »Omas«, die durch die Klassenzimmerfenster spähten, bestand: Zu bestimmten Zeitpunkten waren wir alle Figuren in derselben Erzählung und keineswegs Welten voneinander entfernt. In diesem einen Augenblick, in diesem perfekten Ausschnitt der Gegenwart, hatte ich das erkennen können.

Agnes musste betteln, hungern und unter menschenunwürdigen Bedingungen leben, weil sie als Frau kein Land erben konnte. Jane Austens Echo – aber auch das von *Downton Abbey* – konnte uns für die historische Verbindung zwischen Landrechten für Frauen in Großbritannien und der ehemaligen britischen Kolonie Uganda hellhörig machen. Ich fragte mich, wie weitverbreitet die Regel, dass nur Männer

Land besitzen und erben konnten, weltweit tatsächlich war. Und ich machte mich auf die Suche nach der Antwort.

Mir wurde schnell klar, dass das *Downton-Abbey*-Prinzip in der Geschichte extrem häufig vorkam: in zig Zivilisationen und Kulturen und Jahrhundert über Jahrhundert konnte Land nur von einem Mann an den nächsten weitergegeben werden.[1] Auch unabhängig von etwaigen Statuten führte das Zusammenwirken überlieferter Praktiken, religiöser Beschränkungen, Entscheidungen der Dorfräte, Familiennormen und Geschlechterrollen dazu, dass Frauen ohne Grundbesitz blieben. Selbst in matrilinearen Gesellschaften, wo Grund und Boden über die mütterliche Linie weitergegeben werden, wird die tatsächliche Kontrolle von einem Mann auf den anderen übertragen.

Juristische und religiöse Regeln, die Frauen das Recht auf Erbschaft und Besitz vorenthalten, verbreiteten sich durch Handel, Entdeckungsreisen und Eroberungszüge auf der Welt aus. Die heute gültigen islamischen Beschränkungen des Erbrechts von Frauen verbreiteten sich im 7. Jahrhundert über arabische Eroberungen und Handelsbeziehungen von Westafrika bis nach Indonesien. Die Europäer brachten Gesetze in die Kolonien, die Frauen den Grundbesitz verboten, doch diese Beschränkungen hatten bereits jahrhundertelang Gültigkeit in ihren Heimatländern, sogar noch vor der Existenz schriftlicher Gesetze. Das britische Common Law und der Code Napoléon galten in Nordamerika, Australien und großen Teilen Afrikas und Asiens und untersagten verheirateten Frauen gänzlich das Recht auf Landbesitz. Das römisch-niederländische Gesetz sowie die iberischen Gesetze, die von Spanien nach Lateinamerika exportiert wurden, erlaubten Frauen zwar in manchen Fällen Erbschaften, aber andere Kräfte verhinderten deren praktische Umsetzung. Durften Töchter beispielsweise erben, wurde das Land meist den Söhnen zugesprochen. Die Erbinnen hingegen erhielten Besitztümer wie Schmuck und Geschirr. Erbten Frauen Ländereien, wurden sie unter Druck gesetzt, sie an ihre Brüder oder Onkel abzutreten.

In der heutigen westlichen Welt haben Frauen nur deshalb das

Recht auf Eigentum, weil zwischen 1850 und 1980 eine Reihe von Gesetzesreformen vollzogen wurden. Ein Blick in die Geschichte zeigt jedoch, dass durch Reformen herbeigeführte Grundbesitzrechte für Frauen stets nur von zeitlich begrenzter Dauer waren. Die chinesische Song-Dynastie (960–1279) beispielsweise gestattete Frauen Landbesitz, doch die Yuan-Dynastie (1279–1368) beschnitt diese Rechte im Rahmen einer Rückwendung zum Konfuzianismus. Die Ming-Dynastie (1368–1644) schaffte diese Rechte schließlich ganz ab. Unter Mao wurde Land vergesellschaftet, doch im heutigen China unterstützen die von der Regierung erlassenen Gesetze die Tradition, nach der der gesamte in die Ehe eingebrachte Besitz an den Ehemann übertragen wird.[2] Im Zuge der Französischen Revolution erkämpften die Frauen sich Erbrechte, die sie aber fünf Jahre später durch die napoleonischen Gesetze wieder verloren. Im Osmanischen Reich hatten Frauen umfassende wirtschaftliche Rechte, auch das auf Grundbesitz, doch diese Rechte wurden ihnen nach über 100 Jahren wieder aberkannt – und 1923 unter Atatürk erneut zugestanden. Kurz: Keine Frau kann davon ausgehen, dass ihre Eigentumsrechte dauerhaft gültig sind. Wer nach der Lektüre von Margaret Atwoods *Bericht der Magd* fürchtet, dass die Frauenrechte über Nacht verschwinden könnten, fürchtet sich zu Recht.

Die gerade geschilderten historischen Praktiken waren verbreitet und beständig genug, um die gegenwärtige Situation des weltweiten Landbesitzes zu erklären. Laut vollständig erscheinenden Daten der Ernährungs- und Landwirtschaftsorganisation der Vereinten Nationen sind 18,3 Prozent aller Landbesitzer weltweit Frauen. Dabei gehören ihnen kleinere und weniger ergiebige Areale als Männern, sodass ihr tatsächlicher Anteil an Grund und Boden noch niedriger ausfällt. In den Industrieländern sind trotz der teilweise 100 Jahre alten Gesetzgebung zur Gleichstellung von Frauen und trotz der Reformen des Eigentumsrechts nur 16 Prozent des Landbesitzes in Frauenhand. Dieser Wert liegt unter dem weltweiten Durchschnitt und ist die Folge des für Frauen jahrhundertelang geltenden Verbots, Land zu besitzen.[3]

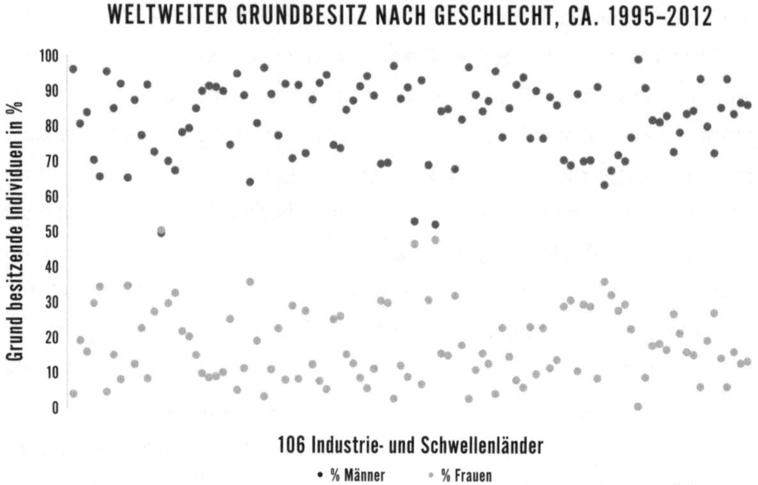

ABB. 8 Dieses Streudiagramm illustriert die riesige Kluft zwischen männlichem und weiblichem Grundbesitz in einer regional gleichmäßig verteilten Auswahl von ungefähr der Hälfte der Länder dieser Erde. Die schwarzen Punkte zeigen, dass in den meisten – sowohl reichen als auch armen – Ländern 70 bis 90 Prozent aller Grundbesitzer Männer sind. Die Länder sind in alphabetischer Reihenfolge dargestellt (basierend auf den englischen Ländernamen), beginnend mit Algerien und endend mit Sambia (engl. Zambia).

Quelle: Ernährungs- und Landwirtschaftsorganisation der Vereinten Nationen, »Gender and Land Rights Database«, http://www.fao.org/gender-landrights-database/data-map/statistics/en/

Über 80 Prozent der landwirtschaftlich nutzbaren Flächen weltweit gehören deshalb Männern.[4] Es ist kaum möglich, das Ausmaß dieses Monopols auf Macht und Reichtum im Detail zu erfassen. Männer kontrollieren die größte Quelle materiellen Wohlstands, über die die Menschheit verfügt, und konnten so für Hunderte oder gar Tausende von Jahren ihre Macht über das Kapital dieser Welt erhalten.

Meine Suche hat Beispiele auf der ganzen Welt zutage gefördert, wo es Frauen aufgrund von Brauchtümern unmöglich war, Land zu besitzen, lange bevor es entsprechende schriftliche Statuten dazu gab. Agnes' Situation veranschaulicht, dass die tradierte Praxis Frauen gefährdet, und zwar unabhängig von formal gültigem Eigentumsrecht. In Uganda erlauben die offiziellen Statuten Witwen, Land zu erben, doch realiter gibt es drei Arten von Gesetzen: die gängige Praxis, die religiösen Gesetze und die offiziellen Gesetze. Die Frage des Landbesitzes wird jeweils verschieden beantwortet. Die Regierung besteht zwar auf dem Vorrang der offiziellen Statuten, doch die tradierte Praxis und die religiösen Regeln haben, vor allem in ländlichen Gebieten, eine weit größere Wirkmacht. Traditionsgemäß kontrollieren die männlichen Mitglieder eines Clans das gesamte Land ihrer Familie. Einzelne Männer erhalten bestimmte Flächen, die sie kultivieren, vergrößern oder verfallen lassen können. Stirbt ein Mann, geht sein Grundbesitz an die Männer seiner Familie zurück und wird zum Großteil an die Söhne des Verstorbenen übertragen, sofern er welche hat. Der Rest wird anderen Männern innerhalb des Clans zur Verfügung gestellt. Töchter dürfen manchmal auf dem Grund ihrer Väter leben, bis sie heiraten und das Land wieder an die Männer der Familie fällt. Die Clans versuchen mit allen Mitteln sicherzustellen, dass Witwen kein Land erben – aus Angst, die Witwen könnten wieder heiraten. Dann gehört das Land einem anderen Stamm – weil in allen Clans nur Männer Land besitzen dürfen – und ist für die eigene Familie dauerhaft verloren.[5]

Die ostafrikanische Tradition betrachtet die Witwe selbst als Eigentum – und Eigentum kann kein Eigentum besitzen. Eine Frau, die nach dem Tod ihres Ehemanns ihre Kinder nicht verlieren will, die in diesem Fall traditionell vom Clan in Obhut genommen werden, muss also auch als Witwe bei den Verwandten des verstorbenen Mannes bleiben. Ohne eigenen Grund und ohne eigenes Einkommen könnte sie ihre Kinder nicht ernähren, wenn sie sie mitnähme, und muss sich deshalb mit der »Witwenvererbung« abfinden: Sie wird die Frau eines anderen Clanmitglieds. Dabei bestimmt nicht die Witwe selbst darüber, welchen Mann sie heiratet. Die Männer, die das Land des Verstorbenen erben, haben so lange Sex mit ihr, bis *sie* schließlich entscheiden, wer sie zur Frau nimmt. »Am Abend [nach der Beerdigung] kommen viele Männer zu ihr, und sie kann es nicht kontrollieren«, so eine kenianische Frau gegenüber Human Rights Watch. »Aus wirtschaftlichen Gründen kann sie nicht Nein sagen. Wenn der eine Mann dir Seife gibt und der andere Fleisch, kannst du nicht Nein sagen. Nur finanziell unabhängige Frauen können sich dem Sex verweigern. Aber dieser Mann bringt Anreize, Dinge, die sie dringend benötigt.«[6] Viele Dorfgemeinschaften in Ostafrika praktizieren auch die sogenannte »Witwenreinigung«: Ein - meist sozial ausgestoßener - Mann vergewaltigt die Witwe. Sein Sperma, so die Vorstellung, entfernt den Geist des verstorbenen Ehemanns aus der Witwe und »reinigt« sie so, dass sie für ihren neuen Mann akzeptabel ist.

All dies geschieht ohne Verhütung. Ein »Witwenreiniger« aus Kenia berichtet: »Ich benutze mit den Frauen keine Kondome. Es muss direkten Kontakt zwischen den Körpern geben ... Wenn kein Sperma fließt, wird sie nicht [an einen Mann aus der Verwandtschaft] vererbt. ... Ich tue nichts, um eine Schwangerschaft zu verhindern. Zwei Witwen haben bereits Kinder von mir bekommen. Ich verhalte mich aber nicht als Vater oder helfe ihnen.«[7] Uganda hat eine der höchsten HIV/AIDS-Infektionsraten der Welt. Frauen sind doppelt so häufig infiziert wie Männer.

Man mag es kaum glauben, aber das bisher Geschilderte ist noch ein relativ geordneter Prozess. Eine Sitte namens »Aneignung des Eigentums« erlaubt jedem männlichen Verwandten, Witwe und Kinder aus dem Haus des Toten zu werfen und selbst Anspruch auf alles zu erheben. Andere stellen dann die gleichen Ansprüche. Oft kommt es zu gewaltsamen Konflikten.

Warum kehrt die Witwe nicht zu ihrer eigenen Familie zurück? Ihre Eltern haben bei der Hochzeit einen Brautpreis erhalten und können die Witwe nur zurücknehmen, wenn sie dem Clan des Verstorbenen die Summe zurückerstatten. Die Familie der Witwe müsste diese zudem finanziell unterstützen. Mädchen müssen gerade deshalb in entlegene Clans einheiraten, weil sie eine wirtschaftliche Belastung sind. Die Familie wird der Witwe nicht gestatten, zurückzukehren. Agnes' Glück war immerhin, dass ihre Familie sie wieder aufnahm.

Warum suchen sich diese Witwen nicht einfach eine Arbeit? Offizielle Arbeitsverhältnisse sind in armen Ländern selten und im ländlichen Raum fast nicht vorhanden. Wo es solche Stellen gibt, gehen sie zuerst an Männer. Ehemänner beanspruchen üblicherweise alle Einnahmen ihrer Frauen – das gilt als ihr Recht, wie es auch in den Industrieländern vor 100 Jahren noch galt. Ehefrauen haben kaum die Möglichkeit, Geld zu sparen. Eine Witwe kann sich normalerweise nicht einmal wenige Tage selbst versorgen. Selbst wenn sie das Geld hätte, würden die Verwandten ihres verstorbenen Mannes es ihr sofort wegnehmen, da es ihnen aus ihrer Sicht zustünde.

Für diese Frauen ist es aus den genannten Gründen meist nicht möglich, sich auf ihre gesetzlich verbürgten Rechte zu berufen. Sie haben kein Geld für einen Rechtsanwalt oder den Bus in die Stadt und auch nicht die Zeit, die Klage durchzusetzen. Die Gefahr, dass die Familien Gewalt ausüben, wirkt als zusätzliche Barriere. Eine Witwe, die sich der Tradition entgegenstellt, müsste über Jahre 24 Stunden täglich unter Polizeischutz stehen, weil tatsächlich alle um sie herum es auf ihren Besitz abgesehen haben und sich im Recht sehen. Es gibt in ganz Uganda nicht genug Polizisten, um den Frauen auf nationaler Ebene diese Hilfe an die Seite zu stellen. Letztlich bietet Grundbesitz für Frauen die größte Sicherheit, weil es immerhin einen begrenzten Schutz für sie und ihre Kinder darstellt. Die internationale Gemeinschaft mag der Bevorzugung von Söhnen kritisch gegenüberstehen, aber sie hat ihre Wurzeln in realen Ängsten. Ehe sich diese Haltung ändert, müssen sich die wirtschaftlichen Bedingungen ändern.

Auch religiöse Regeln beeinträchtigen die Durchsetzung des ugandischen Erbrechts. Etwa zwölf Prozent der Bevölkerung im Land sind Muslime. Die ugandische Version der islamischen Gesetze besagt, dass eine Witwe mit Kindern ein Achtel des Eigentums des verstorbenen Ehemanns erhält. Falls der Ehemann polygam lebte, was in Uganda üblich ist, muss das Achtel jedoch mit allen hinterbliebenen Frauen geteilt werden. Hat die Witwe keine Kinder, erhält sie womöglich nichts.

Im Ergebnis bestehen für eine ugandische Frau, deren Ehemann stirbt, unmittelbar die Risiken von Armut und persönlichen Übergriffen, ohne dass sie sich irgendwo Hilfe holen könnte. Erzählungen darüber ähneln sich in ganz Subsahara-Afrika. Und sie klingen meist wie dieser Bericht aus Kenia:

> Kurz nach dem Tod von Emily Owinos Ehemann nahmen ihr die Schwiegereltern alle Besitztümer ab – darunter auch landwirtschaftliche Geräte, Tiere, Haushaltsgüter und Kleidung. Damit sie in ihrem Haus bleiben konnte, bestanden ihre Schwiegereltern auf der in der Region üblichen Sitte der »Reinigung« durch Sex mit einem Ausgestoßenen. Sie bezahlten einen Schäfer für Sex mit Owino – gegen ihren Willen und ohne Kondom. Später eigneten sie sich ihr Ackerland an. Sie bat den Dorfältesten um Hilfe, aber er unternahm nichts. Die Schwiegereltern warfen sie aus dem Haus, sodass sie mit ihren Kindern obdachlos war, bis jemand ihr einen kleinen, löchrigen Verschlag anbot. Weil sie sich das Schulgeld nicht mehr leisten konnte, mussten ihre Kinder die Schule abbrechen.[8]

Multipliziert man diese Geschichte mit Millionen von Witwen und deren Mit-Frauen (und allen Kindern, die sie zusammen haben), so wird klar, warum immer mehr Menschen in Afrika in Armut, krank und ohne Bildung leben und eine ökonomische Wende in der Region beinahe unmöglich ist. Diesen Zusammenhang erklärte ich einmal dem Besitzer einer internationalen Denkfabrik, die die G20 berät. Er reagierte erstaunt. Er hatte nie darüber nachgedacht, dass man bei Empfehlungen zur Beseitigung der Armut in Afrika die Lebensbedingungen von Frauen berücksichtigen sollte.

Auf der ganzen Welt kontrollieren die Männer auf Basis ihres Landbesitzes auch die Ausrüstung, das technische Know-how und Ressourcen wie Dünger und Pestizide. In den Entwicklungsländern akzeptieren Banken nur Grund und Boden als Sicherheit für Kredite, sodass nur

Männer sich Geräte wie Traktoren und Mähdrescher oder große Nutztiere leisten können.

Die wenigen Frauen, die Land besitzen, haben kleinere, weniger fruchtbare Flächen und weniger Mittel, um diese zu bewirtschaften. Somit haben sie auch ein größeres Risiko, das Wenige, was sie besitzen, zu verlieren. Die Landwirtschaft ist ein riskantes Geschäft. Im Fall von Naturkatastrophen erholen sich Frauen wirtschaftlich schwerer als Männer. Sie haben weniger Eigentum, das sie zu Geld machen können, und weniger Möglichkeiten, auf andere Weise etwas zu verdienen. Diese Schwäche lässt sie eher Risiken vermeiden, was die Finanzwelt ihnen oft als Feigheit auslegt. Sie übersieht dabei, dass Frauen andere Risiken tragen und weniger Ausweichmöglichkeiten haben als Männer.

Vertreter von Behörden und Organisationen, die eingesetzt werden, um über neue landwirtschaftliche Methoden und Technologien zu informieren, sind beinahe ausschließlich männlich - und sprechen nur mit Männern. Sie wissen, dass Männer die Fortschritte eher nutzen können, und nehmen an, ihre Informationen würden irgendwann zu den Frauen »durchsickern«. Frauen sind deshalb über neue Methoden weniger gut informiert und haben auch weniger Möglichkeiten, diese zu nutzen. Internationale Vorhaben zur Verbreitung neuer Technologien gehen meist davon aus, dass diese Innovationen Männern und Frauen gleichermaßen zur Verfügung stehen werden, doch das stimmt nicht. Schwere landwirtschaftliche Geräte sind für Männer gebaut. Frauen können sie somit nicht nutzen und müssen dafür Männer anstellen. Die Männer weigern sich normalerweise, für eine Frau zu arbeiten, und schieben diese Arbeit bis ans Ende der Saison auf, sodass die Ernte der Frau geringer ausfällt. Die Gesamtheit der Nachteile für Frauen in der landwirtschaftlichen Praxis reduziert ihre Lebensmittelproduktion um 20 bis 30 Prozent.[9] Weil Frauen weniger Zugang zu produktiven Ressourcen haben und auf Märkten zahlreiche geschlechtsspezifische Hindernisse wirken, sind sie auch dort in vielfacher Hinsicht benachteiligt.

Eines Tages unterhielt ich mich in den Bergen an der Grenze zu Kenia über diese Herausforderungen des Marktes mit einer Frau, die auf einem kleinen Stück Land bei ihrem Haus Kaffee und Bananen anbauen wollte. Julias Ehemann hatte ein Unternehmen für Motorradtaxis (die in Uganda onomatopoetisch *bodaboda* genannt werden). Jeden Tag werden in Uganda Boda-Fahrer getötet oder verletzt. Ich musste an Agnes denken und fragte Julia, ob ihr die Brüder ihres Mannes das Haus wegnehmen würden, wenn er stürbe. »Das würden sie nicht wagen!«, lachte sie. Ich hoffe, sie hat recht.

Unser Gespräch wandte sich der Verkaufslogistik zu. Julia konnte einen Teil ihrer Ernte in ihrem kleinen Dorf verkaufen, doch hier befand sich auch der Markt der kleineren, höher gelegenen Siedlungen in den Bergen. Einmal pro Woche wird der Markt also mit Bananen, Kaffee oder Tomaten geflutet – eben dem, was saisonal gerade verfügbar ist. Die Preise sind niedrig, und nicht alles verkauft sich gut. Also versuchte Julia, ihre Waren in einer größeren Stadt im Tal zu verkaufen, in der ich zufällig gerade wohnte. Julia hatte selbst keine Transportmöglichkeit und konnte ihre Kinder nicht zurücklassen. Also hatte sie einen Fahrer eingestellt. Er brachte ihre Produkte zu einem Freund, der einen Kiosk an der Hauptstraße hatte. Julia hatte keine großen Mengen zu transportieren, musste für die Männer aber tief in die Tasche greifen. Während unseres Gesprächs dachte ich an Christina, eine andere Frau, die ich interviewt hatte und die auch einen Kiosk an der Hauptstraße führte. Sie machte fast keinen Gewinn, weil sie ihre Waren zu hohen Preisen von den gleichen Kerlen kaufte, die auch Julia das Geld abknöpften.

Ich suchte nach einer Lösung. Julia oder Christina konnten sich keinen Lastwagen leisten, aber würde ihnen ein Kleinlaster tatsächlich helfen? Ich fragte: »Julia, wenn dir ein Engel morgen einen Lastwagen hinstellen würde, was würdest du tun?« Sie antwortete, ohne zu zögern: »Ich würde meinen Mann dazu bringen, ihn fahren zu lernen!«

Das Problem beschäftigte mich weiter. An jenem Abend erkundigte ich mich in meiner Unterkunft, »Rose's Last Chance Guesthouse«, übrigens in ganz Afrika mein Lieblingsgästehaus. Ich fragte, was die Männer mit ihrer Ernte machten. Bei Rose gibt es kein heißes Wasser und nur eine rudimentäre Küche, aber das Essen ist gut. Im Kühlschrank sind kalte Cola und Bier, und es gibt Toiletten mit Spülung – all das ist Luxus. Rose selbst ist in dem Städtchen, das weder über eine Post noch über eine Bank verfügt, überall bekannt, und sie ist eine hervorragende Gastgeberin. Abends trinken die Leute mit ihr ein Bier und reden über die Gäste. An jenem Abend wussten viele, wie Männer ihre Ernte verkauften: Sie sagten, die Männer organisierten sich gruppenweise in Kooperativen, um Verträge mit Käufern aus der Stadt abzuschließen. Diese Männergruppen schlossen Frauen kategorisch aus, wie es in landwirtschaftlichen Kooperativen in Entwicklungsländern allgemein üblich ist.

Überall auf der Welt vergeben Einkäufer große Verträge an Männer, obwohl die eigentliche Arbeit hauptsächlich von Frauen erledigt wird – ob als Subunternehmerinnen, Lohnarbeiterinnen oder unbezahlte Familienmitglieder. Der Ernährungs- und Landwirtschaftsorganisation der Vereinten Nationen zufolge werden 70 Prozent des Vertragsanbaus von Zucker in Südafrika von Frauen durchgeführt. Im Punjab arbeiten Frauen mehr Stunden als Männer in der Vertragslandwirtschaft, obwohl die Verträge von Männern kontrolliert werden. Ein breit angelegtes Komplott mit Vertragslandwirten in China schloss Frauen explizit von der Unterzeichnung der Verträge aus, aber Tausende Landwirtinnen leisteten den Großteil der Arbeit. In Kenia haben Frauen nur zehn Prozent aller großen landwirtschaftlichen Verträge inne, im Senegal ist es nur ein Prozent. Landwirtinnen sind bei den Käufern nicht gern gesehen, weil ihr Besitzanspruch auf Grund und Boden ungewiss ist, sie weniger Erträge generieren, nicht die richtige Ausrüstung und die richtigen Transportmittel haben, keine Kredite bekommen und generell ein Versorgungsrisiko darstellen.[10]

Die Leute in Rose's Guesthouse berichteten, dass jede Woche am gleichen Tag große Lastwagen aus den Städten ins Tal kamen, an einem bestimmten Ort anhielten und dort Obst und Gemüse kauften. Am nächsten Tag sollten die Laster wiederkommen, also stand ich im

Morgengrauen auf und sah mir die Sache selbst an. Es schien, als hätten die Bauern ihre eigenen Pickup-Trucks, oder sie teilten sie mit anderen. Sie schienen die Lastwagenfahrer zu kennen und hatten die Transaktionen augenscheinlich im Vorhinein verhandelt. Ich sah vereinzelte Frauen mit Bananenstauden auf dem Rücken und manchmal einem Baby vor der Brust. Sie gingen von Lastwagen zu Lastwagen und wirkten verwirrt. Es gelang ihnen nicht, die routinemäßigen Gespräche und Transaktionen zu unterbrechen. Und die Lastwagenfahrer kauften nur große Mengen, keine auf dem Rücken hergebrachten Bündel.

Frauen müssen typischerweise mit einem kleinen Stück Land nahe ihres Hauses Einkommen generieren. Das Land wurde ihnen großmütig von den Ehemännern »gegeben«. Sie bauen darauf etwas Obst und Gemüse an oder züchten Kleintiere. Gleichzeitig erledigen sie unbezahlt den Großteil der Arbeit auf den Ländereien ihrer Ehemänner und kümmern sich um Haushalt und Kinder. Manchmal versuchen sie, Handarbeiten zu verkaufen. Frauen bekommen normalerweise nichts von dem auf den Feldern ihrer Männer erzielten Einkommen, obwohl sie die meiste damit verbundene Arbeit leisten. Sie können also weder an der Vertragslandwirtschaft teilhaben, noch werden sie an den Gewinnen ihrer Männer beteiligt. Die Ehemänner nehmen die Lebensmittel, die ihre Frauen angepflanzt, gezüchtet, verarbeitet und verpackt haben, verkaufen sie und streichen das Geld ein (s. Abb. 9).[11] Ihren Frauen geben sie den Betrag in bar, den sie für nötig halten.

Ich dachte, die Frauen könnten vielleicht eine eigene Kooperative bilden und ihre Erzeugnisse wöchentlich an die Lastwagenfahrer verkaufen. Sie bräuchten dafür allerdings Transportmittel. Also stellte ich allen die Frage nach dem Engel und dem Kleinlaster. Von allen Frauen, die ich fragte, sagte nur eine, sie würde selbst fahren lernen. Warum wollten die anderen nicht fahren? Sie hatten viele Ausreden, die aber alle darauf hinausliefen, dass Fahren Männersache sei und sich für Frauen nicht gehöre – wie Krawatten oder Zigarre rauchen. Selbst in

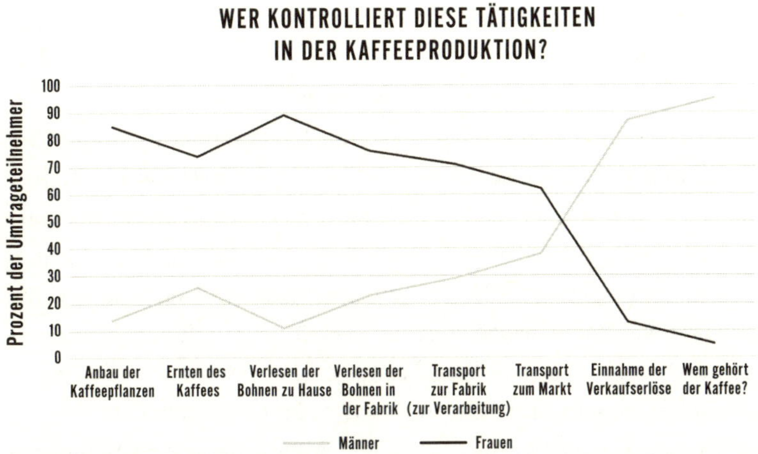

ABB. 9 Die International Women's Coffee Alliance befragte kenianische Frauen und Männer zur Arbeitsteilung bei der Kaffeeproduktion. Diese Grafik veranschaulicht die Ergebnisse. Die waagerechte Achse verzeichnet die Schritte bei der Verarbeitung des Kaffees, vom Anpflanzen bis zum Verkauf der Ernte. Die senkrechte Achse zeigt, um wie viel Prozent Frauen und Männer an dem jeweiligen Verarbeitungsschritt beteiligt sind: Frauen erledigen nahezu alle Arbeitsschritte, bis das Produkt den Markt erreicht, haben jedoch kaum Anteil am tatsächlichen Verkauf des Kaffees. Das Ende der Linien zeigt, dass der Kaffee - ungeachtet der von den Frauen geleisteten Arbeit - den Männern gehört.
Quelle: Mary Johnstone-Louis, Case Study: International Women's Coffee Alliance, Power Shift: The Oxford Forum for Women in the World Economy, 2013, https://www.doublexeconomy.com/wp-content/uploads/2019/09/Power-Shift-IWCA-Case.pdf

den entlegensten Gebieten, jenseits der Reichweite der Massenmedien, sind die Menschen von Geschlechterstereotypen umgeben.

Ich konnte die Sache immer noch nicht auf sich beruhen lassen. Also beschäftigte ich mich mit der Frage, wie sich der Wert steigern ließe. So hatten es doch auch unsere eigenen Großmütter getan: Sie hatten Salsas, Chutneys und Marmeladen zubereitet und profitierten durch ihre eigenen Rezepte. Julias Küche bestand aus ein paar Steinen, die kreisförmig hinter dem Haus angeordnet waren. Hierhin brachte sie jeden Tag ihr Feuerholz zum Kochen. Über diesen Arbeitsplatz im

Freien hatte sie eine Plane gespannt, und der Erdboden darunter war sauber gefegt. Ich habe auch besser ausgestattete Küchen gesehen, aber sie lagen alle im Freien und wurden mit Brennholz beheizt.

Ein für seinen ganz eigenen Geschmack renommiertes Produkt auf die immer gleiche Weise herzustellen war mit der schwer kontrollierbaren Hitze eines solchen Feuers schwierig. Ich fragte mich, wie stark sich solche Produkte generell ausdifferenzieren ließen, denn im ländlichen Afrika gleichen sich die Gerichte täglich und sind meist kaum gewürzt. Ich fragte, welche Gewürze vor Ort zur Verfügung stünden – es waren Ingwer, Zwiebeln und etwas Zucker. Nur mit diesen Gewürzen ließe sich schwerlich ein einzigartiges Produkt herstellen.

Ein Salsa- oder Chutney-Geschäft schien zudem nur gewinnbringend, wenn außerhalb des Dorfs Waren verkauft werden konnten – womit sich die nervige Transportfrage wieder stellte. Man brauchte auch standardisierte Behälter, die beim Transport nicht kaputtgingen. Ich wusste wirklich nicht, wie jemand wie Julia solche Dinge finden, finanzieren, transportieren und lagern sollte. Auch die sterile Produktion und die Versiegelung der Gefäße wären ein Hindernis. Julia bräuchte Startkapital. Wo sollte das herkommen?

In Julias Dorf gab es zwei Frauen, Catherine und Alice, die auch kleine Familienbetriebe hatten, wie sie unseren Großmüttern vertraut wären. Catherine hatte ein Restaurant eröffnet, das allerdings meist leer war – bis auf den Markttag, wenn die Leute vom Berg hinunterkamen und Verpflegung brauchten. Catherine kaufte nur das, was sie für ein Gericht brauchte, und machte einen kleinen Gewinn, mit dem sie ihre Kinder versorgen und zur Schule schicken konnte. Alice hatte eine Bar, in der sie selbst gebrautes Bier servierte. Wie andere lokale Biere ist Alices Bier aus Mais und Wasser gemacht und wird ungekühlt in einem Topf serviert, aus dem die Männer in Gruppen durch lange Gummihalme trinken. Bedarf nach Bier gibt es jeden Abend, weil es hier – wie in anderen ugandischen Dörfern – ein Abendritual gibt, bei dem die Männer sich gegenseitig zum Bier einladen. An Markttagen kamen die Männer von den umliegenden Hügeln zu Alice, um sich nach ihren Geschäften zu entspannen. Sie konnte sich besonders glücklich schätzen, weil ihr Mann ihr erlaubte, den Verdienst zu behalten, obwohl das Bier mit Zutaten hergestellt wurde, die er auf seinem Land anbaute. Er hätte also jedes Recht gehabt, ihr die so hergestellten Produkte wegzunehmen. Alice und Catherine servierten frisch gekochtes Essen und Getränke auf einem Markt, der klein genug war, um ihnen beinahe eine Monopolstellung zu ermöglichen. Gleich neben Catherines Restaurant gab es noch ein zweites. Ich bezweifle, dass ein drittes sich im Dorf rentiert hätte.

Aus dieser Situation schloss ich, dass die Frauen dort in den Bergen ohne besseren Zugang zu größeren landwirtschaftlichen Märkten nur eingeschränkt handlungsfähig waren. Es fehlten Transportmittel, die Möglichkeit, Preise auszuhandeln und große Mengen zu produzieren. Frauen waren von Kooperativen ausgeschlossen, nur eingeschränkt mobil und verfügten über zu wenig Kapital und Technik. Insgesamt hemmten diese Faktoren die Wirtschaftskraft der Frauen massiv.

Glücklicherweise wird darauf von außen Einfluss genommen: Einige multinationale Konzerne haben in Zusammenarbeit mit großen NGOs und Regierungen erste Schritte unternommen, um den Frauen zu helfen. Beispielsweise unterrichten Coca-Cola und Walmart in neuen landwirtschaftlichen Methoden, die größere Ernten in höherer Qualität versprechen. Mondelēz International (der aus dem Zusammenschluss von Cadbury, Nabisco und Kraft hervorgegangene Konzern) kauft nach eigenem Bekunden lieber von Kooperativen, in denen mindestens 30 Prozent Frauen beschäftigt sind. Die Firmen hoffen, dass sich diese Projekte positiv auswirken, die Familien mehr Geld für gutes Essen und Schulgebühren haben und auch die häusliche Gewalt abnimmt. Dem derzeitigen Forschungsstand zufolge geschieht genau das, wenn man diese Frauen wirtschaftlich stärkt.[12]

Die Konzerne beteiligten sich an solchen Projekten aus vielerlei Gründen. Zum einen sind sie bei Angestellten wie Kunden gleichermaßen beliebt und wirken sich deshalb positiv auf die Absatzzahlen sowie die Rekrutierung und Beibehaltung von Personal aus. Zudem erkennt der Investmentsektor zunehmend, dass interne und externe Geschlechtergerechtigkeit dem Aktienkurs guttut. Der wichtigste Grund für Konzerne, in der Landwirtschaft mit Frauen zusammenzuarbeiten, ist aber die Sicherstellung des Angebots. Männer ziehen auf der Suche nach Arbeit immer häufiger in die Städte oder wandern in andere Länder aus, während ihre Frauen sich zu Hause um die Landwirtschaft kümmern sollen. Doch diese Frauen sind immer noch stark benachteiligt. Hersteller wie Coca-Cola und Mondelēz benötigen bestimmte Getreidesorten zur Herstellung ihrer Produkte, und Handelsketten wie Walmart und Marks & Spencer verkaufen Obst und Gemüse direkt an die Konsumentinnen und Konsumenten. Firmen wie diese befürchten, dass Frauen – mit ihren begrenzten Rechten und Ressourcen – nicht allein die benötigten Lebensmittel produzieren können. Das künftige Angebot an Bananen, Kaffee und Kakao ist derzeit nicht gesichert, und für andere Erzeugnisse könnte es bald ähnlich aussehen.[13]

Wir alle sollten uns Gedanken darüber machen, welche Auswirkungen die Ineffizienz dieser landwirtschaftlichen Märkte auf Hunger und Armut in der Welt hat. Den Vereinten Nationen zufolge leiden 925 Millionen Menschen auf der Welt chronisch Hunger. 150 Millionen von ihnen könnten ernährt werden, wenn die Benachteiligung von Frauen in der landwirtschaftlichen Produktion aufgehoben würde. Die Forschung zeigt auch, dass Landwirtinnen bei gleichen Ausgangsbedingungen genauso viel produzieren wie Landwirte. In den vielen armen Nationen, deren BIP hauptsächlich auf der Landwirtschaft beruht, würde die Lösung dieses spezifischen Geschlechterproblems zu einem jährlichen Wachstum von 2,5 bis 4 Prozent führen.[14]

Die Benachteiligung von Frauen in der Landwirtschaft führt auch zu Engpässen in der Lebensmittelversorgung. Menschen streiten, wenn sie hungrig sind. Lebensmittelknappheit führt oft zu Spannungen an der Basis. Lokale Konflikte schaden Ressourcen und Menschen, und wenn sie sich ausbreiten, bringen sie oft Infektionskrankheiten mit sich. Angesichts unserer global vernetzten Gesellschaft kann jeder dieser Konflikte potenziell weltweite Auswirkungen haben.

Die Regierungen der reichen Länder tun dagegen bei Weitem nicht so viel, wie sie tun müssten. Die meisten Finanzmittel für landwirtschaftliche Hilfsleistungen spenden die U.S. Agency for International Development und das britische Department for International Development. Beide haben mehrere Programme für Frauen in Entwicklungsländern, aber nur ein winziger Teil ihrer Budgets kommt tatsächlich Frauen zugute. Stattdessen stellen sie den Programmen für Männer große Summen zur Verfügung und behaupten gleichzeitig, ihre Aufwendungen seien »geschlechtsunabhängig« – eine offensichtlich unzutreffende Behauptung.

In Gegenden, wo Land und Geld von Männern kontrolliert werden, bekommen Frauen nur unter dem »Schutz« von Männern Zugang zu Essen oder Unterkunft; sie sind also gänzlich abhängig und stark gefährdet. Lebenswege und Lebensqualität von Frauen hängen fast völlig vom Charakter ihrer jeweiligen Ehemänner ab – und über deren Auswahl haben sie keine Kontrolle. Die Persönlichkeitsrechte von Frauen werden untergraben, weil sie als Heiratsware gekauft und verkauft werden. Männer sehen ihre Frauen deshalb häufig als eine Sache, die sie nach Belieben benutzen können. So schildert es auch dieser Mann aus der Demokratischen Republik Kongo:

> Ich war ein normaler Mann und lebte ganz normal mit meiner Familie. Ich benahm mich wie jeder Mann innerhalb unserer Gesellschaft. Meine Frau war meine Sklavin, hatte keine Rechte und musste mir absoluten Respekt entgegenbringen. Sie war immer zu Hause und durfte nicht hinaus, um andere Frauen zu treffen. Sie gehörte mir, weil ich bei unserer Hochzeit einen Brautpreis bezahlt hatte. ... Das gab mir die Autorität, sie nach meinem Gutdünken zu behandeln. Sie musste mir jederzeit und überall sexuell zur Verfügung stehen. Verweigerung bedeutete Strafe. Ich war ein absoluter Haustyrann.[15]

Abhängigkeit macht Menschen in Machtpositionen oft feindselig und lässt sie zu bestrafendem Verhalten neigen. Frauen, die hinsichtlich ihrer Grundbedürfnisse von Männern abhängig sind, leiden unter der ständigen Gefahr häuslicher Gewalt. Eine transnationale Studie der WHO hat Faktoren identifiziert, die häusliche Gewalt begünstigen: (1) die Person wurde als Kind Zeuge/in häuslicher Gewalt, (2) das Umfeld toleriert diese Gewalt und (3) es besteht ein großer wirtschaftlicher Unterschied zwischen Männern und Frauen.[16] In den ländlichen Regionen von Entwicklungsländern treffen meist alle drei Faktoren zu, sodass sich die Gewalt von Generation zu Generation fortsetzt. In armen Ländern wird Gewalt von der Gemeinschaft typischerweise toleriert und sogar gefordert, falls eine Frau »abweichendes Verhalten« zeigt. Häusliche Gewalt ist dort häufig so stark normalisiert, dass die Frauen bei Befragungen berichten, Männer dürften ihre Frauen schon für so kleine Vergehen wie das Anbrennen des Abendessens schlagen.[17]

Eine gleichberechtigtere wirtschaftliche Position, vor allem der Besitz von mehr Produktivitätsressourcen wie Land und großen Tieren, reduziert die Gewalt gegenüber Intimpartnerinnen deutlich, so eine jüngere Studie aus 28 Ländern, die im *American Journal of Public Health* erschien.[18] Frauen bleiben meist dann in einer gewalttätigen Beziehung, wenn sie keine andere Möglichkeit haben, ihren Lebensunterhalt zu finanzieren. Im Zuge der wirtschaftlichen Stärkung von Frauen sehen wir nicht selten, dass Frauen ihre ersten Einnahmen nutzen, um einen gewalttätigen Mann zu verlassen.

Gewalt nimmt oft die Form von Nahrungsentzug an. Der unzufriedene Mann entzieht der Frau – und manchmal auch den Kindern – die Nahrung, solange er es für geboten hält. Eine Studie der University of Texas von 2011 ergab, dass die Hälfte der verheirateten Frauen im ländlichen Bangladesch im Vorjahr körperliche Gewalt durch ihre Partner erlebt hatte. In dieser Kultur ist es Frauen nicht gestattet, das Haus zu verlassen. Alles, was ins Haus kommt, unterliegt damit der Kontrolle des Ehemanns. Das Aushungern der Frauen ist also eine praktische Methode der Bestrafung. »Sie schlagen uns viel, aber wir gehen nicht fort«, berichtete eine Frau. »Wenn sie wütend sind, bringen sie kein Essen nach Hause, nicht einmal für ihre Kinder.« Einige Befragte litten lieber Hunger, als mit der Bitte um Essen Schläge zu riskieren. Eine Frau beispielsweise gab ihr Essen den Töchtern und erwähnte den eigenen Hunger nicht, weil sie sicher war: »Er wird mich abends schlagen.«[19]

Die männliche Kontrolle über die Zuweisung von Lebensmitteln zeigt sich am deutlichsten in einer weitverbreiteten Praxis, nach der die weiblichen Familienmitglieder zuletzt Essen erhalten. Sie essen zu anderen Zeiten, in anderen Räumen und erhalten anderes, »für Frauen« angemessenes Essen. Dies sind Formen der Ritualisierung ungleicher Nahrungsverteilung, die so zum »Teil der Kultur« wird. (In den Industrienationen zeigen sich die Überbleibsel solcher Praktiken etwa darin, dass große Portionen als »Männerportionen« gelten.)

»Während mein Vater morgens Sahne oder Milch bekam, mussten seine Schwestern Tee ohne Milch trinken«, berichtet die pakistanische Aktivistin Malala Yousafzai über die Kindheit ihres paschtunischen Vaters. »Gab es Eier, waren sie nur für die Jungen. Wurde zum Essen ein Huhn geschlachtet, teilte man den Mädchen die Flügel und den Hals zu, das saftige Brustfleisch ließen mein Vater, sein Bruder und mein Großvater sich schmecken. ›Von klein auf spürte ich, dass ich anders war als meine Schwestern‹, sagte mein Vater.«[20] Malala erzählt nicht, was ihre Großmutter aß, doch wenn diese Geschichte so verlief wie viele andere, hielt sich die Großmutter zurück, bis alle anderen gegessen hatten, und aß, was übrig blieb. Manchmal fiel gar nichts mehr für sie ab. So geht es den Frauen, wenn das Essen knapp ist.

Die Regel, dass Frauen als Letzte essen und auch dann nur die Reste bekommen, ist so weit verbreitet, dass internationale Agenturen Daten über deren möglichen Einfluss auf den Ernährungszustand unserer Spezies erheben. Die Wissenschaft arbeitet an einem geschlechterbezogenen Ernährungsindex.[21] Besonders besorgniserregend sind die Auswirkungen dieser Praxis im Fall von Neugeborenen.

Das International Fetal and Newborn Growth Consortium for the

21st Century – kurz: INTERGROWTH-21ST – forscht über Geburtshilfe und führte jüngst eine globale Studie über Geburtsgewichte durch. Demnach ist ein niedriges Geburtsgewicht mit vielen Risiken im Säuglingsalter assoziiert, aber auch mit lebenslang fortbestehenden Krankheiten und körperlichen Schwächen. Die Kinder mangelernährter Mütter haben in den ersten fünf Lebensjahren ein um 20 Prozent erhöhtes Sterberisiko.[22] Lange wurde argumentiert, in Ländern, in denen das Geburtsgewicht der Kinder niedriger liegt, gelten einfach andere kulturelle Präferenzen. (Oder so ähnlich. Mit dem Mantra »das ist eben kulturell bedingt« wird eine Menge Unsinn gerechtfertigt.) INTERGROWTH-21ST jedenfalls konnte zeigen, dass das Geburtsgewicht direkt vom Ernährungs- und Versorgungszustand der Mutter abhängt. Länder, in denen kleine Babys geboren werden, sind Orte, an denen Frauen tendenziell nicht gut behandelt werden – und eben die Reste zu essen bekommen, und zwar als Letzte.[23]

Doch das ist nicht alles. Der Forschungsgruppe zufolge haben Ernährungs- und Gesundheitszustand von Frauen selbst vor der Schwangerschaft Einfluss auf das Kind: Frauen müssen Jahre vor der Empfängnis gut versorgt werden. Wird eine Frau nicht bereits in der Kindheit gut genug ernährt, kann es bei ihren Kindern zu Geburtsfehlern (auch erblich bedingten) kommen, da Frauen alle Eizellen bereits von Geburt an im Körper tragen. Leidet die Frau unter Mangelernährung, können diese Eizellen beschädigt werden. Frauen weniger Essen zu geben hat also nicht nur sehr viele Menschen zur Folge, die ihr Wachstumspotenzial nicht ausschöpfen können, sondern es bringt diesen Menschen auch mehr Krankheiten und Geburtsfehler ein.

Kürzlich hatte ich in New York ein verstörendes Erlebnis mit einer Gruppe feministischer Akademikerinnen. Keine von ihnen war je in einem Entwicklungsland gewesen. Sie verkündeten mir und meinen Kolleginnen von oben herab, internationale Hilfsagenturen sollten sich in die Praxis, dass Frauen als Letzte essen und nur Reste erhalten, nicht einmischen, weil dies der gewaltsamen Unterdrückung einer Kultur durch einen »Hegemon« gleichkomme. Sie schienen zu glauben, dass die Praxis harmlos, vielleicht sogar ganz »ursprünglich« sei. Wir hingegen zogen aus diesem Erlebnis die beunruhigende Erkenntnis, wie wichtig es war, der Welt in diesem Zusammenhang die Wahrheit zu sagen. Systematisches Aushungern unter Gewaltandrohung ist nicht harmlos oder idyllisch. Es ist auch kein kulturelles Recht, sondern es ist nichts weniger als eine Menschenrechtsverletzung.

Außer über Lebensmittel bestimmen die männlichen Familienvorstände auch über den Grund und Boden und kontrollieren somit das Anrecht der Frauen auf Unterkunft. So können sie bestimmen, wo die Frauen sich aufhalten - nicht nur durch die unausgesprochene Drohung, die Frau würde als Ausgestoßene gelten, sondern auch, indem sie den Frauen schlicht verbieten, fortzugehen. Solche Zwänge werden meist als Versuche rationalisiert, die Frauen zu schützen oder ihr Ansehen zu wahren, doch Einschränkungen der Bewegungsfreiheit und Kommunikation verstärken die Abhängigkeit der Frauen.

Derzeit untersuchen international viele Studien, über wie viel Handlungsfähigkeit Frauen tatsächlich verfügen. Dabei kristallisieren sich eine Reihe von Standardfragen heraus. Eine davon lautet, ob die Frau das Haus ohne Erlaubnis ihres Mannes verlassen dürfe. Diese Frage hat sich für die Einschätzung der Handlungsfähigkeit als wirksam erwiesen, weil Frauen häufig ihr Dorf, das Grundstück der Familie oder sogar das Haus nicht verlassen dürfen. Manchmal werden diese Restriktionen so ernst genommen, dass Frauen - vor allem unter der Geburt - zu Tode kommen, weil ihre Ehemänner ihnen nicht erlauben, sich medizinische Hilfe zu holen. Eine ältere Frau in Uganda erzählte mir, dass sie noch nie ohne die Zustimmung ihres Mannes das Haus verlassen hatte - und dass sie auch keine andere Frau kannte, die das jemals getan hätte.

Frauen in ländlichen Kulturen leiden eher unter dem Sklavendasein als Frauen in gut entwickelten Ländern. Durch fehlende Infrastruktur (etwa Kanalisation oder Elektrizität) und Mangel an zeitsparenden Haushaltsgeräten und -produkten verbringen die Frauen weitaus mehr Zeit mit häuslichen Pflichten: Stundenlang suchen sie nach Feuerholz und schleppen schwere Wasserbehälter. Besonders lange dauert das Waschen, das von Hand, oft am Flussufer oder in einem Eimer erledigt werden muss. Das Kochen über Holzöfen ist gesundheitsschädlich und sehr zeitaufwendig. Durch diese Nachteile leiden Frauen in Entwicklungsländern viel stärker unter Zeitmangel als Männer, aber auch als Frauen in anderen Ländern. Der Zeitmangel führt wiederum zu geringerer landwirtschaftlicher Produktivität. Die FAO empfiehlt Investitionen in öffentliche Güter und langlebige Konsumgüter, um das zu verändern. Sie schätzt, dass Investitionen in zeitsparende Hilfsmittel für die Hausarbeit zum Beispiel in Tansania acht Milliarden Stunden unbezahlte Arbeit einsparen würden. Das entspricht 4,6 Millionen bezahlter Vollzeitanstellungen.[24]

Ein anstrengender, nicht endender Arbeitstag ist in den vom Landbau lebenden Regionen Afrikas für Frauen Tradition. Die dänische Ökonomin Ester Boserup beschrieb dies bereits in den 1970er-Jahren. Frauen mussten auf den Ländereien ihrer Männer arbeiten und sich um Kinder und Haushalt kümmern – unbezahlt, genau wie heute.[25] Zudem wurde von ihnen erwartet, dass sie durch Produktion und Verkauf von Handarbeiten und Gartenfrüchten selbst Geld verdienten. Mit den Erlösen sollten sie ihren eigenen Unterhalt und die Ausgaben der Kinder bestreiten, damit weder Frauen noch Kinder Unterstützung von den Ehemännern forderten. Die Frauen arbeiteten Tag und Nacht, während die Männer ihre Freizeit genossen und nur auf die Felder kamen, um »Aufsicht« zu führen. Wollten die Männer ihr Einkommen erhöhen, kauften sie sich mehr Ehefrauen für die Landarbeit. Da die Frauen unbezahlt arbeiteten und für ihren Unterhalt selbst verantwortlich waren, kosteten die zusätzlichen Arbeitskräfte die Männer nur den Brautpreis. Die Frauen erhielten nichts und besaßen nichts, nicht einmal ihre eigenen Körper.

Noch heute versuchen Frauen durch den Verkauf von Gartenerzeugnissen und Handarbeiten Geld zu verdienen. Sie verkaufen noch auf den entlegensten Straßen Yamswurzeln oder Tomaten an die Vorbeifahrenden. Sie stehen am Straßenrand, ihre Handarbeiten liegen vor ihnen ausgebreitet und gleichen exakt den Arbeiten der Frauen neben ihnen, weil sie alle der gleichen Handwerkstradition entstammen. Selbst hier vor Ort wirken die Gegenstände wie Klischees. Niemals ließen sie sich online oder im Westen verkaufen. Doch diese Frauen sind arm, sie besitzen nichts, und der Verkauf dieser altmodischen Güter auf einem so inadäquaten Markt ist ihr einziger Weg, den Lebensunterhalt zu bestreiten.

Man muss *Das Kapital* nicht gelesen haben, um einen einfachen Zusammenhang zu begreifen: Wenn Männer die Produktionsmittel besitzen, ist es auch wahrscheinlicher, dass sie Arbeitgeber sind. Frauen arbeiten in der Landwirtschaft gegen Lohn oder in Form unbezahlter Familienarbeit. FAO-Umfragen zeigen, dass Frauen 43 Prozent aller Landarbeit erledigen, weisen jedoch zugleich darauf hin, dass diese Zahl wohl zu niedrig angesetzt ist. Denn Frauen erledigen so viel Landarbeit neben Haushalt und Kinderversorgung, dass sie sich oft nicht als Landarbeiterinnen wahrnehmen, obwohl sie stundenlang anpflanzen, züchten und ernten. Wenn die FAO ihre Umfragen durchführt, kreuzen die Frauen bei dieser Frage nicht »Ja« an und werden folglich nicht mitgezählt.[26]

Frauen, die gegen Lohn in der Landwirtschaft arbeiten, sind häufig Saisonkräfte, informell oder in Teilzeit beschäftigt, arbeiten also auf den am geringsten bezahlten und unsichersten Stellen. Gegen Landarbeiterinnen werden viele Gewalttaten verübt. Selbst in den Vereinigten Staaten, wo man mit besserem Schutz rechnen würde, kommt es auf den Feldern zu Übergriffen der Aufseher gegenüber Frauen. In den meisten Fällen bringen weder Arbeitgeber noch Gerichte den Opfern großes Mitgefühl entgegen.[27]

Auch hinsichtlich der typischen landwirtschaftlichen Aufgaben gibt es Geschlechterunterschiede. Alle höher bezahlten Tätigkeiten mit schwerem Gerät gelten als »Männerarbeit« - ob dafür wirklich ein Mann nötig ist oder nicht. Welche Tätigkeiten als »Männerarbeit« gelten, ändert sich mit der Bezahlung. Steigen die Löhne für eine Aufgabe, die hauptsächlich Frauen erledigen, wird sie von Männern übernommen und damit zu »Männerarbeit«, selbst wenn sie jahrelang als »Frauenarbeit« galt. Gleicht die FAO ihre Daten über Arbeitsstunden, Qualifikation und Erfahrung an und vergleicht in diesem Rahmen Frauen und Männer, so erhalten Frauen für Landarbeit weltweit deutlich weniger Geld als Männer.[28]

Jahrzehntelang glaubten Feministinnen, dass die Beschränkung auf das Häusliche der Grund für die Entwertung der Frauen sei und der Weg in die Freiheit über »wichtige« Arbeit führe. Feministische Wissenschaftlerinnen argumentierten mit der unterstellten Würde der Landarbeit und behaupteten, der industrielle Kapitalismus oder der europäische Kolonialismus habe die Frauen unterdrückt. Träfe das zu, dann müssten Kulturen, in denen Frauen viel Landarbeit erledigen, geschlechtergerechter sein.

Betrachten wir also diesen Zusammenhang. Die Organisation für Wirtschaftliche Zusammenarbeit und Entwicklung (OSZE) erhebt den sogenannten Social Institutions and Gender Index (SIGI), mit dem berechnet werden soll, wie ausgeprägt die in diesem Kapitel beschriebenen Nachteile sind: diskriminierende Familienkodizes, Gewalt gegen Frauen, eingeschränkte Ressourcen (vor allem Zugang zu Land und Kapital), die Bevorzugung von Söhnen und der Infantizid an weiblichen Neugeborenen. Die SIGI-Auswertungen zeigen, dass es um Sicherheit, Ressourcen, Gleichbehandlung und menschlichen Respekt in jenen Ländern schlechter bestellt ist, in denen mehr Frauen Landarbeit leisten.[29]

Mein Team in Uganda führt derzeit psychologische Tests durch, um den Einfluss dieser Bedingungen auf die Frauen zu erörtern. Wir sehen, dass ihre psychische Gesundheit weit stärker gefährdet ist als die der Männer. Dieses Ergebnis entspricht Studien aus anderen Ländern, in denen Frauen nur wenig Rechte haben.[30] Die verwirrten alten Frauen, die ich so oft auf den Schulhöfen herumgeistern sehe, haben ein Leben voll finanzieller Ungewissheit und Gewalt hinter sich, das wahrscheinlich ihre Psyche beeinträchtigt hat.

Wir alle, als Menschheit, schulden diesen Frauen unser Mitgefühl und unsere Hilfe. Wir müssen uns bemühen, die geschlechtsspezifischen ökonomischen Hürden zu beseitigen, die Freiheit und Sicherheit verhindern. An verschiedenen Orten gibt es inzwischen Programme, die Frauen beim Erwerb von Grundbesitz unterstützen sollen, doch sie müssen auf die ganze Welt ausgeweitet werden. Gleiches gilt für Hilfe beim Zugang zu Technik und Märkten. Gewiss, die Regierungen sollten ihre Hilfen gleichmäßiger verteilen. Einige Maßnahmen sind relativ einfach und können von kleinen Freiwilligenorganisationen geleistet werden, etwa von örtlichen Wohltätigkeitsorganisationen oder kirchlichen Gruppen. In ihrem Buch *Wir sind viele, wir sind eins* berichtet Melinda Gates davon, wie sie eine Aufführung von Landwirten und ihren Familien sah, bei der die Praxis »Frauen essen zuletzt und am wenigsten« satirisch vorgeführt wurde. Als die Männer im Publikum ihren Nachbarn dabei zusahen, wie sie taten, als setzten sie den Männern zuerst volle Teller vor, während hungrige Frauen und Kinder warteten, schämten sie sich. Zutiefst bewegt schworen sie, ihr Verhalten zu ändern. Einzelne Reaktionen wie diese lassen mich hoffen, dass wir in einer gemeinsamen Anstrengung wirtschaftliche Freiheit für Frauen erreichen können.

Die Hunderte Millionen Frauen, die unter den von mir beschriebenen Bedingungen leben, gleichen durch ihre ökonomische Ausgrenzung Gefangenen. Die Folge der männlichen Kontrolle über das Land ist das Leid dieser Frauen. Ja, kulturelle Normen und religiöse Praktiken spielen dabei eine Rolle, aber das sind hauptsächlich lokale Vertuschungsmaßnahmen. Das über Nationen, Zeiten und Kulturen hinweg gleichbleibende Muster ist die wirtschaftliche Abhängigkeit. Sie führt zu eingeschränkter Mobilität, unsicherer Versorgung mit Lebensmitteln und Obdach und zur Gefährdung durch Gewalt, die ohne Konsequenzen bleibt.

4

SCHLECHTE AUSREDEN UND UNENTSCHULDBARES VERHALTEN

Für das Leid der Frauen gibt es keine Entschuldigung, aber das hindert die Menschen nicht an der Suche nach Ausreden. Wer eine derart massive Ungleichheit erklären will, braucht einen ebenso großen Mythos. Die Apologeten berufen sich deshalb gerne auf unsere tierische Natur oder auf die Vor- und Frühgeschichte. Sie behaupten, männliche Dominanz sei natürlich und notwendig. Menschenmütter sollten genauso zu Hause bleiben, wie Tiermütter es täten. Männer seien die Ernährer und den Frauen überlegen, weil sie gefährlichere, schwierigere oder wichtigere Arbeiten ausführten. Sie berufen sich auf Wissenschaft, Religion und Volkssagen – was immer gerade passt – und schließen meist mit der Warnung, jeder Versuch, das Kräfteverhältnis zu ändern, zöge die Vernichtung der Spezies nach sich. Sie behaupten, die Vorherrschaft der Männer sei unabänderlich.

Wer auch immer sich für die Stärkung von Frauen einsetzt, wird früher oder später mit derlei Thesen konfrontiert werden. Hier ein paar Antworten, mit denen wir darauf reagieren können:

MÄNNLICHE DOMINANZ IST NATÜRLICH UND NOTWENDIG

Angesichts einer Statistik des Pew Reserach Council von 2013, der zufolge 40 Prozent der amerikanischen Frauen die Hauptverdienerinnen ihrer Familien sind, platzte dem konservativen Medienexperten Erick Erickson der Kragen:

> Ich habe mich schon so daran gewöhnt, dass Liberale Konservativen vorwerfen, ihr Verhalten sei wissenschaftsfeindlich. Aber Liberale, die das hier verteidigen und sagen, da sei nichts Schlechtes dabei, sind extrem wissenschaftsfeindlich. Ein Blick in die Biologie und in die Natur, auf die Rollen von Männchen und Weibchen in der Gesellschaft und bei Tieren zeigt doch, dass das Männchen typischerweise die dominante Rolle einnimmt. Das Weibchen ist nicht die Antithese dazu, es steht nicht im Wettbewerb mit dem Männchen, sondern erfüllt eine komplementäre Rolle. Wir haben verlernt, in komplementären Beziehungen zu leben – und das treibt uns auseinander.[1]

Ericksons »wissenschaftliche« Erklärung für die Vorherrschaft des Mannes ist falsch und unterkomplex, und zwar aus Gründen, die aus langjährigen Forschungen hervorgehen, die ich hier in aller Kürze (und Selektivität) anreißen will:

Eine der mit den Menschen am engsten verwandten Primatenarten wird von den Weibchen dominiert. Bonobos sind Schimpansen so ähnlich, dass sie erst 2012 als eigene Spezies erkannt wurden.[2] Wie Schimpansen teilen Bonobos mit uns 99 Prozent des Erbguts. Die DNA der beiden Primatenarten ist zu 99,6 Prozent identisch. Doch ungeachtet ihrer fast ununterscheidbaren biologischen Profile sind ihre Sozialsysteme stark gegensätzlich strukturiert.[3]

Schimpansen sind patriarchalisch organisiert. In ihren Gruppen steht je ein Alphamännchen an der Spitze. Darauf folgt eine Hierarchie anderer Männchen; die Weibchen stehen ganz unten. Die Männchen kämpfen um höhere Positionen, bilden aber eine enge Gemeinschaft, die ihr Revier sichert, in das Territorium anderer Gruppen eindringt und gemeinsam Nachbarstämme herausfordert. Weibchen werden gemobbt und angegriffen. Beide Geschlechter jagen und sammeln, aber Männchen teilen die Nahrung untereinander, wohl um Allianzen zu schmieden, und treten normalerweise nicht in enge Beziehung zu den Weibchen oder ihrem Nachwuchs.

Bonobos dagegen sind matriarchalisch organisiert. Sie haben keine einzelne Anführerin, sondern die Weibchen regieren als Kollektiv. Männchen und Weibchen sammeln und jagen gemeinsam, teilen das Essen untereinander und mit dem Nachwuchs. Sowohl Männchen als auch Weibchen sind bei der Jagd gnadenlos, vermeiden aber Konflikte untereinander. Wenn sie eine potenzielle Konfliktsituation erkennen, weichen sie auf Spiel oder Sex aus, um sich abzulenken und Spannung abzubauen. Danach wird geteilt. Kämpfe zwischen Bonobo-Gruppen sind extrem selten. Anders als Schimpansen und Menschen töten Bonobos ihre Artgenossen in der Regel nicht.

Die Basis des Bonobo-Matriarchats ist eine Allianz junger Weibchen, die zur Gruppe hinzustoßen. Alle heranwachsenden Primaten siedeln zur Fortpflanzung in eine andere Gruppe über. Bei manchen Spezies verlassen die Männchen die Gruppe, bei anderen sind es die Weibchen. Spezies mit migrierenden Weibchen zeigen meist deutliche männliche Dominanz und Aggression. Die Forschung vermutet, dass die Männchen in der Zielgruppe dominieren, weil sie bereits durch Verwandtschaftsbeziehungen untereinander verbunden sind, während die fremden Weibchen keine Basis für eine derartige Solidarität haben. Doch wenn Bonoboweibchen zu einer neuen Gruppe hinzustoßen, knüpfen sie sofort Beziehungen zu anderen Weibchen – vor allem durch Sex – und pflegen diese Beziehungen ein Leben lang. Dieses Verhalten schafft eine Koalition der Weibchen, die stark genug ist, um den Männchen standzuhalten. Aus wissenschaftlicher Sicht ist bislang unklar, warum Bonobos sich so verhalten, andere Primaten aber nicht.

Der Alltag in der matriarchalisch organisierten Bonobo-Gruppe wird als eher »egalitär« beschrieben. Bonobos sind recht empathisch, können die Emotionen von Artgenossen interpretieren und darauf reagieren. Zudem ähneln ihre Spiele denen der Menschen. Doch es gibt eine Grenze, auf deren Einhaltung sehr genau geachtet wird: Die Matriarchinnen dulden keine sexuelle Aggression seitens der Männchen. Ein Männchen, das sich einem unwilligen Weibchen aufzwingen will, wird von der Gruppe verjagt. Vergewaltigung kommt deshalb unter Bonobos quasi nicht vor.

Schimpansen dagegen haben eine Kultur der Vergewaltigung. Aggressive Männchen haben mehr Nachwuchs, weil sie Weibchen regelmäßig angreifen – gleich, ob die Weibchen in der fruchtbaren Phase und Männchen gegenüber aufgeschlossen sind oder ob sie sich in der unfruchtbaren Phase befinden und kein Interesse zeigen. Die Verhaltensforscherin Barbara Smuts machte im tansanischen Gombe-Nationalpark die folgende Beobachtung:

> Es ist eine verstörende Szene: Ein ausgewachsener, muskulöser männlicher Schimpanse rennt mit gesträubtem Fell durchs Unterholz. Er ist halb aufgerichtet und schleudert krachend Äste in alle Richtungen. Andere Schimpansen fliehen, schreien oder grunzen unterwürfig. Sein Ziel, ein kleineres Weibchen, kauert sich zusammen und bleckt ängstlich die Zähne, während er ihr mit seinem vollen Gewicht in den Rücken tritt. Die Sache mag in ein paar Sekunden vorüber sein – das Opfer kann kaum Widerstand leisten, aber es ist eindeutig traumatisiert und stößt, noch lange nachdem das Männchen wieder seinen alltäglichen Verrichtungen nachgeht, rasselnde, erstickte Schreie aus.[4]

Um den Angreifer zu besänftigen und solche gewaltsamen Begegnungen in Zukunft zu vermeiden, bieten paarungsbereite Weibchen sich offenbar zuerst jenen Männchen an, die sie bereits belästigt haben. Die Weibchen kopulieren während dieser Phase jedoch auch mit jedem nicht mit ihnen verwandten Männchen – anscheinend im Versuch, die Vaterschaft zu verschleiern. Der Forschung zufolge handeln die Weibchen so, weil die Männchen Neugeborene oft töten und sie manchmal sogar vor den Augen der Mutter und dem Rest der Gruppe verspeisen. Man spekuliert, dass die Männchen die eigenen Nachkommen nicht töten. Hat die Mutter Verkehr mit allen, schützt sie also das Leben ihres ungeborenen Kindes.

Normalerweise können männliche Schimpansen den eigenen Nachwuchs nicht erkennen. Bei der wissenschaftlichen Beobachtung von Schimpansen ist die Vaterschaft nur durch die Analyse der Fäkalien festzustellen. Doch in zwei seltenen Fällen könnte ein Männchen den eigenen Nachwuchs identifizieren: Manchmal bewachen Alphamännchen fortpflanzungsbereite Weibchen und wehren andere Männchen während der gesamten fruchtbaren Zeit ab. Doch selbst dann ist eine Empfängnis des Weibchens nicht sicher. Um sicher zu sein, dass ein Weibchen wirklich den eigenen Nachwuchs bekommt, muss ein Männchen es über lange Zeit immer wieder bewachen, was in der Wildnis möglicherweise nicht praktikabel ist.

Eine andere seltene Möglichkeit, die Vaterschaft eindeutig festzustellen, besteht, wenn das Weibchen ihren Partner aussucht. Manchmal haben Männchen und Weibchen eine Art Balzphase, in der sie Nahrungsmittel teilen, gegenseitige Fellpflege betreiben und zu Beginn der fruchtbaren Phase im Wald verschwinden. In kontrollierten Tests bevorzugten Schimpansenweibchen diese »netten Kerle«, doch in der Wildnis sind solche Konstellationen selten, weil aggressive Männchen die Weibchen überwältigen *und* andere Männchen dominieren.

Weil Schimpansenweibchen ihre Geschlechtspartner nicht aussuchen können und sich, hätten sie die Möglichkeit, für andere entscheiden würden, können wir hier also wohl nicht auf das übliche »evolutionäre Narrativ« zurückgreifen, demzufolge sich die besten Merkmale durchsetzen, weil Weibchen die Männchen mit diesen Merkmalen »am liebsten mögen«. Stattdessen zwingen die vergewaltigenden Schimpansenmännchen dem Genpool die Gewalt als Merkmal quasi auf, verkürzt gesprochen, und verstärken diese zudem durch ihr Verhalten.

Eine aggressive Gruppenkultur wurzelt sowohl im Verhalten als auch in biologischen Faktoren, und viele Wissenschaftler gehen inzwischen davon aus, dass beides eng miteinander verknüpft ist und miteinander in Wechselwirkung steht. Es gibt keine einfache Monokausalität. Testosteron, das gerne als Erklärung angeführt wird, spielt eine Rolle in dem komplexen Zusammenspiel, aber sicherlich nicht die alleinige. Forschungen deuten darauf hin, dass Testosteron beispielsweise dominantes Verhalten verstärkt und vermehrtes Konkurrieren um sozialen Status stimuliert. Sieht ein männlicher Primat seinen Status bedroht, steigt sein Testosteronspiegel an, was zu aggressiverem Verhalten führen kann. Die Frage nach Henne und Ei, mit anderen Worten nach den Kausalitäten hier ist in der Verhaltensbiologie und Endokrinologie noch nicht final verstanden. Korrelationen zeigen jedoch, dass ansteigendes Testosteron und zunehmende Gewalt einander verstärken und zu einem von Aggressionen geprägten sozialen Umfeld führen können: Der Anstieg des Testosterons in einem Individuum begünstigt aggressives Verhalten, das wiederum den Testosteronpegel der gesamten Gruppe zu erhöhen scheint und das Aggressionspotenzial insgesamt steigert, was in nächster Konsequenz zu defensiven Reaktionen führt - und so fort. So verstärken Gruppen von Männchen in kompetitiven Situationen gegenseitig ihre Unsicherheiten und Aggressionen, und die Konflikte eskalieren immer weiter. Innerhalb einer solchen Gruppendynamik erlangen leider gerade die Männchen Führungspositionen, die am heftigsten und aggressivsten reagieren, wenn sie herausgefordert werden. Siegreich sind, zugespitzt, also nicht »die weisesten Anführer«, sondern die mit dem am stärksten ausgeprägten Machtgestus.

Hält ein solches Gruppenverhalten über längere Zeit an, kann es das Aggressionspotenzial aller Mitglieder dauerhaft erhöhen. Der Testosteronspiegel steigt und fällt in Abhängigkeit von den sozialen Umständen. In klinischen Experimenten wurde ein hoher Testosteronwert in der Vergangenheit mit Verhaltensweisen wie Gier, Korruption, Gewalt und Dominanz in Verbindung gebracht. Zudem wurde argumentiert, er führe zu weniger voraussichtigem und riskantem Verhalten, und dass Männer mit hohem Testosteronwert dazu neigen, Gegner härter abzustrafen und Helfer großzügiger zu belohnen; auch gibt es in den Studien Hinweise darauf, dass ein höherer Testosteronwert eher zu kriminellen Gewalttaten neigen lässt, aber auch die Chance auf eine prominente Stelle, etwas als CEO, steigern könnte. Auch hier stellt sich jedoch immer die Frage nach Henne und Ei, da die hormonellen Faktoren mit den unzähligen Umwelteinflüssen und sozialen Kontexten in Wechselwirkung stehen, denen jeder von uns ausgesetzt ist. Entsprechend wichtig ist es, sich klarzumachen, dass es in diesen Prozessen keine »reine Biologie« gibt, kein »natürliches« Verhalten, das sich mit einem Verweis auf »die Hormone« entschuldigen ließe, sondern dass all diese Dimensionen untrennbar miteinander verbunden sind.

Früher herrschte die Ansicht, die Gene bestimmten den gesamten Organismus vom Aussehen bis zu den Gewohnheiten. Heute betrachtet die Wissenschaft Gene, Verhalten und biologische Prozesse wie Hormonpegel als voneinander abhängige, dynamische Einflüsse - sowohl auf ein Lebewesen als auch auf dessen Nachkommen. Eine Kultur, in der männliche Aggression konstant belohnt wird - vor allem durch erzwungene Reproduktion, also Vergewaltigung -, könnte Gewalt auch in nachfolgenden Generationen reproduzieren und verstärken. Landläufig gilt oft noch die Annahme, wer oder was auch immer von einer Generation zur nächsten überlebe, sei für die jeweilige Spezies am besten. Tatsächlich wissen Evolutionswissenschaftler aber inzwischen, dass erst viele Generationen später einigermaßen zuverlässig beurteilt werden kann, welche Eigenschaften für eine Spezies adaptiv und von Vorteil sind, zumal diese im Kontext des Habitats bewertet werden müssen - bei Primaten beträgt diese Zeitspanne Jahrhunderte oder gar Jahrtausende. Auf lange Sicht können deshalb Merkmale, die heute Bestand haben, morgen zu Problemen führen.

Die oft so genannten »Kampfschimpansen« veranschaulichen diesen Zusammenhang. 1995 wurde im Ngogo-Abschnitt des Kibale National Parks in Uganda erstmals eine Gruppe Schimpansen gesichtet, die noch kampflustiger zu sein schien als normalerweise. Sie sind größer und stärker als andere Schimpansen und leben länger. Sie vermehren sich schneller und bilden dreimal so große Gruppen wie für Schimpansen üblich. Diese »Kampfschimpansen« führen gegen andere Gruppen Krieg und töten Artgenossen, um sich deren Territorien anzueignen oder deren Weibchen zu rauben. Sie werden bereits seit 25 Jahren erforscht, und noch immer ist unklar, ob die Vergrößerung des Territoriums oder der Raub der Weibchen das Hauptmotiv ist.[5]

Laut den Primatologinnen und Primatologen, die diesen Stamm untersuchen, ist die Umgebung für die Kampfschimpansen besonders gut geeignet. In Ngogo gibt es das ganze Jahr lang Früchte, keine Raubtiere und – wenigstens innerhalb des Beobachtungszeitraums – keine Krankheiten. Dieses günstige Habitat könnte die Kriegeraffen trotz schlecht angepassten Verhaltens am Leben erhalten haben. Das Leben dort ist leicht. Sie haben ihr bevorzugtes tierisches Protein, den Roten Stummelaffen, allerdings beinahe ausgerottet. Da diese aggressiven Tiere die anderen Schimpansen in ihrem Habitat bald besiegen werden, könnten wir annehmen, dass sie die »fittesten« und für das Überleben am besten geeigneten sind. Außer, wir bringen die Situation in eine längere zeitliche Perspektive:

Haben die Aggressoren den gesamten Kibale-Nationalpark eingenommen, stehen ihnen keine weiteren Gebiete zur Verfügung. Wenn sie ihr Verhalten nicht deutlich ändern, werden sie ihre Nahrungsquellen aufbrauchen und sich wahrscheinlich im Streit um Nahrung gegenseitig umbringen. Ihre einzige Option wäre die Selektion auf Basis des Teilens statt des Streits. Sonst wäre ihr aggressives Verhalten auf langen Zeitskalen betrachtet vermutlich kein bisschen adaptiv gewesen.

Einige Schlaglichter auf die Geschichte des anatomisch modernen Menschen können hier noch weitere interessante Diskussionsgrundlagen bieten, denn vor ungefähr 70 000 Jahren stand *Homo sapiens* vor einer ähnlichen Herausforderung. Er wanderte aus Afrika nach Osteuropa, Zentralasien und in den Mittleren Osten ein sowie – wohl in Booten – nach Australien. Seitdem hat der Mensch alle Habitate unseres Planeten kolonisiert, sogar die arktischen Zonen. Die Anpassung an diese Orte verlangte bewusste Veränderungen bezüglich der Ernährung und Unterkunft. Während wir diese flexiblen Verhaltensweisen entwickelten, wurde unser Gehirn größer, veränderte seine Form und wurde komplexer.[6]

Die heutigen Menschen haben eine ähnliche Gehirnstruktur wie Bonobos und Schimpansen und teilen mit ihnen auch bestimmte Aspekte des Verhaltens und Soziallebens. Die bemerkenswerte Fähigkeit der Bonobos, Gefühle zu erkennen, entstammt dem limbischen System ihres Gehirns, das unserem stark ähnelt – nur ist das limbische System der Menschen weit komplexer entwickelt. Wie Menschen merken auch Bonobos, wenn sie bei anderen ungute Gefühle auslösen, und können ihr Verhalten entsprechend anpassen. Beide Spezies sind kooperativ und kommunikativ, Menschen jedoch weit mehr als Bonobos. Beide gehören auch zu den wenigen Arten, die Sex zum Spaß und nicht nur zur Fortpflanzung haben, und beide haben mit dem gleichen oder anderen Geschlecht aus Lust und Zuneigung Sex. Bonobos kopulieren oft mit einander zugewandten Gesichtern und küssen sich auf den Mund – beides sind seltene Verhaltensweisen. Sie sind bemerkenswert verspielt, genau wie wir. Die Gehirnstrukturen von Menschen und Bonobos ermöglichen die Kontrolle aggressiver Impulse auf eine Art, die zum Beispiel Schimpansen nicht gelingt.

Das patriarchale Sozialsystem der Schimpansen ähnelt dem unseren; ihre Rape Culture, ihr »Statusdenken« und ihr Streben nach Dominanz gehören auch zum menschlichen Verhalten. Wie bereits dargelegt, muss die Gewalttätigkeit nicht von Anfang an das Naturell der Schimpansen gewesen sein, sondern es könnte sich mit ihnen entwickelt haben. Das Gleiche könnte für Menschen gelten.

Evolutionswissenschaftler gehen davon aus, dass das menschliche Denken sich im Kontext von Konflikten entwickelt hat, in denen verschiedene Gruppen (von Männern) miteinander um die dominante

Position konkurrierten. Nach dem aktuellen Forschungsstand spricht vieles dafür, dass Testosteron am besten im Zusammenhang mit solchen Dominanz-Impulsen zu verstehen ist. Der Drang nach einer dominanten Stellung wiederum lässt sich mit der Persönlichkeitsstruktur in Verbindung bringen; in der Forschung spricht man hier von der sogenannten Sozialen Dominanzorientierung (SDO). Menschen mit einem hohen Wert auf der SDO-Skala bevorzugen eine rigide Hierarchie mit der eigenen Gruppe an der Spitze und befürworten Gewalt, um diese Stellung zu bewahren. Sie sind statistisch zudem häufig männlich und weisen eine tendenziell sexistischere, homophobere und rassistischere Weltsicht auf. Sie präferieren autoritäre, männlich dominierte Sozialstrukturen. Es gibt Hinweise darauf, dass SDO eine erbliche Komponente hat.[7] Werden Entscheidungen in einem Umfeld getroffen, in dem die Menschen eher dieser dominanzorientierten Gruppe angehören als egalitäre Werte zu vertreten, hat das tiefgreifende Konsequenzen für den Alltag jedes Einzelnen – die mit großer Wahrscheinlichkeit etwa mit einer geringeren Einbeziehung von Frauen einhergehen. Das gilt umso mehr in solchen Gruppen, in denen SDOler in den oberen Positionen der Hierarchie zu finden sind.

Schon bald nach dem Aufbruch aus Afrika zeigte *Homo sapiens* das Verhalten, das Menschen schnell zur gewalttätigsten und destruktivsten Spezies der Erde machen sollte.[8] Früher glaubte man, dass die anderen vormenschlichen Arten vor dem Auftreten des *Homo sapiens* bereits ausgestorben waren, doch neuere archäologische Funde deuten darauf hin, dass die Menschen während ihrer Migration durch Europa und Asien alle anderen *Homo*-Arten verdrängt haben. Darüber hinaus verschwand während der Ausbreitung des anatomisch modernen Menschen über Land und Meer eine erstaunlich große Zahl von Säugetieren: große Ratten, Riesen-Wombats, Mammuts, Mastodonten, Riesenlöwen und Riesenfaultiere. In Nordamerika wurden 34 von 47 Großtieren ausgerottet, in Südamerika 50 von 60. In Australien töteten Menschen 23 von 24 Arten mit einem Mindestgewicht von 50 Kilo.[9]

Seit Tausenden von Jahren zerstören wir Menschen den Planeten und haben endlich den Punkt erreicht, an den auch die Kampfschimpansen bald kommen werden: Wir haben die Grenzen unseres Habitats so stark ausgedehnt, dass unser Überleben bedroht ist. Mit dem verkürzten Argument des »survival of the fittest« rechtfertigen wir Eroberungen und Plünderungen. Jetzt müssen wir nach der Fähigkeit zum Teilen selektieren - oder wir werden aussterben. Die männliche Dominanz hat sich als Desaster erwiesen.

MÄNNER SIND ERNÄHRER

Über Tausende von Jahren haben Männer die wirtschaftlichen Ressourcen kontrolliert. Aber das heißt nicht, dass sie gute Ernährer waren. Viele Studien der letzten Jahrzehnte haben die Vorstellung, der Mann sei »von Natur aus« der Ernährer und damit »naturgemäß« in der dominanten Rolle, relativiert. Einige Schlaglichter auf die lange Menschheitsgeschichte - die hier keineswegs als erschöpfende Auseinandersetzung mit der umfangreichen Forschung gedacht sind - können zeigen, wie viel komplexer die Realität tatsächlich war und ist.

Die erste menschliche Wirtschaftsform war das Jäger-Sammler-System. Dem Mythos zufolge jagten die Männer, während die Frauen in der Nähe der Behausungen sammelten und arbeiteten, um gleichzeitig die Kinder beaufsichtigen zu können. Heterosexuelle Paare waren also die Garanten einer ausgewogenen Ernährung sowohl für das Paar als auch für die Kinder. Diese »Arbeitsteilung der Geschlechter« ist heute archetypisch für die Rollenverteilung überall in der Wirtschaft, weil die meisten Kulturen zwischen »Männerarbeit« und »Frauenarbeit« unterscheiden.

Der Mythos klingt gut, passt aber nicht zu den Fakten, die Ethnologie, Anthropologie und Archäologie inzwischen zusammengetragen haben. Aus der Betrachtung der wenigen heute noch existierenden »Sammler«-Gemeinschaften lässt sich etwas über Jäger und Sammler früherer Zeiten ableiten. In diesen Gemeinschaften gehen Frauen oft auf die Jagd. Sie töten normalerweise kleine Tiere in der Nähe des Wohnorts, genau wie die Männer. Männer jagen auch größere Wildtiere, aber solche Jagdausflüge sind selten. Die Jagd auf Großwild ist eine ineffiziente Art der Nahrungsbeschaffung, und Fleisch wird ohnehin nicht oft gegessen. Die meisten dieser Gruppen leben überwiegend von pflanzlicher Nahrung. Dennoch erzählen die Männer großartige Geschichten von der Jagd, sodass Fleisch mit Männlichkeit identifiziert wird. Manchen Anthropologinnen und Anthropologen zufolge besteht die Funktion der Jagd eher im Signalisieren von Status als in der Suche nach Nahrung.[10] Da die Jagd seit ein paar Tausend Jahren auch eine sportliche Aktivität und sogar eine Freizeitbeschäftigung der Reichen ist, könnte man überlegen, ob sie überhaupt als »Arbeit« bezeichnet werden sollte.

Die ersten Menschen bildeten keine Kernfamilien. Wie Schimpansen und Bonobos lebten sie ursprünglich in Fission-Fusion-Gesellschaften, gingen also in kleinen, wechselnden Gruppen jagen und kehrten zum Schlafen und Essen in ihre größere Gemeinschaft zurück. Früher glaubte man, die Praxis des Teilens unter den Sammlern habe zur gleichberechtigten Ernährung aller Gruppenmitglieder geführt, doch neuere Forschungen zeigten, dass zwischen den Geschlechtern möglicherweise nicht gleichmäßig geteilt wurde.[11]

Anthropologische Analysen der Zähne von Jägern und Sammlern aus dem 20. Jahrhundert ergaben, dass die Frauen statistisch durchweg unterernährt waren und weniger Zugang zu Fleisch und Fett hatten. Diese Ungleichheit dürfte mehrere Gründe gehabt haben: Wenn Männer jagen gehen, verzehren sie die nährreichsten und fettigsten Teile des erlegten Tieres vor Ort und nehmen den Rest mit zur Gruppe. Bei der Rückkehr bestimmen Rituale der Nahrungsverteilung, wer zuerst welche Teile des Tiers essen darf. Bei diesen Ritualen werden Frauen oft benachteiligt. »[D]ie Reihenfolge der Nahrungsverteilung – alte Männer, Jäger, Kinder, Hunde und Frauen – lässt vermuten, dass Frauen am ehesten unter Mangelernährung litten«, so schon eine anthropologische Untersuchung aus den 1970ern.[12] Auch Tabus legen nahe, dass gewisse Nahrungsmittel bestimmten Gruppenmitgliedern zu bestimmten Zeiten untersagt sind – auch hier werden Frauen tendenziell benachteiligt. Chronische Mangelernährung von Frauen führt wiederum zu niedrigen Geburtenraten und -gewichten sowie zu einer hohen Säuglings- und Müttersterblichkeit. Das ist wohl kaum eine gewinnbringende Anpassungsleistung.[13]

Die Praxis der Jäger, die besten Teile des Tiers vor der Rückkehr ins Lager zu verzehren, stellt sicher, dass sie die beste Versorgung genießen. So sind sie tendenziell größer und stärker als andere Männer und genießen mehr Anerkennung. Die Nahrungsmittelverteilung hängt mit Ansehen und Macht zusammen und etabliert eine Hierarchie, in der die stammesältesten Männer ganz oben stehen – dicht gefolgt von den Jägern. Es geht bei dieser Praxis also mehr um den männlichen Status als um die Ernährung der Frauen und Kinder.

Hinweise auf die ungleiche Verteilung des Essens liefern neben modernen ethnologischen Forschungen auch die fossilen Überreste prähistorischer Menschen. Eine Studie von 2008 untersuchte alle aussagekräftigen Dokumentationen von bei weltweiten Ausgrabungen entdeckten Zähnen. Ihr zufolge hatten Frauen auf allen Kontinenten schadhaftere Zähne als Männer.[14] Die wahrscheinlichste Erklärung ist, dass Frauen mehr Kohlenhydrate aßen, während die Männer mehr Fleisch zu sich nahmen. Das passt zu den modernen ethnografischen Daten. Die anthropologischen Untersuchungen lassen zudem vermuten, dass ein Teil der an den Skeletten und Zähnen von Frauen erkennbaren Mangelernährung entstand, weil die Frauen, gemessen an der harten Arbeit, zu wenig Kalorien aufnahmen. An manchen Fundorten zeigten die Knochen der Frauen zusätzlich an, dass sie schwere körperliche Arbeit geleistet hatten.[15]

Spätestens im Jungpaläolithikum (Steinzeit) tauchten die ersten Anzeichen eines organisierten Patriarchats auf.[16] Kleine Männergruppen schlossen sich zusammen, um Macht über andere, vor allem Frauen, auszuüben. Dabei schufen sie, vereinfacht gesagt, Regeln und Praktiken, die später zu Gesetzen und Institutionen wurden und größeren Gesellschaften die Aufrechterhaltung der patriarchalen Strukturen ermöglichten.

Das männliche Aggressionsverhalten dürfte im Lauf der Zeit zugenommen haben. Die Jäger und Sammler kämpften gegen andere Clanmitglieder - manchmal bis zum Tod. Menschen unterscheiden sich von anderen Primaten durch die Angriffslust, die sie gegenüber fremden Gruppen zeigen. Frauen kam in diesen Konstellationen eine besondere Rolle zu, denn sie wurden bei Verhandlungen zwischen verfeindeten Stämmen nicht selten als Unterpfand benutzt. Richard Wrangham, einer der führenden Evolutionswissenschaftler unserer Zeit, beschreibt, wie Frauen bei Konflikten zwischen verschiedenen australischen Aborigines-Stämmen benutzt wurden: Sie seien auf gefährliche sexuell geprägte Missionen geschickt worden. Hätten sich potenzielle Angreifer genähert, habe die Möglichkeit bestanden, ihnen Frauen entgegenzuschicken. Wollten die Fremden von einem Angriff absehen, signalisierten sie dies durch Geschlechtsverkehr mit den weiblichen Abgesandten. Wenn nicht, schickten sie diese zurück und griffen an. Zu einem Friedensschluss zwischen zwei Stämmen habe fast immer der Austausch von Frauen gehört.[17] Frauen waren seit Anbeginn der Menschheitsgeschichte Kriegspfand, Soldatenbeute und ein Mittel zur Bildung von Allianzen. Es ist schwer vorstellbar, wie furchterregend das gewesen sein muss.

Als die Menschen sesshaft wurden, umfassten Kämpfe zwischen einzelnen Gruppen auch Raubzüge. So entstand eine neue Versorgungsmöglichkeit: gewaltsam entwendete Güter. Die Aggressivsten unter ihnen zerstörten auch die Siedlungen - ähnlich den aggressiven Schimpansen im Gombe-Nationalpark, die andere töten. Das Leben der Menschen dürfte seitdem von noch mehr Gewalt geprägt gewesen sein. Wie im Fall der Kampfschimpansen führten die Zerstörung friedlicherer Gemeinschaften und die Gefangennahme von Frauen zur Fortpflanzung dazu, dass sich die Tendenz zu gewaltsamer Herrschaft weiter verstärkte. Über die Jahrtausende wurden Jagd- und Raubzüge zu einem Phänomen, das den gesamten Globus überzog: der Kriegswirtschaft.

Von nun an marschierte die Menschheitsgeschichte voran. Kriegergesellschaften häuften durch Eroberungen riesige Vorräte an.[18] Könige und Kaiser und ihr jeweiliger Hofstaat kontrollierten die Reichtümer und verteilten sie unter den besten Kämpfern, die damit, wie einst die Jäger, Vorteile bei der Heirat hatten und höheres Ansehen genossen. Diese gewalttätigsten Männer der Gesellschaft wurden auch mit Frauen belohnt und hatten somit mehr Gelegenheiten als weniger kriegerische Geschlechtsgenossen, den Genpool zu beeinflussen. Damit beförderten sie möglicherweise die Selektion nach Dominanzverhalten.

Menschliche Gemeinschaften haben Frauen historisch selten dazu ermuntert, selbst Waffen zu gebrauchen oder zumindest den Umgang mit ihnen zu lernen. Meist brachte man Frauen weder bei, zu kämpfen, noch erlaubte man ihnen Aktivitäten wie etwa Sport, bei denen sie Stärke und Geschicklichkeit in diesen Bereichen hätten erwerben können. Und da gerade körperliche Stärke zudem von ausreichender Ernährung abhängt, dürften Regeln und Normen, die Frauen ans Haus banden und nicht selten mit Unterernährung bedrohten, ihre Unterlegenheit verstärkt haben.

Die Ungleichheit zwischen den Geschlechtern hinsichtlich der Ernährung dürften massiv gewesen sein. Im heutigen Peru gibt es zwei Ausgrabungsstätten aus dem 1. Jahrtausend. Dort lebten Kriegerkulturen mit dominanten Alphamännern, strengen Hierarchien und elitären heiligen Männern. Die Überreste der Frauen zeugen von einer Ungleichheit des Ernährungszustands über alle gesellschaftlichen Schichten hinweg, darunter auch die eindeutigen Anzeichen langer Mangelernährung im Kindesalter.[19] Mangelernährung in der Kindheit führt zu vermindertem Wachstum und verzögerter kognitiver Entwicklung. Eine unzureichende Ernährung durch die Männer hätte bei den Frauen also zu geringerer Körpergröße und geringerer Intelligenz geführt. Diese Folgen böten dem Patriarchat neue Ausreden zur Rechtfertigung der eigenen Dominanz.

Mit dem Aufkommen der Kriegswirtschaften erhielt das Patriarchat zwei hässliche Gesichter: Gewalt und Gier. Die Haltung der Patriarchen gegenüber anderen Volksgruppen - ob zu Hause oder im Krieg - ist ein Vorbote der Wirtschaftsphilosophie unserer Zeit. Der Eroberer hatte das Recht, alles zu zerstören oder zu enteignen - einfach, weil er stark genug war, um genau das zu tun. Es galt: Die Macht hat immer recht, dem Sieger gehört alles. Heerführer unterwarfen ganze Bevölkerungen und zwangen sich als »Herren« den »Sklaven« auf - nicht selten auf Basis religiöser Überzeugungen, die solches Handeln als göttlichen Plan rechtfertigten.[20]

Neben dem Kriegswesen entwickelte sich auch die Landwirtschaft weiter. Grundbesitz führte unweigerlich zu Konflikten. Wie bereits dargestellt, war die Landwirtschaft nicht besonders frauenfreundlich und versorgte die Frauen auch nicht gut. Doch es gibt keinen Grund für die Annahme, die Unterordnung der Frau sei monokausal aus dem Ackerbau entstanden (obwohl manche dies noch immer annehmen). Es gibt zu viele Hinweise darauf, dass Frauen bereits lange vor der Entstehung der Landwirtschaft in abhängige Positionen gedrängt wurden. Außerdem sind auch nicht landwirtschaftliche Ökonomien, etwa Hirtenvölker, durchaus kriegerisch und kennen die Unterwerfung von Frauen.

Mit der Industrialisierung der westlichen Länder begann man, Bargeld für den Kauf von Lebensmitteln und anderen lebensnotwendigen Dingen einzusetzen. Männer kontrollierten diese Ressourcen weiterhin, weil sie das Monopol auf bezahlte Arbeit hatten. Im industriellen Zeitalter entstand die Kernfamilie mit einem einzelnen männlichen Hauptverdiener. Doch selbst in heutigen, postindustriellen Gesellschaften verweigert der mächtige männliche Verdiener »seiner« Frau und den Kindern manchmal Essen und andere notwendige Dinge.

Mitte des 20. Jahrhunderts war die Kernfamilie im Westen zum gesellschaftlichen Ideal geworden. Die Ablehnung dieser Rollenverteilung zwischen den Geschlechtern seit den 1970er-Jahren stört die Konservativen, weil sie sie für natürlich halten und bewahren wollen. Doch die »traditionelle« Kernfamilie mit einem einzelnen männlichen Ernährer ist innerhalb der 200 000-jährigen Menschheitsgeschichte erst seit 150 Jahren Standard.[21] Diese Familienform scheint nun im Rückgang begriffen und könnte irgendwann nur noch ein winziger Punkt auf dem Zeitstrahl der menschlichen Entwicklung sein.

Nicht die Natur hat den Männern die Aufgabe übertragen, für Frauen und Kinder zu sorgen, sondern Männer kontrollierten im Lauf der Geschichte die Verteilung der Ressourcen und hatten so die Macht, den Frauen das Lebensnotwendige vorzuenthalten – manchmal in extremem Maß.

FRAUEN SOLLEN ZU HAUSE BLEIBEN UND SICH UM DIE KINDER KÜMMERN, WIE VON DER NATUR VORGESEHEN

»Dass Frauen im Durchschnitt weniger als Männer verdienen, ist wahr«, schrieb Tim Worstall 2015 in der Zeitschrift *Forbes*. »Dass dies das Ergebnis von Diskriminierung ist, scheint jedoch nicht wahr zu sein. Vielmehr scheint es an verschiedenen Reaktionen von Männern und Frauen auf die Elternschaft zu liegen. Weil sich das Säugen und Lebendgebären nun mal schlecht vom Menschsein trennen lässt, könnte der Gender Pay Gap zu den Dingen gehören, die sich eben nicht lösen lassen.«[22]

In den letzten Jahren konzentrieren sich Apologeten wie Worstall zunehmend auf die Mutterschaft als Grund, Frauen zurück an den Herd zu scheuchen. Unter Berufung auf unseren tierischen Ursprung verlangen sie, Frauen mit Kindern sollten aufhören zu arbeiten oder weniger verdienen. Doch selbst unter anderen Säugetieren gibt es unterschiedliche Formen der Aufzucht von Nachwuchs. Primaten beispielsweise kennen zwei Formen praktizierter Elternschaft: Im ersten Fall erledigt die Mutter alles, während die Versorgung im zweiten Fall unter den männlichen und weiblichen Gruppenmitgliedern aufgeteilt wird. In diesem Fall bleibt die Mutter die wichtigste Versorgerin, aber während sie Nahrung sucht, hüten andere ihr Kind und unterstützen sie auf andere Weise. Der Begriff für dieses Teilen der Fürsorge ist *allomothering* oder *alloparenting* – wörtlich: die Fürsorge durch jemand anderen als die biologischen Eltern.

Steht die Geburt bevor, verlassen Schimpansenmütter die Gruppe häufig und bleiben bis zu einem Monat fort. Danach erlauben sie anderen nicht, ihre Babys zu berühren. In den ersten zwei Jahren klammert sich das Kind an den Körper der Mutter. Bis der Nachwuchs fünf Jahre alt ist, bleibt er ganz nah bei der Mutter, begleitet sie auf die Jagd und Nahrungssuche und lernt von ihr, wie man sich selbst versorgt. Die Mutter beschützt ihr Kind vor räuberischen männlichen Schimpansen. Bonobos dagegen betreiben *alloparenting*: Die Mütter teilen sich die Versorgung des Nachwuchses nicht nur mit anderen Müttern, sondern erlauben auch Männchen, die kleinen Affen auf den Arm zu nehmen, mit ihnen zu spielen und Nahrung und Schlafplätze mit ihnen zu teilen.

Bei beiden mit uns am engsten verwandten Arten ist die Mutter die Hauptversorgerin des Nachwuchses. Gleiches gilt für alle Primaten sowie für andere Säugetiere.[23] Weil Mütter am meisten in den Nachwuchs investieren, sind sie für das Überleben der Spezies von größerer Bedeutung als Väter, können ihre Jungen aber nur ernähren, wenn sie mit oder ohne sie auf Nahrungssuche gehen und zurückkehren können.

Auch die Spezies Mensch betreibt *alloparenting*. Wildbeuterinnen nehmen ihre Kinder und Babys mit zum Sammeln und Jagen, teilen sich aber auch die Kinderbetreuung innerhalb der Gemeinschaft. Gemeinsame Kinderbetreuung war fast durch die gesamte Menschheitsgeschichte die Norm. Pflegekinder und Adoptionen gab es immer, und auch die Ganztagsbetreuung ist für unsere Spezies nichts Neues. Ein markantes Merkmal des Menschen ist, dass Männer genauso gut in der Lage sind, Kinder zu versorgen, wie Frauen – mit Ausnahme des Stillens.[24] *Alloparenting* wird weithin als eine der besten Anpassungsleistungen des Menschen betrachtet. Eine Gesellschaft wie die postindustrielle Wirtschaft, die Mütter vom Versorgen der Familie und Väter von ihren Kindern fernhält, untergräbt die evolutionären Stärken der Menschheit.

MÄNNER LEISTEN SCHWERERE, GEFÄHRLICHERE UND WICHTIGERE ARBEIT ALS FRAUEN

Einem Bericht des Weißen Hauses von 2011 zufolge verdienten Frauen zu diesem Zeitpunkt ein Viertel weniger als Männer. Steve Tobak schrieb daraufhin einen engagierten Artikel für *CBS News online*, in dem er die Gehaltslücke zu rechtfertigen versuchte. Er argumentierte, Männer entschieden sich eben für gefährlichere Arbeit, die »natürlich besser bezahlt« sei. Dann zählte er folgende Berufe auf: »Fischer, Holzfäller, Piloten, Landwirte und Viehzüchter, Dachdecker, Eisen- und Stahlarbeiter, Sammler wiederverwertbarer Materialien, Installateure von Industriemaschinen, Lastwagenfahrer, Bauarbeiter.«[25]

Es ist unschwer zu erkennen, dass einige der Tätigkeiten auf dieser Liste nicht besonders gefährlich sind und andere, etwa Fischerei oder Landwirtschaft, weltweit von vielen Frauen ausgeübt werden. Doch laut Tobak *entscheiden* Frauen sich gegen diese Berufe. Damit impliziert er, dass sie feige seien. Durch die stereotype Aufteilung der Tätigkeiten wiederholt er eine beliebte Rechtfertigungsstrategie für ökonomische Ungleichheit. Tatsächlich legen Männer weit häufiger ein gefährliches Verhalten an den Tag als Frauen. Doch wir sollten der Lust an der Gefahr nicht unbedingt einen so hohen Wert beimessen. Die männliche Faszination für das Risiko zeigt sich beispielsweise auch in einer stärkeren Neigung zu Drogenmissbrauch und Unfällen. Gefährliche Situationen haben Einfluss auf den Hormon-, insbesondere den Testosteronspiegel, was wiederum dazu führen kann, dass Männer Bedrohungen unterschätzen und sich leichtsinnig verhalten. Solche Verhaltensweisen sind bei gefährlichen Tätigkeiten nicht optimal.

Verbrechen aller Art, vor allem aber Gewaltverbrechen, werden weit häufiger von Männern als von Frauen verübt. In allen Ländern, über die Daten zur Verfügung stehen – das sind ca. 100 –, sind die Gefängnisinsassen zu mindestens 90 Prozent männlich und verüben nahezu alle gewalttätigen Straftaten. Die meisten gewaltsamen Angriffe geschehen nicht zwischen Männern und Frauen, sondern unter Männern. Das bei Weitem häufigste Szenario besteht in einem Streit zweier Männer um den Status. Die Abteilung Drugs and Crime der Vereinten Nationen berichtet, dass weltweit 96 Prozent aller Mörder männlich sind. Deren Opfer sind zu 70 Prozent männlich. Wer am stärksten dem traditionellen Männlichkeitsbild folge, verübe mit höherer Wahrscheinlichkeit Verbrechen. Dieses Verhalten ist teuer. In den USA werden jedes Jahr 23 Millionen Verbrechen begangen, die den Opfern Kosten von 15 Milliarden Dollar verursachen und zu 179 Milliarden Dollar an Aufwendungen für Polizei und Gefängnisse führen.[26]

Weil Männer statistisch häufiger unkluge Risiken eingehen und deren Folgen zum Opfer fallen, entsteht für unseren Nachwuchs eine inakzeptable Unsicherheit, wenn Mütter daran gehindert werden, für dessen Lebensunterhalt zu sorgen: Die Wahrscheinlichkeit, dass Kinder den Vater verlieren, ist viel höher als die für den Verlust der Mutter. Deshalb ergibt es keinen Sinn, jene besser zu bezahlen und gerade die schlechter zu entlohnen, die statistisch wahrscheinlicher zurückbleiben und die Versorgung sicherstellen müssen.

Wer argumentiert, gefährliche Tätigkeiten müssten besser bezahlt sein, greift oft auf den Mythos vom »Jäger« zurück. Das Jagen sei gefährlicher und verlange »männlichere« Fähigkeiten wie schnelles Rennen, scharfes Sehen über große Distanzen, Waffengebrauch und Fallenstellen.[27] Die Jagd wird zudem gern als Grund angeführt, warum Männer ursprünglich außer Haus arbeiteten und Frauen vor Ort blieben. Aber da das Jagen seit jeher auch ein Sport oder gar eine Freizeitbeschäftigung der eher Privilegierten ist, dürfen wir vielleicht zweimal nachdenken, bevor wir es überhaupt als »Arbeit« bezeichnen.

Der Mythos der Männer als Jäger wird sogar benutzt, um zu erklären, warum Männer sich heute im Beruf aggressiver verhalten, sei es beim Anwerben neuer Kunden oder bei Gehaltsverhandlungen. Es heißt, Männer strebten aktiv nach den besseren Posten, während Frauen dies oft nicht täten. Die »ursprüngliche« Arbeitsteilung der Geschlechter soll nicht selten auch Aggressionen von Männern gegenüber Frauen im Beruf entschuldigen: Männer seien »nun mal so« und Frauen müssten lernen, nicht so dünnhäutig zu sein.

Solche Behauptungen stützen sich auch auf eine in den 1960er-Jahren weithin bekannt gewordene archäologische Theorie vom Ursprung des Menschen.[28] Die Auswirkungen dieses Jäger-Modells zeigen sich noch heute in Comics über Höhlenmenschen oder in den in Museen gezeigten Nachbildungen, wo mit Fellen bekleidete Männer mit Keulen auf große Tiere einschlagen. Rebecca Solnit beschrieb den Mythos 2015 in der Zeitschrift *Harper's*:

> In Gesprächen über uns Menschen, unsere Vergangenheit und unsere Zukunft wird unweigerlich jemand anfangen, vom Mann als Jäger zu erzählen. Diese Geschichte handelt nicht nur von Männern, sondern auch von Frauen und Kindern. Sie hat unzählige Versionen, die alle ähnlich klingen: Früher gingen die Männer auf die Jagd und brachten Fleisch nach Hause, mit dem sie Frauen und Kinder ernährten. Letztere saßen herum und waren von den Männern abhängig. Die meisten Versionen drehen sich um eine Kernfamilie, die von den Männern versorgt wird, und die Frauen haben keine Gemeinschaft, die bei der Versorgung der Kinder helfen könnte. In allen Versionen sind Frauen eine Last, die Kinder zur Welt bringt.[29]

Der Archäologie und Anthropologie der Jahrhundertmitte zufolge war der jagende Mann ein Fleischfresser mit Killerinstinkt. Frauen hatten diesen Instinkt nicht. Der Mann war groß und ging aufrecht, um Großwild in der Savanne auch auf große Entfernungen sehen zu können. In seinem großen Gehirn entwickelte er den Gedanken, der die Menschen zuallererst von den Tieren unterschied: Er erfand Werkzeuge, vor allem zum Töten der Beute. Der jagende Mann bewegte sich in Männergruppen fort und war oft lange Zeit von zu Hause weg.

Diese Vorstellung wurde inzwischen gänzlich widerlegt. Weder wir noch unsere Ahnen haben das Gebiss eines Fleischfressers. Die Vormenschen waren nicht groß, lebten nicht in der Savanne und jagten kein Großwild. Sie lebten auf Bäumen statt in Höhlen und ernährten sich hauptsächlich von Pflanzen. Ihr Gehirn war so groß wie das eines Schimpansen. Sie waren sowohl Jäger als auch selbst Beute.[30] Und dennoch stützt der längst überkommene Mythos vom Mann als Jäger noch immer das stereotype Bild der Geschlechterrollen in der Wirtschaft.

Die Apologeten der ökonomischen Ungleichheit der Geschlechter argumentieren auch, Männerarbeit sei, verglichen mit der Arbeit von Frauen, »schwer« und »hart«. Sie scheinen zu sagen, Frauen seien ohnehin zu schwach, um die gleichen Tätigkeiten zu erledigen wie Männer, weshalb es auch gerecht sei, sie schlechter zu bezahlen. Der Ursprung dieser Vorstellung wird der dänischen Ökonomin Ester Boserup zugeschrieben. Sie behauptete, die wirtschaftliche Unterordnung der Frauen gründe in der Tatsache, dass diese zu schwach zum Pflügen seien. Boserups Argumentation hatte in den 1970er-Jahren viel Einfluss und wirkt bis heute.[31] 2011 beispielsweise veröffentlichte *The Economist* einen Bericht (»The Plough and the Now: Deep-Seated Attitudes to Women have Roots in Ancient Agriculture«) über eine neue Studie, die bewiesen habe, dass Frauen vor der Erfindung des Pflugs gleichberechtigt gewesen seien und der Pflug der Gleichberechtigung für die nächsten 5000 Jahre ein Ende gesetzt habe.[32] Die Studie von Alberto Alesina, Nathan Nunn (beide Harvard) und Paola Giuliano (UCLA) gehört nun zur Standardliteratur vieler Colleges und ist einer von vielen Mythen, mit denen die wirtschaftliche Ungleichheit der Geschlechter gerechtfertigt werden soll.

Die ökonomische Unterordnung der Frauen ist jedoch zu weit verbreitet und zu langanhaltend, als dass sie einer 5000 Jahre alten land-

ABB. 10 Links: Anwerbeposter der British Women's Land Army aus dem Ersten Weltkrieg. Rechts: Eine US-amerikanische Bäuerin in Kriegszeiten.
Quelle: Links: Hulton-Deutsch Collection / Corbis Historical / Getty Images. Rechts: Bain News Service / Buyenlarge / Getty Images

wirtschaftlichen Technik angelastet werden könnte. Zumal Pflüge normalerweise nicht von Menschen geschoben oder gezogen werden, sondern von großen Zugtieren. Pflüge hatten schon früh Räder und später auch Sitze. Ob zum Pflügen also tatsächlich so viel Oberkörperkraft nötig war, ist fraglich.

Ähnlich wie im Fall des Jagens gilt auch hier: Frauen können pflügen – es merkt nur niemand, wenn sie es tun. Frauen pflügten immer dann, wenn der Ehemann oder Vater starb oder dazu nicht mehr in der Lage war. Sie pflügten auch, wenn die Männer in den Krieg zogen – und machten weiter, wenn sie nicht zurückkehrten. In Großbritannien und den USA rekrutierten die Regierungen Frauen während beider Weltkriege für landwirtschaftliche Tätigkeiten – auch für das Pflügen, wie die Poster aus jener Zeit zeigen (Abb. 10).[33]

Frauen sind nicht nur stark genug, einen Pflug zu schieben, sie können ihn sogar ziehen, wenn Zugtiere fehlen. In einem Reisebericht von 1870 beschreibt ein Amerikaner eine Szene, die er damals in Deutschland beobachtet habe: Ein Mann spannte seine Frau vor einen Pflug und trieb sie dann wie ein Zugtier an, während er selbst auf dem Pflugsitz saß und rauchte. Der Amerikaner behauptete, deutsche Frauen wären stolz, dies für ihre Männer zu tun (obwohl er sich nicht mit ihnen unterhalten hatte). Er kritisierte die amerikanischen Frauen, die sich damals erstmalig in einer Frauenbewegung organisierten, als selbstsüchtige, faule Jammerlappen, die sich nicht um ihre Männer kümmerten.[34]

Ich hielt diese Geschichte für zweifelhaft, bis ich ein Foto aus dem frühen 20. Jahrhundert entdeckte, diesmal aus Kanada. Darauf sind zwölf russische Immigrantinnen zu sehen, die vor einen Pflug gespannt sind. Ein Mann steht dahinter, als würde er gleich anschieben. Dieses Bild sagt doch alles. Die Ungleichheit zwischen den Geschlechtern kann weder mit Märchen über Pflüge gerechtfertigt werden noch mit der Behauptung, Männerarbeit sei schwerer. Die Ursache der ökonomischen Unterwerfung der Frau ist, dass Männer die Macht haben, Frauen für wenig oder ohne Bezahlung für sich arbeiten zu lassen. Die Ursache ist männliche Dominanz und Kontrolle der Ressourcen – und nicht, dass Männer stärker, mutiger und wichtiger und deshalb den Frauen natürlicherweise übergeordnet seien.

Die von Frauen geleistete Arbeit war für die Entwicklung der Nationalwirtschaften immer wichtig, wird aber in der Praxis selten bemerkt und von Historikern meist ignoriert. Ein krasses Beispiel ist die chinesische Seidenproduktion zur Zeit der alten Handelsstraßen. Im Jahr 130 v. u. Z. begann die Han-Dynastie den Handel mit dem Westen und verband China mit einem vom Mittelmeer über Westasien bis zum indischen Subkontinent reichenden Handelsnetzwerk. Die Route wurde als Seidenstraße bekannt, weil der Handel mit Seide China reich machte. Man kann Geschichtsbücher über die Seidenstraße lesen, bis die Augen tränen, und findet doch keine Erwähnung der Tatsache, dass der Luxusstoff, der China groß machte, von Frauen hergestellt wurde.[35]

Die Seidenproduktion in China war brutal harte Arbeit, aus der auch das Abbinden der Füße hervorging – ein weithin bekanntes Symbol weiblicher Unterwerfung. Im frühen 20. Jahrhundert befragten Laurel Bossen und Hill Gates die letzten noch lebenden Frauen, deren Füße abgebunden worden waren. Bossen und Gates stellten fest, dass diese Praxis – anders als ursprünglich angenommen – keinen sexuellen Zweck hatte. Drei- bis fünfjährige Mädchen wurden vielmehr zu Krüppeln gemacht, damit sie später so lange stillsitzen konnten, wie es das Spinnen erforderte. Irgendwann wurde die Nachfrage nach Seide so groß, dass die Frauen Tag und Nacht arbeiteten, um den Bedarf zu decken. Der Druck war so hoch, dass Mütter ihre eigenen Töchter verstümmelten. Diese Praxis wurde jahrhundertelang ausgeübt.[36] Gilt wenigstens *das* als harte, gefährliche und wichtige Arbeit?

MÄNNLICHE VORHERRSCHAFT IST UNIVERSELL UND UNABÄNDERLICH

Männliche Vorherrschaft ist in der menschlichen Erfahrung universell, genau wie Kriege und Krankheiten.[37] Genau wie wir Konflikte und Infektionen nicht ungehindert gewähren lassen, sollten wir auch gegen das Patriarchat angehen. Der aktuelle Zustand verursacht großes Leid. Können wir ihn ändern?

In Annäherung an eine Antwort möchte ich noch eine Geschichte aus der Welt der Affen erzählen, die uns zu denken geben sollte. Der Neurowissenschaftler und führende Primatologe Robert Sapolsky beobachtet seit den späten 1970er-Jahren eine bestimmte Gruppe Paviane. Die an den Auswirkungen von Stress auf Menschen interessierte Wissenschaft untersucht Paviane weniger wegen ihrer genetischen Ähnlichkeit mit uns (94 Prozent), sondern eher, weil deren Sozialstruktur und -verhalten unserem stark ähneln.

In der Pavianhierarchie steht ein Alphamännchen an der Spitze. Seinen Rang erreicht und erhält es, indem es jeden Herausforderer im Kampf besiegt. Das Alphamännchen verbringt die meiste Zeit damit, Konkurrenten einzuschüchtern. Es sucht sein Essen nicht selbst, sondern lässt das die Weibchen für sich erledigen. Wird die Gruppe angegriffen, sucht es ein sicheres Versteck auf und überlässt das Kämpfen den anderen Männchen.[38] In anderen Worten: Er ist ein Schmarotzer und ein Tyrann.

Die anderen Männchen bilden eine Rangordnung unterhalb des Alphas. Jedes hat das Recht, die ihm untergeordneten Männchen zu dominieren. Alle Männchen dürfen die Weibchen dominieren. Weil Paviane nicht viel Zeit mit der Futtersuche verbringen müssen, nutzen sie den Rest des Tags für Konflikte. Ihr Verhalten wirkt sowohl ungesund als auch unzufrieden.

Über viele Jahre trug Sapolsky Blutproben von allen Männchen dieser Gruppe zusammen. In Stanford testete er diese Proben und ordnete sie in der Reihenfolge der Pavianhierarchie an. Er entdeckte, dass das Blut der an der Spitze stehenden Männchen keine Stresshormone wie Adrenalin, Kortison und Norepinephrin enthielt. Der Pegel der enthaltenen Stresshormone stieg, je weiter unten ein Männchen in der Rangordnung stand.[39] Hohe Pegel dieser Hormone wirken – für Menschen wie Paviane – lebensbedrohlich.

Doch in Sapolskys Affengruppe kam es zu einer dramatischen Veränderung. Im Mülleimer einer nahegelegenen Touristenunterkunft wurde Fleisch entsorgt und von den Pavianen entdeckt. Die hochrangigsten Männchen fraßen alles und weigerten sich, es mit den rangniedrigeren Männchen oder mit den Weibchen zu teilen. Plötzlich waren das Alphamännchen und seine Handlanger tot: Das Fleisch war mit Rindertuberkulose infiziert gewesen.

Man könnte nun annehmen, dass eine neue Gruppe von Tyrannen die Führung der Gruppe übernommen hätte, doch das geschah nicht. Die Toten hatten eine Population zurückgelassen, die mehrheitlich aus Weibchen bestand sowie aus rangniedrigeren Männchen, die Sapolsky zuvor als bindungsstark und kooperativ beschrieben hatte. Gemeinsam bauten sie eine Struktur auf, in der es mehr Kooperation und Gleichheit gab und auch die allgemeine Gesundheit sich verbesserte.

Auch nach dem Tod dieser Generation und nachdem sich das Geschlechterverhältnis wieder normalisiert hatte, lebte die Gemeinschaft noch nach den neuen Regeln. Bei den Pavianen migrieren die Männchen zur Fortpflanzung in neue Gruppen, doch dieser neue, friedfertige Stamm behielt seine Praxis ungeachtet des jährlichen Zuzugs von Neuankömmlingen bei. Die friedlichen Tiere bestanden darauf, dass neue Männchen sich integrierten. Die Weibchen verweigerten allen Männchen die Paarung, die sich dem neuen Ethos nicht anpassten.[40]

Wenn Paviane sich ändern können, können wir das auch. Wir sind weitaus adaptiver als die mit uns verwandten Primaten und begreifen den Zusammenhang zwischen unserem eigenen Verhalten und dem Leid anderer auf weit komplexere Weise. Die Fähigkeit, ein Problem zu erkennen, es zu diagnostizieren, praktische Maßnahmen zu planen und den Plan auszuführen, ist ein menschliches Talent. Die Fähigkeit, Veränderungen zu schaffen, liegt noch tiefer in unserer Natur als jede Kieferform, jede Schädelhöhle und jedes Balzritual.

Jetzt stellt sich die Frage, ob wir die Disziplin und Bereitschaft haben, unsere egozentrische, statusversessene Kampfaffen-Ökonomie zu verändern und eine andere Zukunft zu schaffen. Die einseitige männliche Dominanz hat uns an den Abgrund gebracht, an dem wir handeln müssen. Wollen wir dagegen angehen, indem wir die wirtschaftlichen Einschränkungen der Frauen aufheben, sollten wir zuerst verstehen, warum und wie es überhaupt zu diesen Einschränkungen gekommen ist. Das ökonomische Patriarchat hat nicht mit der Jagd oder dem Pflug begonnen. Wann also ist die XX-Wirtschaft entstanden?

5

GELD ODER LIEBE?

Eine Frau kann kein Eigentum besitzen, weil sie selbst Eigentum ist. Ein Vater erzielt für seine Tochter einen besseren Preis, wenn sie jung ist. Eine Witwe muss der Frauenvererbung zustimmen, wenn sie bei ihren Kindern bleiben will. Vergewaltigt ein Mann eine Frau, muss er deren Vater bezahlen und sie heiraten. Will ein Mann seinen landwirtschaftlichen Ertrag erhöhen, kann er sich weitere Ehefrauen suchen.

Diese Regeln gingen mir durch den Kopf. Jede von ihnen reguliert ein wirtschaftliches Tauschgeschäft und ist gleichzeitig eine Aussage über die Ehe. Gemäß jeder dieser Regeln *vollzieht* die Frau nicht selbst den Tausch, sondern *wird* gegen Geld oder Güter getauscht, ohne um ihre Zustimmung gebeten zu werden. Es war genau so, wie es der Lehrer in Ghana scharf formuliert hatte: »Eine Frau trifft keine Entscheidungen!«

Ich hatte diese Regeln und Praktiken in Afrika beobachtet, aber ich wusste, dass sie nicht nur dort galten, denn ich hatte einige von ihnen auch andernorts erlebt. Aus Geschichtsbüchern wusste ich, dass sie auch an anderen Orten und zu anderen Zeiten galten. Außerdem ging mir ein Essay nicht aus dem Kopf, den ich nicht verstanden hatte, bis ich das, was er beschrieb, mit eigenen Augen sah.

Gayle Rubins »The Traffic in Women« las ich erstmals als Doktorandin.[1] Der Aufsatz erschien erstmals Mitte der 1970er-Jahre in Rayna Reiters anthropologischem Sammelband *Toward an Anthropology of Women*, der ersten derartigen Arbeit, die sich ausschließlich mit Frauen beschäftigte. Rubins These besagt, dass die Unterwerfung der Frau in der wohl universellen Praxis der Jäger-und-Sammler-Gesellschaften gründete, Frauen untereinander auszutauschen. Rubin zufolge ließen sich die Frauen nicht freiwillig tauschen, sondern wurden durch männliche Gewalt dazu gezwungen. Da diese Gesellschaften 99 Prozent der Menschheitsgeschichte ausmachten, hatten Rubins Erkenntnisse weitreichende Implikationen.

Angesichts der ähnlichen Situation im heutigen Afrika vermutete ich, dass eine Entwicklungslinie von den frühen Jägern und Sammlern bis zu den heutigen Industrieländern existiert, die die Entstehung der gegenwärtigen XX-Ökonomie erklären könnte. Ich arbeitete mich also von Rubins Ausgangspunkt bis zu den ökonomischen Gegebenheiten der Gegenwart vor. Ich las viel über unterschiedliche Gesellschaften an verschiedenen Orten, genau wie ich es für die Untersuchung der Eigentumsrechte getan hatte. Ich versuchte dabei nicht, systematisch Informationen über alle je existenten Gesellschaften zusammenzutragen, sondern wollte stattdessen gezielt herausfinden, ob es hinreichende Hinweise zur Erklärung der weitverbreiteten Muster der heutigen XX-Ökonomie gab.

In 90 Prozent der menschlichen Wildbeutergesellschaften migrieren die Frauen – und zwar augenscheinlich zusammen mit den Handelsgütern. Weibliche Migration, männliche Aggression und das Patriarchat sind bei Primaten auch mit Polygamie assoziiert. Tatsächlich sind 85 Prozent der menschlichen Wildbeutergesellschaften polygam. Historisch betrachtet lebte der Großteil der Menschen bis Mitte des 20. Jahrhunderts polygam. Die großen Weltreligionen Hinduismus, Buddhismus und Judentum untersagen die Polygamie nicht. Wo immer eine dieser Religionen praktiziert wurde, war die Polygamie verbreitet. Auch der Islam erlaubt die Polygamie. Der Konfuzianismus betrachtete den Umgang mit mehreren Ehefrauen als Teil der geistigen Entwicklung des Mannes. Das Christentum ist die einzige Weltreligion, die Polygamie explizit verbietet.[2]

Es ist noch gar nicht so lange her, dass die Polygamie allgemein üblich war. In China war es bis zur Gründung der Volksrepublik 1949 legal, mehrere Frauen oder Konkubinen zu haben. In Indien durften

Hindu-Männer bis zum Hindu Marriage Act im Jahr 1955 mehrere Ehefrauen haben. Einige mehrheitlich muslimische Länder wie Tunesien und die Türkei haben die Polygamie inzwischen verboten, aber die meisten islamischen Länder gestatten sie noch heute. Indien, Heimat der weltweit größten muslimischen Bevölkerung, erlaubt muslimischen Männern die Vielweiberei. Polygamie ist heute in 58 Ländern in Afrika, im Mittleren Osten, in Zentral- und Südasien und Malaysia akzeptiert.

Viele Ehefrauen waren und sind in polygamen Gesellschaften für Männer eine Möglichkeit, Reichtum und Status zu zeigen. »Gemeine« Männer waren durch Gesetz oder Religion oft auf eine Ehefrau beschränkt, während höherstehende Männer viele Frauen haben durften. In Indien entschied die Kastenzugehörigkeit eines Mannes darüber, wie viele Frauen er haben durfte.

Bis zum Erscheinen von Rubins Aufsatz hatte die Forschung den Auswirkungen dieses weitverbreiteten Frauenhandels auf die Frauen selbst kaum Aufmerksamkeit geschenkt. Manche Anthropologen hatten den Frauenhandel gar romantisiert, und zwar spätestens seit dem Erscheinen der ersten Wirtschaftsanthropologie im Jahr 1925, Marcel Mauss' Standardwerk *Die Gabe: Form und Funktion des Austauschs in archaischen Gesellschaften*. Mauss' Buch stützte sich auf alle bekannten Daten zu noch nicht monetarisierten Ökonomien und deckte einen großen geografischen und zeitlichen Bereich ab, vom Nordwesten Amerikas bis nach Ozeanien und zurückreichend zu den wirtschaftlichen Praktiken antiker Gesellschaften.

Vormoderne Gesellschaften handeln in Form von Austauschzeremonien zwischen einzelnen Stämmen. Die Zeremonien und gehandelten Güter werden durchgehend von Männern kontrolliert. Die patriarchale Ökonomie hat ihre Wurzeln eindeutig in den frühesten Formen des Tauschhandels. Doch Mauss zufolge stand die reziproke Ethik dieser Rituale im Gegensatz zur Selbstsucht der kapitalistischen Lebensweise: Alle Institutionen drücken Mauss zufolge eine Tatsache, ein Sozialsystem und eine Geisteshaltung aus:

> Alles – Nahrungsmittel, Frauen, Kinder, Güter, Talismane, Land, Dienstleistungen, Priesterämter und gesellschaftliche Positionen – sei da, um weitergegeben zu werden und ausgleichend zu wirken. Alles ginge hin und her, als bestehe ein ständiger Austausch geistiger Materie (zu der auch Dinge und Menschen gehörten) zwischen den sozialen Schichten und Individuen, gesellschaftlichen Positionen, Geschlechtern und Generationen.[3]

Mauss' Einschätzung dieser Zeremonien wurde über Jahrzehnte von vielen Anthropologen und Anthropologinnen geteilt und fiel sehr rosig aus: Vom zeremoniellen Handel profitiere die gesamte Gruppe durch das entstehende Netz aus menschlicher Solidarität, das in der modernen Welt seinesgleichen suche. Niemand schien zu merken, dass die Wildbeuterökonomie genauso gut »Menschenhandelsökonomie« genannt werden könnte. Implizit wurde unterstellt, was gut für Männer sei, nütze auch Frauen, die sich im Übrigen freiwillig zu Handelsobjekten gemacht hätten.

Die Gabe ist in viele Sprachen übersetzt worden. Dennoch gab es Hinweise, dass der Frauentausch in den Wildbeutergesellschaften weit düsterer war, als Mauss' Darstellung vermuten ließ. Richard Wrangham interpretierte 2019 die ethnographisch erstmals 1938 beschriebenen Praktiken der australischen Aborigines als ein Argument gegen den lange herrschenden Glauben, die Moral der Jäger und Sammler habe der *gesamten* Gruppe genutzt: Von Frauen konnte bei bestimmten Zeremonien verlangt werden, mit mehreren Männern Sex zu haben. Sie konnten auch an männliche Gäste ausgeliehen oder vom Ehemann einem anderen im Konfliktfall als Friedensangebot überlassen werden. Die Frauen beteiligten sich keinesfalls freiwillig an diesen Tauschgeschäften, sondern betrachteten sie laut Wrangham als Gewaltakte. Sie schienen diese erzwungenen Begegnungen nicht zu genießen. Die australischen Aborigine-Frauen lebten in Angst vor dem, was bei Zeremonien mit ihnen geschah. Wrangham kommt zu dem Schluss, das geschilderte Verhalten der Aborigines sei die »moralische Praxis ›normaler‹ Männer« und spiegele die weitverbreitete Tatsache wider, dass angeblich sozial förderliche Verhaltensweisen innerhalb solcher Gruppen nur den Männern nutzten, den Frauen jedoch schadeten.[4]

Die Historiografie weist einen ähnlich blinden Fleck auf. Bei der Dokumentation der Rolle, die Frauen beim Schmieden von Bündnissen, bei der Stärkung von Verträgen und der Kompensation von Kämpfern spielten, ignorierte sie durchgehend die Auswirkungen dieser missbräuchlichen Transaktionen auf die Frauen. Im Gegenteil, häufig findet sich die Formulierung, für ein derartiges Tauschgeschäft auserwählt zu werden sei »eine Ehre«. Beispielsweise behauptet Gordon McEwan in seinem Buch über das Reich der Inkas, die Frauen hätten es als Privileg empfunden, als Zwangsarbeiterinnen und sogar als Währung benutzt zu werden, wie es in dieser Kultur üblich war.[5]

Der Inkaherrscher belohnte loyale Adlige und erfolgreiche Krieger für ihre Dienste mit – manchmal vielen – Frauen. Diese Frauen erhielt der Herrscher über ein Abgabensystem: Jede Provinz zahlte jährliche Steuern in Gestalt von zehn- bis zwölfjährigen Mädchen, die aufgrund ihrer Schönheit ausgewählt wurden. Kamen sie in die Hauptstadt, wurden sie nach ihrem Erscheinungsbild sortiert und dann in Klassen eingeteilt. Die Mädchen in der höchsten Klasse wurden Priesterinnen, die nächsten Zweitfrauen des Herrschers, und die Mädchen der dritten Klasse wurden Adligen und Kriegern geschenkt. Die am wenigsten attraktiven Mädchen wurden Dienerinnen. Eine fünfte Gruppe diente der Unterhaltung am Hof und arbeitete tagsüber als Weberinnen. McEwan zufolge waren alle kleinen Mädchen hocherfreut, Teil dieses Systems zu sein.

So unschön das Beispiel der Inkas sein mag – es lieferte das überzeugendste Argument für meinen Versuch, die tradierte und weltweite Praxis des Handels mit Frauen nachzuzeichnen. Die Menschen in der westlichen Hemisphäre waren nach der Abwanderung aus Sibirien 25 000 Jahre lang von den anderen *Homo-sapiens*-Populationen getrennt gewesen. Als die Spanier im 16. Jahrhundert das heutige Peru erreichten, waren Polygamie, Patriarchat, männliche Aggression und

Frauenhandel feste Bestandteile der Inkakultur – genau wie in Eurasien, wo diese Phänomene über einen Zeitraum von mindestens 4000 Jahren belegt sind. Diese Verbindung lässt vermuten, dass Patriarchat, Polygamie und Frauenhandel bereits in den eurasischen Populationen verbreitet waren, ehe die Vorfahren der Inkas abwanderten.

Zwischen den Praktiken der Inkas und anderen Gesellschaften weltweit gibt es viele Gemeinsamkeiten. Die Zuschreibung von Frauen zu Klassen auf Basis ihrer Dienstleistungen für Männer verbreitete sich mit der Entstehung komplexer Gesellschaften immer weiter. Beinahe jede eurasische Gesellschaft, auch Griechen und Römer, betrachtete weibliche Gefangene als angemessene Entlohnung der Soldaten.

Die von mir untersuchten Praktiken nehmen in einem breiteren kulturellen Kontext zum Teil verstörend vertraute Formen an. In Märchen und Geschichtsbüchern ist seit jeher von Königen die Rede, die ihre Töchter völlig Fremden anvertrauen, ohne dass deren Wünsche erwähnt würden. Auch Lieder, Mythen, das Alte Testament, die Veden und die Nordischen Sagen thematisieren den Frauenhandel, die Rechte der Väter über die Töchter, die fehlende Zustimmung der Frauen, Polygamie, das Erben von Ehefrauen und Heirat als Lösung nach Vergewaltigung.[6]

Zur Zeit der Entwicklung der Schrift in Mesopotamien entstanden auch Berichte über die wirtschaftlichen Folgen des Frauenhandels für die Frauen selbst.[7] Die erste schriftlich niedergelegte Gesetzessammlung ist der Codex Ur-Nammu (ca. 2100 v. u. Z.), eine nicht vollständige Liste von 40 Statuten, die auf Steinfragmente geschrieben sind. Darin werden die Eigentumsrechte den Männern zugeschrieben. Die Ehe war ein Vertrag, der hauptsächlich dazu diente, dem Ehemann exklusive sexuelle Dienste zu sichern und ihn vor dem Zugriff anderer Männer auf seine Frau zu schützen. Die Statuten sprechen von Strafzahlungen, die ein Mann an einen anderen Mann entrichten musste, wenn er Sex mit dessen Frau hatte. So lässt sich auf den Wert einer Frau in Silber schließen. Die Strafzahlungen waren gestaffelt – am geringsten waren die Zahlungen für Sklavinnen, am höchsten die für jungfräuliche Töchter.

Der Codex von Ur-Nammu lässt vermuten, dass Männer die Kontrolle über Finanzen und Besitz innehatten. Frauen waren Besitztümer, deren Wert eher in ihrer sexuellen Verfügbarkeit als in Fortpflanzung oder Hausarbeit lag. Ehemänner unterstützten ihre Frauen materiell als Ausgleich für sexuelle Exklusivität. Frauen hatten keine wirtschaftlichen Mittel jenseits dessen, was Männer ihnen zur Verfügung stellten. Bräute wurden durch einen Vertrag zwischen Bräutigam und Brautvater gekauft. Ehemänner durften außerehelichen Sex haben, aber Frauen drohte für die gleiche Tat die Todesstrafe. Scheidung war für Männer einfach, für Frauen jedoch unmöglich.

Ähnliche, jedoch detailliertere und grausamere Regeln enthält der Codex Hammurapi, der ca. 350 Jahre später in Mesopotamien entstand. Der Codex zeigt, dass Polygamie die Norm war, Töchter von ihren Vätern verkauft wurden und Frauen je nach ihrer Beziehung zu Männern gesellschaftlich streng stratifiziert wurden. Die im Codex aufgezählten Strafen verdeutlichen, dass der Staat die Regeln zwar aufstellte und wenn nötig forcierte, ihre Durchsetzung aber hauptsächlich dem männlichen Haushaltsvorstand oblag, der körperliche Strafen erteilte, Güter und Geld kontrollierte und Frauen nach Belieben verkaufen konnte.

Die Regeln für Vergewaltigungen von Töchtern klingen vertraut, bergen aber ein düsteres Detail. Der Vergewaltiger entschädigt den Vater durch Zahlung einer Strafe und die Heirat mit der Tochter, die für den Vater keinen Wert mehr hat. Allerdings kann der Vater das Heiratsangebot entweder annehmen oder sich der Tochter auf andere Weise entledigen – etwa, indem er sie zur Prostitution zwingt oder sie wegen »Fremdgehens« umbringt.

Das Fremdgehen meint hier nicht nur die Frau, die ihrem Ehemann untreu ist, sondern auch die Tochter, die außerhalb der vom Vater getroffenen Vereinbarung sexuelle Kontakte hat. Noch Tausende Jahre später ist die häufigste Strafe für eine Frau, die in irgendeiner Form fremdgeht, der Tod. Die Ehrenmorde in Bangladesch, Pakistan und dem Nahen Osten stehen am Ende einer sehr langen Entwicklung.

Selbst heute ist es in Angola, Bahrain, Kamerun, Äquatorialguinea, Eritrea, dem Irak, in Jordanien, Kuwait, dem Libanon, in Libyen, Malaysia, auf den Philippinen und in Tadschikistan noch Gesetz, dass ein Vergewaltiger sein Opfer heiraten muss, um dessen Vater für den wirtschaftlichen Verlust zu entschädigen.

Aktivistinnen und Aktivisten behaupten, dass die in »Hochzeit durch Vergewaltigung« mündenden Gesetze sich aus der europäischen Kolonialgesetzgebung entwickelt hätten. Tatsächlich jedoch ist die Praxis, wie hier gezeigt, mindestens 3000 Jahre alt. Es handelt sich auch nicht um eine muslimische Sitte, wie viele im Westen aufgrund der geografischen Verbreitung annehmen. Die Regel wird sogar im Alten Testament erwähnt: »Wenn ein Mann einem unberührten Mädchen, das noch nicht verlobt ist, begegnet, sie packt und sich mit ihr hinlegt und sie ertappt werden, soll der Mann, der bei ihr gelegen hat, dem Vater des Mädchens fünfzig Silberschekel zahlen und sie soll seine Frau werden, weil er sie sich gefügig gemacht hat. Er darf sie niemals entlassen.«[8]

In keinem der antiken Gesetzestexte wird eine Entschädigung für das Opfer erwähnt – das Wohlergehen der Frau scheint nicht von Belang.

In den mittelassyrischen Gesetzen, die circa 500 Jahre nach dem Codex Hammurapi entstanden, sind bereits wirtschaftliche Restriktionen für Frauen erkennbar, die auch in der heutigen XX-Ökonomie vorhanden sind. Zur gänzlichen wirtschaftlichen Abhängigkeit der Frauen von den Männern und zum männlichen Monopol auf Grundbesitz kamen nun Einschränkungen der Mobilität, der Ausschluss aus dem Tauschsystem und Hindernisse hinsichtlich der Beteiligung am Handel zur Deckung eigener Bedürfnisse. Wir wissen auch, dass Frauen nicht lesen und schreiben lernen durften, sodass sie vom Finanzsystem ausgeschlossen blieben.

Die Codizes von Ur-Nammu und Hammurapi erwähnen das Erbrecht, betonen die Weitergabe des Besitzes vom Vater an den Sohn oder andere männliche Verwandte. Diese Themen sind in den mittelassyrischen Gesetzen detaillierter ausgearbeitet. So blieben Witwen offenbar nach dem Tod ihrer Männer mittellos zurück – wie es in den Entwicklungsländern und manchen Schwellenländern noch heute der Fall ist. (Allein in Indien gibt es 40 Millionen solcher Witwen.)

Den mittelassyrischen Gesetzen zufolge schienen Frauen zudem nicht einmal banale Haushaltsgegenstände zur Hälfte besitzen zu können. Nahm eine Frau etwas aus dem Haus ihres Ehemanns an sich, galt das als Diebstahl. Als Strafe wurde das Abschneiden der Ohren empfohlen. Konnte der Ehemann seine Frau nicht bestrafen – weil er verstorben oder dazu aus anderen Gründen nicht in der Lage war –, sollte der Staat an seiner Stelle übernehmen und sie töten.

Die mittelassyrischen Gesetze schrieben außerdem bestimmte Praktiken vor, die Frauen ihre Mobilität und Privatsphäre verweigerten und damit zugleich verhinderten, dass sie sich am wirtschaftlichen Leben beteiligten. Sie besagten auch, eine Frau, die einem Mann gehört, müsse außerhalb des Hauses verschleiert sein, um anderen anzuzeigen, dass sie unter männlicher Kontrolle stehe. Gingen diese Frauen außer Haus, wurden sie stets von einem Aufpasser begleitet.[9] Jenseits dieser bewachten Ausflüge waren die Frauen also ans Haus gebunden. Die so erreichte Kontrolle gab dem Mann die Sicherheit, dass die Frau nur seine Kinder zur Welt brachte. Den Jägern und Sammlern schien dieser Aspekt nicht so wichtig gewesen zu sein, bedenkt man, wie sie ihre Frauen herumreichten. Die männliche Fixierung auf die Vaterschaft scheint nicht so »natürlich« zu sein, wie manche gerne behaupten. Das fast pathologische Bedürfnis der Männer, alleinigen sexuellen Zugriff auf ihre Ehefrauen zu haben, könnte mit der Erfindung dieser Kontrollmechanismen (d. h. Strafzahlungen und eingeschränkter Mobilität) entstanden sein.

Dass die Frauen das Haus nicht ohne ein sichtbares Zeichen und ohne Begleitung verlassen durften, hatte für sie bedeutende wirtschaftliche Folgen. Aufgrund der Restriktionen konnten sie ohne Wissen des Ehemanns außerhalb des Hauses kein Geld verdienen. Falls ihnen nicht einmal die Dinge im Haus gehörten, waren sie gänzlich abhängig von den Männern, die über diese Dinge verfügten. Durch Weben oder Nähen erzielte Einnahmen gingen wahrscheinlich ebenfalls an die Männer. Das erinnert an die Ehefrauen in Afrika, denen die Erzeugnisse ihrer landwirtschaftlichen Arbeit nicht gehören. Die Männer besaßen nicht nur die Arbeiterinnen, sondern auch das Land, die Gebäude, die Webstühle und das Garn – also alle Kapitalgüter und Produktionsmittel.

Praktiken wie Verschleierung, Abschottung und Begleitung außer Haus scheinen sich durch Handel und Eroberungen in der ganzen Welt verbreitet zu haben – genau wie andere Überzeugungen, Rituale und Objekte. Interpretieren wir Verschleierung und Abschottung als Zeichen eines Systems, das Frauen von wirtschaftlicher Beteiligung ausschließt, lässt sich die XX-Ökonomie in östlicher Richtung vom antiken Mittleren Osten bis nach Indien, in westlicher Richtung bis nach Nordafrika, nördlich über das Mittelmeer und schließlich bis nach Europa hinein verorten. In manchen Gesellschaften, wie etwas im antiken Griechenland, wechselten die Frauen nicht selten direkt vom Haushalt des Vaters in den des Ehemannes, ohne jemals uneingeschränkten Kontakt zur Außenwelt zu haben.

In den Mittelmeerkulturen, aus denen wir die europäische Geschichte üblicherweise herleiten, gehörten Verschleierung, Abschottung, durch Männer arrangierte Ehen, männliche Kontrolle über Eigentum und Ausschluss der Frauen vom Erbrecht zum Alltag. Ausnahmen änderten nichts an der Regel. Auch im mittelalterlichen Europa gab es Verschleierung und Abschottung sowie absolute männliche Kontrolle über alle Besitztümer, und auch arrangierte Ehen und Beschränkungen des Erbrechts für Frauen waren keineswegs unbekannt. Die Spanier brachten viele dieser Praktiken in die Neue Welt, wobei sie selbst durch die islamischen Gesetze beeinflusst waren, die sich vom Nahen Osten aus Richtung Norden verbreiteten. In den meisten Teilen der Welt wurde die eine oder andere Form der Verschleierung, Begleitung oder Abschottung praktiziert, und Letztere ist noch heute von Afrika bis zum Nahen Osten und indischen Subkontinent verbreitet.[10]

Während die Ansicht, dass Frauen in erster Linie wegen der Kinder Hausarbeit geleistet haben, weithin akzeptiert ist, ließe sich doch mit gleichem Recht argumentieren, dass sie deswegen zu Hause arbeiteten, weil sie das Haus nicht verlassen durften. Für die zahlreichen Dinge und Orte, die aus dieser Praxis und mit diesem Ziel entstanden sind, haben wir die verschiedensten Namen: *Parda* und *Kloster, Hidschab* und *Schleier, Mantille* und *Sheitel, Harem* und *Konvent.*[11]

Wie wir gesehen haben, finden sich viele Regeln aus diesen alten Rechtssystemen noch heute. Die Beschränkungen scheinen aus einem historisch tief verwurzelten, weltumspannenden System zu stammen. Selbst die schlimmsten dieser Praktiken – wie Kinderhochzeiten oder Genitalbeschneidung bei Frauen – werden mit dem Hinweis auf »kulturelle Tradition« gerechtfertigt. Doch in Wahrheit ist dieses tragische System der Ausbeutung und Kontrolle *unser aller* Kulturgeschichte.

Hinzu kommt, dass die Menschen dort, wo bis heute die restriktivsten Praktiken existieren, gar nicht notwendigerweise davon überzeugt sind, dass diese fortgesetzt werden sollten. Die vor nicht langer Zeit durchgeführte Studie *Understanding Masculinities* untersuchte die Einstellung von Männern und Frauen zu diesen tradierten Praktiken und veranschaulicht, wie gespalten die Meinung hier ist.[12] Die befragten Männer und Frauen sind bezüglich vieler dieser Probleme unterschiedlicher Meinung – doch in fast jeder Frage sind die Männer untereinander uneins. Eine große Mehrheit beider Geschlechter findet, dass ihre Kultur trotz der geltenden restriktiven Praktiken mehr tun sollte, um Gleichberechtigung für Frauen zu schaffen. Wir sollten also nicht annehmen, dass die Bevölkerung vor Ort mit diesen Praktiken grundsätzlich einverstanden ist, nur weil sie dort üblich sind.

Die antiken Gesetze hatten nicht nur für verheiratete Frauen, die sie direkt betrafen, Konsequenzen. Die Verschleierung, die Ehefrauen in Assyrien abschotten sollte, richtete sich indirekt auch gegen solche Frauen, die nicht »unter dem Schutz« von Männern standen. Auch diese Praxis hat sich weltweit verbreitet. Die mittelassyrischen Gesetze untersagen es Frauen, die sich nicht im Besitz eines Mannes befinden, einen Schleier zu tragen, damit alle wissen, dass sie schutzlos sind. In *Die Entstehung des Patriarchats* interpretiert Gerda Lerner dies als Zeichen, dass eine Frau *allen* Männern gehöre, da sie keinem *einzelnen* Mann gehöre, was einer Einladung zu sexuellen Übergriffen gleichkam. Die mittelassyrischen Gesetze machten ein Leben allein oder die Arbeit außerhalb des Hauses für Frauen also unsicher und zwangen Frauen, die Gewalt vermeiden wollten, in die Ehe – wodurch sie wiederum ihre wirtschaftliche Unabhängigkeit einbüßten.

Das Phänomen, unverheiratete berufstätige Frauen als schlechte Vorbilder, gar als »Schlampen« zu behandeln, die sexuelle Übergriffe regelrecht verdient hätten, hat weltweit Verbreitung gefunden. Bis mindestens in die zweite Hälfte des 20. Jahrhunderts hinein herrschte diese Haltung in Nordamerika und Westeuropa. Und bis heute, wie wir später noch sehen werden, werden berufstätige Frauen in den Entwicklungsländern aufgrund ihrer angeblich fehlenden Moral verunglimpft und regelmäßig Opfer von Übergriffen und Gewalt.

Auf die Verletzung des Verschleierungsgesetzes standen in Mesopotamien strenge Strafen: Die Bürger waren angehalten, jede verschleierte Prostituierte vor das Palasttor zu bringen, sie auszuziehen, ihr 50 Schläge zu verpassen und sie mit heißem Pech zu übergießen. Begingen Sklavinnen dieses Verbrechen, sollten die Bürger ihnen die Ohren abschneiden und ihre Kleidung an sich nehmen. Männer, die gesetzesbrüchigen Frauen halfen, wurden selbst streng bestraft: Ergriff ein Mann eine solche Frau nicht, erhielt er »50 Stockschläge« und wurde seiner Kleidung entledigt. Zudem wurde ihm ein Faden durch die Ohrläppchen gezogen und auf dem Rücken zusammengebunden. Die Strafe für Männer wäre nicht nötig gewesen, hätten die Patriarchen nicht angenommen, dass *manche* Männer unverschleierten Frauen helfen würden.

Die mesopotamischen Gesellschaften waren autokratische, komplexe Staaten mit formalisierten Wirtschaftssystemen und landwirtschaftlicher Technologie. Sie trieben Handel über große Distanzen und führten umfangreiche Kriege. Das Reich verfügte über die erste Berufsarmee, führte den ersten Eroberungskrieg durch und verbesserte viele Waffen mit dem Ziel größerer Reichweite und Durchschlagskraft. Gefangennahmen brachten in Kriegszeiten viele Sklavinnen ein - was wiederum seinen Niederschlag in den zahlreichen Regeln zum Umgang mit Sklavinnen fand.

In *Sex and War* stellen Malcolm Potts und Thomas Hayden die (durchaus kontroverse) These auf, der reproduktive Erfolg tendenziell gewalttätigerer Männer habe zu einer permanenten Eskalationssituation geführt, die eine Kultur des Krieges befeuert hätte. Potts ging 1971 nach dem Bangladesch-Krieg in das Land, um humanitäre Hilfe zu leisten. Als Gynäkologe behandelte er dort Frauen, die Opfer der größten systematischen Massenvergewaltigung der Geschichte geworden waren. Später arbeitete er als humanitärer Helfer in Vietnam, Kambodscha, Ägypten, im Gaza-Streifen, in Liberia und Angola. Jedes Mal kümmerte er sich um Vergewaltigungsopfer. *Sex and War* war das Ergebnis dieser Erlebnisse.[13]

Sein gemeinsam mit dem Journalisten Thomas Hayden verfasstes Buch ist eine umfassende Dokumentation männlicher Gewalt gegenüber Frauen während bewaffneter Konflikte. Es beginnt beim Verhalten von Schimpansen und untersucht dann eine Vielzahl von Kriegen durch die gesamte Geschichte hindurch. Die Autoren arbeiten heraus, dass Krieg normalerweise in Einheiten von je acht Männern geführt und organisiert wird, die sehr eng zusammenarbeiten. Die Teams überlegen sich Angriffsstrategien, bei denen Vergewaltigung nicht selten Teil der Offensive ist, und stärken durch gemeinsam ausgeübte Gewalt ihr Zusammengehörigkeitsgefühl. Die Kombination von steigendem Testosteronpegel, Adrenalinschüben und dem Gefühl der Verbrüderung bringe sie dazu, die üblichen Grenzen von Verhalten und Persönlichkeit zu überschreiten. Potts und Hayden zufolge sind unter solchen Umständen alle Männer zu Vergewaltigung fähig - die Autoren nehmen sich selbst davon nicht aus. Sie führen auch historische und genetische Hinweise dafür ins Feld, wie erfolgreich die männlichen Krieger waren: Acht Prozent der männlichen Bevölkerung Zentralasiens tragen noch die DNA Dschingis Khans in sich – jenes chronischen Vergewaltigers, der im 13. Jahrhundert die mongolischen Eroberungskriege anführte. Bei 16 Millionen heute lebenden Männern lassen sich diese Gene auf dem Y-Chromosom identifizieren. Daraus sollten wir allerdings nicht vorschnell schließen, dass Gewalt ewig fortbesteht und »genetisch« bedingt ist: Auch die Wikinger gehörten zweifellos zu den brutalsten Kriegern der Geschichte, doch die heutigen Skandinavier gelten als Musterbeispiele von Friedfertigkeit und Gleichberechtigung.

Die Kriegerkultur bereitete Männer schon früh auf das Leben als Kämpfer vor. Wie schon in den Wildbeutergesellschaften gehörte zu den Übergangsritualen der Mannwerdung auch hier üblicherweise ein schmerzhaftes Ritual. In manchen Kulturen wurden Jungen, die zu fliehen versuchten, getötet. Es begann ein extremer Druck, sich die »Mannwerdung zu verdienen«, der im Lauf der Geschichte in sich ständig verändernden Formen fortbestand. Immer wurde jedoch von Männern erwartet, ihre Männlichkeit auf die ein oder andere Art zu »beweisen«, indem sie etwa Schmerzen ohne Murren ertrugen, ihre Gefühle versteckten, töteten oder quälten.

All das ist furchtbar für ein Lebewesen, dessen Gehirn eigentlich auf Empathie ausgelegt ist. 2019 erkannte die American Psychological Association (APA) die Merkmale »toxischer Männlichkeit« als einen potenziell schädlichen Zustand an, der entstehe, wenn kleine Jungen mit negativen Bildern von Männlichkeit indoktriniert werden. Sie legte auch spezielle Richtlinien zur Behandlung fest. Diese Entscheidung basiert laut APA auf »über 40 Jahren Forschung, die gezeigt hat, dass traditionelle Männlichkeitsbilder psychologisch schädlich sind und die Erziehung von Jungen zur Unterdrückung ihrer Gefühle zu Schäden führt, die innerliche wie äußerliche Folgen haben.«[14]

Die Männer, die in Kriegergesellschaften für den Kampf ausgebildet wurden, lebten oft in reinen Männergemeinschaften zusammen. Getrennt von den Frauen dürfte es wenig bis kein Gegengewicht gegeben haben zu dem Einfluss, den Wettbewerbsdenken und Aggression ausübten. Strenge, autokratische Hierarchien, die sich in Schikanen untereinander und in abwertendem Verhalten gegenüber Frauen ausdrücken, sind vor diesem Hintergrund leicht vorstellbar.

Wir müssen uns bewusst machen, dass Männer historisch genauso für den Krieg zwangsverpflichtet wurden, wie man Frauen unter Zwang zu Handelsgütern degradierte. Die Männer wurden eingezogen und hatten keine Entscheidungsgewalt darüber, wo sie wann für wen kämpften. Deserteure wurden fast immer mit dem Tod bestraft.

Archäologen betonen heute, dass wir die Kämpfer der Vergangenheit entgegen anderslautender popkultureller Klischees nicht glorifizieren sollten. Soldaten waren Menschen, egal wie abgehärtet sie gewesen sein mögen. Ohne Zweifel empfanden sie Angst und Schmerz. Der Begriff der Posttraumatischen Belastungsstörung mag ihnen nicht bekannt gewesen sein - aber das heißt nicht, dass sie das Phänomen nicht erlebt hätten. Vergangene Gesellschaften führten auch das Regiment über riesige Scharen von Sklaven, die komplizierte Bewässerungssysteme und Straßen bauen mussten. Kaiser, Könige, Cäsaren und Pharaonen ließen sich von den von ihnen Unterworfenen und Beherrschten Denkmäler errichten. Die historischen Patriarchate beuteten nicht nur Frauen, sondern auch Männer brutal aus.

Wenn wir einen Schritt zurücktreten, können wir in diesen (verknappten und bewusst etwas holzschnittartigen) Geschichten den fernen Ursprung der heutigen XX-Ökonomie erkennen. Wie weit man auch in der Geschichte zurückgeht, »Ehefrauen« wurden gekauft und verkauft, ohne Einwilligung in unkündbare Verträge gezwungen und hatten Besitzer, die sie nach Belieben weiterverkaufen konnten. Sie erhielten keine Bezahlung, hatten kein Eigentum und kein Geld. Auf kleinste Vergehen standen körperliche Strafen, Entstellungen oder der Tod. Sie waren unterernährt und geschwächt. Sie waren Gefangene und wurden bei Widerstand mit Gewalt bedroht. Sie durften fast nie Waffen besitzen, konnten sich nicht verteidigen und nicht fliehen. Sie hatten nur beschränkten Zugang zu Informationen, und ihre Kommunikation mit der Außenwelt unterlag strenger Kontrolle. Wenn diese

Merkmale heutzutage gleichzeitig auftreten, spricht man international von »Sklaverei«.

Die Sklaverei ist noch immer die düsterste Ausformung der XX-Ökonomie. Menschenhandel zielt vor allem auf die wirtschaftlich am stärksten Benachteiligten und konzentriert sich heute überproportional auf Frauen. Die Internationale Arbeitsorganisation (ILO) schätzt, dass es heute weltweit 40 Millionen Sklaven und Sklavinnen gibt, von denen 71 Prozent Frauen sind. 15,4 Millionen davon sind zwangsverheiratet.[15]

Der Tausch einer Braut gegen Güter setzt sich in Gestalt von Mitgift und Brautpreis fort. In Teilen Indiens ist die Mitgift zu einer Frage von Leben und Tod geworden, obwohl sie inzwischen verboten ist. Dem Tauschprozess bei der Hochzeit gehen hier lange Verhandlungen voraus. Es kommt vor, dass der Bräutigam und seine Familie behaupten, sie hätten nicht genug Geld bekommen oder sonstige Versprechen seien nicht eingehalten worden. Um mehr Geld geht es letztlich immer. Es sind Erpressungen, bei denen die Braut als Geisel herhalten muss. Kann ihre Familie das Geld nicht aufbringen, wird die Braut getötet – typischerweise indem sie mit Kerosin übergossen und angezündet wird. Die Täter verschaffen einander gegenseitig Alibis, sodass die Polizei mit Ermittlungen wegen Mordes meist nicht weit kommt. Brautverbrennungen sind in Indien sehr häufig. Offiziellen Schätzungen zufolge kommt auf diese Weise jede Stunde eine indische Frau ums Leben. Frauenrechtlerinnen beziffern die Häufigkeit auf alle 15 Minuten.

Eine weitere zeitgenössische Erscheinungsform vergangener Hochzeitspraktiken, die im Text bereits angeklungen ist, ist die »Hochzeit durch Vergewaltigung« oder »Brautentführung«. Ziel dieser Sitten ist es, die Zahlung an den Brautvater zu umgehen. Bei der Brautentführung kidnappt der Mann eine Frau – häufig mithilfe anderer Männer –, bringt sie an einen verborgenen Ort und vergewaltigt sie, um sie für andere Männer inakzeptabel zu machen. Dann bietet er dem Brautvater an, sie zu heiraten, der aus Scham in der Regel zustimmt. Es sind Verbrechen, die oft von armen Männern verübt werden oder aber von solchen, die aus anderen Gründen von der Familie der Braut nicht akzeptiert würden. Hochzeit durch Vergewaltigung gibt es auf der ganzen Welt, doch am weitesten verbreitet ist sie in Zentralasien, wo die Zahl seit dem Zusammenbruch der Sowjetunion gestiegen ist. In Kirgisistan beispielsweise kommt circa ein Drittel aller Ehen auf diese Weise zustande.[16]

Aus diesen Beobachtungen und Überlegungen könnte die Frage entstehen, warum und wie westliche Ehen sich so stark von denen im Rest der Welt unterscheiden. In Europa kam ein Teil des Wandels aus unerwarteter Richtung, mit den Priestern, die das Christentum aus dem Römischen Reich nach Norden exportierten.[17] Die Prediger beendeten viele kulturelle Praktiken, die sie als mit ihrem Glauben nicht vereinbar betrachteten, und ihr neues Verständnis von Ehe hatte bald massive Auswirkungen auf die XX-Ökonomie.

Die frühe christliche Position (auf Basis der Lehren Jesu in der Interpretation von Paulus) besagte, dass jeder Mann nur eine Frau haben solle. Die frühen Kirchenväter in Europa plädierten für die Monogamie, um die sexuelle Aktivität zu minimieren, die sie für sündhaft hielten und einzudämmen glaubten, indem sie den Menschen jeweils nur eine Partnerin oder einen Partner zugestanden. Sie betonten auch, dass nur mit Zustimmung der Braut geheiratet werden dürfe. Um Missverständnisse zu vermeiden: Die Kirchenmänner waren keineswegs »frauenfreundlich« eingestellt, aber im Evangelium gab es mehrere Szenen, in denen Frauen tatsächlich als – sogar gleichwertige – Menschen vor Gott behandelt wurden. Daraus folgerte man das Recht der Frau, ihre Zustimmung zu geben oder zu verweigern.

Um das Jahr 700 u. Z. waren sowohl England als auch Frankreich offiziell christliche Länder. Unter den germanischen Stämmen hatte sich das Christentum noch nicht in gleichem Maße durchgesetzt. Als letzte Region konvertierte Skandinavien um 1100 u. Z. Der Kontakt zwischen den Normannen und den katholischen Priestern veranschaulicht den Übergang von »heidnischen« zu »christlichen« Ehen. Die nordischen Sagen schildern eine Kultur, in der Väter ihre Töchter ohne deren Zustimmung verkauften und Männer mehrere Frauen hatten. Diese Bedingungen herrschten noch, als die Christen den Norden erreichten. Die Priester hinterließen schriftliche Zeugnisse über ihre Bemühungen, dem Frauenhandel und der Polygamie ein Ende zu bereiten. Heute wissen wir, dass sie sich durchsetzten – im Norden und in allen anderen Gebieten, die Teil der »Christenheit« wurden. Europa wurde monogam und war damit die erste Region weltweit, die diesen Wandel in so großem Stil und über so viele verschiedene Völker hinweg vollzog.

Noch einmal: Dabei darf kein Zweifel daran bestehen, dass die in der Entstehung begriffene Katholische Kirche keineswegs versuchte, die Frauen zu befreien. Ihr Frauenbild war kaum weniger grausam, und auch die Ehereformen wurden in der Praxis oft nur oberflächlich angewandt, manipuliert oder verzerrt. Dennoch war der Wandel tiefgreifend, weil er der Frau zum Status *einer eigenständigen Person* verhalf und den Status *als Eigentum* zurückdrängte.

Ungeachtet dessen setzte sich die wirtschaftliche Unterwerfung der Frau bekanntermaßen noch jahrhundertelang fort.[18] Die gängige Praxis und später die verschriftlichten Gesetze gaben den Ehemännern die Kontrolle über alle Haushaltsgüter, unabhängig davon, wer sie in den Haushalt eingebracht hatte, sowie über alles Einkommen, das die Mitglieder des Haushalts erzielten. Verschleierung und Abschottung existierten weiter. Manche Frauen arbeiteten außer Haus, doch sie gehörten eher niederen Ständen an, hatten einen schlechten Ruf und nicht selten mit sexuellen Übergriffen zu kämpfen.

Die wirtschaftliche Abhängigkeit hielt die Frauen in schlechten Ehen, zumal eine Scheidung für sie beinahe unmöglich war. Die Kirchengerichte gestatteten Scheidungen in seltenen Fällen, etwa wenn die Frauen verlassen, extrem grausam behandelt oder betrogen worden waren. Dennoch war häusliche Gewalt weitverbreitet. Einem Mann war es sowohl zivil- als auch kirchenrechtlich erlaubt, seine Frau zu schlagen. »Wenn die Frau ihrem Ehemann etwas verweigert, ist es ihm erlaubt, sie zu schlagen, ohne sie dabei zu töten oder zu verstümmeln«, heißt es beispielsweise in einem Statut aus Frankreich.[19]

Dass Frauen verlassen wurden, kam häufig vor. Männer verließen auf der Suche nach Arbeit ihre Heimat. Auch der Handel über große Distanzen führte zu langen Abwesenheiten - Chancen, von denen Frauen ausgeschlossen waren. Mit der Entwicklung der Schifffahrt fuhren die Männer zur See, und sie zogen in die vielen Kriege, die Europa erdulden musste. Bei jeder dieser Gelegenheiten konnten sie ums Leben kommen. Eine hinterbliebene Frau musste dennoch endlos warten, bis die Kirche die dauerhafte Abwesenheit ihres Mannes als Tod anerkannte. Nur wenn der Mann für tot erklärt wurde, konnte eine Frau erneut heiraten und damit sich und ihre Kinder vor der Armut bewahren. Verlassene Frauen und Witwen sowie deren Kinder bildeten einen Großteil der armen Bevölkerung.[20]

Die wirtschaftlich unsichere Lage von Frauen wurde in Europa bald gesetzlich verankert. In Großbritanniens Common Law wurde der Begriff *coverture* eingeführt. Er bedeutete in letzter Konsequenz, dass eine verheiratete Frau über keine eigene rechtliche oder ökonomische Identität verfügte, da der Mann diese für sie übernahm. Unter der *coverture* übertrugen Frauen mit der Hochzeit alles Eigentum auf ihre Ehemänner. Großbritannien exportierte dieses Gesetz später nach Kanada, Australien und in die Vereinigten Staaten. Das gleiche Prinzip galt im römisch-holländischen Recht. Andere europäische Länder implementierten ähnliche Zustände, indem sie Ehefrauen rechtlich mit Minderjährigen gleichsetzten.

Einige Historikerinnen und Historiker versuchen mit viel Mühe zu belegen, dass Frauen vom Mittelalter bis ins Zeitalter der Entdeckungen hinein Land besitzen konnten. Die Belege dafür beziehen sich jedoch auf Ausnahmen und bestätigen als solche die Regel. Es ist schwer einzuschätzen, wie viele europäische Frauen in diesem Zeitraum tatsächlich jemals im Besitz von Land waren. Mehrheitlich scheint es den Quellen nach so zu sein, dass Frauen selbst hinsichtlich ihrer Mitgift und Erbschaft nur Nutzungsrechte hatten, aber nicht als Besitzerinnen galten. Der Besitz wurde vielmehr an ihre Ehemänner oder erwachsenen Söhne übertragen.

Ob jemand Land wirklich besitzt, erweist sich daran, ob er es verkaufen, beleihen oder verschenken kann. Ich bezweifle, dass viele Frauen echte Landbesitzerinnen in diesem Sinne waren. Abb. 11 illustriert, welche Probleme aus der Verallgemeinerung von Einzelfällen sowie der Verwechslung von Nutzungs- und Eigentumsrechten hervorgehen können. Die Abbildung zeigt das von Männern und Frauen in einem Zeitraum von vier Jahrhunderten veräußerte Land in Italien, Spanien, Südfrankreich, Nordfrankreich und Deutschland. Es ist unübersehbar, dass es Männer waren, die zwischen 800 und 1200 u. Z. den Reichtum und die produktiven Ressourcen Europas kontrollierten.[21]

Ein europäischer Bauernhof war eine kleine ökonomische Einheit, für deren Bewirtschaftung mindestens zwei körperlich leistungsfähige

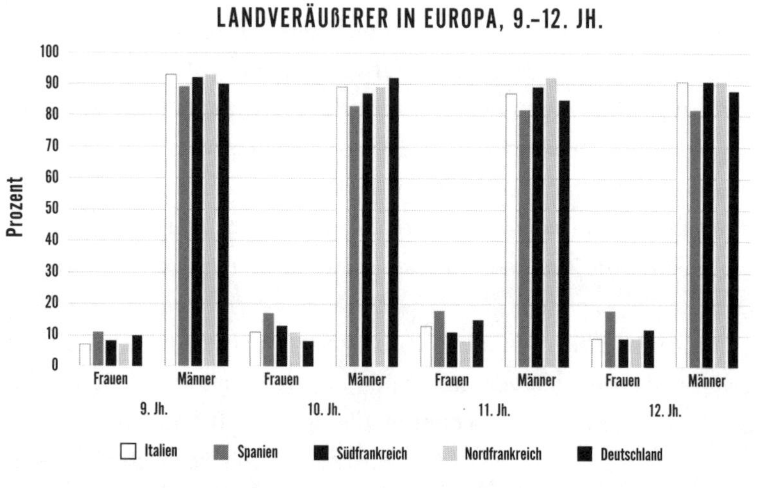

ABB. 11 Historische Quellen suggerieren z. T., Frauen hätten Land besessen. Tatsächlich hatten sie nur Nutzungsrechte. Diese Grafik zeigt, wie viel Land von Männern und Frauen über einen Zeitraum von 400 Jahren in europäischen Ländern veräußert wurde.

Quelle: David Herlihy, »Land, Family, and Women in Continental Europe 701–1200«, *Women in Medieval Society*, hg. v. Susan Mosher Stuard (Philadelphia: University of Pennsylvania Press, 1976), S. 28

Erwachsene nötig waren. Die Menschen heirateten weniger aus Liebe als vielmehr aufgrund der zusätzlichen Arbeitskraft. Die Geschichtsschreibung hat daraus etwas voreilig geschlossen, Frauen seien als »Gehilfinnen« geschätzt gewesen, weil ihre Arbeit wichtig und nötig war. Wir haben bereits gesehen, dass der unterstellte Zusammenhang zwischen wichtiger Arbeit und kulturellem Respekt nicht existiert. Angesichts der anderen Schwierigkeiten, mit denen verheiratete Frauen konfrontiert waren, darunter ein hohes Maß häuslicher Gewalt, konnten sich wohl nur wenige von ihnen einer respektvollen Beziehung erfreuen.[22]

Auch wenn der Haushalt sich nicht durch einen Bauernhof, sondern ein Unternehmen finanzierte, hatten Frauen wenig wirtschaftliche Macht. Sie lieferten zum Beispiel oft wertvolle Unterstützung in den Geschäften von Handwerkern und erlernten das Handwerk manchmal auch selbst, sie durften aber keine eigenen Läden eröffnen, weil die Gilden Frauen nicht als Mitglieder aufnahmen. Manchmal durften Witwen nach dem Tod ihrer Männer das Geschäft weiterführen, aber nur so lange, bis sie erneut heirateten. Grundsätzlich galt, dass eine verheiratete Frau von ihrem Mann abhängig war. Auch ohne Verschleierung und erzwungene Abschottung befanden sich Frauen in Europa in ökonomischer Gefangenschaft.

Die verstörende Geschichte einer europäischen Frau aus dem 14. Jahrhundert illustriert sehr anschaulich, wie diese Gefangenschaft im Mittelalter gestaltet werden konnte. In einem Aufsatz in dem Sammelband »Women in Medieval Society« erläutert Susan Mosher Stuard, dass adlige Frauen in Ragusa (dem heutigen Dubrovnik) »rechtlich durch die umfassenden und hochspezifischen Mitgiftgesetze definiert« waren.[23] Eine Frau wurde demnach aus dem Haushalt ihres Vaters in die Obhut ihres Ehemanns gegeben. So wurde »sichergestellt, dass sie ihr Leben lang eine Privatperson blieb und keine öffentliche Person wurde«. Stuard zufolge bestand die Rolle adliger Frauen darin, den Reichtum ihrer Männer auf dekorative Weise zu repräsentieren, und die Frauen von Ragusa schienen dieser Verpflichtung gerne nachzukommen. Gerade dies macht die Geschichte von Nicoleta de Mence so mysteriös.

Die historischen Quellen besagen nicht, warum Nicoleta 1390 alle Besitztümer an sich nahm und das Haus ihres Ehemanns Jache de Sorgo verließ. Etwas Schreckliches musste geschehen sein. Als Nicoleta ging, beschwerte Jache sich beim »Kleinen Rat«, also den Kaufleuten, die auf die Einhaltung von Recht und Gesetz achteten. Diese schickten zunächst Abgesandte, die Nicoleta zur Rückkehr überreden sollten, doch sie weigerte sich. Danach stellten sie ihr ein Ultimatum: Binnen 14 Stunden solle sie zu Hause sein, sonst werde es ihr schlecht ergehen. Als sie erneut ablehnte, baten sie ihre »alte Mutter«, die Tochter zu überreden, doch wieder kam nichts dabei heraus. Jache übte weiter Druck aus, bis der Rat Nicoleta einsperren und bewachen ließ. Als sie noch immer nicht zurückkehren, ihr Ehemann aber auch nicht aufgeben wollte, wurden ihre Güter konfisziert und Nicoleta wurde mittellos ins Exil geschickt.

Stuard zufolge hatte der Kleine Rat sich bemüht, Nicoleta diese harte Strafe zu ersparen. Der Rat befand, Nicoleta sei »zur Märtyrerin gemacht« worden. Stuard kommt zu dem Schluss: »Nicoleta hatte kein Recht, [Jache] zu verlassen oder ihm ihre Mitgift abzunehmen, und damit war der Fall beendet. Die Gesetze mochten im Dienst geschäftlicher Interessen einzelner Familien oder der Händler allgemein lax interpretiert oder ignoriert worden sein. Für die Forderung einer Frau nach ihrer individuellen Freiheit aber war kein Platz.«[24]

Man unterstellt leicht, dass reiche Frauen mit einem Mindestmaß an Macht nicht den gleichen Zwängen unterlagen wie ihre weniger privilegierten Geschlechtsgenossinnen. Doch auch sie waren abhängig von Männern und diesen untergeordnet. Die Macht einer Frau speiste sich fast immer aus der Zuwendung eines Mannes. Verließ dieser sie, blieb ihr nichts. Allein durch ihr Geschlecht wurden Frauen durch die gesamte Geschichte hinweg arm gemacht. Das Patriarchat betraf jede Einzelne von ihnen.

Im späten 19. Jahrhundert wurden die Gesetze über den ökonomischen Status von Frauen in Westeuropa, Nordamerika und Australien radikal überarbeitet. Der Ursprung dieses Paradigmenwechsels liegt, vielleicht überraschenderweise, in der Geschichte des Christentums.

Die Reformation betrachtete die Ehegesetze der römisch-katholischen Kirche mit Skepsis. Für sie war die Ehe kein Sakrament und sollte auflösbar sein. Doch während der blutigen Auseinandersetzungen zwischen Katholizismus und Protestantismus stritten die Reformatoren untereinander über die neuen Regeln für religiöse Institutionen. Eine Schlüsselrolle spielte dabei der deutsche Reformator Martin Bucer. Er wollte eine auf Liebe und Respekt basierende Ehe. Seien diese nicht mehr gegeben, solle einem Paar die Scheidung erlaubt sein. Diese Haltung war der Ausgangspunkt für einen fast 500 Jahre währenden Prozess, innerhalb dessen der Westen langsam das Konzept der Liebesheirat übernahm.[25]

Liebe in der Ehe setzt voraus, dass es innerhalb der Paarbeziehung keine systematische Gewalt gibt. Wie wir wissen, setzt sich häusliche Gewalt jedoch bis in die heutige Zeit fort, selbst unter Menschen, die einander angeblich lieben. Dennoch ist es einer Erwähnung wert, dass das Schlagen der Ehefrau während der Reformationszeit endlich unter Strafe gestellt wurde. Der erste Gesetzeskodex der Puritaner im heutigen Massachusetts etwa besagte, Frauen müssten Schläge ihrer Ehemänner nicht erdulden.

Das neue Eheideal implizierte gegenseitiges Vertrauen und Unterstützung, was zu einer Neubewertung der wirtschaftlichen Regeln geführt zu haben schien. Mit der Aufhebung der strengen Scheidungsgesetze in den protestantischen Ländern weichten häufig auch die ökonomischen Restriktionen auf. Um den Beginn des 20. Jahrhunderts herum wurde in den protestantischen Teilen Europas, in Nordamerika und Australien eine Reihe von Gesetzen verabschiedet, die zu mehr Gerechtigkeit führten. Allerdings vollzog sich der Wandel in sehr kleinen Schritten.

1882 wurde das Prinzip der *coverture* durch den Married Women's Property Act aus den britischen Gesetzen entfernt. Australien und Kanada zogen nach. In den Vereinigten Staaten ging es langsamer voran: Zwischen 1830 und 1880 gaben die meisten Bundesstaaten Frauen das Recht, über den eigenen Besitz zu verfügen, sofern der Ehemann dazu nicht in der Lage war; zudem durften Frauen Güter besitzen (aber nicht darüber verfügen) sowie Einkommen erzielen und zur eigenen Verfügung behalten. Die *coverture* verschwand langsam aus dem nordamerikanischen Recht, wurde aber erst 1982 endgültig abgeschafft: Der Oberste Gerichtshof entschied, das damals in Louisiana noch geltende Gesetz, der Mann sei »Vorstand und Herr« *(head and master)* des Haushalts, sei verfassungswidrig. Dass die *coverture* in den USA erst vor 40 Jahren formal endete, macht demütig und erstaunt zugleich.[26] Manche zeitgenössischen Wissenschaftlerinnen und Wissenschaftler vermuten in der »partnerschaftlichen« Ehe, die ein Streben nach Gleichheit ausgelöst habe, eine Keimzelle der Demokratie.[27]

Im weiteren Verlauf des 20. Jahrhunderts wurde die Kernfamilie mit einem einzelnen, männlichen Ernährer zur am weitesten verbreiteten Familienform. Die Hausfrau, die den ganzen Tag putzte und sich um die Kinder kümmerte, wurde geradezu ikonisch. In der sich zunehmend herausbildenden Konsumkultur wurde die Kernfamilie in Werbekampagnen, etwa für Haushaltsgeräte, idealisiert. Die Hausfrau rückte ins Zentrum der Populärkultur, war aber immer noch von einem Mann abhängig. Frauen zogen bei ihren Vätern aus und bei ihren Ehemännern ein. Scheidung war einfacher, aber schambesetzt. Zum Verbleib in der Ehe gab es für Frauen wenige Alternativen. Häusliche Gewalt war weiterhin ein Problem, wurde aber nicht ernst genommen. Beispielhaft ist ein Bericht von Scotland Yard aus dem Jahr 1954: »In London gibt es pro Jahr nur 20 Morde, und nicht alle sind gravierend – bei manchen handelt es sich nur um Männer, die ihre Frauen umgebracht haben.«[28] Frauen waren Männern ökonomisch noch immer untergeordnet, und diese Männer konnten potenziell gewalttätig sein.

Die Unterwerfung der Frauen in der Wirtschaft begann mit Männern, die Frauen unter dem Deckmantel von Handelsbeziehungen zum Sex zwangen. Bei allen von mir betrachteten unfairen ökonomischen

Vereinbarungen unterliegt den Entscheidungen der Frauen die Angst vor männlicher Aggression – selbst dann, wenn sie sich nur vor dem Wutausbruch eines Arbeitskollegen fürchten. Heute jedoch organisieren sich Männer in verschiedenen Kontexten, um den Ruf als »geborene Mörder« ein für alle Mal loszuwerden. Sogar Profisportler appellieren öffentlich an ihre Fans. Und es gibt große Erfolge. Michael Kaufman, einer der Vorkämpfer der wirtschaftlichen Stärkung von Frauen und Autor des Buchs *The Time Has Come: Why Men Must Join the Gender Equality Revolution*, ist Gründer von White Ribbon, einer Organisation von Männern, die sich für das Ende der Gewalt gegen Frauen einsetzen. Seit der Gründung im Jahr 1991 sind Männer aus über 90 Ländern White Ribbon beigetreten.

Kürzlich erzählte Michael bei einer großen Veranstaltung mit Gleichgesinnten in Südamerika eine außergewöhnliche Geschichte:

Ein pakistanischer Mann kehrte nach seinem Jurastudium in Islamabad in seine Heimatregion, das Swat-Tal, zurück. Er wurde auf das Leid von Vergewaltigungsopfern aufmerksam, deren Glaubwürdigkeit vor Gericht überprüft werden sollte. Die Frauen brauchten zur Bestätigung der Vergewaltigungen je vier männliche Zeugen und sollten unabhängig davon wegen Ehebruchs angeklagt werden – was mit jahrelanger Haft oder dem Tod bestraft wurde. Er wusste, dass dieses Vorgehen nicht den Rechtstraditionen Pakistans entsprach, und war zudem der Meinung, es stünde im Widerspruch zu seiner Religion. Er verteidigte die Frauen vor Gericht und erreichte, dass sie vom Vorwurf des Ehebruchs freigesprochen wurden. Doch nun kam er selbst ins Gefängnis. Die Männer dort lebten unter unmenschlichen Bedingungen. »Ihr könnt euch vorstellen, was mit ihm passiert ist«, sagte Michael, und alle Zuhörer einte die Gewissheit, dass der heldenhafte Anwalt im Gefängnis selbst vergewaltigt und misshandelt wurde.

Doch die Geschichte nahm ein überraschendes Ende. Als die anderen Männer im Gefängnis erfuhren, wofür der Anwalt einsaß, traten sie gemeinsam in den Hungerstreik, bis er freigelassen wurde.

Michael schloss mit der Überzeugung, der Wandel stehe bevor:

»Männer sind in der Lage, das Leid und den Schmerz anderer zu erkennen. Sie wirken vielleicht hart, aber sie haben große Herzen. Ein Appell an ihr Mitgefühl, Veränderungen unserer Vorstellungen von Männlichkeit und das Ende der männlichen Macht über Frauen werden zusammenwirken, um der Gewalt gegen Frauen ein Ende zu setzen.« Die menschliche Fähigkeit zur Empathie, zum Bewusstsein für das Leid anderer selbst dann, wenn es der eigenen Grausamkeit entspringt, gibt uns Grund zur Hoffnung.

6

FLUCHT AUS DER KÜCHE

Radia und ich fuhren früh ins Dorf. Wir waren nicht in Eile, also stieg ich aus dem Auto und suchte nach einem Platz, wo wir die Wartezeit verbringen konnten. Unter einem Baum stand ein gekachelter Stuhl – vielleicht ein Sitz, der bei Zeremonien verwendet wurde? Ich fragte Radia und unseren Fahrer, ob ich dort sitzen dürfe. Beide zuckten die Schultern und sagten: »Klar.« Also setzte ich mich hin.

Wir waren in Bangladesch, um ein ländliches Distributionssystem zu untersuchen: Bettlerinnen lieferten Güter direkt in die Häuser, weil es den dort lebenden Frauen nicht erlaubt ist, einkaufen zu gehen. Das Programm gab Frauen Arbeit, die sie dringend benötigten, doch es wirkte sich auch auf die Hausfrauen überraschend positiv aus. Sie waren erstmals in der Lage, selbst einzukaufen, statt darauf zu warten, dass die Männer die Dinge nach Hause brachten, und ihre Isolation wurde durch den Kontakt zu den Verkäuferinnen aufgebrochen, die Informationen über die Außenwelt hatten. Mit unseren Befragungen versuchten wir herauszufinden, welchen Einfluss dieser Informations- und Warenfluss auf das Unabhängigkeitsgefühl hatte. Heute war unser zweiter Tag in diesem Dorf.

Ich saß noch keine fünf Minuten, als der Imam auf mich zukam. Er erklärte in höflichem Englisch, dass ich auf seinem Zeremonienstuhl säße, und bat mich, aufzustehen, was ich auch tat. Er fragte, aus welchem Land ich sei. Ich sagte, ich lebe in Großbritannien, sei aber Amerikanerin. Er fragte, ob ich Muslima sei, und ich entschied mich, mit einem Hinweis auf meine Erziehung zu antworten: »Christin«, sagte ich. Er fragte, ob ich verheiratet sei, und ich erklärte, mein Mann sei in einem Dorf in der Nähe. Ich spürte, dass jede Antwort die falsche war.

Über die Schulter des Imams sah ich, dass unser Fahrer die Autotür geöffnet hatte und mir wild gestikulierend bedeutete, einzusteigen. Ich verabschiedete mich vom Imam und setzte mich schnell ins Auto. Als ich mich umsah, bemerkte ich, dass sich während dieser kurzen Unterhaltung eine Gruppe von 20 Männern um mich herum versammelt hatte. Die Gruppe bewegte sich jetzt auf den Jeep zu. Der Fahrer knallte die Tür zu, und Radia stellte sich davor. Ein ungefähr 50-jähriger Mann mit hennarotem Bart und Haar sprach auf Bengali. Die anderen hörten konzentriert zu, und waren offensichtlich wütend. Der Imam sagte nichts. Er stand inmitten der Gruppe und sah mich triumphierend an.

Plötzlich kam ein weißer Jeep angerast und hielt auf dem Dorfplatz. Unsere örtlichen Kollegen sprangen heraus. Mit ihren Aviator-Sonnenbrillen sahen sie aus, als wollten sie sich um die Rolle von Interpol-Agenten bewerben. Die Männer aus dem Dorf zerstreuten sich schnell. Als die Gefahr vorüber war, fragte ich Radia, was los sei. Sie erklärte, der Mann mit den orangefarbenen Haaren werfe uns vor, mit unseren Interviews Unfrieden zu stiften.

Als sich die Lage beruhigt hatte, fuhren unsere Kollegen ins nächste Dorf. Einen Mann ließen sie zurück. Er hielt mit unserem Fahrer Wache. Radia und ich gingen angespannt in Richtung der Häuser, um unsere Umfrage abzuschließen. Die Frauen in den Häusern wussten bereits, was passiert war. Sie hatten gemerkt, dass wir ihnen helfen wollten, aber eine Frau hatte die Männer alarmiert, und keine der anderen hatte gewagt, uns zu verteidigen. Gewalt gegen Frauen konnte entsetzliche Formen annehmen in Bangladesch.

Beim Abendessen erklärten unsere Forschungsassistentinnen, als »unverschleierte Mädchen aus der Stadt« seien auch sie von solchen Reaktionen bedroht. Sie waren zwar von Kopf bis Fuß bedeckt, versteckten ihre Haare und Gesichter aber nicht hinter einem Schleier. Auf dem Land machte sie ihre urbane Kleidung zur Zielscheibe für Konservative, denen es nicht gefiel, dass Frauen in den Städten gewisse Freiheiten genossen. Also erarbeiteten wir Maßnahmen, um die Sicherheit unserer Assistentinnen zu garantieren. Es gab keine weiteren Beschwerden, und nach dem Trubel waren die befragten Frauen überraschend offen - als habe ihnen das Verhalten der Männer Anlass gegeben, uns ihre Situation deutlich zu machen. Die Ehemänner der meisten Frauen arbeiteten im Nahen Osten auf Baustellen. Die im Dorf verbliebenen Männer und einige Frauen überwachten die Ehefrauen während der Abwesenheit ihrer Männer. Die Frauen saßen wie Gefangene zu Hause und warteten auf Männer, die oft jahrelang im Ausland blieben.

Die Kultur Bangladeschs ist extrem patriarchalisch. Vor allem in ländlichen Gebieten praktizieren die Einwohner *parda*, eine in muslimischen Ländern und in Indien verbreitete Form der Abschottung. Die von uns befragten Frauen hatten Angst, die Häuser zu verlassen, weil sie Gefahr liefen, Opfer von Vergewaltigungen zu werden. In den Häusern waren sie jedoch auch nicht sicher, weil ihnen dort häusliche Gewalt drohte. In Gesellschaften wie Bangladesch und vielen anderen weltweit bestimmen Männer, was Frauen sehen, hören und wissen dürfen, um sie unter Kontrolle zu haben. Unsere Interviews hatten diese Abschirmung durchlässig gemacht.

Wirtschaftsexperten sähen es lieber, wenn die Ehefrauen in Bangladesch zur Arbeit gingen, statt zu Hause zu bleiben, weil so das Wirtschaftswachstum angeregt würde. Ein steigendes BIP ermöglicht Ländern wie Bangladesch den Aufbau von Infrastruktur - Straßen, Schulen, fließendes Wasser, Stromversorgung - und die Implementierung sozialer Dienstleistungen zur Unterstützung vor allem der sehr armen Bevölkerung. Ist das Ziel des Wachstums das Wohlergehen der Bevölkerung, steigert es die Haushaltseinkommen und verbessert den Gesundheitszustand, die Ernährung und die allgemeine Bildung. Doch Männer in Ländern mit niedrigem Durchschnittseinkommen weigern sich, Frauen die Arbeit außerhalb des Hauses zu gestatten - besonders dann, wenn diese verheiratet sind.

Als die Textilindustrie in den 1970er-Jahren nach Bangladesch kam, gingen junge, alleinstehende Frauen auf der Suche nach Freiheit in die Städte. Heute stellt die Textil- und Kleidungsindustrie 75 Prozent des BIP von Bangladesch, ist die einzige Multimilliarden-Dollar-Branche und der größte Wachstumsmotor des Landes. Die Beschäftigten in der dortigen Textilbranche sind zu über 80 Prozent weiblich.

Die Fabrikarbeit bringt den Frauen Autonomie und ist für sie, ihre Kinder und manchmal auch ihre Herkunftsfamilien oft der erste Schritt aus der Armut.[1] Ungeachtet des wichtigen Beitrags dieser Arbeiterinnen zur nationalen Wirtschaft werden sie immer noch dämonisiert, weil ihre bloße Existenz die traditionellen Erwartungen an Frauen infrage stellt. Mit ihren Löhnen kaufen sie moderne Kleidung und Mobiltelefone und demonstrieren damit Unabhängigkeit und Erfolg. Häufig kommt es zu Übergriffen auf diese Frauen, und irgendeine Behörde findet sich dann immer, die das Verbrechen entschuldigt und den Frauen vorwirft, »ihre angestammte Rolle« verlassen zu haben oder zu aufreizend gekleidet gewesen zu sein. Das Verhalten der Fabrikarbeiterinnen dient vielen Ehemännern in den Dörfern als Warnung: »Lass deine Frau nicht aus dem Haus.«

Der in Bangladesch stattfindende kulturelle Wandel hat sich in den vergangenen 100 Jahren bereits vielerorts ereignet. Die Kleidungs- und Textilindustrie war meist die erste Branche, die in den armen Ländern ankam, da sie auf der Suche nach geringen Personalkosten von Land zu Land zieht. Schon die ersten Textilfabriken, die im Westen im frühen 19. Jahrhundert eröffneten, stellten, genau wie ihre heutigen Pendants, fast ausschließlich junge, alleinstehende Frauen ein. Vor der Ankunft der Industrie arbeiteten die Frauen in der Landwirtschaft oder stellten zu Hause Produkte zum Verkauf her. Als Textilien und andere bislang in Heimarbeit gefertigte Produkte zunehmend in Fabriken hergestellt wurden, verschwand der Markt für selbst gemachte Waren.

Für alleinstehende Frauen sind die Fabriken eine Möglichkeit zur Flucht. Wenn sie ihre Dörfer verlassen, können sie eigenes Geld verdienen, selbst Entscheidungen treffen und vor allem ihre Partner selbst wählen. Davon erholt sich das Patriarchat nie vollständig.

Verheiratete Frauen sind in einer anderen Situation. Zunächst bleiben sie noch lange Zeit zu Hause. Weil die meisten Frauen in »traditionellen« Kulturen verheiratet sind, bleibt das Wirtschaftswachstum somit vermindert. Der Blick in die jüngere Geschichte zeigt aber, dass auch Ehefrauen irgendwann auf den Arbeitsmarkt vorstoßen. Sobald dies geschieht, steigt das jeweilige BIP stark und anhaltend. Die Analyse von Daten aus 163 Ländern zeigt, dass die Beziehung zwischen weiblicher Beteiligung am Arbeitsmarkt und BIP für jedes dieser Länder gilt. Es steht außer Frage, dass einem Land am ehesten geholfen ist, wenn die Frauen die Küchen verlassen.[2] Wie genau das zu erreichen ist, weiß jedoch niemand.

Die Ökonomie beschäftigt sich schon länger mit der Frage, warum in einem je bestimmten Zeitraum plötzlich viele verheiratete Frauen zeitgleich berufstätig werden. Sie versucht, den dramatischen Wandel mittels verschiedener Regressionen messbarer Einflussfaktoren, etwa einem besseren Bildungsstand, zu erklären. Jahrzehntelang nahm sie an, der Ehemann treffe die Entscheidung, da er seiner Frau »Freizeit« kaufe und diese nichts dazuverdienen müsse, wenn er es sich leisten könne. Man analysierte auch historische Daten reicher Länder, um herauszufinden, warum Ehemänner ihre Frauen arbeiten »ließen«. Die Erkenntnisse wollte man auf die heutigen Entwicklungsländer anwenden. Doch niemand fand die Antwort, die aus meiner Sicht doch so offensichtlich vor uns lag: Verheiratete Frauen bleiben zu Hause, solange für sie geschlechtsspezifische Einschränkungen gelten, sie beispielsweise keine eigenen wirtschaftlichen Entscheidungen treffen dürfen, die nicht mit dem »Gehorsam« ihren Ehemännern gegenüber korrespondieren. Sobald solche Einschränkungen aufgehoben werden, verlassen Frauen den Herd und suchen bezahlte Arbeit, weil sie sich nach Autonomie sehnen.

Heute ringen westliche Ökonominnen und Ökonomen die Hände, weil Frauen in reichen Ländern immer seltener berufstätig sind. Nachdem die Zahlen jahrzehntelang anstiegen, steigt die Beteiligung der Frauen am Arbeitsmarkt in Nordamerika und Westeuropa ohne erkennbaren Grund langsamer oder flacht ab. Wenn Frauen sich in diesen Nationen vom Arbeitsmarkt zurückziehen, wird das BIP sinken und die Weltwirtschaft großen Schaden nehmen. Am schlimmsten ist der Trend in den Vereinigten Staaten, wo die Beschäftigungsrate von Frauen im Jahr 2000 zum ersten Mal seit 100 Jahren rückläufig war. Der jährliche Beitrag der Frauen zur US-Wirtschaft ist mit circa drei Billionen US-Dollar größer als das gesamte BIP Japans.[3] Warum geben Frauen das auf, was sie nach 200 Jahren Kampf erreicht haben?

Zu Beginn des 20. Jahrhunderts hatten Frauen zwar einige neue wirtschaftliche Rechte errungen, aber sie trugen noch schwer an der historischen Last. Im 19. Jahrhundert kontrollierten die Männer in den USA sämtliche Besitztümer und Einkommen sowie die Aufenthaltsorte und Schicksale der Frauen in ihren Familien. Selbst innerhalb der Arbeiterschicht arbeiteten die meisten Frauen nicht außer Haus. Berufstätige Frauen waren normalerweise alleinstehend und als Hausangestellte tätig. Bezahlt wurden sie meist in Naturalien. Nur selten erhielten sie Geld, und wenn, dann ging dies oft an die Väter.

1814 eröffnete in Lowell, Massachusetts, eine Textilfabrik, die Bauerntöchter für Lohnarbeit anwarb. Die Mädchen hassten die langen Arbeitszeiten, schätzten es aber, von zu Hause fort zu sein und ihr eigenes Geld zu verdienen. 1834 begannen die Löhne jedoch zu sinken. Die Mädchen organisierten daraufhin einen der ersten Streiks Amerikas. Sie engagierten sich weiter, forderten Arbeitsrechte vom Staat, hielten flammende Reden und veröffentlichten einen radikalen Aufsatz. Ihr Handeln machte sie zu »öffentlichen Frauen«, die als nicht respektabel galten, weil sie außerhalb des Hauses selbstständig in Erscheinung traten. Die Fabrikarbeiterinnen zogen auch Kritik auf sich, weil sie die in den neu entstandenen Modemagazinen farbig abgebildete Kleidung nachnähten. So kleideten sie sich mithilfe ihrer geringen Löhne »besser«, als es zu ihrem gesellschaftlichen Status passte. Weil sie so besondere Kleidung trugen und keine Männer hatten, die sie »beschützten«, wurden sie häufig für Prostituierte gehalten. Wie sonst sollten sie an so viel Geld gekommen sein?

Man kann sich vorstellen, was Ehemänner davon hielten, dass ihre Frauen außer Haus arbeiten wollten. Eine Frau, die sich wie ein Fabrikmädchen benahm, setzte ihr Ansehen aufs Spiel, ihr Ehemann wurde bedauert und ausgegrenzt. Um das zu verhindern, griffen manche Männer notfalls auf Gewalt zurück.

Wenige amerikanische Geschichtsbücher thematisieren, dass die erste US-amerikanische Wirtschaft aus dem Textilexport entstand – genau wie die chinesische Wirtschaft zur Zeit der Seidenstraße. Die Wirtschaft boomte, Fabriken wurden gebaut und bald vom Land in die Städte verlegt. Neue Fabriken für Schuhe, Hüte und weitere Accessoires sowie Seifen und Gesichtscremes kamen hinzu. All diese Güter wurden von Frauen vermarktet, verkauft und gekauft. Näherinnen, Designerinnen, Hutmacherinnen, Verkäuferinnen und Autorinnen für Frauenzeitschriften entdeckten durch die Arbeit ein neues Leben, wurden aber von Traditionalisten und Traditionalistinnen mit Skepsis betrachtet. Diese Form der XX-Ökonomie wurde zu einem Tauschsystem zwischen Frauen – während das Kapital dahinter weiterhin von Männern kontrolliert wurde.

Zur gleichen Zeit erwachte auch die Frauenbewegung: Viele der frühen Anführerinnen waren berufstätige Frauen aus der neuen Wirtschaft.[4] Diese erfolgreichen Frauen gründeten ein Netzwerk aus Frauengruppen namens General Federation of Women's Clubs (GFWC). Das Netzwerk wuchs und schloss bald auch verheiratete Frauen der Mittelschicht ein, die mehr Frauenrechte und andere wirtschaftliche und soziale Reformen erreichen wollten. Die GFWC verbündete sich mit anderen Frauengruppen, die sich auf je spezielle Ziele konzentrierten – darunter auch auf das Arbeitsrecht. Gegen Ende des Jahrhunderts stellte die GFWC die Fußsoldatinnen der ersten Welle der Frauenbewegung.[5]

Im Kampf um die Rechte berufstätiger Frauen waren die Women's Trade Union League (WTUL) und die National Consumers League (NCL) die bekanntesten Organisationen von Frauen der Mittelschicht. Die Männergewerkschaften betrachteten die Rechte von Arbeiterinnen mit Skepsis und hielten die Situation für ein Nullsummenspiel, in dem das eine Geschlecht nur gewinnen konnte, wenn das andere verlor. Außerdem wollten die Männer, dass ihre Frauen zu Hause blieben. Die Loyalität innerhalb eines Geschlechts überwog die innerhalb einer sozialen Schicht. So kamen nicht die Gewerkschaften, sondern die Frauenbewegung den amerikanischen Arbeiterinnen zur Hilfe.

In der NCL kämpften zwei Gruppen der XX-Ökonomie, nämlich Verbraucherinnen der Mittelschicht und Fabrikarbeiterinnen, für ein gemeinsames Ziel. Die Mitglieder verfügten durch ihr Kaufverhalten über wirtschaftliche Macht, mit der sie Unternehmen zwingen konnten, die Arbeitsbedingungen für weibliche Beschäftigte zu verbessern. Sie begannen mit Einzelhändlern, die Frauen als Verkäuferinnen beschäftigten und ihre Umsätze fast gänzlich durch die Kaufvorlieben verheirateter Frauen der Mittelschicht erzielten. Zunächst wurde ein sogenannter »Standard eines fairen Arbeitgebers« verfasst. Es handelte sich um eine Liste von Anforderungen, darunter gleiche Bezahlung für Frauen, regelmäßige und vernünftige Arbeitszeiten, vierzehntägige Gehaltsauszahlung, bezahlter Urlaub, arbeitsfreie Feiertage und andere Rechte für die Beschäftigten. Dann erstellten die Frauen der NCL eine »Weiße Liste« jener Geschäfte, die sich an diese Standards hielten, und erklärten, nur diese Läden zu unterstützen. Viele Geschäfte änderten ihre Arbeitsbedingungen, um es auf die Weiße Liste zu schaffen.

Im Bereich der Fabrikarbeit setzte die NCL bei Herstellern von Baumwollunterwäsche an, wobei sie wieder davon ausging, dass Frauen die Unterwäsche sowohl herstellten als auch kauften. Erfüllte ein Hersteller ihre Standards, durfte er ein weißes Etikett in die Kleidung

ABB. 12 Das »weiße Label« der National Consumers League (NCL) wurde in Kleidungsstücke genäht, die unter von der NCL geprüften Arbeitsbedingungen hergestellt wurden.

einnähen (Abb. 12). Erneut bekundeten die Mitglieder der NCL öffentlich, nur die Produkte mit dem weißen Etikett zu kaufen. Und erneut war die Strategie erfolgreich.

Die NCL leistete auch erfolgreiche Lobbyarbeit in den Bundesstaaten für den Arbeitsschutz, etwa bezüglich der Länge des Arbeitstages oder für die Einführung einer gesetzlichen Beschränkung des Gewichts, das eine Arbeiterin maximal heben musste. Um die Jahrhundertmitte merkte die Frauenbewegung jedoch, dass diese Restriktionen die Frauen von den besten Positionen fernhielten, und sie setzte sich für deren Aufhebung ein. Die NCL kämpfte auch für Lohngleichheit. Dass Frauen weniger Lohn erhielten, wurde damit gerechtfertigt, dass sie angeblich alle von Männern unterstützt würden und nicht von ihrem Einkommen allein leben mussten. In vielen hitzigen Debatten forderte die NCL, die Löhne müssten hoch genug sein, um den Lebensunterhalt einer alleinstehenden Frau zu finanzieren. Die Gewerkschaften bevorzugten einen »Familienlohn« für Männer, die ihre Familie unterstützten, und sie waren der Überzeugung, höhere Löhne für Frauen würden dieses Ziel sabotieren. Warum sollten Unternehmen einem Mann »Familienlohn« zahlen, wenn seine Frau genauso viel verdienen konnte? Letztlich gewann die NCL den Kampf um einen die Lebenshaltungskosten deckenden Lohn für Frauen – aber nur in der Theorie. Praktisch erhielten Frauen noch immer weniger Geld als Männer. Zur Begründung wurde angeführt, sie hätten geringere Bedürfnisse.[6]

Die WTUL unterstützte streikende Arbeiterinnen und leistete wichtige Hilfe während zwei langer, gewalttätiger Streiks der International Ladies' Garment Workers Union (ILGWU) in den Jahren 1909 und 1910. Die WTUL half mit Geld und Haushaltsgütern, kommunizierte mit Behörden und begleitete Streikende zu ihren Posten. Die wohlhabenden Hausfrauen solidarisierten sich mit den Streikenden in dem Wissen, dass die Polizei eine gut gekleidete, wahrscheinlich gut vernetzte Frau eher nicht schlagen oder festnehmen würde. Wurden sie Zeuginnen von Polizeigewalt, reichten sie Beschwerde ein; für angeklagte Streikteilnehmerinnen brachten sie die Kautionen auf.

Die Strategie ging zwar auf, doch die Streikenden machten sich zeitweise über die »Nerzbrigade« lustig. Der Klassenunterschied wurde noch spürbarer nach dem Feuer in der Triangle Shirtwaist Factory im Jahr 1911, bei dem 146 Beschäftigte (davon 83 Prozent Frauen) starben. Einige sprangen vor den Augen hilfloser Beobachterinnen und Beobachter aus den oberen Etagen. Ermittlungen ergaben, dass die Notausgänge blockiert und die Türen verschlossen gewesen waren, weil der Arbeitgeber Angst hatte, dass die Beschäftigten etwas stehlen oder zu früh nach Hause gehen könnten.

Nach der Tragödie beschlossen die Arbeiterinnen, sich von der WTUL abzugrenzen und lieber mit den Männern der Arbeiterklasse zu kooperieren. Das historische Bündnis von Frauen über verschiedene soziale Schichten hinweg war damit zerbrochen. Bereits 1920 übernahmen Männer die Führung der ILGWU, die eine männerdominierte Gewerkschaft blieb, sich hauptsächlich auf die Anliegen männlicher Beschäftigter konzentrierte und sich in den 1990ern schließlich auflöste.

Bis heute verdienen gewerkschaftlich organisierte Frauen in den USA mehr als ihre nicht organisierten Geschlechtsgenossinnen, jedoch immer noch weniger als männliche Gewerkschaftsmitglieder. Im 20. Jahrhundert standen Arbeiter- und sozialistische Bewegungen den Frauenrechten ablehnend gegenüber. Ihre politische Ideologie unterschied meist zwischen »sozialistischem Feminismus« (der den »wichtigeren« Anliegen der Männer nachgeordnet und deshalb akzeptabel war) und »bürgerlichem Feminismus«, der darauf bestand, dass die spezifischen und gleich wichtigen Probleme der Frauen adressiert werden müssten. Solche Forderungen waren für diese Bewegungen nicht akzeptabel, weshalb die darin organisierten Feministinnen geschlechtsspezifische Anliegen hintanstellten. Ihnen wurde das Gefühl vermittelt, »eine Betonung der Probleme des eigenen Geschlechts sei selbstsüchtig«.[7]

Heute besteht ein ähnlicher Interessenkonflikt zwischen arbeitenden Männern und Frauen in Bangladesch. Er beginnt mit der bekannten Trennung zwischen Männer- und Frauenarbeit: hart, schwer und gefährlich versus leicht und sicher, wobei die Männerarbeit besser bezahlt ist. Diese Spaltung wird durch Beschränkungen verstärkt, denen Frauen hinsichtlich der Arbeitszeiten und als zu gefährlich oder »moralisch unpassend« bewerteter Tätigkeiten unterliegen. Effektiv sind so die bestbezahlten Berufe den Männern vorbehalten. Ironischerweise ist die tatsächliche Motivation hier nicht der Schutz der Frauen: In keinem der Länder mit diesen Beschränkungen sind Frauen gesetzlich gegen Übergriffe am Arbeitsplatz geschützt, was ein großes Problem ist. In Ländern mit hohem Durchschnittseinkommen gibt es für Frauen nur wenige berufliche Einschränkungen und mehr Gesetze zu ihrem Schutz vor Übergriffen, sodass mehr Frauen arbeiten und das BIP höher ist (Abb. 13).

In den Schwellenländern haben Frauen nur selten Führungspositionen in Unternehmen inne. Das britische Department for International

WICHTIGSTE EINSCHRÄNKUNGEN DER ARBEIT VON FRAUEN

Region	Prozent der Länder mit als gefährlich, anstrengend oder für Frauen moralisch ungeeignet geltenden Tätigkeiten	Prozent der Länder mit industriespezifisch gegen Frauen regulierten Tätigkeiten	Prozent der Länder mit Tätigkeiten, die Nachtarbeit von Frauen einschränken
Naher Osten und Nordafrika	65	55	55
Südasien	50	63	63
Subsahara-Afrika	43	51	9
Europa und Zentralasien	36	56	20
Lateinamerika und Karibik	19	16	6
OECD-Länder mit hohem Einkommen	6	9	0

ABB. 13 Die Regionen mit den meisten Beschränkungen haben auch das niedrigste BIP und die niedrigste Beteiligung von Frauen am Arbeitsmarkt. Obwohl die Begründung für diese Beschränkungen der »Schutz« der Frauen ist, haben diese Nationen auch die wenigsten Schutzmaßnahmen gegen sexuelle Übergriffe und Belästigung. *Quelle:* World Bank Group, Women, Business and the Law 2016

Development untersucht diesen »Flaschenhals« momentan in einer auf fünf Jahre angelegten Studie über die geschlechtsspezifischen Arbeitsbedingungen in den Fabriken. Die erste Untersuchung fand in Fabriken in Bangladesch statt. Dabei wurden Männer und Frauen befragt und sowohl Führungskräfte als auch Arbeiterinnen und Arbeiter inkludiert.[8]

Die Männer in den Fabriken in Bangladesch wurden gefragt, warum Frauen nicht befördert würden. Sie antworteten:

- Frauen können die schweren Maschinen in der Fabrik nicht bedienen.
- Frauen können nicht laut rufen.
- Frauen wollen die Verantwortung nicht, die mit höheren Positionen einhergeht.
- Frauen arbeiten nicht lange genug in der Branche, um befördert zu werden.

Die schweren Maschinen werden per Knopfdruck bedient, bedürfen also keiner besonderen Körperkraft. Den Männern zufolge ist lautes Rufen wichtig, um die in der Fabrik benötigte Dominanz auszustrahlen. Da Frauen nicht laut rufen könnten, könnten sie auch nicht führen – zumal Männer sich niemals von Frauen Befehle erteilen lassen würden.

Die befragten Frauen waren sich einig, dass sie *nie* in ihre Dörfer zurückkehren würden. Frauen, die seit ihrer Ankunft in der Stadt geheiratet hatten, bestätigten, dass sie ihre Einkünfte nun ihren Ehemännern abtreten mussten. Allerdings versteckten sie einen Teil des Lohns und fanden diese Lösung immer noch besser als das Leben im Dorf. Die Frauen bestätigten, keine verantwortungsvolleren Positionen zu erhalten, weil sie die schweren Maschinen nicht bedienen könnten. Sie wiederholten also die Behauptung der Männer und schienen nicht zu wissen, dass die Maschinen Knöpfe hatten. Die Männer sagten ihnen auch, die Aufseher seien geringer bezahlt – eine klare Lüge. Weil die Frauen

Angst hatten, Fehler zu machen, trauten sie sich die Führungspositionen nicht zu. Um befördert zu werden, benötigten sie den Befragten zufolge mehr Qualifikationen als Männer, wurden aber bei Fortbildungen immer übergangen, obwohl sie von vornherein oft einen höheren Bildungsgrad hatten als die Männer. Sie glaubten auch, eine Aufseherin werde zur Zielscheibe gewalttätiger Übergriffe jener Männer, die sich durch ihre Beförderung beleidigt fühlten.

Auch Konflikte zu Hause verhinderten die Karriere. Die Frauen gaben an, nicht Aufseherinnen werden zu wollen, sofern ihre Männer nicht die gleiche Position hatten, weil sie deren Rolle als Hauptverdiener nicht untergraben wollten. Die Männer wiederum sagten, ihre Frauen hielten sich für »wichtiger« als sie und glaubten, sie nicht mehr zu brauchen. Sie befürchteten, die Frauen könnten sie verlassen und es könnte zu Gewalt kommen.

Die Frauen erwähnten auch ihre häuslichen »Pflichten«, die sie nicht vernachlässigen wollten. Dabei arbeiteten sie sechs Tage pro Woche zehn Stunden täglich und mussten danach noch die Hausarbeit erledigen, während die Ehemänner sich ausruhten. Wurden sie schwanger, erhielten sie die Kündigung, und wenn sie später an den Arbeitsplatz zurückkehrten, mussten sie von vorne anfangen und sich erneut hocharbeiten. In den Fabriken galten sie deshalb stets als zeitweilige Arbeitskräfte – unabhängig davon, wie lange sie dort tatsächlich schon gearbeitet hatten. Und tatsächlich waren sie aufgrund der Diskriminierung von Müttern am Arbeitsplatz auch nur phasenweise beschäftigt.

Diese Beispiele zeigen, dass Konflikte zwischen den Geschlechtern die gemeinsamen Interessen von Männern und Frauen überschatten. Es liegt im Interesse der Männer, die Frauen zu Hause und im Beruf auf die niedrigeren Ränge zu verweisen. Selbst wenn sich die Frauen mit den Männern in einer Gewerkschaft zusammenschlössen, wäre eine Lösung ihrer Probleme unwahrscheinlich.

Wie in den Vereinigten Staaten im frühen 20. Jahrhundert gab es auch in Bangladesch große Brände in Fabriken. 2012 tötete ein Feuer in der Fabrik Tazreen Fashions 112 Menschen, davon über 80 Prozent

Frauen. Die Notausgänge waren blockiert, die Türen verschlossen, Opfer sprangen aus den oberen Stockwerken. Über das Ereignis wurde in der internationalen Presse intensiv berichtet, doch kein Artikel erwähnte, dass die große Mehrheit der Menschen in diesem Gebäude Frauen waren. Fünf Monate später stürzte die Rana-Plaza-Fabrik ein. Über 1000 Angestellte kamen ums Leben - wieder waren es hauptsächlich Frauen. Im Westen kam es zu spontanen Boykotten verschiedener Modehändler. So wollte man Reformen in den Fabriken in Bangladesch erreichen, doch nur wenige der Aktionen waren von Dauer. 2013 unterzeichneten eine Koalition globaler Gewerkschaften und über 200 internationale Marken in Bangladesch allerdings den Accord on Fire and Building Safety - auch vor dem Hintergrund lauter Konsumentenproteste. Zu keinem Zeitpunkt wurden die Katastrophen jedoch als Frauenthemen erkannt. Dabei waren sowohl die Protestierenden als auch die Opfer größtenteils weiblich. Weil das Thema nicht aus der Geschlechterperspektive betrachtet wurde, vergab man die Chance, die tägliche Diskriminierung der Frauen anzupacken. Diese Frauen brauchen eine von Frauen geführte Organisation statt männlich dominierte Gewerkschaften.

In den USA tauchte im frühen 20. Jahrhundert ein neuer Berufszweig auf, der Frauen zwar offenstand, aber neue Ungerechtigkeiten zwischen den Geschlechtern mit sich brachte. Dienstleistungsfirmen wie Versicherungen und Anwaltskanzleien befanden sich im Aufwind und benötigten Unterstützung in den Büros. Die ersten Bürojobs wurden von Männern ausgeführt, doch schon 1910 hatten Frauen 30 Prozent der Sekretariatsstellen inne. 1950 galt diese Tätigkeit als reiner »Frauenberuf«; heute ist sie die Spitzenreiterin unter den von amerikanischen Frauen ausgeübten Tätigkeiten.

Wie schon die Berufe der Fabrikarbeiterin und der Hausangestellten wurde auch die Tätigkeit der Sekretärin von alleinstehenden Frauen ausgeübt. In amerikanischen Firmen war es verboten, verheiratete Frauen zu beschäftigen (der sogenannte *marriage bar*). Die »häuslichen Pflichten« einer Ehefrau ihrem Mann gegenüber galten als unvereinbar mit bezahlter Arbeit, und man nahm an, dass die meisten Männer ihre Frauen ohnehin nicht arbeiten »lassen« würden. Jede alleinstehende Frau, die in einer solchen Firma beschäftigt war, wurde im Fall ihrer Heirat sofort entlassen - unabhängig davon, ob sie selbst oder ihr Ehemann das wollte. Diese Regel galt noch in den 1930er-Jahren, wurde während des Zweiten Weltkriegs zeitweise ausgesetzt und blieb selbst in den 1950er-Jahren mancherorts gültig. Auf föderaler Ebene wurde sie 1964 gesetzlich verboten. Während der graduellen Aufhebung der *marriage bars* stieg der Anteil der Frauen an den Berufstätigen.

Büroarbeit ist nicht besonders hart, schwer oder gefährlich, verlangt aber Bildung. In den 1920er-Jahren hatten die meisten Amerikaner Zugang zu kostenloser Bildung der Sekundarstufe in Form der Highschool. Frauen machten häufiger als Männer ihren Abschluss, weil es für Männer gut bezahlte Arbeit gab, für die kein Highschool-Diplom nötig war. Das Curriculum der Highschool war für beide Geschlechter im Wesentlichen gleich, sodass beide über identische Qualifikationen verfügten. Jenseits von Geschlechterstereotypen gab es keine Basis für die Verteilung von Männern und Frauen auf bestimmte Berufszweige.

Diese geschlechterorientierten Berufsunterschiede wurden vielmehr durch Personalpolitik und Rekrutierungsmaßnahmen Schritt für Schritt implementiert. Die *marriage bars* selbst waren eine personalpolitische Maßnahme - kein Gesetz - und schufen eine Geschlechterteilung, durch die Frauenarbeit zeitlich begrenzt, die der Männer dagegen dauerhaft oder wenigstens langfristig angelegt war. Von Beginn an waren die Karrieren der Männer damit auf Führungspositionen ausgelegt, während die zeitlich begrenzte Arbeit der Frauen bedeutete, dass sie unmittelbaren Mehrwert für die Firma generieren mussten. Männer wurden am Arbeitsplatz für die spezifischen Anforderungen ausgebildet, während Frauen, wenn sie überhaupt ausgebildet wurden, nur zusätzliche Qualifikationen für den Beruf der Sekretärin erwarben, die in jedem Büro benötigt wurden. Selbst Männer, die in der Poststelle - also unterhalb der Sekretärinnen - begannen, erwarben bald spezielle Qualifikationen, während die Frauen »allgemein« einsetzbar blieben.

Berufe, in denen Männer potenziell Karriere machen konnten – Versicherungsvertreter, Kreditberater –, wurden zu »Männerberufen«, während Jobs ohne Aufstiegschancen als »Frauenarbeit« galten. Die konventionellen Kategorien wurden formalisiert und durch die Zeitungen, die praktischerweise Stellenanzeigen für Männer und Frauen in getrennten Spalten veröffentlichten, in die Wirtschaftskultur getragen. Die Leser lernten, nur in der für ihr Geschlecht zuständigen Spalte nach Stellen Ausschau zu halten.

Dass Frauenarbeit als zeitlich begrenzt galt und wenig Aufstiegschancen bot, wurde durch Stereotype verstärkt: Alleinstehende Frauen galten als unmotiviert, da sie ihre Zukunft nicht im Beruf sahen, weshalb man ihnen keine komplexen Aufgaben oder Verantwortung übertrug. Frauenarbeit war also nicht nur »zeitlich« und »auf allgemeine Aufgaben begrenzt«, sondern auch »einfach« und wurde nicht »ernst genommen«.

Im Ergebnis konnten sich die Unternehmen den Verlust von weiblichen Arbeitskräften eher leisten. Waren die Mittel knapp, konnte einer Sekretärin ohne gravierende Auswirkungen gekündigt werden, wogegen ein »speziell« ausgebildeter Mann mit »ernsthafter« Verantwortung eine Investition war, die das Unternehmen behalten wollte. Frauen konnten stets Arbeit finden, für die »keine Erfahrung nötig« war, während Männer mit »Berufserfahrung« schwerer zu ersetzen waren.

Mit dem Aufkommen der Büroarbeit wurden mit »Männerarbeit« und »Frauenarbeit« neue Adjektive assoziiert. Zuvor hatte ein Gegensatz bestanden zwischen »hart«, »schwer«, »wichtig«, »außer Haus«, »gefährlich«, »bezahlt/höher bezahlt« auf der einen und »einfach«, »leicht«, »unwichtig«, »zu Hause«, »sicher« und »unbezahlt/geringer bezahlt« auf der anderen Seite. Hinzu kamen nun »dauerhaft« versus »zeitlich begrenzt«, »ernsthaft« versus »nicht ernsthaft«, »schlicht« versus »komplex«, »allgemein« versus »spezialisiert« und »keine Erfahrung nötig« versus »Erfahrung erforderlich«.

Dennoch hatte die Arbeit im Sekretariat für Frauen einen höheren Stellenwert als die Arbeit in der Fabrik, im Verkauf oder zu Hause. Die

Frauen schätzten zudem die Chancen höher ein, bei der Büroarbeit »dem Richtigen« zu begegnen. Für eine Person, die aufgrund ihres Geschlechts nur ein Minimaleinkommen erzielte, war die Heirat wirtschaftlich die beste Lösung. Zwischen 1900 und 1960 wurden Sekretärinnen in der Populärkultur oft als kalkulierende, manipulative Frauen dargestellt, die Männer in die Falle locken oder gar bereits vergebene Männer für sich begeistern wollten. Die Zeitschriften waren voller lustiger Geschichten, in denen der Chef eine Affäre mit seiner Sekretärin unterhielt. Entweder verführte die Sekretärin den Chef, oder er verfolgte sie um den Schreibtisch herum. Diese Bilder illustrieren die Spannung zwischen Arbeit und Ehe sowie den Wettkampf zweier Schichten von Frauen um wirtschaftliches Überleben. Doch sie verweisen auch auf eine Kultur der sexuellen Belästigung in den Büros, die vielleicht noch schlimmer war als in den Fabriken – schließlich gab es in den Büros Privatsphäre und bei Bedarf verschlossene Türen. Der sexuelle Unterton in der Populärkultur trug zum Fortbestand des Vorurteils bei, alleinstehende Frauen seien unmoralisch.[9]

»Gute Jobs« – also sichere Arbeit mit Aufstiegsmöglichkeiten, gutem Gehalt und Zusatzleistungen – waren in den Augen der meisten Amerikanerinnen und Amerikaner den Männern vorbehalten. Eine Frau in einem Männerberuf galt als Stein des Anstoßes, weil Männer die Ernährer der Familien sein sollten. In harten Zeiten implizierte eine in welcher Position auch immer arbeitende Frau, dass es irgendwo einen arbeitslosen Mann geben musste, dem genau dieser Job fehlte. Während der Weltwirtschaftskrise der 1930er-Jahre wurden die *marriage bars* äußerst streng durchgesetzt und auch durch die öffentliche Meinung befürwortet, sodass verheiratete Frauen kaum Arbeit fanden – obwohl viele Ehemänner arbeitslos waren und die Familien finanziell schlecht gestellt waren.

Die ungeschriebene Regel wurde mit Ausbruch des Zweiten Weltkriegs schnell aufgehoben, genau wie die Arbeitsteilung nach Geschlechtern. Während die amerikanischen Männer im Krieg waren, arbeiteten selbst verheiratete Frauen in Bereichen, für die man sie noch kurz zuvor als unfähig erklärt hatte. Dazu gehörten auch Tätigkeiten mit schwerem Gerät zur Herstellung von Panzern, Schiffen und Flugzeugen. Plötzlich war es von größter Wichtigkeit, dass Frauen diese in Friedenszeiten für sie unerreichbaren, hochbezahlten Jobs ausübten.

Einer weitverbreiteten Legende zufolge wurden die Frauen nach der Rückkehr der Soldaten in die Küchen zurückgeschickt, und man er-

BETEILIGUNG VON FRAUEN AM ARBEITSMARKT IN DEN USA, 1890–2019

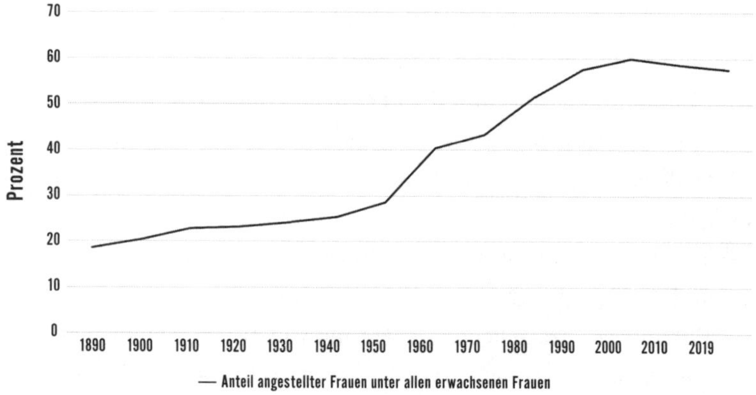

BETEILIGUNG VON FRAUEN AM ARBEITSMARKT IN DEN USA, 1880–2009 NACH FAMILIENSTAND

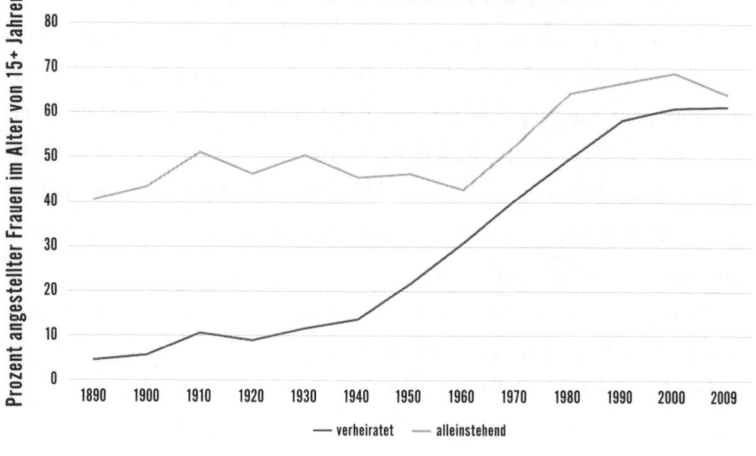

wartete von ihnen, sich nun wieder auf das Kinderkriegen und Putzen zu konzentrieren. Die damaligen Beschäftigungszahlen sprechen jedoch eine andere Sprache. Im Jahrzehnt nach dem Krieg vollzog die Beschäftigungsrate der Frauen einen der steilsten Anstiege des gesamten Jahrhunderts. Viele Frauen, die im Krieg gearbeitet hatten, behielten ihre Anstellung. Neue Frauen kamen hinzu und trugen zum Wachstum der Nachkriegszeit bei. Abb. 14 zeigt, dass sich der Anstieg weiblicher Beteiligung am Arbeitsmarkt in den 20 Jahren nach dem Zweiten Weltkrieg ausschließlich aus verheirateten Frauen speiste.

Dennoch gibt es in der popkulturellen Darstellung der Frau der Nachkriegszeit einen deutlichen Wandel von Arbeit zu Mutterschaft. Mit der Übertragung der Kriegstechnik in das Alltagsleben ließen »Wundergeräte« für den Haushalt die Arbeit der »kleinen Hausfrau« einfach, modern und sogar unterhaltsam erscheinen. Die Wirtschaft kultivierte die Vorstellung einer Hausfrau, die von der durch ihren Ehemann hart erarbeiteten Freizeit profitierte. Hausfrauen galten als »un-

ABB. 14 Die erste Abbildung zeigt die Beteiligung amerikanischer Frauen am Arbeitsmarkt seit 1890. Die Kurve der verheirateten Frauen auf der zweiten Abbildung passt beinahe perfekt zur allgemeinen Entwicklung – weil verheiratete Frauen diese Entwicklung steuerten, indem sie zur Arbeit gingen. Der steile Anstieg der Beteiligung von Frauen am Arbeitsmarkt beginnt unmittelbar nach dem Zweiten Weltkrieg. Zwischen 1930 und 1965 gab es ein leichtes Auf und Ab der Beschäftigung alleinstehender Frauen, aber insgesamt keinen Anstieg. Nach 1970 wuchsen beide Segmente den Rest des Jahrhunderts hindurch parallel – und sanken dann wieder. Dieser Trend scheint sich fortzusetzen.

Quellen: U.S. Bureau of Labor Statistics, Employment Level: »Married Women (LNS12000315)«, Federal Reserve Economic Data, 19. Sept. 2019, https://fred.stlouisfed.org/series/LNS12000315; U.S. Bureau of Labor Statistics, »Women in the Labor Force: A Databook«, Nov. 2017, https://www.bls.gov/opub/reports/womens-databook/2017/home.htm; Claudia Goldin, »Female Labor Force Participation: The Origin of Black and White Differences, 1870 and 1880«, *Journal of Economic History* 37, Nr. 1 (1977), S. 87–108; Kristie M. Engemann u. Michael T. Owyang, »Social Changes Lead Married Women into Labor Force«, *The Regional Economist* (Apr. 2006), S. 10–11, https://www.stlouisfed.org/~/media/files/pdfs/publications/pub_assets/pdf/re/2006/b/social_changes.pdf

produktiv«, weil unbezahlte Arbeit nicht zählte. Diese Haltung ließ den Beitrag der Frauen zur Wirtschaft noch geringer erscheinen, obwohl deren Beschäftigungsrate nie höher gewesen war. Noch heute fällt mir im Übrigen auf, dass viele Ökonomen und führende Politiker die wirtschaftliche Unterwerfung der Frauen nicht ernst nehmen, genau wie sie Ehefrauen noch immer für häusliche Schmuckstücke halten.[10]

Betty Friedans Buch *Der Weiblichkeitswahn* von 1963 gilt häufig als der Text, der die zweite Welle der Frauenbewegung in Amerika ausgelöst hat, und er entstand genau aus dieser Situation heraus: Viele Frauen waren vom Mutterschaftsbild der Nachkriegszeit eingelullt und sahen sich schon bald in einem Leben gefangen, das ihnen bedeutungslos erschien. In ihrem feministischen Klassiker konzentriert Friedan sich auf die Lage gebildeter Hausfrauen in den 1950er-Jahren, vor allem auf die Absolventinnen ihres eigenen Jahrgangs am Smith College. Ungeachtet ihrer hervorragenden Ausbildung wurde von ihnen erwartet, zu heiraten und für immer zu Hause zu bleiben. Die Frauen hatten das deprimierende Gefühl, ihre Talente und ihr Leben zu verschwenden. Friedan bezeichnete es als »namenloses Problem«, dessen einzige Lösung darin bestünde, zu arbeiten. *Der Weiblichkeitswahn* wurde sofort zum Bestseller, und die Zahl berufstätiger Frauen stieg stärker denn je.[11]

Als diese Frauengeneration zu arbeiten begann, merkte sie allerdings, dass ihre Möglichkeiten nicht viel besser waren als in den 1920er-Jahren. Aus dieser Erkenntnis erwuchs eine neue Welle der Frauenbewegung in einem seit dem Ende der ersten Welle ungekannten Ausmaß. Zwischen 1963 und 1978 räumte eine Kombination aus Bundesgesetzen, Gerichtsurteilen und Anordnungen seitens der Regierung jedes der vorhin diskutierten Hindernisse beiseite:

- Arbeitgeber wurden verpflichtet, den Frauen für gleich qualifizierte Tätigkeiten den gleichen Lohn zu bezahlen (1963).
- *Marriage bars* und sexuelle Belästigung am Arbeitsplatz wurden unter Strafe gestellt (1964).

- Arbeitgeber durften einer Frau nicht aufgrund ihres Geschlechts die Beförderung verweigern (1966).
- Arbeitgeber durften einer Frau für die gleiche Arbeit nicht weniger bezahlen, indem sie nur die Stellenbezeichnung änderten (1970).
- Arbeitgeber durften Frauen mit Kindern im Vorschulalter die Anstellung nicht verweigern, sofern sie auch Männer mit Kindern im gleichen Alter beschäftigten (1971).
- Nach Geschlechtern getrennte Stellenanzeigen in Zeitungen wurden verboten (1973).
- Der Ausschluss der Frauen von Nachtschichten oder körperlich anstrengender Arbeit wurde als Diskriminierung gewertet, genau wie Mindestanforderungen bezüglich Größe und Gewicht (1978).

Angesichts der gestiegenen Gleichberechtigung wuchs die Zahl berufstätiger Frauen - sowohl unter Alleinstehenden wie unter Verheirateten - bis zum Ende des Jahrhunderts weiter.

Die Konservativen wollen die Frauen immer noch in die Küche zurückschicken. Es ist jedoch schlicht eine Tatsache, dass es aus wirtschaftlicher Sicht dafür zu spät ist. Hörten die Amerikanerinnen plötzlich auf zu arbeiten, verlöre die US-Wirtschaft mit einem Mal 40 Prozent des BIP.[12] Das System würde kollabieren, Produkte wären plötzlich nicht mehr zu haben und Dienstleistungen würden eingestellt. Die gesamte Wirtschaftslandschaft wäre verbrannte Erde.

Die zweite Welle der Frauenbewegung beschränkte sich nicht auf die Vereinigten Staaten, sondern betraf auch andere westliche Länder, die eine Wirtschaftskriese, einen Krieg, einen Babyboom und das Erstarken der Frauen erlebt hatten (Abb. 15).

Die Erfahrungen unterschieden sich zwar in den Details, doch hinsichtlich der Arbeit der Frauen gelangten all diese Länder bemerkenswerterweise zur gleichen Zeit an den gleichen Punkt. All diese Länder führten ähnliche Reformen durch wie die USA und verzeichneten somit auch alle Anstiege der Berufstätigkeit von Frauen und höhere BIP. Die Arbeitsbedingungen für Frauen sind in den westlichen Ländern

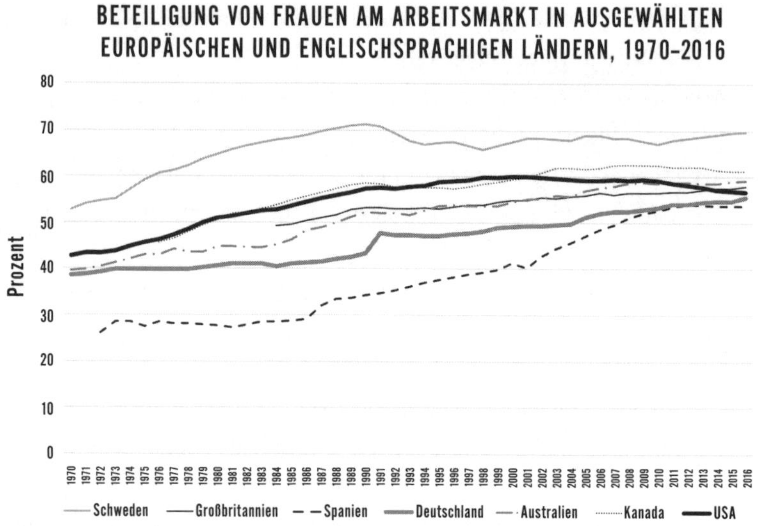

ABB. 15 Die Beteiligung der Frauen am Arbeitsmarkt für eine Auswahl europäischer und anglophoner Länder verdeutlicht eine Gemeinsamkeit im letzten Viertel des 20. Jh. Die meisten dieser Länder verzeichnen seit ca. 2000 ein Plateau; die USA sind das einzige Land mit einem Rückgang. Das Absinken von 60 Prozent (2000) auf 56,7 Prozent (2016) mag wenig erscheinen, ist aber besorgniserregend.
Quelle: World Bank Database, Federal Reserve Economic Data, CIA, *World Factbook*, 2016

heute besser als irgendwo sonst in der Welt, und auch ihr Lebensstandard ist der höchste.

Und doch blieb ein sehr großer Teil amerikanischer Frauen auf der Strecke: Hausfrauen und Mütter, die entweder keine für die Arbeit benötigten Fertigkeiten hatten oder den »Weiblichkeitswahn« nicht als lähmend empfanden. Viele von uns, die sich als Studentinnen der zweiten Welle anschlossen, hatten solche Mütter. Als Kinder wurden wir mit Sitcoms bombardiert, in denen die Ehefrau als dümmliche, aber perfekte Dienerin im Haushalt agierte. Manche von uns hatten mit den anscheinend im Weiblichkeitswahn gefangenen Frauen Mitleid, ob diese nun zufrieden wirkten oder nicht. Doch die meisten von uns empfanden Abscheu. Für die jüngsten Mitstreiterinnen der zweiten Welle der Frauenbewegung ging es um eine Rebellion gegen das Bild der Hausfrau und Mutter. Einer der Slogans der 1970er-Jahre war deshalb: »Ich bin die Rache meiner Mutter.«

Diese Haltung hatte eine unglückliche Nebenwirkung. Während sich die Bewegung auf die Rechte von Frauen am Arbeitsplatz konzentrierte und sich von den Nachkriegsidealen der Mütterlichkeit verabschiedete, fühlten sich manche Hausfrauen ausgeschlossen und übersetzten ihre Entfremdung in den Glauben, dass die Frauenbewegung durch den Angriff auf die Ehe die Familie untergrabe. Tragischerweise marschierte nun die Gruppe, die sozusagen die Fußsoldatinnen der ersten Welle gebildet hatte, in die andere Richtung. Und sie bildete damals das demografisch größte Segment amerikanischer Frauen. Natürlich lehnten nicht alle Hausfrauen die Frauenbewegung ab – darunter meine Mutter und meine Großmutter –, doch als Gruppe blockierten diese von Phyllis Schlafly effizient organisierten Frauen das Equal Rights Amendment (ERA), das als Krönung der zweiten Welle gedacht war und der US-amerikanischen Verfassung hatte hinzugefügt werden sollen.

1978 machte ich ein Praktikum als Reporterin beim *Dallas Times Herald*. Eines Tages war wenig los, und mein Chef schickte mich eher widerwillig zu einer Anti-ERA-Veranstaltung, auf der Phyllis Schlafly eine Rede hielt. Ich wollte meinen Chef beeindrucken und plante, ein Interview mit Schlafly zu ergattern. Sie war damals eine nationale Berühmtheit und dafür bekannt, noch die vernünftigste Frage in eine Waffe zu verwandeln, doch ich war selbstbewusst genug, um mich ihr zu stellen. Immerhin war ich auf der Highschool im Debattierclub gewesen.

Als Schlafly von der Bühne trat, lief ich zu ihr. Mit ihren rosa Rüschen, Stöckelschuhen und blonden, hochtoupierten Haaren stach sie aus der Menge hervor. Im Flur kurz vor dem Ausgang holte ich sie ein. Sie erklärte sich zu einem Interview bereit, und ich fing an, ihr Fragen zu stellen. Doch sie wendete alles, was ich sagte, gegen mich. Irgendwann stotterte ich erschöpft: »Glauben Sie nicht, Frauen sollten das Recht auf Arbeit haben?« Mit stahlhartem Blick zischte sie mich an:

»Glauben Sie nicht, Frauen sollten das Recht auf die Unterstützung durch ihre Ehemänner haben? Glauben Sie nicht, dass sie Unterhalt verdient haben?« Damit drehte sie sich auf dem Absatz um und stöckelte zur Tür hinaus.

In diesem Moment wurde mir schlagartig klar, dass die Abhängigkeit – der Kern der ökonomischen Außenseiterposition der Frauen – von der Frauenbewegung als zu nebensächlich betrachtet worden war. Schlaflys Aussagen fanden sich nicht in den Zeitungen, im Radio oder in den Talkshows, wo nur behauptet wurde, das ERA würde Abtreibungen, Lesben, geschlechtsneutrale WCs und den Untergang der Christenheit mit sich bringen. Doch sie hatten mich für das Hauptproblem sensibilisiert: Ihre Unterstützerinnen sahen das ERA als Bedrohung ihrer wirtschaftlichen Sicherheit.

Ich schämte mich, diesen Zusammenhang nicht schon früher gesehen zu haben. Meine eigene Mutter und Tante waren Hausfrauen gewesen und Mitte der 1970er-Jahre von ihren Männern geschieden worden. Ihre wirtschaftlich unsichere Lage hatte mich entscheidend beeinflusst. Die meiner Familie ständig drohende Armut war der Auslöser für meinen Entschluss, Karriere zu machen. Doch bis zu diesem Augenblick im Jahr 1978 hatte ich diesen Aspekt der feministischen Rhetorik der zweiten Welle nie mit dem politischen Widerstand der Hausfrauen in Verbindung gebracht.

Nur wenigen Menschen ist klar, dass der Aufstieg der religiösen Rechten in den 1980er-Jahren aus Schlaflys organisiertem Protest gegen die Frauenbewegung entstanden ist. Es gibt sogar ein YouTube-Video, in dem Ronald Reagan Schlafly für ihre Unterstützung dankt und den Hausfrauen Steuervorteile in Aussicht stellt.[13] Die Rechten stellen den Feminismus als Angriff auf »Familienwerte« dar und meinen damit, berufstätige Frauen sollten zu Hause bleiben.

In den fast 40 Jahren, die seither vergangen sind, machte sich die Rechte alles zu eigen, was mit »Familie« zu tun hat. Im Ergebnis löste sich die Frauenbewegung größtenteils von Themen wie Unterhalt, Scheidungsrecht und der Versorgung von Haushalt und Kindern. Diese

Zurückhaltung führte in den USA leider zu fehlender Unterstützung für arbeitende Mütter, wie etwa bezahlte Elternzeit und finanzierbare Kinderbetreuung. Dass Mütter arbeiten gehen, ist seither immer mehr akzeptiert, und immer weniger Menschen glauben, dass es schlecht für die Kinder sei. Doch die Rechte hat still und leise beide Seiten bedient: Das Unterhaltsrecht für Hausfrauen wurde in den einzelnen Bundesstaaten Schritt für Schritt »reformiert«, sodass die Frauen, die ihre wirtschaftliche Sicherheit für ihre Familien geopfert haben, kaum mehr geschützt sind.

Weil die radikalen Rechten einen seltsam verzerrten Blick auf die zweite Welle haben und der Feminismus in der Öffentlichkeit häufig dämonisiert und lächerlich gemacht wird, merken viele Amerikaner nicht, wie viel Einfluss die zweite Welle tatsächlich hatte. Tatsächlich war sie – darin ist sich die Geschichtsschreibung heute einig – die erfolgreichste Frauenbewegung in der Geschichte und brachte die meisten Veränderungen, und zwar nicht nur in den USA, sondern im gesamten Westen.[14] Am Ende des 20. Jahrhunderts stimmte auch die amerikanische Öffentlichkeit den Kernprinzipien zu, die in den 1970er-Jahren erstmals gefordert und in der Öffentlichkeit nicht gerade begrüßt worden waren: gleiche Bezahlung, gleiche Rechte, gleiche Möglichkeiten und die Freiheit, über die eigene Fortpflanzung zu bestimmen.

Die Bewegung hatte also das Bild der arbeitenden Frau erfolgreich verändert, doch die Arbeitgeber setzten nun die weiblichen Millennials mit dem letzten ihnen verbliebenen Mitteln unter Druck: der Kinderbetreuung. Die Stigmatisierung von Müttern am Arbeitsplatz ist heute völlig normal, und es ist allgemein üblich, ihnen weniger als jeder anderen Gruppe von Beschäftigten zu bezahlen. Wie gezeigt sind Antifeministen der Meinung, diese Gehaltslücke spiegele die »falschen Entscheidungen« der Mütter wider, nämlich Kinder zu haben, aber weiter berufstätig zu sein.

Die Wirtschaftswissenschaft hat jüngst einen Hauptgrund der sinkenden Beschäftigungszahlen von Frauen in den USA identifiziert: Mindestens ein Drittel gründet darin, dass es der US-Regierung nicht gelingt, bundesweite Maßnahmen, Programme und Schutzmechanismen für arbeitende Mütter einzuführen.[15] Andere überzeugende Analysen verweisen auf die Wahrnehmung der Frauen, die Bezahlung sei nicht attraktiv genug. Das liegt wahrscheinlich am Zusammenwirken der »Mütterstrafe« (geringeres Gehalt) mit den hohen Kosten für private Kinderbetreuung.[16] Mit düsteren Vorhersagen über das Wohlergehen der Kinder greift die Rechte Frauen, die autonom sein wollen, an und hält den Fortschritt erfolgreich auf.

Traditionelle Vorstellungen von Familie und der Rolle der Frau werden weltweit noch immer zur Bekämpfung der wirtschaftlichen Beteiligung von Frauen benutzt, sogar auf höchster Ebene.

Ein Beispiel: 2017 saß ich an einem runden Tisch in einem chinesischen Edelrestaurant in Singapur. Unsere Gruppe bestand aus acht Leuten, hauptsächlich Ökonomen, jeder aus einem anderen Land. Wir trafen uns zweimal jährlich. Ich war in die Runde berufen worden, um ihren Überlegungen zu mehr Inklusion in der Weltwirtschaft die Gender-Perspektive hinzuzufügen, doch ich kam beim besten Willen nicht zu Wort.

Bei jedem zweitägigen Treffen diskutierten wir ein bestimmtes Land. Manchmal stellte ein Mitglied der Runde eine Präsentation zu einem bestimmten Thema vor. Zwei Jahre lang hatte ich keine Vortragszeit bekommen, um zum Geschlechterthema zu sprechen. Einige Male versuchte ich, mich in die Diskussion über die einzelnen Länder einzubringen. Wie wir gesehen haben, gibt es in allen Ländern Probleme mit der Geschlechtergerechtigkeit, und es sind im Grunde *dieselben* Probleme, wenn auch in unterschiedlichem Ausmaß. Ich fand es merkwürdig, dies in Zwei-Minuten-Beiträgen immer wieder sagen zu müssen. Manche warfen mir vor, gerade *ihr* jeweiliges Land zu kritisieren, was bei anderen Themen nie der Fall war, doch hauptsächlich wurde ich nur angestarrt. Die traditionelle Ausbildung der Ökonomen bot keine Möglichkeit, »Inklusion« zu definieren, da die Existenz der »Exklusion« nie eingestanden wurde – auch darüber sprachen wir nie.

An jenem Tag jedoch bot ich beim Mittagessen an, der Runde über die Bewegung zur wirtschaftlichen Stärkung von Frauen zu berichten, und freute mich über die allseitige Zustimmung. Weil alle nach dem Essen zum Flughafen mussten, wollte ich meinen Vortrag kurz und einfach halten. Auf globaler Ebene geschah einiges, etwa ein UN-Panel zum Thema »Women's Economic Empowerment« und eine Initiative zur Gründung einer Interessensgruppe von Frauen bei den G20 (unter der Bezeichnung »W20«). Ich hatte das Gefühl, Informatives beitragen zu können, und glaubte, das Thema sei durchaus von grundsätzlichem Interesse.

Ich fing mit den W20 an und beschrieb einige Schwierigkeiten, denen wir aufgrund der von den G20 vorgegebenen Strukturen begegneten. Obwohl ich in guter Laune vortrug, schnaubte der neben mir sitzende deutsche Ökonom vor Wut. »Warum sollten sich die G20 um Frauen kümmern?«, stieß er hervor. »Die haben *Wichtiges* zu besprechen.«

Ich war geschockt, aber da niemand sonst reagierte, sprach ich weiter. Ich erklärte den Zusammenhang zwischen der Berufstätigkeit von Müttern und dem Wirtschaftswachstum, doch der Herr wischte meine Argumente mit dem empörten Hinweis beiseite, durch die Beschäftigung mit dem Thema Frauen würden die Finanzminister der »G20 wertvolle Zeit verschwenden. Sie müssen an ihre Länder denken!«

Ich wandte ein, Frauen stellten in jedem dieser Länder die halbe Bevölkerung. Er verdrehte die Augen.

Der chinesische Experte unterstützte seinen deutschen Kollegen: »Frauen sollten überhaupt nicht arbeiten! Es ist schlecht für die Kinder, wenn Mütter arbeiten! Frauen sollten zu Hause bleiben und sich von ihren Ehemännern unterstützen lassen!« Während ich mir eine Antwort auf diese unglaublich rückwärtsgewandte Äußerung überlegte, wandte sich ein bekannter Ökonom der Uni Harvard an den Verfechter des Kindswohls: »Gilt hier nicht das Prinzip ›Frauenrechte sind Menschenrechte‹?« Keine Antwort.

Ich riss mich zusammen und sagte, Männer seien manchmal nicht in der Lage oder nicht willens, für die Kinder zu zahlen. Ich referierte

Forschungsergebnisse von UNICEF, nach denen die wirtschaftliche Stärkung von Frauen das Wohlergehen der Kinder sicherstellt. Der chinesische Kollege sah mich ausdruckslos an. Ich änderte meine Taktik und erzählte, dass Frauen in vielen Ländern besser ausgebildet seien als Männer. Diese Länder verlören also ihre Investitionen, wenn die Frauen nicht entsprechend ihrer Qualifikation beschäftigt würden. Der Wirtschaftswissenschaftler aus Singapur, der uns währenddessen den Rücken zugekehrt und mit seinem Mobiltelefon gespielt hatte, drehte sich um und sagte: »Studentinnen in Singapur gehen nur an die Uni, um gute Ehemänner zu finden.«

Als Tee und Kekse gereicht wurden, gab ich auf. Ich hatte nicht genug Zeit gehabt, ein umfassendes, durch Forschungsergebnisse gestütztes Bild zu zeichnen, und hatte stattdessen nicht zusammenhängende Fakten aufgezählt, denen die Herren ohnehin keinen Glauben schenken würden. Es war keine gute Idee gewesen, dieses Thema in der Mittagspause einzuschieben.

Ich schaffte es, bis zum Ende des Essens cool zu bleiben. Zum Glück wartete mein Taxi zum Flughafen schon am Eingang. Ich mochte ruhig gewirkt haben, doch innerlich war ich aufgewühlt. Was hätte ich sagen sollen? Wie konnte ich an solchen Treffen teilnehmen, wenn sich die Gruppe nicht einmal einen gut gelaunten kleinen Beitrag anhören kann, ohne auszurasten? Ich fragte mich, ob ich unter Protest hätte gehen sollen.

Im Flugzeug, hoch über der Bucht von Bengalen und dem Arabischen Meer, stellte ich mir all die Männer und Frauen vor, die in diesem Moment hart an der wirtschaftlichen Stärkung von Frauen arbeiteten. Ich wusste, dass manche von ihnen ihre eigene Sicherheit riskierten, um eines der drängendsten Weltprobleme zu lösen. Meine unangenehmen Gefühle waren eine Kleinigkeit im Vergleich zu den Opfern, die andere auf sich nahmen. Außerdem wollte ich meinen Unterstützer, der mir einen Platz in dem Expertenkreis verschafft hatte, nicht enttäuschen, da er wirklich der Überzeugung schien, eine inklusive Wirtschaft müsse Frauen mit einschließen. Irgendjemand musste irgendwann zu diesen Ökonomen durchdringen, dachte ich. Vielleicht war das mein Auftrag, den ich annehmen musste.

Wichtige Institutionen und einige hochrangige Entscheider beteiligen sich zwar an der Bewegung zur wirtschaftlichen Stärkung der Frauen, doch deren grundsätzliche Botschaft ist den meisten Politikberatern und Regierungsmitgliedern suspekt. Nun war ich erstmals selbst zur Zielscheibe ihres Widerstands geworden. Jahrelang hatte ich in der Wärme gegenseitiger Unterstützung gebadet und stand nun frierend, zitternd und ohne Handtuch da.

Mein Erlebnis in jenem eleganten Restaurant in Singapur war die internationale Version meiner Erfahrung in dem Dorf in Bangladesch, in dem ich eingekreist worden war. Doch es war noch verstörender, diesen Vorurteilen unter derart mächtigen Menschen zu begegnen.

Ich trat nicht aus der Gruppe zurück. Ich hätte es tun sollen. Aber ich machte noch zwei unerträglich höfliche Versuche, das Thema Gender dort ins Gespräch zu bringen. Danach baten sie mich, die Gruppe zu verlassen. Sie wollten einfach nichts davon wissen.

7

MÜTTER WERDEN ABGESTRAFT

»Wollen Sie den Klimawandel bekämpfen? Dann bekommen Sie weniger Kinder!« So titelte der *Guardian* im Juli 2017.[1] Als ich im Bett nach meinem Telefon griff, um das Aufstehen durch die Lektüre der Nachrichten hinauszuzögern, gehörte die Story zu den meistgelesenen. »Das ist doch Wahnsinn«, dachte ich und zog mir die Decke über den Kopf. Den ganzen Tag lang war auf allen Kanälen diese absurde Idee aus der ökologischen Forschung zu hören. Doch kein einziger Reporter hinterfragte die zugrunde liegende Annahme: dass die westlichen Gesellschaften es sich grundsätzlich leisten könnten, weniger Kinder zu bekommen.

Ende der 1960er-Jahre, als die Nachricht von der »Bevölkerungsexplosion« zum ersten Mal wie Armageddon diskutiert wurde, gab es Grund zur Sorge. Die damaligen jungen Erwachsenen in den Industrieländern stellten die größte Generationengruppe der Geschichte. Hätten sie genauso viele Kinder wie ihre Eltern bekommen, wäre es zu massiven Problemen gekommen. Doch dazu kam es nie. Die Babyboomer ahmten nicht die Fortpflanzungsrate ihrer Eltern nach, sondern bekamen gerade einmal genug Kinder, um sich selbst zu ersetzen. Diese Kinder wiederum – die Millennials – werden das nicht ansatzweise schaffen.

In fast der Hälfte aller Länder bekommen die Menschen zu wenige Kinder, um ihre Bevölkerungsgrößen zu halten. Die Fruchtbarkeitsraten mancher Länder sind bereits so stark gefallen, dass der Experten-

WELTWEITE FERTILITÄTSRATEN, 2017

ABB. 16 Dies ist die aktuelle Weltkarte der Fertilitätsraten. Länder mit niedriger Fertilitätsrate sind dunkel, die mit höherer Rate hell dargestellt.
Quelle: CIA, *World Factbook*, 2017

meinung zufolge die Zahl der Mütter nicht ausreicht, um die Entwicklung wieder umzukehren.[2] Beschließt die kommende Generation, den Planeten dadurch »retten« zu wollen, dass sie noch weniger Kinder bekommt, werden hochentwickelte Wirtschaften schrumpfen. Man mag sich fragen, ob eine sinkende Bevölkerungszahl nicht etwas Gutes sei. Meine Antwort lautet: Aus einer sozioökonomischen Perspektive ist sie das nicht.

Abb. 16 zeigt die Fertilitätsrate der einzelnen Länder der Welt. Die Fertilitätsrate wird oft mit der Geburtenrate verwechselt. Behauptet wird, die Zahl der Babys pro Frau sei abhängig vom BIP und verändere sich immer wieder, was aber nicht besorgniserregend sei. Gemeint ist damit aber die Geburtenrate, nämlich die Zahl der Babys, die jedes Jahr pro 1000 Frauen zur Welt kommen. Die Geburtenrate kann in Abhängigkeit vom BIP, der durchschnittlichen Regenmenge oder dem Siegerteam der Weltmeisterschaft variieren, doch solange es kein langfristiger Trend ist, sind solche Fluktuationen nicht von großer Bedeutung. Die Fertilitätsrate ist etwas grundlegend anderes: Sie ist definiert als die Zahl der Kinder, die eine durchschnittliche Frau im Leben hat, und misst damit Generationenentwicklungen hinsichtlich der Kinderzahl. Ein Wandel in der Fertilitätsrate einer Nation entwickelt sich über eine lange Zeit und kann nur langsam umgekehrt werden.[3]

Die Substitutionsrate - also die Fruchtbarkeitsrate, bei der eine Bevölkerungszahl stabil bleibt - liegt bei 2,1 Kindern pro Frau: Ein Kind substituiert den Vater, eines die Mutter, und ein kleiner Rest bleibt für Unvorhergesehenes. Es heißt, bei einer Fertilitätsrate von 1,5 habe eine Bevölkerung den Punkt überschritten, an dem sich die Entwicklung noch umkehren ließe, denn dann gibt es nicht mehr genug Mütter, um die sinkende Zahl umzukehren. Mit einer Rate von 1,6 bewegt sich die EU dicht an diesem Punkt, wobei ganz Ost- und Südeuropa bereits darunter liegt. Frankreich befindet sich - hauptsächlich durch die Geburtenrate unter Immigranten - ungefähr auf dem Niveau der Substitution. In Australien und den Vereinigten Staaten sinkt die Rate seit 1960 ständig und hat inzwischen einen Wert von 1,8 erreicht - dort befindet sich Großbritannien seit 1975. In Ostasien sind die Fertilitätsraten noch niedriger: Hongkong (1,19), Japan (1,41), Macau (0,95), Singapur (0,83), Südkorea (1,26), Taiwan (1,13), Thailand (1,52) und Vietnam (1,81). Alle skandinavischen Länder sind unter die Substitutionsrate gefallen. Kanada hat sich nach 50 Jahren im freien Fall bei 1,6 stabilisiert. Lateinamerika erreicht derzeit noch die Substitutionsrate, befindet sich aber auch in schnellem Fall.

Und der Rest der Welt? Ungefähr 55 Prozent der Menschheit lebt in Ländern mit immer noch zu hohen Geburtenraten. Die Frauen dort bekommen sechs oder sieben Kinder, und die Bevölkerungszahlen werden sich dort in den nächsten 35 Jahren verdoppeln. Wenn sie ungebremst weiter steigen, wird die Weltbevölkerung 2050 auf neun Milliarden Menschen angewachsen sein. Länder mit hoher Fertilitätsrate liegen größtenteils in Afrika, wenige im Nahen Osten und Zentralasien, und sie gehören zu den politisch instabilsten Ländern der Welt. Sie sind für die Welt nicht nur durch Überbevölkerung eine Bedrohung, sondern auch durch Krieg.[4]

Die Initiative »ein Kind weniger« ist auf beiden Seiten des Fruchtbarkeitsgrabens nicht praktikabel, weil Mütter an beiden Enden des Spektrums wenig Einfluss auf das Kinderkriegen haben. Das grundlegende Problem ist in beiden Fällen die fehlende Gleichberechtigung der Geschlechter.[5]

Als ich Purity in Uganda interviewte, war sie 20 Jahre alt und mit einem Lehrer verheiratet. Sie hatte zwei Kinder unter drei Jahren. Ich war dort für ein Projekt über Spareinlagen für Frauen, um die Zahl polygamer Haushalte in der Gemeinde zu ermitteln. Ich fragte Purity, ob sie eine Mitfrau habe. Sie berichtete, sie habe sich schon als Schülerin in ihren Mann verliebt. Erst als sie schwanger war, habe er ihr erzählt, bereits verheiratet zu sein. Er bot ihren Eltern an, auch Purity zu heiraten. Die Eltern hatten keine Wahl und stimmten zu. Ihr Mann besorgte ihr eine Unterkunft in einem Dorf in der Nähe. Zum Zeitpunkt unseres Gesprächs, vier Jahre später, unterstützte er sie noch immer finanziell, besuchte sie einige Tage pro Woche und verbrachte den Rest der Zeit mit seiner anderen Frau.

Der Lehrer hatte Puritys Eltern kein Brautgeld gezahlt, es aber für die Zukunft in Aussicht gestellt. Purity war somit in den Augen der Dorfgemeinschaft nicht richtig verheiratet. Da sie nicht kirchlich getraut war, verfügte sie über keinerlei Rechte. Mit dem Verkauf von Gemüse aus ihrem kleinen Garten verdiente sie etwas Geld, konnte aber mit den beiden kleinen Kindern nicht viel tun. Ihr Schwiegervater war dabei, ihr ein Haus zu bauen, aber wem das letztlich gehören würde, blieb unklar. Ich fragte sie, ob ihre Eltern sie notfalls wieder bei sich aufnehmen würden. Sie sagte, das würden sie nicht tun, da sie den Brautpreis wollten.

Die Verführung von Schülerinnen der Sekundarstufe durch Lehrer ist ein in ganz Afrika verbreitetes Problem. Fast alle Lehrer in ländlichen Gegenden sind männlich, und die meisten Lehrer der Sekundarstufe sind nicht viel älter als ihre Schülerschaft. Doch weil sie diejenigen Gemeindemitglieder mit der höchsten Bildung und die einzigen mit sicherem Einkommen sind, ist das Machtgefälle enorm.

Die Wahrscheinlichkeit, dass dieser Lehrer auch andere Mädchen in dieselbe Situation bringt, ist hoch, und die Risiken für ihn sind gering. Die Gemeinde wird sein Verhalten tolerieren. Reicht sein Einkommen nicht für alle »Frauen«, zahlt er ihnen weniger oder verlässt eine von ihnen. Ließe er Purity sitzen, würde von ihr erwartet, einen neuen Mann als Unterstützer zu finden. Aus dieser Bindung gingen weitere, gefährdete Kinder hervor. Wenn dieser Lehrer seine Zuneigung weiterhin so freigiebig verteilt, könnte er bald ein Dutzend Kinder haben.

Serena war mit 23 Jahren etwas älter und hatte nur zwei Kinder. Sie war traditionell verheiratet. Ihr Mann hatte einen Brautpreis gezahlt. Doch jetzt war er zum Arbeiten in die Stadt gezogen und hatte sie bei seinen Eltern zurückgelassen. Ihre Schwiegereltern hatten sie nie gemocht, und Serena litt.

Als wir miteinander sprachen, hatte Serena erst kürzlich erfahren, dass ihr Ehemann eine neue Frau hatte. Seine letzte Unterstützungszahlung war geringer ausgefallen, und sie fürchtete, die Schwiegereltern würden sie hinauswerfen, wenn sie ihnen nicht genug für sich und die Kinder zahlen könnte. Serena arbeitete auf einem Bauernhof, um Geld zu sparen, musste aber die Kinder mit zur Arbeit nehmen, sodass sie langsamer war. Sie versteckte ihr Bargeld in einer kleinen Tasche und hoffte, nach einem Rauswurf mit ihren Kindern davon leben zu können. Fänden ihre Schwiegereltern das Geld, würden sie es als Unterhaltszahlung einbehalten. Serena war nicht weit von einer Katastrophe entfernt.

Die meisten Paare, die ich während dieses Projekts kennenlernte, lebten monogam. Manche waren seit Jahrzehnten zusammen. Und doch fanden sich viele junge Frauen in ähnlich schwierigen Situationen wie Purity und Serena. Manche Männer »heiraten« Frauen nach Belieben und haben genauso selbstverständlich Kinder mit ihnen. Verhütungsmittel für Frauen sind nicht allgemein zugänglich, und Männer verweigern die Benutzung von Kondomen. Jedes Mal, wenn einer der Männer sich einer neuen Frau zuwendet, lässt er mehr Kinder zurück. Die meisten von ihnen haben keine Chance auf Bildung, weil ihre Mütter schon kaum Geld für Nahrung und Unterkunft haben.

In Uganda brodeln seit dem Ende der Schreckensherrschaft von Idi Amin vor 50 Jahren Konflikte. Die Regierung ist autokratisch und instabil. Korruption ist weitverbreitet; in Bildung und Gesundheitswesen wird wenig investiert. Das BIP fließt in Militärausrüstung oder die Taschen der Eliten.[6] Jede Frau bekommt im Durchschnitt sechs Kinder, die Lebenserwartung ist niedrig, die Zahl der Teenagerschwangerschaften hoch, und die Müttersterblichkeit zählt zu den höchsten der Welt. HIV hat eine ganze Generation ausgelöscht, und junge Frauen infizieren sich 2,5-mal so häufig wie Männer, weil Männer viele wechselnde Partnerinnen haben und Kondome ablehnen. Um die so entstandene Armee von Waisenkindern kümmern sich die Schwestern, die für ihre Rolle als Ersatzmütter die Schule abbrechen müssen. Ich sprach mit einer jungen Frau, die sich um 13 Kinder kümmerte, die ihr ihre eigenen verstorbenen Geschwister hinterlassen hatten. Während sie schilderte, wie sie für deren Ernährung und Schulbesuch kämpfte, weinte sie.

Frauen in solchen Ländern haben einen niedrigen Status und wenige Rechte. Viele von ihnen erleben entsetzliche Gewalt. Von den 35 Nationen mit der höchsten Fertilitätsrate sind 27 am unteren Ende des weltweiten Gender-Gap-Rankings oder haben nicht genug geschlechterbezogene Daten erhoben, um in dieses Ranking aufgenommen werden zu können – ein noch schlechteres Zeichen.[7] Wie in allen Ländern mit hoher Fertilität ist die demografische Verteilung in Uganda pyramidenförmig mit zu vielen Kindern im unteren Bereich der Pyramide (Abb. 17). Seit 40 Jahren finden in Ländern mit dieser Altersstruktur achtmal so häufig Bürgerkriege statt wie im weltweiten Durchschnitt. 90 Prozent dieser Länder sind autokratische Staaten.[8] Von den 35 fruchtbarsten Ländern gehören über zwei Drittel zu den instabilsten Staaten der Welt.[9]

ALTERSSTRUKTUR IN VIER KONFLIKTLÄNDERN, 2018

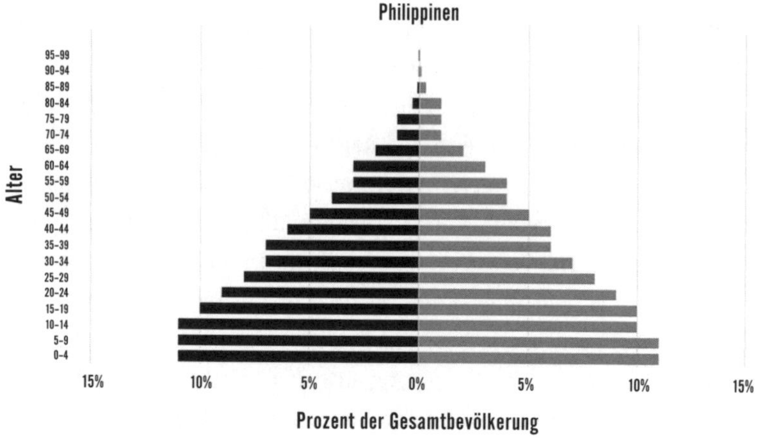

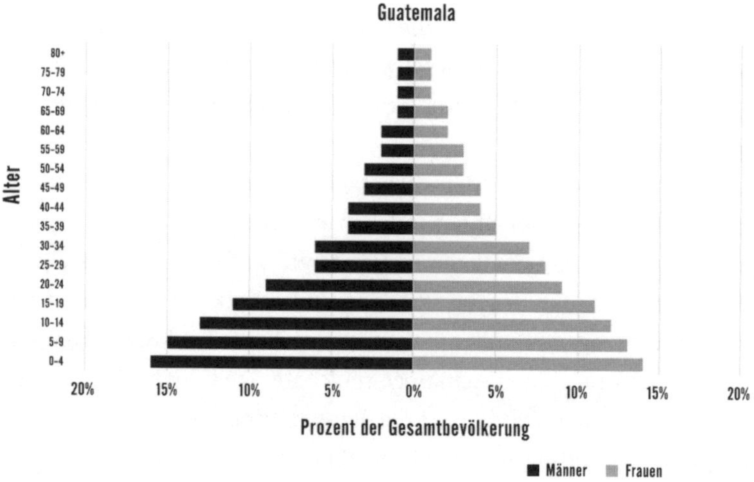

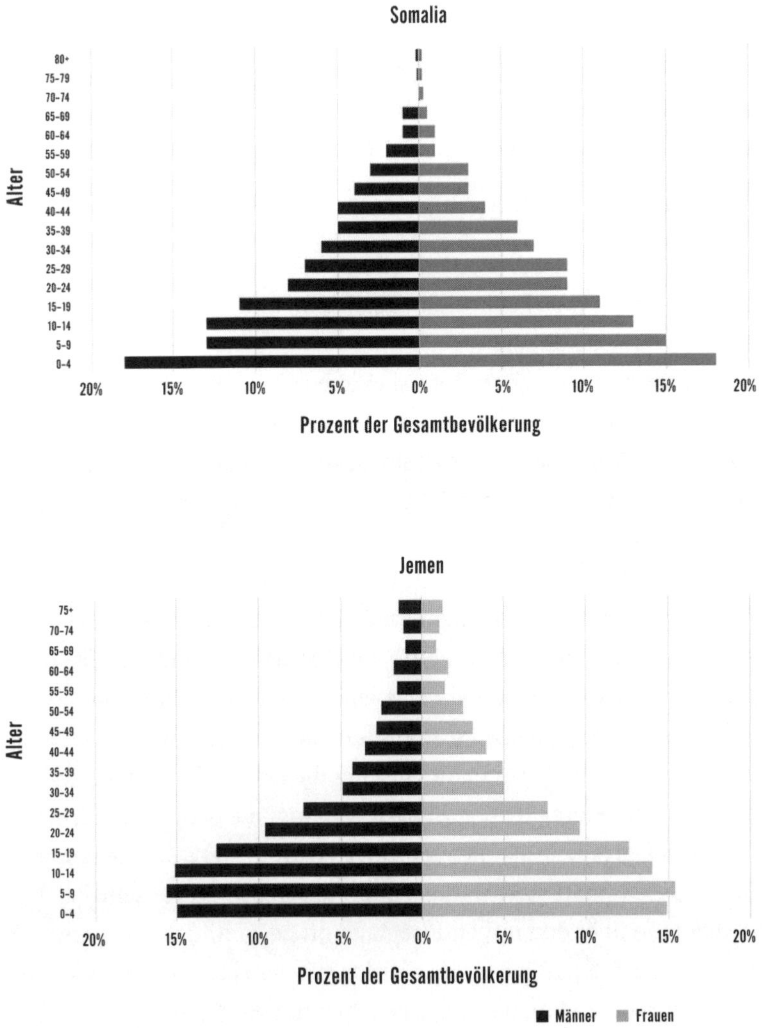

ABB. 17 Die Balken auf der je linken Seite stehen für Männer, die auf der je rechten Seite für Frauen. Junge Menschen sind ganz unten erfasst. Das Alter steigt mit der Höhe der Pyramide.
Quelle: Datenbank der Vereinten Nationen

Eine so schnell wachsende Bevölkerung erschöpft die wirtschaftlichen Ressourcen. Die ohnehin nicht umfangreichen staatlichen Dienste sind überlastet. Die im Vergleich zu älteren Männern unverhältnismäßig hohe Zahl junger Männer macht die Situation noch volatiler. Ältere Männer halten jüngere nicht selten in Schach, und ihr relatives Fehlen führt tendenziell ins Chaos. Die Bürger sehnen sich verzweifelt nach Ordnung. Diktatoren nutzen das Vakuum aus. Die so entstehenden Konflikte zerstören Ressourcen, greifen auf Nachbarländer über und begünstigen auch die Verbreitung von Krankheiten. All dies geschieht, weil Frauen keine Freiheiten haben und Männer nicht die Hosen oben lassen können.

In ihrer wegweisenden Untersuchung *Sex and World Peace* erklären die Politologin Valerie Hudson und ihre Kolleginnen detailliert und anhand vieler Beispiele, warum es eine starke Korrelation zwischen mangelnder Geschlechtergerechtigkeit und dem Auftreten von Konflikten gibt. Unterhalb der Ideologien, der Mängel und der Armut liegt der Ursprungsgrund: extreme männliche Dominanz. Weil in männerdominierten Settings ungebremste Wut eine typischerweise zentrale Rolle spielt, ist die erste Reaktion auf jede Herausforderung Gewalt. Konfliktstaaten haben typischerweise eine »Kultur der Ehre«, innerhalb derer die Männer ständig um Status und die Kontrolle weiblicher Sexualität kämpfen. Verletzt ein Außenseiter die »Ehre« der Gruppe, indem er sexuell auf »ihre« Frauen zugreift, verlangt die Gruppenethik einen Gegenschlag. Solche Männer verbringen extrem viel Zeit in rein männlicher Gesellschaft und stärken ihre Bindung im gegenseitigen Einvernehmen über den respektlosen und oft gewalttätigen Umgang mit Frauen. Die Frauen wiederum werden oft voneinander und von den Männern isoliert. Entstehen aus den Spannungen Konflikte, kommt es häufig zu Kriegsvergewaltigungen, weil sie der einfachste Angriff auf die »Ehre« des Feindes sind.[10]

Internationale Agenturen und NGOs setzen auf Verhütung und fortpflanzungsmedizinische Dienstleistungen als erste Maßnahmen. Damit reduzieren sie auch das Risiko für Konflikte. Als die Konservativen in den Vereinigten Staaten die reproduktionsmedizinischen Programme in diesen Ländern beendeten, verweigerten sie den dort lebenden Frauen damit nicht nur grundlegende medizinische Hilfe, sondern leisteten auch weiteren Konflikten und Hunger Vorschub. Hinzu kommt: Wenn sich Reproduktionsdienstleistungen auf »Familienplanung« oder sexuelle Enthaltsamkeit konzentrieren, dringen sie nicht zu dem Phänomen vor, das die Wurzel der hohen Fertilitätsrate bildet: Die Frauen treffen nicht die Entscheidungen. Das rücksichtlose sexuelle Verhalten der Männer, die Dreistigkeit sexueller Übergriffe sowie die Verantwortungslosigkeit der Väter befeuern die Situation kontinuierlich. Alle Ansätze in diesem Bereich scheinen sich immer auf die Frauen zu konzentrieren und die Konfrontation mit den Männern zu scheuen. Doch wer das Problem wirklich lösen will, muss die gesellschaftliche Sanktionierung von Vergewaltigung, Bigamie und familiärer Fahnenflucht zum obersten Anliegen machen.

Die wirtschaftliche Stärkung von Frauen kann diese komplexe Problemlage nicht lösen, aber sie kann zur Lösung beitragen. Männer respektieren Frauen mit Ressourcen oft mehr. Wenn Frauen Geld haben, haben sie oft auch eine Stimme. Mindestens aber können solche Frauen für ihre Kinder sorgen, wenn sie von verantwortungslosen Ehemännern verlassen wurden. Witwen müssen sich nicht an Verwandte vererben lassen. Missbrauchte Frauen können gehen.

Anfangen müsste man jedoch damit, den Frauen die Souveränität über ihre Körper zu geben. Allzu häufig werden sie zum Sex mit Männern gezwungen, die sich weder über Kinder noch Krankheiten Gedanken machen und lieber Spaß haben wollen, statt Kondome zu benutzen. Von Frauen zu erwarten, sich unter diesen Bedingungen für »ein Kind weniger« zu *entscheiden*, ist sowohl unrealistisch als auch grausam.

Im Gegensatz dazu scheint es Frauen in Ländern mit niedriger Fertilitätsrate hervorragend zu gehen. Sie besuchen die Schule und arbeiten gegen Bezahlung. Sie wählen ihre Partner selbst und haben Sex aus Spaß und mit leicht zugänglichen Verhütungsmitteln. Doch Frauen im Westen haben mit Gesellschaften zu kämpfen, die sie in die Küche zurückdrängen wollen, indem sie Mütter am Arbeitsplatz so lange abstrafen, bis diese aufgeben und nach Hause gehen - oder das Kinderkriegen ganz einstellen. Diese männliche Arroganz wird die reichen Länder zu Fall bringen.

Länder mit niedriger Fertilitätsrate stehen vor einer Krise enormen Ausmaßes, auf die niemand vorbereitet ist: Ihre Bevölkerung altert. Die meisten Kommentatoren sehen den Grund dafür zuallererst in der höheren Lebenserwartung. Diese ist tatsächlich ein wichtiger Faktor, aber die Bevölkerungen hoch entwickelter Länder würden nicht so schnell altern, wenn die dortigen Frauen nicht immer weniger Kinder bekämen.

Die Krise der kommenden Jahrzehnte wird die Bürger nicht selektiv, sondern jedes Individuum schmerzhaft treffen. Immer mehr alte Menschen werden immer mehr soziale Dienstleistungen benötigen. Die Steuereinnahmen werden sinken, weil weniger Menschen ökonomisch aktiv sind. Es wird nicht genug Arbeitskräfte geben, um das Wirtschaftswachstum zu halten. Der Verbrauchermarkt wird seine Basis verlieren. Die Ersparnisse werden schrumpfen. Die hoch entwickelten Wirtschaftssysteme werden an den Rand des Ruins geraten.

Auch eine Krise der Pflege ist unausweichlich, weil Ältere mit Kindern um einen größeren Anteil an Pflege, Aufmerksamkeit und Finanzmitteln konkurrieren. Frauen werden sich um die Alten und die Jungen kümmern müssen. Viele Frauen spüren bereits heute diese doppelte, lähmend wirkende Verantwortung. Jede Frau wird für bis zu vier alte Menschen sorgen müssen, nämlich für die eigenen Eltern und die Eltern des Partners. Hinzu kommen die im Haushalt lebenden Kinder. Die Fruchtbarkeitsrate wird angesichts dieser überwältigenden Care-Verpflichtungen wahrscheinlich noch weiter sinken, und viele Frauen werden gezwungen sein, ihren Beruf aufzugeben, wodurch Wirtschaftswachstum, Steuern, Existenzgrundlagen und der Mut von Frauen weiter sinken. Die Verantwortung für den Lebensunterhalt wird einem der Partner, meist dem Mann, zufallen, der seine eigene Familie finanzieren und wahrscheinlich noch zur Unterstützung der älteren

Generation beitragen muss. Gleichzeitig wird sein Gehalt sinken, da der Staat mehr für Sozialleistungen ausgeben muss. Panik vor dem Absturz dürfte in diesem Szenario sein Leben bestimmen.

Warum scheint der Weg in die Katastrophe zu führen? Die Antwort fällt für jedes Land gleich aus. Die Lebenshaltungskosten in den reichen Ländern - vor allem in den Städten, wo 80 Prozent der Bevölkerung leben - sind zu hoch, sodass junge Eltern es sich nicht leisten können, von nur einem Einkommen zu leben. Die Mütter müssen arbeiten, werden aber zugleich von den Arbeitgebern abgestraft und stigmatisiert. Die Regierungen haben die Bedürfnisse berufstätiger Mütter entweder ignoriert oder mit veralteter Politik blockiert. Die Kollegen stehen der Elternzeit und anderen Zugeständnissen an Eltern negativ gegenüber. Schlecht planbare Arbeitszeiten führen zu täglichem Stress. Wer würde gern mit einer berufstätigen Mutter tauschen?

Doch Mütter, die zu Hause bleiben, haben es nicht besser. Die meisten Familien mit nur einem Einkommen sind finanziell schlecht gestellt und können nichts für die Zukunft sparen. Manche Mütter versuchen, durch Teilzeitarbeit etwas dazuzuverdienen, tun das aber nur selten aus freien Stücken: Die existierenden Daten zeigen, dass 75 Prozent der Mütter, die zu Hause sind oder in Teilzeit arbeiten, eine Vollzeitbeschäftigung bevorzugen würden. Diese Mütter sind isoliert, vermissen ihren Freundeskreis und ihre Freiheit. Eine Gallup-Umfrage unter 60 000 Amerikanerinnen aus dem Jahr 2012 zeigte, dass Mütter, die zu Hause bleiben, häufiger depressiv und besorgt sind als berufstätige Mütter.[11] Wer auch nur eine dieser Mütter kennt, möchte wahrscheinlich ebenso wenig mit ihr tauschen wie mit ihren berufstätigen Geschlechtsgenossinnen.

Die Scheidungsraten in den Industrienationen sind hoch und somit auch die Wahrscheinlichkeit, dass eine Mutter ihr Kind irgendwann allein großziehen muss. In den meisten Fällen erfahren die Frauen dabei starke finanzielle Einbußen; viele rutschen in die Armut ab. Ich weiß aus Erfahrung, dass sich ein Leben als Alleinerziehende anfühlen kann wie eine Höllenfahrt mit der Achterbahn. Keine rechnet damit, dass es gerade ihr passiert, doch junge Frauen sind schlicht leichtsinnig, wenn sie sich dieses Szenario vor der Entscheidung für ein Kind nicht vor Augen führen.

Angesichts des Risikos von 20 Jahren Armut, Depression, Stigmatisierung und Endlosstress entscheiden sich immer mehr junge Frauen gegen Kinder. Das ist traurig, hat sich aber jahrzehntelang angedeutet. Heute leben wir mit den Folgen politischer Entscheidungen der 1970er-Jahre, die Mütter aus dem Beruf halten sollten und *nie überarbeitet* wurden. Die beiden folgenden Beispiele veranschaulichen die negativen Auswirkungen.

Die Europäer bezeichnen Deutschland bereits als »Altenheim Europas« und »Land ohne Kinder«. Die nationale Fertilitätsrate liegt seit 1970 unter 1,5 und lag in manchen Jahren sogar unter 1,25. Deutschland erlebte nach dem Zweiten Weltkrieg einen kurzen Anstieg der Geburtenrate. Doch als die in jener Zeit geborenen Frauen in den 1970er-Jahren auf den Arbeitsmarkt kamen, drängte Deutschland sie mit einer Politik zurück, die Frauen zum Zuhausebleiben ermutigte. Sofort ging die Fertilitätsrate zurück und lag 1978 bereits wieder auf dem Niveau aus Kriegszeiten. Heute leben in 78 Prozent aller deutschen Haushalte keine Kinder.

Es überrascht vielleicht, dass die dreijährige Elternzeit, um die Frauen in anderen Ländern die Deutschen beneiden, zu den in den 1970er-Jahren eingeführten konservativen Maßnahmen gehört. Doch damals wurden weder im öffentlichen noch im privaten Sektor Betreuungseinrichtungen für Kinder unter drei Jahren gebaut. Die Mütter hatten also wenig Alternativen, ob sie nun Elternzeit nahmen oder nicht. Selbst mit dem Schuleintritt der Kinder verbesserte sich die Situation für die Mütter nicht, denn bis zur Sekundarstufe endete die Schule bereits mittags – zum Teil ist das bis heute so. Mütter, deren Kinder aus dem Schulalter heraus waren, fiel nach 15 oder mehr Jahren der Wiedereinstig in den Beruf schwer. Angesichts dieser Hindernisse kehrt nur eine von zehn Müttern in Deutschland nach der Geburt in den Beruf zurück.

Infolge solch fehlgesteuerter Maßnahmen ist die Zahl »dauerhaft kinderloser« Frauen in Deutschland die höchste in Europa.[12] Kinderlosigkeit ist die neue Norm. Diese Politik beeinträchtigt zudem die Berufsaussichten aller arbeitenden Frauen: Überlegen Arbeitgeber, junge Bewerberinnen einzustellen, muss ihnen klar sein, dass diesen Frauen drei Jahre Elternzeit zustehen und danach nur eine geringe Wahrscheinlichkeit der Rückkehr in den Beruf besteht. Für Berufsanfängerinnen ist das ein großer Nachteil, der sich auch in den Zahlen niederschlägt: Die wichtigsten deutschen Arbeitgeber gaben in einer Umfrage des Weltwirtschaftsforums 2010 an, nur 33 Prozent der bei ihnen beschäftigten Berufsanfänger seien weiblich - im Vergleich zu 40 Prozent in Großbritannien und 52 Prozent in den USA.[13]

Angesichts einer alternden Bevölkerung ist es keine gute Taktik, qualifizierte Frauen zur Aufgabe ihrer Karrieren und Opferung ihrer Ausbildung und Erfahrung zu zwingen. Zudem haben Millionen Frauen, die jetzt alt sind, aufgrund der Politik der Vergangenheit nun entweder sehr kleine oder gar keine Renten. Die Geschlechterlücke bei der Rente - also die Differenz zwischen den Renten von Männern und Frauen - beträgt in Deutschland 60 Prozent. Viele Rentnerinnen werden auf staatliche Unterstützung angewiesen sein.

2006 merkte der deutsche Staat endlich, was er angerichtet hatte, und begann mit der Überarbeitung der bisherigen Politik. Für die Rettung Deutschlands vor der Überalterungskrise ist es zu spät, doch die Veränderungen könnten wenigstens die Dauer der Krise verkürzen.

Frauenfeindlich eingestellte Menschen könnten fragen, warum Deutschland Frauen nicht einfach durch das Verbot von Verhütungsmitteln und Abtreibung zum Kinderkriegen zwang. Demografen beantworten diese Frage mit dem Verweis auf Rumänien. 1966 machte die damalige kommunistische Regierung Abtreibungen für den Bevölkerungsrückgang verantwortlich, verbot sowohl Verhütungsmittel als auch Abtreibungen und führte ein entsetzliches Zwangssystem ein:

Mutterschaft wurde zur Staatspflicht. Die staatliche Geheimpolizei *Securitate* setzte die Regeln gnadenlos durch. Ärzte, die Abtreibungen durchführten, kamen ins Gefängnis. Frauen wurden am Arbeitsplatz alle drei Monate einem Schwangerschaftstest unterzogen. Waren sie schwanger und bekamen kein Kind, konnten sie strafrechtlich verfolgt werden. Die Fruchtbarkeit war zu einem staatlichen Kontrollwerkzeug geworden.[14]

Die Fertilitätsrate in Rumänien stieg, aber die höhere Geburtenzahl ließ zugleich die Zahl der staatlichen »Waisenhäuser« stark anwachsen. Sie beherbergten Hunderttausende Kinder, deren Eltern sich ihren Unterhalt nicht leisten konnten. Weil die Regierung nicht genug Geld zur Versorgung dieser Kinder bereitstellte, wuchs Rumäniens nächste Generation unter entsetzlichen Bedingungen auf: unterernährt, unterentwickelt, ungeliebt und schmutzig. Diese heute als *Decretei* bekannte Generation – benannt nach dem Dekret 770, mit dem die Geburtenkontrolle verboten wurde – brachte jene Revolutionäre hervor, die den Kommunismus in Rumänien 1989 gewaltsam beendeten. Die Folgen dieser schädlichen politischen Maßnahmen sind unter den *Decretei* noch heute erkennbar in Gestalt höherer Gewalt-, Drogensucht-, Kriminalitäts- und Selbstmordraten. Demografen, die im Lichte der Bevölkerungskrise Europas vergleichende Studien betreiben, raten von solchen Maßnahmen offensichtlich ab und empfehlen den Staaten stattdessen, möglichst viel in die vorhandenen Kinder zu investieren.

Verglichen mit Europa unterstützen die USA berufstätige Mütter sogar noch weniger. Amerikanische Frauen haben kein Recht auf Elternzeit.[15] Kinderbetreuung ist privat organisiert und teuer. Und doch arbeiten 70 Prozent der amerikanischen Mütter, 75 Prozent davon in Vollzeit. Da amerikanische Frauen nach der Geburt nicht jahrelang aus dem Beruf aussteigen, können sie sich eher Karrieren aufbauen als europäische Frauen.[16]

Heute stellen Frauen fast die Hälfte der Beschäftigten in den USA, und berufstätige Mütter sind die Norm. In den meisten Haushalten mit

Kindern arbeiten beide Elternteile.[17] Amerikanische Frauen sind nicht nur für die nationale Wirtschaft von entscheidender Bedeutung, sondern auch für die ökonomische Situation ihrer eigenen Haushalte: 42 Prozent der Frauen bringen mindestens die Hälfte des Familieneinkommens auf.[18]

Obwohl die Zahlen zeigen, dass amerikanische Mütter nicht aus dem Beruf aussteigen, nicht in Teilzeit arbeiten und viel Verantwortung für die Familienfinanzen tragen, nutzen amerikanische Arbeitgeber die Mutterschaft noch immer als Ausrede, um weniger zu bezahlen und sie am Karrieremachen zu hindern. Eine Studie von 2019 belegt, dass das Durchschnittsgehalt von Müttern unmittelbar nach der Geburt des ersten Kindes sinkt und sich selbst nach zehn Jahren nicht davon erholt.[19] Berücksichtigt man sowohl den Gehaltsverlauf als auch die reduzierte Zahl der Arbeitsstunden, müssen amerikanische Mütter eine Nettominderung ihres Gehalts von 40 Prozent verkraften.

Vergleichen wir die amerikanische Bestrafung der Mutterschaft mit verschiedenen politischen Maßnahmen in anderen Ländern (Abb. 18). In Großbritannien ist die staatliche Unterstützung für Mütter ähnlich zu vernachlässigen wie in den USA, obgleich es in Großbritannien ein Jahr bezahlte Elternzeit und einen (gänzlich unzureichenden) Kredit für Kinderbetreuung gibt. Die Bestrafung der Mütter führt nach zehn Jahren zu einem Netto-Gehaltsverlust von circa 40 Prozent. Die skandinavischen Länder haben die liberalste Elternförderung, darunter großzügige Elternzeitregelungen für Väter und kostenlose Kinderbetreuung. In Dänemark und Schweden beträgt das Gehalt der Mütter nach zehn Jahren dennoch 21 bzw. 27 Prozent weniger. Deutschland und Österreich stehen mit langen Elternzeiten am schlimmsten da. Das Gehalt der Mütter sinkt unmittelbar nach der Geburt um 80 Prozent und liegt nach zehn Jahren immer noch 61 Prozent (in Deutschland) und 51 Prozent (in Österreich) niedriger als vor dem ersten Kind.

Ein Vergleich mit den Gehältern der Männer fällt unerwartet alarmierend aus. Der Studie zufolge bleibt das Gehalt der Väter in allen untersuchten Ländern von der Geburt des ersten Kindes »unberührt«.

GEHALTSVERÄNDERUNG ZEHN JAHRE NACH DER GEBURT EINES KINDES IN PROZENT

	Mütter	Väter
Dänemark	-21	-1
Schweden	-27	1
USA	-40	-2
Großbritannien	-40	1
Österreich	-51	0
Deutschland	-61	-1

ABB. 18 Die Maßnahmen und Ergebnisse der skandinavischen Länder sind für Eltern zwar besser als die in Großbritannien, den USA oder den deutschsprachigen Ländern, doch in allen Ländern erleben die Familien nach der Geburt von Kindern bedeutende, wohl dauerhafte Einkommenseinbußen.
Quelle: Henrik Kleven, Camille Landais, Johanna Posch, Andreas Steinhauer, u. Josef Zweimüller, »Child Penalties Across Countries: Evidence and Explanations«, National Bureau of Economic Research Working Paper Nr. 25525, Feb. 2019, www.nber.org/papers/w25524

Doch die Daten zeigen, dass das Gehalt der Väter nach der Geburt nicht mehr steigt und auch nach zehn Jahren nicht gestiegen ist. Selbst wenn die Löhne für die gesamte männliche Bevölkerung stagnieren, sollten sie für Männer in dieser Altersgruppe aufgrund wachsender Berufserfahrung und voranschreitender Karriere steigen. Doch das tun sie nicht: Vom ersten Kind an entwickeln sich die Gehälter der Väter nicht weiter. Man kann sich vorstellen, wie sich diese Situation auf die Geburtenrate auswirkt. Haushalte mit Kindern werden in allen sechs westlichen Ländern nur dafür bestraft, Nachwuchs zu haben. Die Arbeitgeber nehmen den Kindern Ressourcen weg und stecken sie in die eigenen Taschen. Kombiniert man diese Daten aus Amerika mit dem wirtschaftlichen Druck, der auf der sich momentan im gebärfähigen Alter befindlichen Generation lastet, wird das Bild noch beunruhigender. Wie die Kohorten in anderen Ländern war diese Generation nach dem Schulabschluss mit steigenden Lebenshaltungskosten und einem schrumpfenden Arbeitsmarkt konfrontiert. Der Crash von 2008 schadete ihren Finanzen und Karrieren sowie ihren Chancen auf Hauskauf und Familiengründung. Im Unterschied zu den Kohorten in anderen reichen Ländern verlassen die meisten Amerikaner aufgrund der exorbitanten Studiengebühren das College hoch verschuldet. Der American Association for University Women zufolge entfallen diese Schulden zu zwei Dritteln auf Frauen, die – unabhängig vom Studienfach – zu Beginn ihrer Berufslaufbahn zudem 18 Prozent weniger verdienen als ihre männlichen Ex-Kommilitonen. Diese Frauen brauchen also länger, um ihre Schulden zurückzuzahlen, und müssen somit mehr Zinsen auf ihre Studienkredite zahlen.[20]

Die vergleichsweise liberalen US-Regierungen der 1960er- und 1970er-Jahre hoben einige berufliche Hindernisse auf, doch wie in Deutschland kam es auch dort zu erheblichem kulturellem Widerstand. Führungspersönlichkeiten aus dem privaten Sektor vertraten in den 1970er-Jahren Positionen wie aus der TV-Serie *Mad Men*. Die meisten fühlten sich von der Politik der Affirmative Action gegängelt und machten ihren jungen weiblichen Beschäftigten klar, dass sie perfekte Leistung bringen müssten, um ihre Jobs zu behalten, und ihre »häuslichen Pflichten« sie daran nicht zu hindern hätten.

Ein entscheidender historischer Zeitpunkt war gekommen, als die meisten Frauen der Babyboomer-Generation sich ungeachtet dieser Anforderungen und der gesellschaftlichen Missbilligung dennoch entschieden, zur Arbeit zu gehen. Sie zogen Kostüme an, verschwiegen ihre Familien, rasten jeden Abend zum Kochen nach Hause und ermöglichten ihren Chefs und Partnern, den nicht reformierten Männlichkeitsbegriff jener Zeit weiterhin zu pflegen. Der böse Mythos, diese Frauen seien selbstsüchtig und wollten »alles zugleich haben«, stimmt zwar nicht – dass sie alles zugleich *taten*, dem war jedoch sicher so.

In den folgenden Jahrzehnten wurde die Frauengeneration der zweiten Welle von den Konservativen für die angeblich negativen Auswirkungen ihres »Egoismus« auf die Kinder kritisiert. Zahlreiche Studien haben untersucht, welche Folgen die Berufstätigkeit der Mütter für die Kinder hat. Die Ergebnisse schwankten jahrelang. 2010 gab es endlich die definitive Antwort. Rachel G. Lucas-Thompson, Wendy A. Goldberg und JoAnn Prause führten eine Metaanalyse von 69 Studien aus fünf Jahrzehnten durch.[21] Eine Metaanalyse kombiniert Daten mehrerer Studien und liefert deswegen ein zuverlässigeres Ergebnis als individuelle Untersuchungen: Die Metastudie ist das letzte Wort. In diesem Fall zeigte sie, dass Kinder von Müttern, die in den 1970er-Jahren berufstätig waren, die gleichen Verhaltensweisen und akademischen Leistungen zeigten wie Kinder, deren Mütter zu Hause blieben. Es gab keinen Unterschied. Zack.

Seit den 1970er-Jahren durchgeführte Untersuchungen zeigen, dass Männer, die in Haushalten mit zwei berufstätigen Elternteilen leben und sich an Hausarbeit und Kinderbetreuung beteiligen, körperlich und psychisch gesünder – und zufriedener sind. 2019 erwies eine Studie über 6000 amerikanische Haushalte, dass Männer am zufriedensten sind, wenn ihre Frauen 41 Prozent des Haushaltseinkommens beitragen – und genau bei diesem Wert befinden sich amerikanische Haushalte derzeit. Auf den Männern lastet weniger kultureller Druck, Alleinverdiener zu sein – und das tut ihnen gut.[22]

Was geschah, als die Kinder der Frauen der zweiten Welle erwachsen wurden? Eine Studie der Harvard Business School mit 100 000 Männern und Frauen aus 29 Ländern ergab, dass die Töchter arbeitender Mütter mit höherer Wahrscheinlichkeit selbst arbeiten, im Durchschnitt 24 Prozent mehr verdienen und häufiger Führungspositionen bekleiden als die Töchter von Hausfrauen.[23] Die Söhne und heutigen Männer haben keine anderen Karriereverläufe als Söhne von Hausfrauen, aber sie sind eher von der Gleichberechtigung überzeugt und verbringen mehr Zeit mit Hausarbeit und Kindern. Daraus entsteht eine Nähe zwischen Vätern und Kindern, die frühere Generationen nicht kannten. Im Ergebnis haben sich die Kinder der historischen Welle berufstätiger Mütter großartig entwickelt und könnten wunderbare Eltern werden, wenn sie die Chance dazu hätten. Aber die bekommen sie nicht.

HINDERUNGSGRÜNDE WEIBLICHER KARRIEREN AUS ARBEITGEBERSICHT

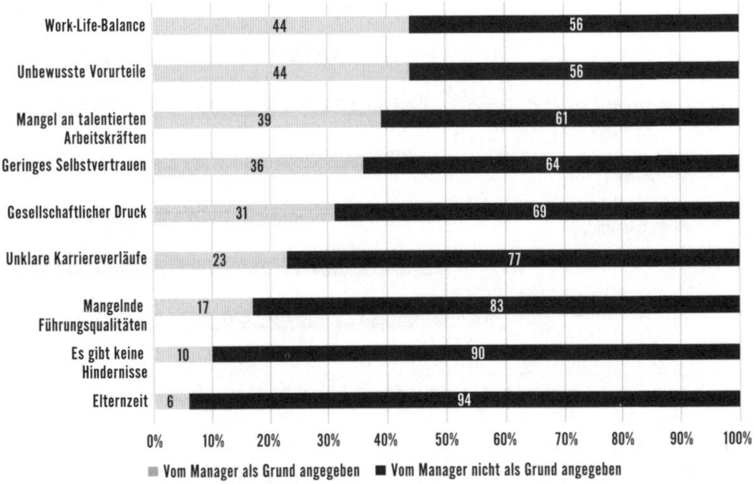

ABB. 19 Die meisten Arbeitgeber schreiben die Probleme der beruflichen Karrieren von Frauen »unbewussten Vorurteilen« zu und lehnen damit jede Verantwortung ab. Daneben geben die Arbeitgeber anderen Personen oder Faktoren die Schuld, hauptsächlich aber den Frauen selbst.

Quelle: Weltwirtschaftsforum, *The Industry Gender Gap,* executive summary, Januar 2016

Amerikanische Arbeitgeber nutzen die Mutterschaft noch immer als Ausrede, um Frauen am Karrieremachen zu hindern, und berufen sich bei dieser systematischen Diskriminierung euphemistisch auf die »Work-Life-Balance«. Jenseits der demonstrativen Diversitätspolitik großer Unternehmen tun die meisten Arbeitgeber nichts, um Frauen beruflich voranzubringen. Sie geben den Frauen die Schuld, statt Verantwortung für das Verhalten ihrer Firmen zu übernehmen (Abb. 19 und 20). Sie behaupten, wenn überhaupt, von unbewussten Vorurteilen beeinflusst zu sein. Einige wenige immerhin tun den Schritt, der am ehesten zu Lohngleichheit führen wird, und legen die Gehälter offen.

Konventionelle »Erklärungen« für die langsamen Karrieren von Frauen scheinen die nach Meinung der Arbeitgeber tatsächlichen

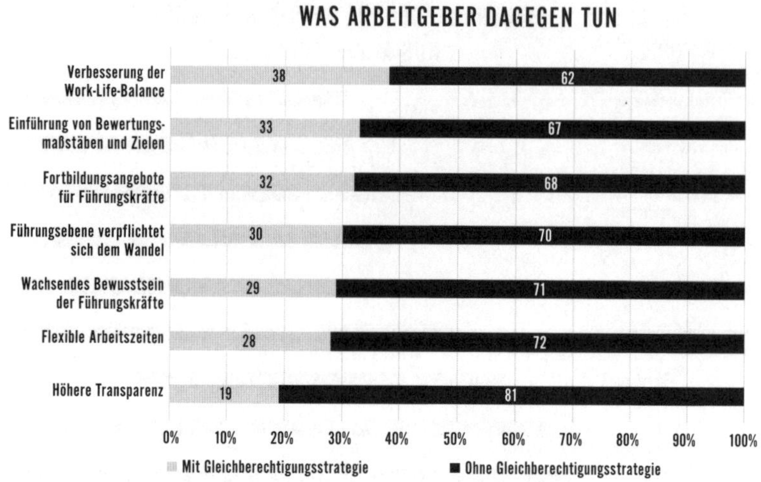

ABB. 20 Hier ist erkennbar, wie viele Arbeitgeber sich für berufliche Aufstiegschancen von Frauen einsetzen. Die dunklen Balken zeigen, dass 62 bis 81 Prozent nicht einmal die hier aufgelisteten Maßnahmen ergreifen.
Quelle: Übernommen aus dem Future of Jobs Survey, präsentiert beim Weltwirtschaftsforum, *The Industry Gender Gap*, executive summary, Januar 2016

Gründe nicht zu erfassen. Abb. 19 zeigt, dass die *meisten* nicht mit *jeder* in der Umfrage genannten Ursache übereinstimmen. Vielleicht gibt es einen stärker ausschlaggebenden Grund, doch den konnte man in der Umfrage wohl nicht ankreuzen. Welcher Grund könnte das sein? Die Studie *The Corporate Gender Gap Report* (Weltwirtschaftsforum, 2010) gibt uns einen Hinweis. Für den Report ließen die Studienverfasser viele Arbeitgeber aus 20 Ländern die Karrieren von Frauen einschätzen, und der Report fragte, was für die Frauen getan werde und welche Hindernisse es gebe.[24] Es kam heraus, dass in allen Ländern (außer Norwegen, wo es Frauenquoten für Aufsichtsräte gibt) der Anteil von Frauen umso mehr abnahm, je höher die hierarchische Ebene war. Die Personalabteilungen der betroffenen Firmen wurden nach ihrer Einschätzung gefragt und gaben als Gründe nicht »Work-Life-Balance« oder »geringe Führungsqualitäten« an, sondern eine negative gesellschaftliche Einstellung gegenüber berufstätigen Frauen.

Einen Eindruck von der gesellschaftlichen Wut hinter der Ablehnung berufstätiger Mütter kann man sich auf diversen konservativen Blogs verschaffen. Der amerikanische Blogger John Davis schreibt für *A Voice for Men*, die beliebteste Website misogyner Hassgruppen. Er wettert: »Die Geburtenrate [sic] in Ländern, die Feminismus und Misandrie (Männerhass) pflegen, zeigen ohne Ausnahme einen Niedergang der Geburtenraten [sic] und des Nettobevölkerungswachstums.« Er behauptet, westliche Länder seien in Panik, weil ihre »eingeborene Bevölkerung binnen eines Jahrhunderts ausgestorben sein wird«, und es gebe »nicht genug junge Leute, die in sozialistischen Systemen für die Versorgung der Alten einzahlen« könnten. Seine antifeministischen Tiraden erinnern an rassistische Platitüden, wenn er etwa behauptet, europäische Länder wollten ihre Grenzen öffnen, damit nordafrikanische Männer Sex mit Westeuropäerinnen haben könnten. Es folgt die Opferlamm-Attitüde:

> Der Feminismus ist in Westeuropa seit über 60 Jahren unhinterfragt und gehört jetzt in allen Institutionen zum guten Ton, vor allem in Europas öffentlichem Indoktrinations-(Bildungs-)System. Hass gegen Männer und Männlichkeit wird in Westeuropa offen zur Schau getragen. Er gehört zu den Faktoren, die weltweit die Suizidlücke zwischen den Geschlechtern vorantreiben – Männer begehen viermal so häufig Selbstmord wie Frauen. Er ist somit die Hauptursache für den Niedergang der Geburtenraten und der Nettobevölkerungszahlen.[25]

Dieser Ausbruch ist die Reaktion eines prekären Mannes. Auch die Rhetorik über Sozialismus und Einwanderung ist typisch für den wütenden Populismus der Rechten, der für den Brexit und die Wahl Donald Trumps verantwortlich ist und die Europäische Union von innen bedroht. Am besten charakterisieren lassen sich die Menschen hinter diesem Aufstand anhand ihres Grads an Autoritarismus, also ihrer Affinität zum Patriarchat.[26] Innerhalb von amerikanischen Hassgruppierungen wachsen die frauenfeindlichen Sektionen am schnellsten. Das Southern Poverty Law Center, das diese Organisationen beobachtet, nennt männliche Suprematistengruppen als Haupteintrittspunkt für alle anderen Hassgruppierungen, deren Aufstieg seit den 1970er-Jahren »grundlegend für die Formierung der rassistischen Alt-Right« war.[27]

Die Behauptung, der Erfolg der Frauenbewegung in den Vereinigten Staaten und vor allem der angebliche Austausch von Männern durch Frauen in »guten Jobs« hätten zu einem Anstieg der Selbstmordrate bei Männern geführt, taucht im politischen Diskurs der amerikanischen Konservativen häufig auf. Besonders prominent ist er bei Tucker Carlson, einem erzkonservativen Kommentator des Senders Fox News. Die Fakten zeigen aber, dass die Behauptung falsch ist.

Weltweit *begehen* Männer weit häufiger Selbstmord als Frauen – Frauen *versuchen* es allerdings wesentlich häufiger. Männer sind hauptsächlich deshalb »erfolgreicher«, weil sie brutalere Methoden nutzen – mehr als die Hälfte der Suizide von Männern in den Vereinigten Staaten wird durch Schusswaffen verübt. Tatsächlich ist Suizid die häufigste Todesart im Zusammenhang mit Schusswaffengebrauch, nicht Fremdtötung oder Unfälle. Amerikanische Männer besitzen mit einer 50 Prozent höheren Wahrscheinlichkeit Waffen als Frauen.

Die Selbstmordrate unter amerikanischen Männern begann im Jahr 2000 anzusteigen und ist seither nicht abgeflacht. In der gleichen Zeitspanne hat sich die Waffenproduktion mehr als verdoppelt, und der Waffenbesitz hat sich geografisch stärker geballt. Sowohl Waffenbesitz als auch die männliche Selbstmordrate konzentrieren sich nun auf ältere, weiße Männer im Mittleren Westen. Zudem besitzen Männer, die sich stark mit dem traditionellen Männlichkeitsbild identifizieren, häufiger Waffen.

Darüber hinaus entwickelt sich die Beschäftigungsrate von Frauen entgegengesetzt zur Selbstmordrate von Männern (Abb. 21). Der Anstieg der Selbstmordrate bei weißen Männern dürfte also stärker mit der höheren Verfügbarkeit von Waffen und dem Druck des traditionellen Männlichkeitsbilds zusammenhängen als mit der Zahl der arbei-

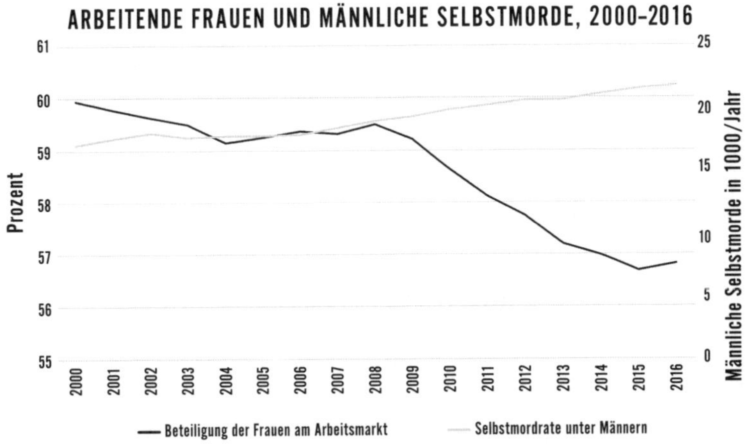

ABB. 21 Die Selbstmordrate von Männern in den USA ist zwischen 2000 und 2016 signifikant gestiegen. Die Beteiligung der Frauen am Arbeitsmarkt sank in dieser Zeit noch stärker. Dies widerlegt die Behauptung der Rechten, Männer begingen häufiger Selbstmord, weil Frauen ihnen die Arbeitsplätze wegnähmen.
Quellen: Federal Reserve Economic Data, https://fred.stlouisfed.org, Zugriff 7. Sept. 2019 (Anteil der Frauen am Arbeitsmarkt); U.S. Center for Disease Control, Table 30, 2017, https://www.cdc.gov/nchs/data/hus/2017/030.pdf (Selbstmordrate von Männern)

tenden Frauen. Entsprechend besteht die Lösung wohl darin, den Männern die Waffen wegzunehmen, nicht aber darin, die Frauen in die Küche zurückzuschicken. Doch Tucker Carlsons Publikum ist für diese Wahrheit nicht zugänglich.[28]

Man kann dem Westen vorwerfen, sich dem Feminismus durch die Verabschiedung der traditionellen Familienstruktur anzudienen. In Südostasien sind die etablierten Familiennormen jedoch stark geblieben. Die Fruchtbarkeitsrate ist in dieser Region binnen zwei Generationen dennoch von sechs Kindern pro Frau auf eines gesunken. 1950 hatte die demografische Verteilung in Japan die Form der klassischen Pyramide. 50 Jahre später ist die Fertilitätsrate auf 1,44 gefallen, und die Altersstruktur hat sich umgekehrt.

Frauen in Südostasien verzichten nicht nur auf Babys, sie heiraten auch nicht mehr. Abb. 22 zeigt, dass in Singapur, Südkorea und Taiwan in den letzten 35 Jahren ein symmetrischer Wandel stattgefunden hat: Je mehr die Frauen sich am Arbeitsmarkt beteiligen, umso weniger heiraten sie, womit auch ein starkes Absinken der Geburtenzahlen einhergeht. Selbst in diesen Ländern sind Frauen also mit den Zwängen der traditionellen Ehe und Mutterschaft unzufrieden. Der *Economist* schildert, dass Frauen in dieser Region gut ausgebildet sind und her-

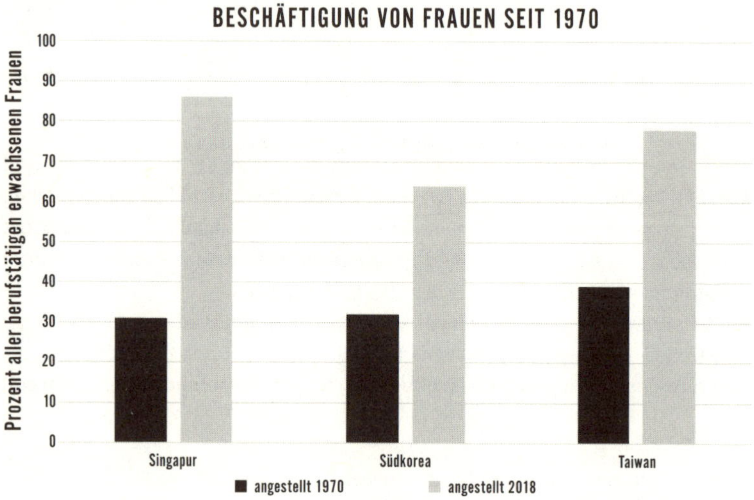

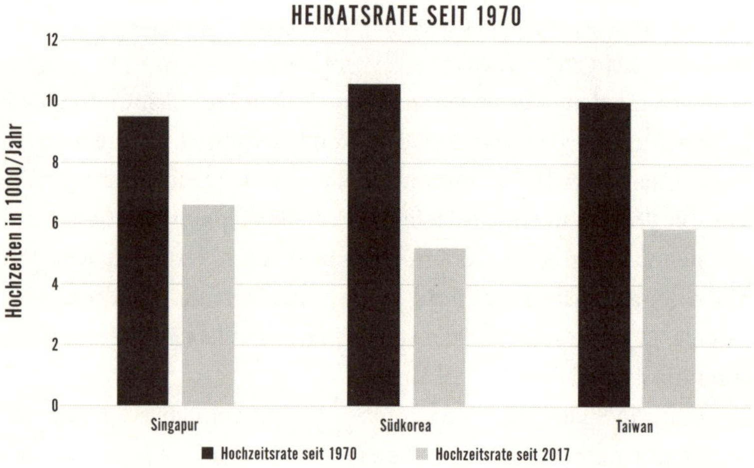

vorragende Karrierechancen haben und dennoch der Erwartung unterliegen, nebenher und ohne Hilfe den Ehemann, die Kinder und zwei alternde Elternpaare zu versorgen. Warum sollte jemand das tun wollen, fragte die Zeitung.[29] Da kann man nur zustimmen.

Die gierigen Institutionen der patriarchalisch organisierten Wirtschaft zwingen auch die Väter in Asien und andernorts, absurd viele Stunden außer Haus zuzubringen, und das meist in einer Hierarchie wenig verständnisvoller Alphamänner. Im Westen kristallisiert sich unter männlichen Millennials als Antwort auf diese überzogenen Anforderungen ein unerwarteter Trend heraus: Der Wert des traditionellen, maskulinen Modells der Vaterschaft und sogar der Männlichkeit selbst wird hinterfragt. »Toxische Männlichkeit« wird gerade zu einem der Trendbegriffe unserer Zeit.

Väter sind das wichtigste *alloparent* – also die neben der Mutter wichtigste Bezugsperson –, und die Gesellschaft lässt sie genauso im Stich wie die Mütter. Josh Levs, heute Mitglied der Gemeinschaft rund um das Power Shift Forum for Women in the World Economy, wehrte

ABB. 22 Seit 1970 sind über 50 Prozent mehr Frauen in diesen drei südostasiatischen Ländern berufstätig. Zugleich heiraten sie halb so häufig wie vor 40 Jahren.
Quellen: East-West Center, »The Changing Status of Women in Asian Societies,« in *The Future of Population in Asia*, 2002, https://www.eastwestcenter.org/fileadmin/stored/misc/FuturePop05Women.pdf, für die Beschäftigungsdaten in Singapur, Südkorea und Taiwan in den 1970ern; Wei-hsin Yu, »Women and Employment in Taiwan,« op-ed, Brookings Institution, 14. September 2015, https://www.brookings.edu/opinions/women-and-employment-in-taiwan/, für die Daten zu Heiratsraten in Taiwan; Organisation for Economic Co-operation and Development Family Database, http://www.oecd.org/els/family/database.htm, für die Daten beider Jahre zu den Heiratsraten in Südkorea; die Heiratsrate in Singapur wird für das Jahr 1970 konservativ auf 9,5 geschätzt, basierend auf der Entwicklung zwischen 1995 und 2017 und dem Vergleich mit Taiwan; Singapore Department of Statistics, https://www.statista.com/statistics/995762/singapore-crude-marriage-rate/, für die grobe Heiratsrate in Singapur 2017; National Bureau of Statistics of China: Taiwan National Statistics, https://www.statista.com/statistics/321428/taiwan-marriage-rate/, für die grobe Hochzeitsrate in Taiwan 2017; Vital Statistics of Korea, http://kosis.kr/statHtml/statHtml.do?orgId=101&tblId =DT1B8000F&language=en, für die grobe Heiratsrate in Südkorea 2017

sich und verlangte von seinem damaligen Arbeitgeber, dem Konzern Time Warner, Elternzeit. Später schrieb er das Buch *All In: How Our Work-First Culture Fails Dads, Families, and Businesses – and How We Can Fix It Together*. Darin befragt er Hunderte junger Väter. Sie alle wünschen sich mehr Zusammenarbeit bei der Versorgung ihrer Kinder und kritisieren, das Machtgefüge innerhalb der »Söldnerkultur« verhindere dies.[30]

Investitionen in eine Infrastruktur des *allomothering* – d. h. staatlich finanzierte Kinderbetreuung – würden diese Situation stark verbessern. Unter allen politischen Maßnahmen zur Unterstützung berufstätiger Mütter ist kostenlose Kinderbetreuung die einzige, die nachgewiesenermaßen funktioniert. Mit Geld und guten Konzepten kann sie auch für die Kindesentwicklung positiv sein.

Nach aktuellem Stand der Wissenschaft sind bereits sehr kleine Kinder äußerst lernfähig und benötigen entsprechende Stimulation. Seit ich mich tagsüber intensiv um mein neugeborenes Enkelkind kümmere, bin ich zu der Ansicht gekommen, dass eine einzelne Person diese Stimulation kaum alleine garantieren kann, wie liebevoll sie auch sein und wie viel Lernspielzeug sie auch einsetzen mag. Gute Kinderbetreuung ist zudem in vielen Ländern so stark abhängig von der jeweiligen gesellschaftlichen Schicht, dass künftige soziale Ungleichheit befördert wird, wenn die frühkindliche Entwicklung den Privatfinanzen überlassen wird. Ich wünsche mir das Angebot einer hochqualitativen Kinderbetreuung für alle Kinder unter fünf Jahren – vergleichbar dem öffentlichen Schulsystem. So könnten wir Kinder als zunehmend knappe Ressource bestmöglich fördern und uns daran erfreuen, dass sie ihr Potenzial erreichen. Die Kosten für die Förderung der Kinder entsprechend der künftig benötigten Standards – vor allem in Form exzellenter frühkindlicher Betreuung und Bildung – können Eltern privat nicht aufbringen, vor allem nicht angesichts ihrer derzeitigen wirtschaftlichen Situation.

Das Problem ist immer die Finanzierung. Budgetberechnungen fußen oft auf der Annahme, Kinderbetreuung sei ein nicht unbedingt nötiges »Geschenk« an die Frauen, weshalb es sich auch nicht lohne, dafür Steuergelder aus wichtigeren Bereichen abzuziehen. Also wird kalkuliert, wie die Kosten der Kinderbetreuung für ein Minimum der Familien mit den vorhandenen Mitteln finanziert werden können. Die Brookings Institution schlug unlängst vor, die nötigen Mittel von den Kinderfreibeträgen abzuziehen![31] In einem solchen Szenario würde nur die Hälfte der amerikanischen Kinder betreut. Das reicht nicht. Manche Politiker wollen die Milliardäre dafür zur Kasse bitten. Damit wäre ich einverstanden. Ich glaube zudem, dass die Protagonisten des Patriarchats auch mit weniger Kriegsspielzeug zurechtkämen und lebensbejahendere Projekte unterstützen könnten.

Aus einer geschlechterbezogenen wirtschaftlichen Perspektive wird jedoch deutlich, dass eine erschwingliche, hochqualitative Kinderbetreuung sich selbst finanziert: Brookings schätzt, dass die Kosten für die Betreuung der Hälfte der amerikanischen Kinder 42 Milliarden Dollar betrügen – es geht also um Ausgaben in Höhe von 84 Milliarden. Laut der ehemaligen Chefin des Internationalen Währungsfonds, Christine Lagarde, stiege das BIP der USA um fünf Prozent, wenn Frauen genauso viel arbeiten würden wie Männer.[32] Das BIP der Vereinigten Staaten beträgt circa 20 Billionen Dollar – fünf Prozent sind also eine Billion Dollar, aus der sich 271 Milliarden Dollar Steuereinnahmen ergeben würden. Das ist mehr als dreimal so viel, wie die Kosten für allgemeine Kinderbetreuung betragen würden. Eine konservativere Schätzung ginge von nur einem Drittel des jüngsten Rückgangs weiblicher Berufstätigkeit aus. Die Erholung von diesem Zustand brächte 93 Milliarden Dollar Steuereinnahmen. Die Kosten der Kinderbetreuung wären also in jedem Fall durch das *von berufstätigen Müttern generierte* Mehr an Steuereinnahmen abgedeckt.

Frauen zahlen bereits heute einen großen Teil der Steuern. Es ist deshalb inakzeptabel, eine grundlegende Dienstleistung für Frauen als Luxusgut zu behandeln. Als Bürgerinnen und Steuerzahlerinnen haben Frauen das Recht auf staatliche Leistungen.

Oberste Priorität jeder Volkswirtschaft sind die Abdeckung der materiellen Bedürfnisse ihrer Mitglieder und die Förderung der Reproduktion der Spezies. Eine Wirtschaft, die dies nicht leisten kann, ist gescheitert – ganz unabhängig vom Aktienmarkt. Die Ethik der XX-Ökonomie – des weiblichen Kapitals – sind die Priorisierung dieser Versorgungsleistungen und der umsichtige Umgang mit den (menschlichen und planetaren) Ressourcen zur Sicherung der Zukunft. Diese Prioritäten bringen Frauen in die Diskussion ein. Wir sollten ihnen zuhören.

8

CHAUVINISMUS

»Der angeborene Unterschied zwischen männlichen und weiblichen Gehirnen könnte erklären, warum Männer besser Karten lesen können«, titelte die britische Zeitung *The Independent* im Dezember 2013.[1] Berichtet wurde über eine Studie der University of Pennsylvania, der zufolge das weibliche »Konnektom« - die durch Lernen und Erfahrung entstandenen Gehirnverbindungen - sich von dem der Männer unterscheide. Die Gehirne von Frauen seien von einer Seite zur anderen verbunden, während die der Männer innerhalb der Gehirnhälfte von vorne nach hinten vernetzt seien. Einen Monat später waren bereits 87 Artikel zu diesem Thema in den Massenmedien erschienen, Tausende Blogs und Online-Kommentare nicht eingerechnet. Die tatsächlichen Ergebnisse der Studie wurden schnell als »wissenschaftliche Beweise« dafür gewertet, dass Männer und Frauen biologisch für das Ausleben traditioneller Geschlechterrollen prädestiniert seien - vor allem, weil die Gehirne von Frauen denen der Männer unterlegen seien.[2]

Im September 2016 musste das London Science Museum ein Ausstellungsobjekt verändern. Besucher konnten auf einer »Sex-o-Meter« genannten Skala, die von Rosa bis Blau reichte, »Gehirnpunkte« erzielen. In der Wissenschaftsszene und auf Twitter kam es zu einem Aufschrei. »Die stereotype Darstellung einer ›festen‹ Verbindung zwischen biologischem und sozialem Geschlecht ist falsch und potenziell schädlich, da sie als mögliche natürliche Ordnung präsentiert wird«, wandte ein Neurowissenschaftler ein. Die Kuratoren entfernten die Maschine und behaupteten, sie sei nur ein Scherz gewesen und ohnehin schwer, mit der Entwicklung der Wissenschaft Schritt zu halten.[3]

Im August 2017 verbreitete der Google-Angestellte James Damore unter Kollegen ein Memo, dem zufolge Tech-Firmen keine Frauen einstellen sollten, weil deren Gehirne »laut der Wissenschaft« für diese Arbeit biologisch nicht geeignet seien. Er wurde erst gefeuert, als sich die Nachricht über seine Tat in den sozialen Medien verbreitete, doch er verklagte Google wegen der angeblich ungerechtfertigten Kündigung. Er behauptete, Google diskriminiere ihn wegen seiner »abweichenden politischen Ansichten«.[4] Sofort erhielt er Rückendeckung vom rechten Nachrichtendienst *Breitbart* und wurde so schnell zu einer Galionsfigur der Alt-Right-Bewegung.[5]

Vor 50 Jahren gab es noch immer Wissenschaftler, die zu beweisen versuchten, dass sich die Gehirne schwarzer und weißer Menschen unterschieden, doch die Masse anderslautender wissenschaftlicher Ergebnisse und ein wachsendes Bewusstsein für Rassismus drängten sie in den Hintergrund. Sie wurden geächtet und in eine dunkle Ecke der Wissenschaftsgeschichte verwiesen. Die Fachjournale veröffentlichten ihre Aufsätze nicht mehr, und sogar die Medien beendeten irgendwann die Verbreitung derart schädlicher Ansichten. Über die angeblichen geistigen Fähigkeiten von Frauen allerdings wird bis heute in ähnlicher Manier gesprochen, und das Phänomen weitet sich aus.

Man stelle sich vor, ein Angestellter von Google hätte in einer Notiz gefordert, Tech-Konzerne sollten keine Angehörigen ethnischer Minderheiten einstellen, weil diese biologisch für eine derartige Arbeit nicht geeignet seien. Oder das London Science Museum würde in einer Ausstellung suggerieren, die Gehirne von Muslimen seien anders – und sich danach für den »Fehler« entschuldigen und die Sache als Scherz bezeichnen. Oder eine führende Zeitung würde über Gehirnforschung berichten, laut der schwule Männer »intuitiver« seien als heterosexuelle.

Wer jetzt entsetzt ist, hat guten Grund dazu. Doch seltsamerweise werden Hassbotschaften über die Gehirne von Frauen nicht als beleidigend wahrgenommen. Jahrhundertelang haben männliche Wissenschaftler erfolglos versucht, Beweise für einen physischen Unterschied zwischen den Gehirnen von Männern und Frauen zu finden. Doch vermutlich sind Gehirne in diesem Punkt letztlich doch eher wie Lebern oder Augäpfel als wie Hoden und Eierstöcke - und spiegeln das Geschlecht nicht so eindeutig wider, wie manche es gerne hätten.[6]

Dennoch scheint die Öffentlichkeit nach Beweisen dafür zu gieren, dass Männer und Frauen sich kognitiv unterscheiden - und dass Frauen bei diesem Vergleich die Unterlegenen sind. Jede Studie, die Unterschiede beim weiblichen Gehirn zu belegen scheint, verbreitet sich in den sozialen Medien wie ein Lauffeuer. Untersuchungen, die weitreichende zerebrale und kognitive Gemeinsamkeiten demonstrieren, sind weitaus zahlreicher und qualitativ besser. Dennoch treten sie nur selten ins Bewusstsein der Öffentlichkeit. Die Medien entscheiden sich für die Forschung, die sich besser verkaufen lässt, und verbreiten frauenfeindliche Ergebnisse unter dem Deckmantel leichter Unterhaltung.

Hinsichtlich dieses Phänomens befindet sich die Neurowissenschaft in einer Krise, weil ihre Erkenntnisse von hinterhältigen Zeitgenossen für hinterhältige Zwecke missbraucht werden - wenn manche etwa vorschlagen, öffentliche Schulen nach Geschlechtern zu trennen oder Mädchen vom Unterricht in Naturwissenschaften und Mathematik auszuschließen, weil sie diese Fächer ohnehin nicht verstünden.[7] Dieses Problem zu beheben ist aber nicht Aufgabe der Wissenschaft, sondern von uns allen. Wir können den Missbrauch wissenschaftlicher Informationen verhindern, indem wir bei jeder Gelegenheit auf derart schamlosen Chauvinismus hinweisen.

Ein weicherer Begriff, nämlich der des »unbewussten Vorurteils«, wird inzwischen weithin zur Beschreibung von Haltungen verwendet, die nicht zu entschuldigen sind. Unsere Gehirne produzieren tatsächlich blitzschnell Entscheidungen, die zur Bevorzugung oder Benachteiligung anderer Menschen führen. Das Treffen dieser Entscheidungen lernen wir, verkürzt gesagt, innerhalb einer Kultur voll überzeugender Vorurteile. Chauvinismus und Bigotterie sind etwas ganz anderes: Sie sind intendiert, bewusst und manifestieren sich oft in der Sprache und im Verhalten. Um ihren Hass aufrechterhalten zu können, lehnen Chauvinisten neue Informationen, die ihren Überzeugungen widersprechen, ab oder interpretieren sie um. So machte es auch James Damore: Er benutzte Wissenschaft als Instrument zur Produktion eines weiteren chauvinistischen Mythos innerhalb einer Kultur, die unbewusste Vorurteile generiert.

Damore ermöglichte auch anderen Chauvinisten, aus der Deckung zu kommen, indem er die unappetitlichsten Impulse innerhalb des Silicon Valley normalisierte. Nach den Presseberichten über das Ereignis wurden unter den Mitarbeitern von Google und anderen Tech-Konzernen wie Uber und Apple Blitzumfragen durchgeführt. Mehr als die Hälfte der Befragten sprach Damore ihre Unterstützung aus. Das Ereignis hatte sie in ihren Vorurteilen bestärkt. Können die Einstellungen dieser Männer als *unbewusste Vorurteile* bezeichnet werden? Nein, denn wenn sie ihren Überzeugungen Ausdruck verliehen haben, sind diese nicht mehr *unbewusst*. Die Umfragen dokumentierten schlicht und einfach Chauvinismus.[8]

Man stelle sich vor, zu dieser Zeit als Frau in der Tech-Branche gearbeitet zu haben. Wie mag sich die unverhohlene Verachtung der männlichen Kollegen angefühlt haben? Und hat sie sich auf die Karriere ausgewirkt?

Die Neurowissenschaften haben auf diese Frage eine Antwort. Wie fähig eine Frau auch sein mag, ihre Leistung wird unter der Verbalisierung dieses Chauvinismus leiden. Wird sie mit dem Stereotyp konfrontiert, muss sie sich der Abwertung kognitiv aktiv entgegenstellen, sodass ihr Gehirn sich den anstehenden Aufgaben nicht mit voller Kapazität widmen kann. Ist sie täglich in dieser Umgebung, wird sie kontinuierlich weniger Leistung bringen, als ihr möglich wäre. Dieses als »Stereotypen-Bedrohung« bekannte Phänomen ist in der Sozialwissenschaft unumstritten. Die fähigste Frau ist dabei am stärksten gefährdet, weil sie am meisten Identität in ihre Aktivität investiert. Doch sie verfällt nicht in Selbsthass und legt sich auch keine »dicke Haut« zu. Stattdessen packt sie ihre Taschen und sucht sich eine andere Tätigkeit – und so geht einem Bereich mit ohnehin viel zu wenigen Frauen ein weiteres Talent verloren.[9]

Auch die Londoner Ausstellung mit Rosa und Blau verursacht bleibende Schäden. Wenn Menschen im öffentlichen Raum mit Geschlechterstereotypen konfrontiert werden, schafft das ein Fundament dafür, dass sie Vorurteile offen formulieren und am Arbeitsplatz dazu neigen, diskriminierende Entscheidungen zu treffen.[10] Der Auftrag eines Wissenschaftsmuseums ist es, mit dem Stand der Forschung Schritt zu halten und dieses Wissen der Öffentlichkeit richtig zu vermitteln, statt ignorante Vorurteile voranzutreiben, die Menschen in Schule oder Beruf benachteiligen. Wir müssen von diesen Institutionen fordern, gegenüber Frauen die gleiche Rücksicht zu zeigen, wie sie es gegenüber Minderheiten tun, und sich Mühe zu geben, die Wissenschaft zu diesem Thema genauso korrekt zu vermitteln wie zu jedem anderen Bereich.

Die Medien können solche schädlichen Botschaften an ein noch breiteres Publikum herantragen. Das Team für Öffentlichkeitsarbeit der University of Pennsylvania erwähnte die Behauptung über das Kartenlesen in ihrer Pressemitteilung, obwohl die Studie für diese Behauptung keinerlei Beweise lieferte. Dieser kleine Spin sollte die Untersuchung für die Öffentlichkeit zweifelsohne interessanter machen und landete schließlich in großen Lettern auf der Titelseite des *Independent*. Eine der Studienautorinnen wurde in einem Interview mit den Worten zitiert, ihre Untersuchungen erklärten, warum Männer oder Frauen bestimmte Tätigkeiten besser beherrschten – die Studienergebnisse berechtigten jedoch keineswegs zu dieser Einschätzung. Die Wissenschaft muss besonders vorsichtig sein, weil eine Studie über Unterschiede männlicher und weiblicher Gehirne mit weiteren Stereotypen verbunden wird, sobald sie in die Massenmedien gelangt. In diesem Fall fügte die Presse Punkte hinzu, die weder in der Studie noch der Pressemitteilung oder in Interviews mit den Autorinnen enthalten waren: 1) Frauen beherrschen Multitasking besser; 2) Männer sind rational, Frauen emotional; 3) Frauen sind für die Hausarbeit »programmiert«, Männer jedoch nicht; 4) die Gründe für Gender-Unterschiede sind biologischer Art.

In den Online-Kommentaren zu diesen Berichten gaben manche Leser der Diskussion eine besonders negative Richtung, indem sie etwa behaupteten, weibliches Multitasking sei nur fehlende Konzentration, die zu schlechten Leistungen führe. »Man könnte argumentieren, Frauen seien unfähig, sich auf die anstehende Aufgabe zu konzentrieren, und Multitasking sei oft ein Euphemismus für die Unfähigkeit, etwas zu Ende zu bringen«, lautete ein Kommentar.[11] Die Diskussionsteilnehmer, die sich für die Überlegenheit der Männer aussprachen, wirkten wütend und defensiv, und manche führten die Beobachtung ins Feld, dass Frauen nie den Nobelpreis erhielten oder bei Schachturnieren siegreich seien. Online-Kommentare aus der ganzen Welt zeigten, wie sich solch ein Sperrfeuer auswirkt: »In Wirklichkeit bringen Männer auf allen Gebieten bessere Leistungen als Frauen, vor allem in Indien und ungeachtet der Tatsache, dass Frauen alle möglichen Sonderrechte genießen. ... Männer sind Frauen also überlegen, ob es um einzelne Aufgaben oder um Multitasking geht.«[12]

Ein Forschungsteam vom University College London untersuchte die Reaktionen auf die Studie der University of Pennsylvania und kam zu dem Schluss, die Öffentlichkeit interessiere sich nicht für deren tatsächlichen Inhalt, sondern benutze sie als »Beweis« für die Behauptung, die Geschlechter seien nicht gleich.[13] Das Team des UCL warnte: »Die Neurowissenschaft der Geschlechtsunterschiede reflektiert die Gendernormen der gegenwärtigen Gesellschaft nicht nur, sondern kann sie aktiv formen.«[14]

Wir müssen uns auch stärker darüber bewusst werden, dass Theorien in der Wissenschaft bewiesen und widerlegt werden. Methoden kommen und gehen. Vor 30 Jahren besagte eine neurowissenschaftliche Theorie zum Beispiel, dass Frauen und Männer unterschiedlich funktionieren, weil Jungen im Mutterleib dem Testosteron ihrer sich entwickelnden Hoden ausgesetzt sind und dies ihre Gehirne verändert. Von diesem Moment an seien Unterschiede zwischen den Geschlechtern in Stein gemeißelt. Die nun von vornherein mit stereotypen Vorlieben und Neigungen assoziierten Säuglinge folgten von da an lebenslang vorgezeichneten Pfaden. Diese Theorie hatte bei ihrer Veröffentlichung noch einen langen und beschwerlichen Weg vor sich, nämlich den Zusammenhang zwischen Hormonen und Gehirnveränderungen zu beweisen und daraus wiederum Unterschiede im Denken oder Verhalten abzuleiten. Das gelang natürlich nicht. Nicht jede wissenschaftliche These, von der man in den Nachrichten hört, hält seriösen Tests stand.[15] So wurde auch diese nie bewiesen, doch in der Populärkultur wird sie von Menschen wie James Damore noch immer verbreitet.

Die von der Wissenschaft entdeckten Geschlechterunterschiede sind oft trivial, werden aber als »statistisch signifikant« bezeichnet, weil das ein Kriterium für die Veröffentlichung ist. Doch ein statistisch signifikantes Ergebnis ist nicht unbedingt für das Alltagsleben von Bedeutung. Robert Plomin, Professor für Verhaltensgenetik am Londoner King's College, gibt ein Beispiel: »Notiert man die Verteilung sprachlicher Fähigkeiten bei Jungen und Mädchen, erhält man zwei Graphen, die so stark überlappen, dass man den Unterschied nur mit einem sehr dünnen Bleistift veranschaulichen könnte. Die Menschen ignorieren jedoch diese riesige Übereinstimmung zwischen Jungen und Mädchen und übertreiben stattdessen den winzigen Unterschied.«[16]

Manchmal ist das Untersuchungsmaterial auch nicht umfangreich genug, um eine Behauptung zu stützen. Die Studie, die zuerst behauptete, Jungen seien aufgrund biologischer Gegebenheiten besser in Mathematik als Mädchen, erschien in den 1980er-Jahren in den USA. C. P. Benbow und J. C. Stanley veröffentlichten zwei Untersuchungen der Leistungen von 50 000 13-Jährigen im Mathematikteil des Scholastic Aptitude Tests - ein standardisierter, landesweit durchgeführter Test. Daten aus zehn Jahren aus einem Test in nur einem Land wurden benutzt, um die gesamte Spezies zu generalisieren. Die Datenmenge war groß, aber nicht groß genug, um einen biologischen Unterschied zu behaupten.[17]

1990 führten Janet Hyde, Elizabeth Fennema und Susan J. Lamon eine Metaanalyse von 100 Studien über die Mathematikleistungen von Mädchen und Jungen durch. Gerade zehn Jahre nach Benbow und Stanley fanden sie heraus, dass es keinen Geschlechterunterschied hinsichtlich der Leistungen gab und die Mädchen insgesamt sogar minimal bessere Leistungen erbrachten als die Jungen. In der Highschool allerdings fielen die Mädchen beim Lösen komplexer Rechenaufgaben hinter die Jungen zurück. 1995 erkannte man das Fehlen der Mädchen in den Leistungsklassen in Mathematik, Chemie und Physik als Ursache. In den folgenden zehn Jahren stieg die Beteiligung der Mädchen an den Mathematik-Leistungsklassen auf das Niveau der Jungen. Im Jahr 2000 zeigte die Auswertung von über sieben Millionen Mathematiktests, dass die von Benbow und Stanley identifizierte Lücke verschwunden war. Diesen Wandel hätte es nicht gegeben, wenn die Ursache für die Leistungsdifferenzen ein angeborener, biologischer Unterschied wäre.[18]

Eine der interessantesten Studien zur Falsifizierung des Mythos »Mädchen sind schlecht in Mathe« erschien 2008 in der Fachzeitschrift *Science*. Sie zeigte, dass die Leistungen von Mädchen bei Mathetests in direkter Abhängigkeit vom Gender Gap Index des Weltwirtschaftsforums stehen.[19] Wo hohe Geschlechtergerechtigkeit besteht, sind auch die mathematischen Leistungen der Mädchen hoch, wo die Geschlechter weniger gleichberechtigt sind, sind sie niedriger.[20] Die Auswirkungen von Maßnahmen zur Geschlechtergerechtigkeit sind also groß genug, um Testergebnisse zu beeinflussen. Diese systemischen Abweichungen zeigen, dass hier biologische Unterschiede nicht ursächlich sein können.

Die letzte noch verbliebene mathematische Lücke bestand im räumlichen Denken. 2007 zeigte eine Studie von Jing Feng, dass sie geschlossen werden konnte, nachdem die Mädchen nur zehn Stunden Unterricht in Videospielen erhalten hatten. Bei Grundschulkindern tritt diese Lücke heute gar nicht mehr auf – wahrscheinlich, weil sie schon früh mit Spielen, Smartphones und Tablets konfrontiert sind.[21] Der Unterschied in der Erfahrung überschreibt das, was einst als Unterschied zwischen den biologischen Geschlechtern galt.

In den 1990er-Jahren demonstrierten Mathematiker auch, dass die Geschlechterlücke bei mathematischen Leistungen innerhalb der höchsten Perzentilen durch den größeren Pool an Jungen entstanden und kein echter Leistungsunterschied war. (Das galt auch für andere Leistungsbereiche, etwa Schach.)[22] Angesichts dieser Erkenntnisse konnte die Tatsache, dass die Mehrzahl der führenden Wissenschaftler, Schachspieler oder Nobelpreisträger männlich sind, nicht mehr mit biologischer Überlegenheit erklärt werden.

Obwohl immer mehr Studien den Mythos vom biologisch begründeten Leistungsunterschied in Mathematik widerlegten, hielten die Medien an der Theorie fest, die Psychologie von Männern und Frauen unterscheide sich extrem. 2005 stellte Janet Hyde deshalb die »Hypothese der Geschlechterähnlichkeiten« auf, die besagt, Frauen und Männer glichen einander hinsichtlich der meisten psychologischen Variablen, darunter auch den kognitiven Fähigkeiten.[23] Sie stützte ihre These mit einer umfangreichen Metaanalyse der Forschung zu Geschlechterunterschieden hinsichtlich Temperament, Vorlieben, Gewohnheiten und vielen weiteren Persönlichkeitsmerkmalen. Hyde fand heraus, dass Frauen und Männer in diesen Bereichen mehr Gemeinsamkeiten als Unterschiede aufweisen. Auf der Bevölkerungsebene ergaben sich jedoch einige Divergenzen, die den Stereotypen recht genau entsprachen. Auf individueller Ebene oder in kleinen Gruppen können solche Unterschiede laut Hyde jedoch nicht angenommen werden, da es zu große Abweichungen gebe und nicht unterstellt werden könne, dass alle Frauen nähen und alle Männer Fußball schauen. Es gebe eben genauso Männer, die nähen, und Frauen, die Fußball schauen.

Eine elegante neue Theorie über das Gehirn erklärt all diese Ähnlichkeiten und Variationen. Wir wissen heute, dass Menschen durch die Produktion von Synapsenverbindungen im Gehirn das Denken lernen. Ein Neugeborenes muss 100 Milliarden Synapsen generieren, um als Erwachsener zu funktionieren. Doch bei der Geburt gibt es nur 6000 Gene, die dazu in der Lage sind. Sie können nur zehn Prozent dieser Verbindungen produzieren. Der Rest geschieht durch Erfahrung und Lernen. Wir nehmen in jeder Sekunde unseres Lebens Informationen auf und bilden Synapsen. Unser Konnektom wächst, konfiguriert sich neu und reduziert sich, während wir etwas lernen und wieder vergessen. Untersuchungen haben gezeigt, wie das Konnektom Informationen über Landkarten, Jonglieren und Klavierspielen erlernt und wieder vergisst. Viele von uns können eine Sprache, die wir früher zu beherrschen glaubten, heute nicht mehr sprechen. Gelerntes und Vergessenes sammeln sich an, und das Verbindungsmuster im Konnektom jedes einzelnen Menschen wird so einzigartig wie ein Fingerabdruck oder eine Schneeflocke.[24]

Kulturell bringen wir Jungen und Mädchen normalerweise verschiedene Dinge bei. Wir dürften deshalb auf der Populationsebene systematische Wissensunterschiede bei ihnen erwarten, wie auch Hyde sie beobachtet hat. Die Konnektome von Jungen und Mädchen *könnten* also verschiedene Muster aufweisen. Doch das wissen wir noch nicht. Derzeit läuft der internationale Versuch, die Variationen im menschlichen Konnektom zu kartieren – ähnlich dem Human Genome Project vor 30 Jahren. In den USA finanziert das National Institute of Health das fünfjährige Human Connectome Project mit 30 Millionen Dollar. Ein ähnliches internationales Projekt namens Developing Human Connectome Project läuft parallel und sammelt Gehirnscans Hunderter Menschen und Tiere.[25] Erst die Ergebnisse dieser Untersuchungen werden zeigen, ob Männer und Frauen tatsächlich unterschiedliche Konnektome haben – und dann können wir herausfinden, was das bedeutet. Im Gesamtzusammenhang betrachtet war die Studie der University of Pennsylvania also nur ein Testballon.

Die gesamte Geschichte hindurch wurden Frauen aus Bildungsinstitutionen ausgeschlossen. Als sich das Lesen und Schreiben in der Antike verbreiteten, enthielten die männlichen Eliten den »niedriger gestellten« Gruppen – auch Frauen – dieses Wissen vor. Tausende Jahre lang war es unüblich, dass Frauen lesen und schreiben konnten. Erst im 19. Jahrhundert erkämpften sich Frauen in den Industrieländern dieselbe Bildung wie Männer. Die Mädchen im heutigen Afrika bestreiten also einen sehr alten Kampf. Andernorts drängen junge Frauen nun in die Hochschulbildung, was sich dramatisch auf die jeweiligen Volkswirtschaften auswirkt. Der Trend zur Bildung führt jedoch nicht dazu, dass Frauen in den Beruf einsteigen – das Gegenteil ist der Fall: Erst Berufsaussichten bringen Frauen dazu, Bildung anzustreben.

Leuchtende Beispiele für diesen Zusammenhang sind Lateinamerika und die Karibik. Abb. 23 zeigt die Entwicklungen im Bereich der höheren Bildung bei Frauen in der Region seit den 1970er-Jahren im Vergleich zur Berufstätigkeit von Frauen und dem BIP. Die Beziehung zwi-

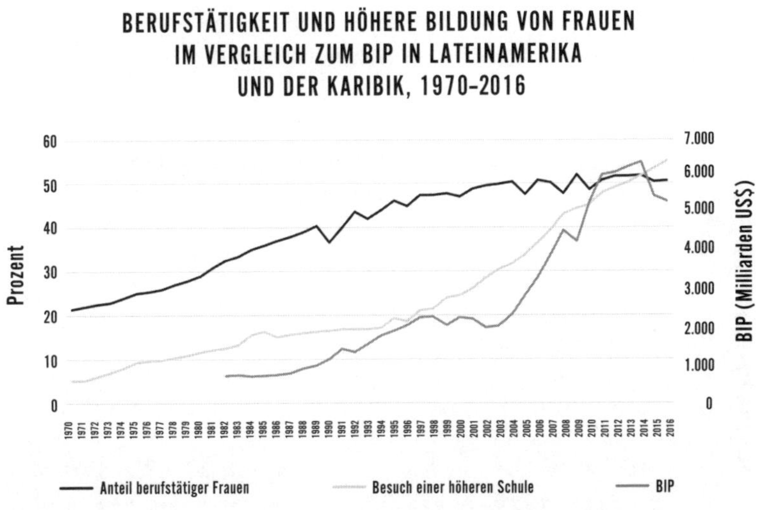

ABB. 23 Die hellgraue Linie steht für den prozentualen Anteil aller Frauen, die in Lateinamerika und der Karibik zwischen 1970 und 2016 eine höhere Schule besucht haben. Die schwarze Linie zeigt den Prozentsatz berufstätiger Frauen, dessen Entwicklung eng an die Bildungsentwicklung geknüpft ist. Auch das BIP wächst mit der Bildung und Berufstätigkeit von Frauen, was dem globalen Trend entspricht. Das Absinken des BIP in den letzten Jahren gründet in politischer Instabilität, vor allem in Venezuela.

Quelle: Datenbank der Weltbank, Zugriff 17. Juli 2018

schen einer steigenden Zahl berufstätiger Frauen und der Menge höher gebildeter Frauen wird deutlich: Weil es in Lateinamerika mehr und bessere Jobs für Frauen gibt, investieren Mädchen und deren Familien in Bildung und erhoffen sich eine bessere Zukunft.

In allen westlichen Ländern erreichen mehr Frauen eine Bildung über die Sekundarstufe hinaus. Sie haben bessere Noten, machen mehr Abschlüsse und sind häufiger in Postgraduiertenprogrammen vertreten (Abb. 24).[26]

Doch wenn Ignoranten, die weiterhin von den biologischen Gehirnunterschieden überzeugt sind, mit Daten über die Dominanz von Frauen bei den höheren Bildungsabschlüssen konfrontiert werden, wiegeln sie mit dem Argument ab, Frauen studierten nicht die »richtigen« Fächer und der Anstieg ihrer akademischen Leistungen sei deshalb irrelevant. Die »richtigen« Fächer seien Informatik, Ingenieurwesen, Mathematik, Naturwissenschaften und Betriebswirtschaftslehre. Diese

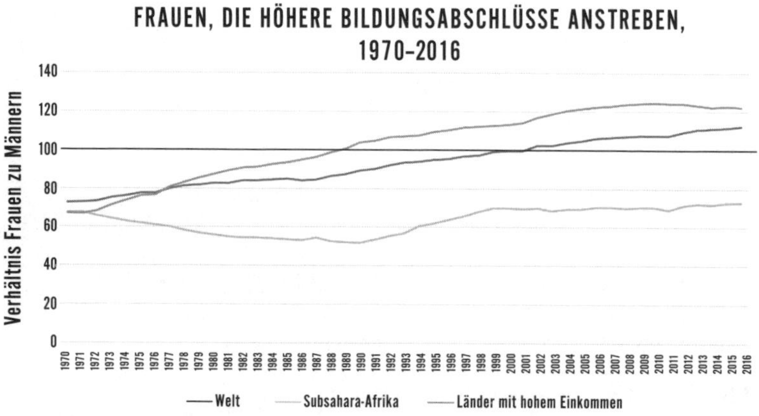

ABB. 24 Die dicke schwarze Linie zeigt, wo Gleichheit mit den Männern erreicht wäre. Frauen in Ländern mit hohen Einkommen haben diesen Punkt um 1990 erreicht. Global lag dieser Punkt etwa um das Jahr 2000. Die untere Linie zeigt Subsahara-Afrika, die einzige Region, in der Frauen bis heute nicht in gleichem Maße wie Männer höhere Schulbildung erhalten.

Quelle: Datenbank der Weltbank, Zugriff 17. Juli 2018

Fächer betrachten sie als die anspruchsvollsten, für die Wirtschaft wichtigsten, am stärksten von Männern dominierten und für Frauen am furchteinflößendsten.

Sehen wir uns an, worauf Frauen sich in puncto Bildung tatsächlich konzentrieren (Abb. 25). Tatsächlich studieren sie mit 50 Prozent gerin-

STUDIENFÄCHER VON ABSOLVENTEN/ABSOLVENTINNEN, 2017

	geschätzter Gesamtprozentsatz der Studierenden	Männer in %	Frauen in %	Verhältnis Frauen/Männer in %
Betriebswirtschaftslehre	27,1	26,3	27,8	106
Ingenieurwesen, Produktion und Bauingenieurwesen	12,2	19,4	6,1	31
Bildung	14,2	10,4	17,3	166
Sozialwissenschaften, Journalismus und Informationswissenschaften	9,1	7,9	10,1	128
Geisteswissenschaften und Künste	9,2	7,7	10,4	135
Informations- und Kommunikationstechnologie	4,7	6,5	3,2	49
Gesundheit und Sozialwesen	9,8	6,4	12,6	197
Naturwissenschaften, Mathematik und Statistik	5,0	5,3	4,8	91
Dienstleistungen	2,9	3,7	2,3	62
Land- und Forstwirtschaft	2,3	2,8	1,8	64

ABB. 25 Dies sind Gesamtzahlen für alle Länder, über die Informationen zur Verfügung stehen, unabhängig von der Einwohnerzahl. Die »geschätzte Gesamtzahl« ist gemäß des größeren Frauenanteils gewichtet. Ich habe die Informations- und Kommunikationstechnologie hervorgehoben. Dieses Fachgebiet ist sehr klein, sodass der Unterschied zwischen männlichen und weiblichen Studierenden in absoluten Zahlen gering ist.
Quelle: Weltwirtschaftsforum, *Global Gender Gap Report*, 2017

gerer Wahrscheinlichkeit Informations- und Kommunikationstechnologie (IKT), doch es studieren *insgesamt* weniger als fünf Prozent aller Studenten dieses Fach. Der Unterschied zwischen 6,5 Prozent männlichen und 3,2 Prozent weiblichen Studierenden ist nicht aussagekräf-

BACHELOR-ABSCHLÜSSE IN DEN USA NACH GESCHLECHT, 1950–2015

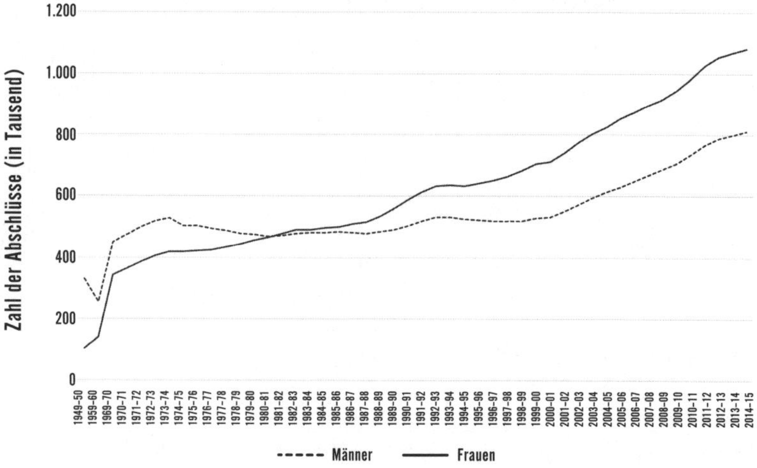

US-GESAMTBEVÖLKERUNG MIT MINDESTENS 4-JÄHRIGER COLLEGEAUSBILDUNG NACH GESCHLECHT, 1940–2017

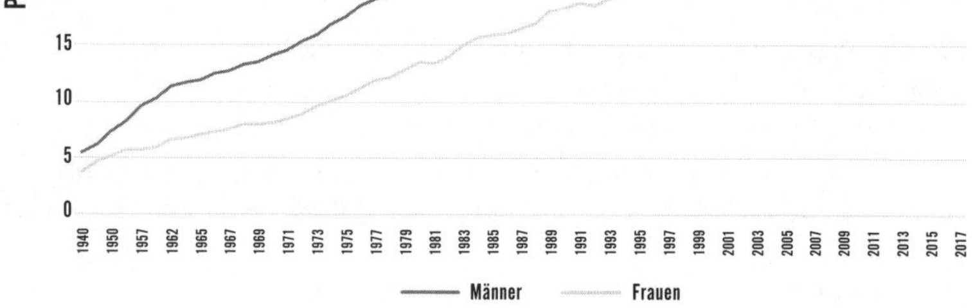

tig genug. Männer dominieren also ein Fach, das insgesamt sehr wenig Studierende hat.

Dem Stereotyp zufolge studieren Frauen die »einfachen Fächer« wie etwa Geisteswissenschaften.[27] Es stimmt, dass Frauen häufiger Geisteswissenschaften, Pädagogik und Sozialwissenschaften studieren als Männer, doch sie schließen auch häufiger betriebswirtschaftliche Studiengänge ab. Tatsächlich studieren dreimal so viel Frauen BWL wie Geisteswissenschaften. Vor 40 Jahren waren die Business-Studiengänge noch eindeutig männlich dominiert, und sie sind auch heute noch sehr quantitativ und kompetitiv. Doch davon scheinen die Frauen sich nicht abschrecken zu lassen. Die Verfechter dieses Stereotyps haben ihre Hausaufgaben nicht gemacht. Sie nehmen einfach an, dass Frauen nicht Betriebswirtschaft studieren, weil sie lieber in Vorlesungen über Kunstgeschichte sitzen.

Um zu verstehen, wie dieses Denkmuster entstanden ist, hilft ein Blick auf Daten aus den USA, die detaillierter sind und weiter in die Vergangenheit reichen als die Daten anderer Länder, die aber dieselben Entwicklungen zeigen (Abb. 26).

In den frühen 1970er-Jahren schrieben sich genauso viele Frauen wie Männer an Hochschulen ein. Wahrscheinlich wurden sie durch die Arbeitsreformen der zweiten Welle ermutigt. Der Trend zeigte die nächsten 25 Jahre nach oben, bis die Töchter der Frauen aus der 1970er-Bewegung die Highschool abschlossen und der Anstieg sich beschleunigte. In den 1990er-Jahren lag der Fokus stärker auf den

ABB. 26 Die erste Abbildung (gestrichelte Linie) zeigt die von Männern erworbenen Bachelor-Abschlüsse in den USA seit dem Zweiten Weltkrieg. Von 1970 bis ca. 2001 verläuft die Kurve flach. Die Kurve der Frauen (durchgezogene Linie) dagegen ist seit dem Erreichen der gleichen Menge an Abschlüssen (1983) weiter angestiegen. Eine Entwicklung wie diese setzt sich in einer Population nur langsam durch, doch wie auf der zweiten Abbildung zu sehen ist, haben erwachsene Frauen in den USA seit einigen Jahren mit höherer Wahrscheinlichkeit einen College-Abschluss als Männer.
Quelle: National Center for Education Statistics, https://statistica.com/statistics.185157/number-of-bachelor-degrees-by-gender-since-1950/

beruflichen Karrieren von Frauen, und auch die berufstätigen Mütter übten Einfluss aus.

Die wachsende Zahl von Frauen an Universitäten setzte deren Kapazität unter Druck. Amerikanische Universitäten benutzen bestimmte Aufnahmekriterien, um für eine beschränkte Zahl von Studienplätzen die besten Studenten zu rekrutieren. Dass mehr Frauen solche Plätze erhalten, zeugt von ihrer Fähigkeit, diesen Anforderungen zu entsprechen. Ende der 1990er-Jahre begannen Privatuniversitäten in den USA, die Aufnahmeanforderungen für Jungen zu senken, um ein Gleichgewicht zwischen den Geschlechtern aufrechtzuerhalten.[28] Mit der Zeit wurde daraus ein Auswahlsystem, das Mädchen den Zugang zu den Universitäten erschwert, selbst wenn sie bessere akademische Leistungen zeigen. Ungeachtet dieser absichtlichen Benachteiligung durch die Universitäten sind heute 57 Prozent aller Studierenden in den USA weiblich. Etwas mehr - nicht nur junge - Frauen als Männer haben in den USA Hochschulabschlüsse. Das trifft auch auf die G7 insgesamt zu.

Als es an den Colleges erstmals mehr Studentinnen als Studenten gab, kam es zu einem Aufschrei. Christina Hoff Sommers argumentiert in ihrem Buch *The War Against Boys: How Misguided Feminism Is Harming Our Young Men*, von Jungen dürfe in der Schule nicht erwartet werden, dass sie stillsäßen und aufpassten. Die Schule sei deshalb für Jungen diskriminierend.[29] Das Argument mutet eher seltsam an - hatten die Bildungsverantwortlichen doch jahrzehntelang behauptet, Jungen studierten häufiger, weil sie einfach klüger seien und bessere Leistungen brächten als die Mädchen.

Die tatsächliche Erklärung für die geringere Anzahl männlicher Studenten ist, dass sie für die gleichen Tätigkeiten wie Frauen nicht so viele Qualifikationen brauchen. Eine nordamerikanische Studie an 122 Millionen Lebensläufen ergab, dass Softwareingenieurinnen für eine Position, die ihre männlichen Kollegen mit einem Bachelor bekommen, einen Master benötigen.[30] Männer in Nordamerika machen auch schneller Karriere, verdienen mehr Geld und nehmen die

Führungspositionen ein - selbst wenn sie weniger gut ausgebildet sind.[31]

Diese Entwicklungen zeigen, dass der geringere Status von Frauen in der Berufswelt nicht an geringerer Intelligenz, Motivation oder Disziplin liegt. Doch welche Fächer studieren Frauen? Der Harvard-Ökonomin Claudia Goldin zufolge studieren Frauen heute wesentlich karriereorientierter als in den 1970er-Jahren.[32] Die Gesamtentwicklung über eine Vielzahl von Studienfächern hinweg ist in Abb. 27 zu sehen. Diese Daten zeigen zwar die Interessenlagen aller Studenten, doch die treibende Kraft hinter den Gesamtzahlen ist die steigende Zahl der Studentinnen. Beliebter wurden die Hauptfächer, für die sich die Frauen entschieden, während die Bereiche ohne Zuwächse sie nicht interessierten. Die Business-Studiengänge verzeichneten den größten Zu-

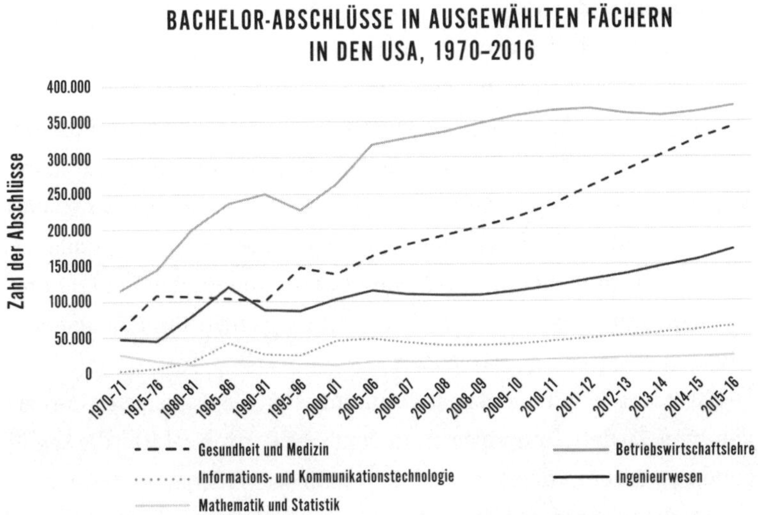

ABB. 27 Diese Entwicklungen reflektieren einen Interessenswandel unter den Absolventen, aber sie werden noch stärker von der wachsenden Zahl der Studentinnen beeinflusst. Die beiden am meisten wachsenden Fächer sind die, die Frauen am häufigsten wählen. Die anderen stagnieren, weil sich Frauen nicht so häufig dafür entscheiden.

Quelle: US-Bildungsministerium

wachs, gefolgt von Fächern im Gesundheitsbereich. IKT und Ingenieurwissenschaften waren in den letzten 50 Jahren für Studierende beiderlei Geschlechts vergleichsweise unattraktiv.

Die jüngsten verfügbaren Daten des US-Bildungsministeriums veranschaulichen das aktuelle Geschlechterverhältnis (Abb. 28). 51 Prozent aller Studierenden sind nicht für naturwissenschaftliche, technische, ingenieurwissenschaftliche (MINT-)Fächer eingeschrieben. Zu diesen anderen Fächern gehören so unterschiedliche Hauptfächer wie Geografie, Wirtschaftswissenschaften, Forstwirtschaft und Kunst. Heutzutage gibt es in den gesundheitsrelevanten Fächern – darunter Medizin und Veterinärmedizin sowie Krankenpflege und Logopädie – kaum Männer. In den Business-Studiengängen ist das Geschlechterverhältnis ungefähr ausgeglichen, in Mathematik und Statistik beinahe. Die größte Geschlechterdifferenz besteht in den Ingenieurwissenschaften und in IKT.

Frauen haben keineswegs »Angst vor den Naturwissenschaften«, wie die Verfechter des biologischen Gehirnunterschieds behaupten. Sie haben vielmehr den Mut bewiesen, sich in die männerdominierten Disziplinen vorzuwagen. Heute stellen sie 50 Prozent der amerikanischen Studentenschaft in Medizin – 1965 waren es noch unter 10 Prozent. In den Biowissenschaften bilden sie die Mehrheit. Über alle naturwissenschaftlichen Bereiche hinweg erlangen Frauen über 50 Prozent der Promotionen.[33] Interessanterweise zählen die Life Sciences jedoch nicht zu den MINT-Fächern.

Das Recht auf ein Medizinstudium mussten die Frauen sich hart erkämpfen. Zu den Hindernissen auf dem Weg dorthin zählten die Segregation an Frauenuniversitäten und immenser Widerstand. 1869 überzeugte die Dekanin des Women's College of Medicine of Pennsylvania das Lehrkrankenhaus, ihre Studentinnen zu klinischen Visiten zuzulassen. Als sich diese Nachricht verbreitete, versammelten sich Hunderte männliche Medizinstudenten zu einer Protestveranstaltung: »Diese galanten Herren stellten sich reihenweise auf, beschimpften und beleidigten die jungen Damen, die aus der Tür traten, und folg-

BACHELOR-ABSCHLÜSSE NACH STUDIENFACH IN DEN USA, 2015

	Prozent aller Studierenden mit Abschluss	Anzahl der Frauen	Anzahl der Männer	Prozent Frauen
Gesundheitsberufe und verwandte Fächer	11,4	182 570	33 658	84
Biologie und Medizin	5,8	64 794	45 102	59
Betriebswirtschaft	19,2	172 489	191 310	47
Mathematik und Statistik	1,2	9 391	12 462	43
Physik und Wissenschaftstechnologie	1,6	11 560	18 478	38
Informations- und Kommunikationstechnologie	3,4	12 509	52 207	19
Ingenieurwesen und verwandte Fächer	6,0	21 521	91 948	19
Andere	51,4	607 431	366 504	62
Abschlüsse insgesamt	100	1 082 265	812 669	57

ABB. 28 Diese Tabelle zeigt die Geschlechterverteilung zwischen den naturwissenschaftlichen, technischen, ingenieurswissenschaftlichen und mathematischen (MINT) Hauptfächern in den USA im Jahr 2015. Der Hauptunterschied liegt in den Fächern Gesundheit/Biologie versus Informatik/Ingenieurwesen. In den »anderen« Fächern gibt es 60 Prozent Absolventinnen und 40 Prozent Absolventen. »Andere« umfasst sehr viele verschiedene Fächer, darunter auch Wirtschaftswissenschaften. *Quelle:* US-Bildungsministerium

ten ihnen auf die Straße, wo andere sich den Beleidigungen anschlossen. [...] In der letzten Stunde wurden die Damen mit Geschossen aus Papier, Alufolie, Zigarettenkippen etc. beworfen, während einige der Männer die Kleider der Damen mit Tabaksaft bespritzten.«[34]

Auch heutzutage existiert solches Verhalten in IKT und in den Ingenieurwissenschaften. Eine Studie über weibliche Führungskräfte in der Tech-Branche (»The Elephant in the Valley«) berichtet, dass 87 Prozent der Frauen herabsetzende Bemerkungen von Kollegen zu hören bekommen hatten; 84 Prozent hatten Kollegen oder Kunden, die ihnen nicht in die Augen sahen; 84 Prozent waren als zu aggressiv beschrieben worden (davon 42 Prozent mehr als einmal), und 90 Prozent hatten bei Branchenveranstaltungen außerhalb des Büros sexistisches Verhalten erlebt. 59 Prozent hatten zudem das Gefühl, nicht die gleichen Möglichkeiten zu haben wie Männer, und von 47 Prozent waren niedere Arbeiten verlangt worden, die Männer nicht tun mussten. Am stärksten schockiert die Tatsache, dass 60 Prozent der Frauen ungebetene sexuelle Avancen gemacht worden waren, davon 65 Prozent vom eigenen Vorgesetzten (und bei 50 Prozent mehr als einmal).[35]

Eine neuere Studie des Pew Research Center berichtet, dass Frauen in MINT-Berufen, in denen die Mehrheit der Kollegen männlich ist, signifikant häufiger sexuell belästigt, herabgewürdigt und aufgrund ihres Geschlechts diskriminiert werden.[36] Laut dem Weltwirtschaftsforum hat die Hälfte der in der IKT-Branche tätigen jungen Frauen diese bis zum 12. Berufsjahr wieder verlassen – das ist doppelt so häufig wie in anderen Branchen. Ihre durchschnittliche Verweildauer in der Branche beträgt nur sieben Jahre.

Angesichts solcher Perspektiven ist es unwahrscheinlich, dass junge Frauen und deren Eltern beim Nachdenken über »die richtigen Studienfächer« Technik oder Ingenieurwesen für attraktiv befinden. Diese Fächer verlangen hohe Eintrittsinvestitionen und führen lebenslang zu weniger Entwicklungsmöglichkeiten; die Zeit, in der das Gehalt für den Aufwand entschädigt, ist inakzeptabel kurz, und es besteht ein hohes Risiko, dass der Aufwand sich auch sonst nicht auszahlt. Angesichts der voraussichtlichen Arbeitsbedingungen für Frauen ist es aus wirtschaftlicher Perspektive irrational, sich für eine dieser Disziplinen zu entscheiden, selbst wenn damit kurzfristig ein höheres Gehalt erzielt werden kann.

Die jungen Frauen haben sich also so entschieden, wie es für sie besser ist. In den USA ist das Gesundheitswesen inzwischen ihr größter Arbeitgeber (und hatte im Jahr 2018 viel mehr Beschäftigte als die Technologiebranche). In den kommenden zehn Jahren sollen dort mehr neue Stellen entstehen als in jedem anderen Sektor. Die Industrieproduktion befindet sich im Rückgang.[37] Zudem kommen einige der wichtigsten und profitabelsten technischen Innovationen nicht aus der IKT oder den Ingenieurwissenschaften, sondern aus der Biologie, Medizin und Biomedizin. Da Frauen in diesen Bereichen die Mehrheit stellen, scheinen sie weder schlecht in Mathe zu sein, noch Angst vor der Wissenschaft zu haben oder an mangelndem Selbstvertrauen zu leiden. Sie wollen zu Wachstum und Wohlstand in ihren Ländern beitragen. Mit ihren Gehirnen ist *alles* in Ordnung.

9

DAS SCHEITERN DER LOHNGLEICHHEIT

Im Frühling 2018 tat die britische Regierung etwas Außergewöhnliches: Sie erklärte, alle Betriebe mit über 250 Angestellten müssten ihren Gender Pay Gap online offenlegen. Als die Daten zur Verfügung standen, entbrannte sofort eine intensive Kontroverse. Nun konnten alle die systematische Ungleichheit sehen, die zwischen 15 Millionen Beschäftigten bestand. Über Firmen und Branchen hinweg gab es eine – manchmal riesige – Gehaltslücke zwischen den Geschlechtern. Und vom bestbezahlten Viertel der Positionen waren Frauen fast gänzlich ausgeschlossen.

»Das Konzept extremer Gehaltsunterschiede in der Finanzszene ist per se nichts Neues. Das Beeindruckende an der Website ist, dass sie wie ein Röntgenbild die inneren Mechanismen verschiedener Organisationen zeigt – von Universitäten und Regierungsinstitutionen bis zu Modegeschäften, von Abwasserfirmen bis zum Hotel Ritz«, so Amelia Gentleman im *Guardian*. »Die Firmen werden entblößt, [...] und ihre Haltung gegenüber Frauen wird auf unangenehme Weise offenbar.«[1]

Von allen Unternehmen verstoßen Fluggesellschaften und Banken am stärksten gegen die Lohngleichheit. Bei den Fluggesellschaften flogen die Männer die Maschinen und die Frauen servierten Getränke, wobei Erstere gut und Letztere eher schlecht bezahlt wurden. Ein Beispiel: 94 Prozent der Piloten bei EasyJet waren männlich und verdienten im Durchschnitt 92 400 £ (ca. 102 000 EUR). Die Flugbegleiter/innen dagegen waren zu 69 Prozent weiblich und verdienten im Schnitt

24 800 £ (ca. 27 000 EUR). Die Fluggesellschaften schienen zu glauben, dieser Unterschied sei völlig normal, obwohl dieses Geschlechterstereotyp aus den 1950er-Jahren ungefähr das ironische Potenzial eines Kühlschrankmagneten hat. Die Fluggesellschaften setzten sich zum Ziel, den Frauenanteil unter den Piloten bis 2020 auf 20 Prozent zu erhöhen, und erwarteten allseitige Begeisterung angesichts dieser enormen Anstrengung. Hatten sie seit der Verabschiedung des Equal Pay Act im Jahr 1970 schlafend in den Cockpits gesessen?[2]

Sämtliche Unternehmenssprecher schienen nicht zu wissen, dass Frauen in vielen Bereichen inzwischen weit besser qualifiziert sind als die Männer. Die »Talentmanagerin« bei Deloitte – eine Firma, die einen Gender Pay Gap von 43 Prozent veröffentlicht hatte – beklagte, dass beruflicher Aufstieg in einem Unternehmen wie ihrem nicht blitzschnell möglich sei. »Wir können nicht einfach weibliche Führungskräfte herzaubern und in unserer Organisation unterbringen. Wir müssen sicherstellen, dass wir unseren Frauen den Aufstieg ermöglichen«, sagte sie. »Ich sage immer, dafür brauchen wir zehn Jahre.«[3] Aber Deloitte hatte bereits 50 Jahre Zeit, gleiche Voraussetzungen für Männer und Frauen zu schaffen, und benötigt jetzt noch einmal zehn Jahre Verlängerung? Vielleicht sollten sie jemand anderen »herzaubern«, der sich um die Talente bei Deloitte kümmert.

In Großbritannien sind Frauen bereits seit Jahrzehnten genauso gut ausgebildet wie Männer. Derzeit sind 31 Prozent mehr Frauen als Männer für ein Hochschulstudium eingeschrieben – und das ist keine große Neuigkeit. Wie in den USA studieren auch in Großbritannien die Frauen häufiger, erzielen bessere Noten, machen mehr Abschlüsse und absolvieren häufiger ein Postgraduiertenstudium als Männer. Trotz dieser vielen Qualifikationsvorteile tun Regierungen, Presse und Unternehmen beharrlich so, als bräuchten Frauen für bessere Jobs nur eine bessere Ausbildung.

Wenn Frauen höher qualifiziert sind und dennoch nicht befördert werden, *muss* die Ursache in weitverbreiteter und ständiger Geschlechterdiskriminierung liegen. Nur so lassen sich die beiden Tatsachen zusammenbringen. Wo bleiben die Gerichtsprozesse? Die BBC untersuchte Gerichtsstatistiken und erwartete massenweise Klagen für gleiche Bezahlung, musste jedoch zu ihrer Überraschung erfahren, dass seit 2010 kein einziger derartiger Fall verhandelt worden war.[4] Keiner!

In den westlichen Ländern gelten seit den 1970er-Jahren Gesetze zur Lohngleichheit der Geschlechter. Die Arbeitgeber hatten viel Zeit, sich daran zu halten, und dennoch besteht nirgends Lohngleichheit. Analysten verweisen heute auf drei Hauptgründe der Lohnlücke: die Mutterschaftsstrafe, das Verbleiben der Frauen in frauendominierten Branchen und fehlende Aufstiegschancen. Die meisten Experten, Personalmanager und Regierungsmitarbeiter betrachten nur die oberflächlichen Daten und suchen mit einem von Vorurteilen gelenkten Blick einen Grund für die Zahlen. So geben sie den Frauen selbst die Schuld: Sie bekämen Kinder, arbeiteten in den falschen Sektoren und strengten sich einfach nicht richtig an. Ich möchte hier eine andere Erklärung bieten. Als Beispiele dafür dienen mir Großbritannien, wo schon die Gesetze zur Lohngleichstellung zahnlos waren, und die Vereinigten Staaten, wo die neuen Regeln vielleicht zu effektiv durchgesetzt und durch reaktionäre Richter sukzessive abgeschwächt wurden. In allen westlichen Ländern führte der fehlende Wille seitens der Regierungen dazu, dass der Gender Pay Gap weiterhin besteht.

Den Hintergrund bildet Großbritanniens erste Gleichstellungsgesetzgebung. Die Europäische Union (die damalige EWG) legte bei ihrer Gründung 1957 in den Römischen Verträgen das Prinzip der gleichen Bezahlung von Frauen fest. Damals interessierte sich die politische Führung Großbritanniens nicht für die Gleichberechtigung der Geschlechter und gehörte zudem nicht zur EWG. In den frühen 1960er-Jahren verabschiedete die britische Handelsgewerkschaft einige Resolutionen, doch weder die Gewerkschaftsführung noch die Regierung unternahmen konkrete Schritte zur Realisierung dieser Pläne. In der Filmversion dieser Ereignisse wurde die Blockadehaltung der Regierung durch den Streik einer Näherin 1968 in einer Ford-Fabrik in Dagenham gebrochen. Die Umfragen dieses Jahres zeigten, dass drei Viertel der britischen Bürger gleichen Lohn bei gleicher Arbeit unterstützten, doch Großbritannien entschied sich wohl eher für das Gesetz, weil es der damaligen EG beitreten wollte und in allen Mitgliedstaaten Lohngleichheit für Frauen gelten musste. Der britische Equal Pay Act von 1970 war ein Baustein des Beitrittsantrags zur EG 1973. Es sollte nicht das letzte Mal sein, dass Europa das zögerliche Großbritannien zwang, seine Geschlechterpolitik zu liberalisieren.

Der Equal Pay Act von 1970 ist nur zehn Seiten lang, enthält aber einen Passus, der die Gleichbehandlung für die nächsten 50 Jahre stark einschränkte: Es dürfe keine unterschiedliche Behandlung der beiden Geschlechter geben.[5] Die Verfasser des Gesetzes schützten sich damit vor der Wut der Männer und sicherten ihre eigenen Interessen. Die Regelung klingt zunächst vernünftig, doch sie berücksichtigt weder die zwischen Männern und Frauen bereits existierende Ungleichheit noch die Tatsache, dass die Diskriminierung der Vergangenheit den Männern massive Vorteile verschafft hat und dass Frauen unter tief in der Gesellschaftsstruktur verwobenen Einstellungen zu leiden hatten. Sie übersieht auch, dass geschlechtsbasierte Diskriminierung ein fortlaufender Prozess ist, in dem das eine Geschlecht seine Vorteile zur Benachteiligung des anderen Geschlechts nutzt.[6]

Von Anfang an wurden also jedes Zugeständnis und jede Form der Unterstützung einer britischen Frau im Vergleich zu einem Mann als »positive Diskriminierung« bezeichnet (in den USA heißt dies »umgekehrte Diskriminierung«) und waren illegal. Die Doktrin der positiven Diskriminierung führte zu Problemen am Arbeitsplatz, die dem Ziel der Geschlechtergleichheit zuwiderliefen. Arbeiteten zwei Menschen in der gleichen Position, mussten sie auch gleich bezahlt werden, doch wenn ein Arbeitgeber sich zwischen der Anstellung oder Beförderung gleich qualifizierter Männer und Frauen entschied, konnte jede Entscheidung theoretisch eine Anklage wegen Geschlechterdiskriminierung zur Folge haben. In der Praxis konnten Männer deshalb Stellen und Beförderungen erhalten, wenn sie *genauso* qualifiziert waren wie die Mitbewerberinnen; Frauen mussten aber *klar besser* qualifiziert sein als alle männlichen Bewerber, um die Position zu bekommen.

Dieser strukturelle Fehler im britischen Gesetz wurde durch Probleme bei der Umsetzung verstärkt. Eine Frau, die sich unfair behandelt fühlte, musste dies beweisen, indem sie zeigte, dass ein Mann mehr Geld, Beförderungen oder andere Vorteile erhalten hatte *und* sie selbst in der gleichen Position genauso gute Leistungen erbrachte. Doch die Unternehmen konnten allen Beschäftigten kündigen, die mit anderen über ihr Gehalt sprachen. So war es äußerst unwahrscheinlich, dass eine Frau vom höheren Gehalt eines Mannes wissen konnte, und es war riskant für sie, ihn danach zu fragen.

Selbst heute können entsprechende Gerichtsverfahren Jahre dauern und bringen Frauen höchstens ihr fehlendes Gehalt und einen geringen Schadenersatz ein. Falls die Frau kein sehr hohes Gehalt bezieht, wird sie mit dem erstrittenen Geld wahrscheinlich nicht einmal die Prozesskosten decken können – und britische Gerichte zwingen nie den schuldigen Arbeitgeber zur Übernahme der Prozesskosten der Klägerin, auch wenn diese nur erstritten hat, was ihr ohnehin von Anfang an zustand. Auf der anderen Seite sieht das Gesetz vor, dass der Richter die Beschäftigte zur Übernahme nicht nur der eigenen, sondern auch der Prozesskosten des Arbeitgebers verpflichten kann, wenn Gericht und Arbeitgeber die Anklage für ungerechtfertigt halten. Da das britische System keine Sammelklagen kennt, können die Klägerinnen sich die Kosten nicht teilen. Zudem verhindern die strengen Verleumdungsgesetze, dass Informationen über solche Verfahren an die Öffentlichkeit oder die Presse gelangen. Der gesamte Prozess ist streng geheim.

Die Risiken eines Gleichstellungsprozesses sind weit höher als der mögliche Nutzen. Das Risiko des Arbeitgebers ist so gering, dass es sich wirtschaftlich lohnt, Frauen niedrigere Gehälter zu zahlen und zu hoffen, dass dies ohne Konsequenzen bleibt. So erstaunt es nicht, dass das Gleichstellungssystem Großbritanniens zu genau der Situation führte, die 2018 offengelegt wurde: Nur wenige Frauen sind in Spitzenpositionen, es gibt kaum Prozesse zur Durchsetzung der Regeln, die Arbeitgeber geben sich selbstzufrieden, und die Öffentlichkeit ist schockiert.

Ende der 1990er-Jahre erkannte die EU, dass die Bemühungen um gleiche Bezahlung in allen Mitgliedstaaten gescheitert waren. Sie schlug eine Politik der Affirmative Action (oder positiven Diskriminierung) vor. Die britischen Konservativen drehten durch. Sie kämpften für ein neues Gleichstellungsgesetz, das die Direktiven der EU mit der britischen Doktrin der positiven Diskriminierung verträglich machen sollte. Gegner der EU-Maßnahmen sprachen von der rechtlichen »Tradition« der positiven Diskriminierung, als handele es sich um die Magna Charta und nicht um ein Zweckkonstrukt aus den 1970er-Jahren.

Als der Equality Act 2010 in Großbritannien endlich in Kraft trat, hieß es, die neuen Gesetze legalisierten die Einstellung einer *gleichermaßen* qualifizierten Frau. Diese Behauptung war hochgradig missverständlich. Das Gesetz erklärte die positive Diskriminierung noch immer für illegal, verfügte nun aber über einen neuen Zusatz, den sogenannten »tiebreaker«, den die Regierung als Beweis für einen angeblichen Fortschritt vorzeigen konnte. Die Bedingungen, unter denen der Tiebreaker zur Anwendung kommt, sind unfassbar kompliziert und zeigen, dass das Risiko der Beschäftigung einer Frau, deren Qualifikation die Eignung männlicher Konkurrenten nicht deutlich übersteigt, noch immer hoch ist.

Mit dem Tiebreaker kann ein Unternehmen eine gleichermaßen qualifizierte Frau einstellen, *wenn* es beweisen kann, dass sie in jeder Hinsicht exakt gleich ist. Zusätzlich muss das Unternehmen beweisen, dass

- es ein belegbares Diversitätsproblem in der Firma oder dem Sektor gibt;
- die Einstellung »dem Bedarf entspricht« (was immer das heißen mag);
- die Firma alle relevanten Aspekte im Lebenslauf aller Bewerber gründlich evaluiert hat;

- die Qualifikationen der Frau für die jeweilige Position unmittelbar nötig sind.

Besteht irgendein Zweifel, muss der männliche Bewerber Gelegenheit erhalten, mehr Informationen zu seinen Gunsten zu liefern. Personalexperten rieten, Arbeitgeber sollten bei der Anstellung von Frauen umfassend dokumentieren, wie und warum es zu der Entscheidung kam – für den Fall, dass ein männlicher Bewerber die Entscheidung hinterfragte.

Die Regierung gab sich überrascht, als fünf Jahre später noch kein Unternehmen den Tiebreaker genutzt hatte.

Der britische Ansatz beruht auf der Erwartung, Arbeitgeber träfen objektive Entscheidungen. Das setzt ein Bewusstsein der Führungskräfte über ihre eigenen Vorurteile voraus – sowie die Gewissheit, dass Richter die gleichen Entscheidungen träfen. Alle Studien, die beweisen, dass Vorurteile gegenüber den Geschlechtern die Bewertung von Bewerberinnen und Bewerbern systematisch beeinflussen, reichen aneinandergereiht wahrscheinlich um die Welt. Sie funktionieren meist so:

1. Fiktive Lebensläufe werden erstellt. Sie lassen erkennen, ob sie zu einem Mann oder einer Frau gehören.
2. Arbeitgeber werden gebeten, die Lebensläufe zu bewerten und den besten Bewerber / die beste Bewerberin zu identifizieren.
3. Die Lebensläufe der Männer und Frauen werden ausgetauscht, sodass jede/r »Bewerber/in« nun einen Lebenslauf hat, der vorher dem anderen Geschlecht zugeschrieben worden war.
4. Eine zweite Bewertung wird eingeholt.

Das Ergebnis ist nicht schwer zu erraten: Die Männer werden höher bewertet als die Frauen – selbst bei identischem Lebenslauf. Fragt man die Teilnehmer und Teilnehmerinnen nach den Gründen für ihre Entscheidung, äußern sie Zweifel an den Qualifikationen der Frauen und werten deren Leistungen ab, während sie die gleichen Qualifikationen und Leistungen überragend finden, wenn oben auf dem Lebenslauf ein männlicher Name steht. Dieser Effekt wurde vielfach untersucht, und ich kenne keine einzige Studie, in der Männer und Frauen gleich behandelt wurden. Damit eine Frau in jeder Situation gleich bewertet wird wie ein Mann, muss sie deshalb faktisch besser sein als er.

Die Unternehmen verteidigten den Gender Pay Gap 2018 und vermittelten den aufgebrachten Frauen, nicht zuletzt durch intensives »Mansplaining«, dass die Dokumentationsmöglichkeiten der Regierung begrenzt seien. Sie monierten, dass die Berechnung des Gehaltsunterschieds durch die Regierung zu einfach sei und die Komplexität der tatsächlichen Gehaltsabrechnungen nicht berücksichtige. Tatsächlich machte die »einfache« Formel die Daten aller Unternehmen vergleichbar, hielt den bürokratischen Aufwand möglichst gering und erlaubte den Arbeitgebern nicht, den Pay Gap durch Rechentricks zu beschönigen. In der *Bloomberg Businessweek* war unter dem Titel »Den Gender Pay Gap gibt es laut neuen Zahlen wirklich« zu lesen: »Der strenge [britische] Ansatz lässt den Unternehmen keine Chance auf Ausweichmanöver. Es bleibt ihnen kein statistischer Trick, um das Scheitern ihrer Frauenförderung zu verbergen, und keine rhetorische Umgehung der Tatsache, dass ihre hoch bezahlten Führungskräfte überwiegend Männer sind.«[7]

Die EU hatte die britische Regierung jahrelang kritisiert, weil die Kosten für Kinderbetreuung in Großbritannien in Europa (und vielleicht weltweit) am höchsten waren, nichts dagegen getan wurde und die Lohnungleichheit das klar sichtbare Ergebnis dieser Situation war. Fast 40 Prozent der britischen Frauen arbeiten in Teilzeit. Unter den Industrieländern ist das eine der höchsten Quoten. Die Teilzeitarbeit verstärkt den Gender Pay Gap massiv, weil Teilzeitkräfte weniger verdienen – selbst pro Stunde und für die gleiche Tätigkeit. Die meisten von ihnen sind junge Mütter, doch es sind auch immer mehr Frauen dabei, die Ältere versorgen. Umfragen zeigen, dass junge britische Paare nicht mehr in Alleinverdienerfamilien leben möchten. Doch aufgrund der teuren Kinderbetreuung muss in jungen Familien oft ein Erwachsener zu Hause bleiben – und das ist fast immer die Frau. Diese Frauen sind lange Zeit nicht berufstätig. Wenn sie in den Beruf zurückkehren, geschieht dies in niedrigeren Positionen mit geringerer Bezahlung. Ihre Bildung und Karriere wurden geopfert. Konservative und viele Unternehmen behaupten, dies sei kein geschlechtsbezogenes Phänomen, sondern das »natürliche« Ergebnis der Fortpflanzung – oder: eine private Entscheidung, die in einem freien Markt aus freien Stücken getroffen werde.

Wie schon vor 50 Jahren – oder gar im Paläolithikum – sind die Geschlechter in Großbritannien auch heute noch nach Tätigkeiten getrennt: Frauen kümmern sich um Betreuung/Pflege, Bekleidung und Essen. Besser bezahlte Branchen sind nicht frauen- und insbesondere nicht mütterfreundlich. Frauen wollen der schlechten Behandlung entgehen, indem sie in Branchen ausweichen, wo man ihnen mit mehr Wohlwollen begegnet und mehr Flexibilität ermöglicht. Auch bei Betrachtung einzelner Tätigkeiten besteht keine Lohngleichheit: Frauen verdienen in jedem Beruf weniger Geld.

Eine weitere Entschuldigung während des Skandals von 2018 lautete, Frauen verdienten weniger, weil sie ihre Gehälter schlechter verhandelten. 2007 behauptete das Buch *Women Don't Ask*, Frauen erhielten weniger Gehalt, weil sie, anders als Männer, nicht nach mehr fragten.[8] Die Autorinnen schlugen eine einfache Lösung vor: Die Frauen müssten eben »ihren Mann stehen« und Gehaltserhöhungen fordern. Spätere Studien zeigten jedoch, dass Frauen aus gutem Grund nicht versuchen, höhere Gehälter auszuhandeln: Tun sie es doch, werden sie abgestraft. Die Forderung nach Geld hat noch immer den Beigeschmack von für Frauen ungehörigem Verhalten, genau wie das Bestehen auf dem eigenen Wert, der dieser Forderung zugrunde liegt. Je intransparenter die Gehaltsstrukturen innerhalb eines Unternehmens sind, umso ungünstiger endet es für Frauen, die nach einer Gehaltserhöhung fragen. Ihre Situation wird selbst dann nicht besser, wenn ihnen ein anderes Jobangebot vorliegt. Eine vielbeachtete Studie behauptete, Frauen könnten Gehaltsverhandlungen gewinnen, wenn sie nur nett genug verhandelten, doch viele weitere Studien haben diese These widerlegt. Als Frau kann man einfach nicht nett genug sein. Aber das wissen die meisten Frauen bereits – und fragen deshalb eben nicht.[9]

Sowohl in den Vereinigten Staaten als auch in Großbritannien hat die Kontroverse über die richtige Berechnung des Gehaltsunterschieds die Versuche, Geschlechtergerechtigkeit herzustellen, stark beeinträchtigt. Vertreter und Vertreterinnen der extremen Marktwirtschaft wollen die Existenz des Gender Pay Gap gänzlich widerlegen, weil das besser zu ihrer egoistischen Vorstellung vom Funktionieren der Wirtschaft passt. Sie glauben, wenn es die Gehaltsdifferenz wirklich gäbe, würden Unternehmen nur Frauen beschäftigen – um Kosten zu sparen. (Dieses Argument ignoriert die simple Tatsache, dass so etwas in fast jedem Land der Welt illegal wäre.) Ökonomen und Ökonominnen, die so argumentieren, bringen den Gender Pay Gap durch »Variablenkontrolle« zum Verschwinden und treiben so ihre ideologische Agenda voran. Sie kommen zu dem Schluss, dass Lohngleichheit bestünde, wenn Frauen die gleichen Entscheidungen träfen wie Männer. Dann reichen sie ihre Studien an die Medien weiter, die darauf tendenziell genauso anspringen wie auf Studien über Gehirnunterschiede – und zwar so lange, bis es niemanden mehr gibt, der nicht zumindest einmal gehört hat, der Gender Pay Gap sei reine Fiktion.

Die Methode der Variablenkontrolle ist manchmal angemessen und notwendig, doch wenn man sich ihrer nur umfassend genug bedient, kann man fast jeden Effekt zum Verschwinden bringen. In diesem Fall wird die Variablenkontrolle auf »arbeitet in Teilzeit«, »arbeitet von zu Hause aus« und »arbeitet im Gesundheits- oder Bildungswesen oder in der Modebranche« angewendet. All diese Variablen treffen auf Frauen viel häufiger zu als auf Männer; sie sind letztlich nur Umschreibungen für das Adjektiv »weiblich«. Eine so ausgerichtete Variablenkontrolle ergibt nicht, dass der Gender Pay Gap Fiktion ist, sondern sie besagt: »Frauen würden das Gleiche verdienen wie Männer, wenn wir alle Faktoren entfernen würden, die geschlechtsspezifische Benachteiligung am Arbeitsplatz verstärken und widerspiegeln.«

Eine Analogie veranschaulicht das Problem: Afroamerikaner verdienen im Durchschnitt weniger als weiße Männer. Man stelle sich vor, jemand nähme den Datensatz über den Verdienst von Männern und kontrollierte auf Variablen wie »wohnt in einem benachteiligten Gebiet« oder »war kürzlich arbeitslos« oder »wurde festgenommen«. Nach der Entfernung all dieser Faktoren verdienen weiße und schwarze Männer das Gleiche, und der Forscher verkündet: »In Amerika gibt es keine Rassendiskriminierung! Schwarze Männer würden das Gleiche verdienen, wenn sie sich mehr wie weiße verhielten!« Diese Schlussfolgerung ist natürlich nicht valide, weil die entfernten Variablen jeweils entweder rassistische Diskriminierung widerspiegeln oder ein Mittel zur Umsetzung rassistischer Diskriminierung sind. Die Motive hinter einer solchen Analyse würden wir zu Recht mit äußerster Skepsis betrachten. Die gleiche Skepsis sollten wir an den Tag legen, wenn der Datensatz aus Frauen besteht.

Das Weltwirtschaftsforum, die Organisation für Wirtschaftliche Zusammenarbeit und Entwicklung und die EU schätzen den Gender Pay Gap in Großbritannien auf 18 bis 45 Prozent. Der Wert ist abhängig von der verwendeten Quelle und der Berechnungsmethode, doch alle Erhebungen zeigen einen großen Gehaltsunterschied. Selbst innerhalb einer Branche oder für die gleiche Tätigkeit und selbst bei gleicher Stundenzahl verdienen Frauen weniger als Männer.

Der durch den Pay Gap verursachte Schaden für die britische Wirtschaft ist beachtlich. Britische Frauen verlieren deshalb jährlich 140 Milliarden britische Pfund, das sind durchschnittlich 9112 Pfund (ca. 10 000 EUR) pro Person und Jahr. Und Großbritannien opfert jährlich 123 Milliarden Pfund durch Produktivitätsverluste aufgrund ungleicher Kompensation. Dennoch widersetzt sich die Regierung echten Reformen. Eine wütende Frau sagte gegenüber dem *Guardian*: »Wir bemühen uns um Veränderungen, aber Männer haben die Macht. Wir hoffen, dass unsere Unterdrücker das System ändern – das ist, als verlangte man von Gänsen, sich für Weihnachten zu begeistern.«[10]

Die Vereinigten Staaten hatten in dieser Frage eine andere Ausgangslage und machten eine Zeit lang größere Fortschritte. Im Zuge der Bürgerrechtsbewegung wurde Frauen die Lohngleichheit gesetzlich garantiert, weil die Schutzmaßnahmen gegen Rassismus auch auf die Geschlechterdiskriminierung ausgeweitet wurden. Das Motiv hinter den Gleichstellungsgesetzen war der Wunsch, die Fehler der Vergangenheit und deren gegenwärtige Folgen zu korrigieren. Anders als die britische Gesetzgebung erkannten die US-Gesetze die unterschiedlichen Rechte und Möglichkeiten zwischen den Geschlechtern an. Hindernisse mussten beseitigt und verboten werden. Zu diesem Ansatz gehörte die Einsicht, dass weiße Männer, die dominanteste Bevölkerungsgruppe in Amerika, für diese Diskriminierung verantwortlich waren und noch immer von ihr profitierten. Dazu gehörte außerdem das Eingeständnis signifikanter Vorurteile innerhalb der Gesellschaft, die sich in unfairen Versuchen der Unterdrückung benachteiligter Gruppen zeigten. Als das Gesetz zur Lohngleichheit 1963 in Kraft trat, tat niemand so, als hätten Schwarze und Weiße oder Männer und Frauen die gleiche Ausgangslage.

Das amerikanische Gleichstellungsprogramm hatte zwei Ursprünge. Zum einen erwirkten der Kongress sowie drei Präsidenten Gesetze und Exekutivverordnungen. Zweitens wurden gleichzeitig von der Basis her Gerichtsverfahren angestrengt. Die Last der Durchsetzung der Änderungen trugen auch hier einzelne Frauen, doch die Erfolgschancen wurden systematisch gestärkt, und zwar in Form von Affirmative Action, Sammelklagen, Schadenersatzzahlungen und Haftungsregelungen. Hinzu kam das amerikanische Interesse an wichtigen Gerichtsverfahren, die wie Sportveranstaltungen beobachtet und kommentiert werden. Ein solches System der Durchsetzung kann funktionieren.

Die unter dem Begriff Affirmative Action bekannten Maßnahmen wurden durch präsidentielle Anordnungen implementiert. Damit wurde Geschlechterdiskriminierung innerhalb von Regierungsinstitutionen und Vertragspartnern der Regierung verboten. Alle Vertragspartner der Regierung mussten somit ernsthafte und wirksame Bemühungen für die Förderung von Frauen und Minderheiten demonstrieren, da sie sonst Gefahr liefen, ihre Verträge zu verlieren. Die US-Regierung ist nicht nur der größte Arbeitgeber des Landes, sondern auch der größte Kunde – sie kauft alles, von Mayonnaise bis zu Raketen. Droht sie mit der Aufkündigung eines Zulieferervertrags, sind die betroffenen Unternehmen existenziell bedroht. Die Macht dieser Drohung ist daran erkennbar, dass die Regierung sie noch nie einsetzen musste.

Arbeitgeber, die die neuen Gesetze ignorierten, mussten zudem mit Zivilklagen rechnen. Das Rechtssystem der Vereinigten Staaten gestattet Zivilklagen zum Zweck des individuellen Schadensausgleichs, ermöglicht aber auch, Regierungsmandate öffentlich infrage zu stellen, offensive Praktiken innerhalb von Institutionen offenzulegen und Probleme ins Bewusstsein der Öffentlichkeit zu rücken. Bei einem gesellschaftlich so aufgeladenen Thema wie der Lohngleichheit können solche Zivilprozesse eher Volksfesten als Geheimversammlungen gleichen.

Klagen aufgrund von Geschlechterdiskriminierung stellten für die angeklagten Institutionen ein hohes Risiko dar. In den USA gibt es Sammelklagen, bei denen einer Gruppe Geschädigter ein und derselbe Angeklagte gegenübersteht. Die Anforderungen machen es leicht, eine relativ große Klägergruppe aufzustellen. Der größte Prozess wegen sexueller Diskriminierung fand 2001 gegen den Konzern Walmart statt und hatte 1,6 Millionen Kläger. Darüber hinaus können die Gerichte in den schlimmsten Fällen Strafzahlungen verhängen und tun dies auch. Das Gesetz räumt diese Möglichkeit ein, damit Gerichtsurteile Signalwirkung haben und andere auch tatsächlich von dem bestraften Verhalten abbringen. Gewinnt eine große Klägergruppe einen Prozess wegen sexueller Diskriminierung, muss der Arbeitgeber gegenüber *allen* Klägern für jeden Schaden (etwa ausstehende Lohnzahlungen) aufkommen und *zusätzlich* Schadenersatz zahlen.

Hier geht es um viel Geld. Wegen potenziell sehr hoher Verdienste erklären Anwälte sich oft bereit, Sammelklagen zu übernehmen und nur im Erfolgsfall ein Honorar zu erhalten. Das Honorar ist dann ein Anteil der erstrittenen Summe, statt wie sonst ein Stundenlohn. Auch die Aussicht auf Aufmerksamkeit lässt Anwälte gern für ein Erfolgsfallhonorar arbeiten – die Medienberichte könnten viele neue Kunden anziehen.

Von den 1970er- bis in die 1990er-Jahre machte das amerikanische Rechtssystem es einfach, große Klägergruppen zu generieren und das Risiko für die Arbeitgeber stark zu erhöhen und für die Kläger zu senken. Somit erhöhte sich auch das Unterhaltungspotenzial des Prozesses. Geschlechterdiskriminierung blieb kein privater Streit zwischen einer Frau und ihrem Arbeitgeber, sondern wurde zu einem Thema von öffentlichem Interesse.

Beim Thema der sexuellen Diskriminierung im US-amerikanischen Recht gibt es – auf beiden Seiten des Atlantiks – zwei häufige Missverständnisse, die mit Quoten und umgekehrter Diskriminierung zu tun haben. 1978 gab es den Prozess *Regents of the University of California vs. Bakke*. Allan Bakke, ein weißer Mann, behauptete, er habe keinen Studienplatz an der medizinischen Fakultät der Universität erhalten. Die Universität hatte Quoten zur Förderung afroamerikanischer Bewerber, und Bakke klagte, er sei Opfer »umgekehrter Diskriminierung« geworden. Das Gericht war im Kern der Meinung, wenn weiße Männer Diskriminierung geltend machen könnten, würde die Absicht des Gesetzes unterlaufen, das Leid der in der Vergangenheit diskriminierten Gruppen zu kompensieren. Die Klage auf umgekehrte Diskriminierung wurde deshalb abgewiesen, wodurch realiter das gesamte Konzept ad acta gelegt wurde. Da weiße Männer das Recht auf Gleichbehandlung haben, beschied das Gericht allerdings, dass die University of California gegen die Verfassung verstoße, wenn sie die Quoten zur Herstellung von Gleichberechtigung einsetze. Anders als vielfach behauptet, hat die Affirmative Action in den USA *nie* Quoten erfordert.

In den USA stiegen die Gehälter von Frauen (ausgedrückt als prozentualer Anteil der Männergehälter) zwischen 1973 und 1990 steil an – insgesamt um circa 30 Prozent. Doch um 1990 kam es zu einem Plateau. In den folgenden 30 Jahren stiegen die Gehälter amerikanischer Frauen (gemessen am Gender Pay Gap) nur um insgesamt 12 Prozent. Hätte Amerika die zwischen 1973 und 1990 existierende Steigerungsrate beibehalten, wäre die Lohngleichheit dort heute erreicht.

Die Verlangsamung des Fortschritts in den USA gründet im Aufstieg der Rechtskonservativen und in deren Erfolg bei der Ernennung konservativer Richter, insbesondere am Obersten Gerichtshof. Die Verschiebung hin zu einer rechtskonservativen Richterschaft hat die in den 1970er-Jahren errungenen arbeitsrechtlichen Verbesserungen für Frauen schon beinahe zunichtegemacht, und zwar mit drei drastischen Maßnahmen: (1) Den Arbeitgebern ist es erlaubt, die Gleichstellungsrechte in den Arbeitsverträgen auszuhebeln. (2) Die Gerichte sind gehalten, Schadenersatzzahlungen zu begrenzen. (3) Frauen per se gelten nicht als Gruppe, sind also nicht zu Sammelklagen berechtigt.

Seit den 1990er-Jahren besagen neu unterzeichnete Arbeitsverträge, dass jede Beschwerde durch Schlichtung zu regeln sei. Diese Praxis wirkt sich immer zuungunsten der Beschäftigten aus. Die Beschäftigten geben mit der Unterschrift auch ihr Recht auf eine Sammelklage auf. Zu Anfang beurteilten einige Gerichte diese Verträge als illegal, doch 2018 erklärte der Oberste Gerichtshof »erzwungene Schlichtungen« für legal. Zu diesem Zeitpunkt unterlagen 60 Millionen Frauen *und* Männer – beinahe 50 Prozent der amerikanischen Beschäftigten – solchen Vereinbarungen. Der Oberste Gerichtshof hatte das Unterstützungssystem für Frauen, das die USA auf den Weg zur Lohngleichheit geführt hatte, ausgehebelt.[11]

Zur gleichen Zeit begannen Gerichte, die über Diskriminierungsklagen entschieden, die Lohnrückzahlungen zu begrenzen und Schadenersatzzahlungen gänzlich zu eliminieren. Auch dieser Wandel geht auf konservative Strategien zur Kontrolle des Rechtssystems zurück.

Auch im Walmart-Prozess (*Wal-Mart Stores, Inc. vs. Dukes, et al.*) hatten alle unteren Gerichte zugunsten der Kläger entschieden, doch der

Oberste Gerichtshof kehrte das Urteil um. 2004 wurde der Fall durch das Gericht eines Bundesstaats zur Sammelklage im Sinne aller früheren und gegenwärtigen Walmart-Mitarbeiterinnen zugelassen. Doch 2011 entschied der Oberste Gerichtshof, Frauen als Gruppe könnten keine Sammelklagen einreichen. Die Entscheidung fiel nicht einstimmig; die Meinungen gingen – getrennt nach Geschlecht und Ideologie – auseinander. Fünf konservative, männliche Richter standen vier Liberalen gegenüber (davon drei Frauen und ein Mann).

Die Geschichte ist heute weithin bekannt als Sieg von Walmart im größten Prozess wegen Geschlechterdiskriminierung in der amerikanischen Geschichte. Entscheidend war in diesem Prozess jedoch nicht die Frage, ob es bei Walmart solche Diskriminierung gegeben habe, sondern ob Frauen als Gruppe genügend Gemeinsamkeiten haben, um Sammelklagen einreichen zu dürfen. Die Konservativen behaupteten, die Klage sei nur eine Ansammlung individueller Erfahrungen, weshalb die Frauen einzeln vor Gericht ziehen müssten.

Der Widerstand des Obersten Gerichtshofs, Frauen als Gruppe zu begreifen, hatte sich schon lange angekündigt, und zwar aufgrund des impliziten Vergleichs mit der Kategorie der Rasse, auf der die US-Gleichstellungsgesetze basieren. Im Bakke-Fall von 1978 betonte das Gericht beispielsweise die historische Diskriminierung von Afroamerikanern als Grundlage ihres Gruppenstatus, wies eine Gemeinsamkeit mit den Frauen aber explizit zurück, weil »die Wahrnehmung rassischer Klassifizierungen als inhärent verabscheuungswürdig einer langen und tragischen Geschichte entstammt, die geschlechtsbasierte Klassifizierungen nicht teilen«.[12] Diese Haltung zeigt sich auch in der Walmart-Entscheidung von 2011 und ist eindeutig der Tatsache zuzuschreiben, dass Frauen bis vor Kurzem *keine schriftliche Geschichte* hatten und die Öffentlichkeit seitdem auch nicht auf die Existenz dieser Geschichte aufmerksam gemacht wurde.

Nach dem Urteil im Walmart-Prozess wurden mehrere Klagen mit dem immer gleichen Argument entschieden – Frauen hätten hinsichtlich der Diskriminierung am Arbeitsplatz nicht genügend Gemeinsamkeiten, um als Klägerinnengruppe aufzutreten. So wurde den Klägerinnen etwa in einem Prozess gegen Microsoft dieser Status verweigert, obwohl zwei umfangreiche, maßgebliche und unabhängige Berichte zu dem Schluss kamen, dass Frauen dort in statistisch signifikantem Maße weniger Gehalt bekämen und seltener befördert würden. Zudem lagen bereits mehrere Klagen weiterer Frauen zum selben Thema vor.

Die Obama-Regierung verbesserte die Arbeitsrechte von Frauen 2009 mit dem Lilly Ledbetter Fair Pay Act (der mit der Lohngeheimhaltung zur Minimierung des Schadenersatzes Schluss machte). Doch die Rechtskonservativen haben die Lohngleichheit weiter zurückgedrängt. Trump hob die unter Obama angeordnete, detaillierte, nach Geschlecht aufgeschlüsselte Berichtspflicht über die gezahlten Gehälter auf. Zum Glück ordnete ein Bundesrichter die Fortsetzung dieser gesetzlich vorgeschriebenen Datenerhebung an. Doch mehrere Gesetze zur Aufhebung der Lohnungleichheit stecken im Kongress fest, wo sie von den Republikanern blockiert werden.

Zum jetzigen Zeitpunkt gilt: Bislang sind Großbritannien, die Vereinigten Staaten und alle anderen westlichen Länder daran gescheitert, die Gleichberechtigung der Hälfte ihrer Bürger sicherzustellen. Zu diesem Schluss kam die Europäische Kommission im Jahr 2009 angesichts der diesbezüglich in den EU-Mitgliedstaaten, Kanada, Südafrika und den Vereinigten Staaten erzielten Ergebnisse.[13] Der fatale Fehler aller Gleichstellungsmaßnahmen war, dass die Last der Durchsetzung den individuellen Frauen auferlegt wurde, die Kosten und Risiken von Gerichtsverfahren trugen, deren Entscheidung zu ihren Gunsten unwahrscheinlich ist. Die Frauen hatten das Vertrauen in das Justizsystem verloren, und weder die Gewerkschaften noch die Regierungen waren willens, etwas an der Situation zu ändern. Die Arbeitgeber hatten die diskriminierenden Praktiken ungestraft über das Ende des 20. Jahrhunderts hinweggerettet.

2010 veröffentlichte die Europäische Kommission einen weiteren Bericht, in dem die verfügbaren Reformmöglichkeiten analysiert wurden.[14] Die beste Lösung, so das Fazit, bestünde in der Verlagerung der

Verantwortung für die Durchsetzung der Gleichstellungsgesetze. Statt einzelne Frauen damit zu belasten und den Richtern die Entscheidungen zu überlassen, müsse die Kontrolle und Durchsetzung an die Regierungen zurückgegeben werden - genau wie etwa Steuerhinterziehung, Bankenbetrug und Verletzungen der Sicherheitsauflagen, die staatlich kontrolliert und verfolgt werden.[15] Es gäbe Regularien, eine Berichtspflicht, eine für die Kontrolle zuständige Behörde, regelmäßige Prüfungen bestimmter Unternehmen und einen Strafkatalog. Beschwerden würden vor einem Gremium aus Spezialisten verhandelt, und die Gewerkschaften müssten kollektive Einigungen behördlich absegnen lassen.

Dieser Vorschlag - oder eine andere drastische Maßnahme zur Durchsetzung der Arbeitsrechte von Frauen - ist wichtig, wenn wir in diesem Bereich Fortschritte erzielen wollen. Alle Behauptungen, das Erreichen der Lohngleichheit dauere 50, 100 oder 200 Jahre, sind falsch. Es ist kein langsamer, sondern ein automatischer Prozess. Er verlangt das konsequente Zurückdrängen tradierter Widerstände.

Frauen werden nicht geringer bezahlt, weil sie weniger gebildet, motiviert, oder ehrgeizig sind, weil sie seltener nach mehr Gehalt fragen, schwächer, feiger oder fauler sind oder an den Herd gehören. Keine dieser oder der unzähligen anderen Ausreden, mit denen wir den Frauen kulturell selbst die Schuld an ihrer Situation geben, ist richtig. Sie werden geringer bezahlt, weil feindselige Männer und die von ihnen geschaffenen Institutionen immer wieder Wege finden, der Gleichstellung der Geschlechter auszuweichen.

Es ist Zeit, nicht mehr so zu tun, als sei das kein Kampf. Frauen können aus Protest demonstrieren, streiken und wählen - oder sie können sich auf den einen Ort innerhalb der Weltwirtschaft konzentrieren, an dem *sie* die Macht haben. Und diese Macht nutzen.

10

DAS 80-PROZENT-WEIHNACHTEN

Man stelle sich vor: Frauen in allen Ländern, in denen Weihnachten gefeiert wird, einigten sich darauf, nur 80 Prozent der Summe auszugeben, die sie im letzten Jahr für Weihnachten verwendet hatten. Sie verkündeten, ihre Ausgaben jedes Jahr um denselben Betrag zu reduzieren, bis der Gender Pay Gap geschlossen sei. Es gäbe einen entsprechenden Hashtag, T-Shirts, Anstecker, Aufkleber für die Stoßstange – und Medienberichte. Die Geschäfte, Hersteller und Ökonomen gerieten in Panik.

Selbst eine Absenkung der Weihnachtsausgaben um 20 Prozent würde Alarm auslösen. Für die westlichen Volkswirtschaften sind diese Feiertage extrem wichtig. Die Verbraucherausgaben sind das Lebenselixier einer Volkswirtschaft: Wo Weihnachten das größte Fest des Jahres ist, wird ein Großteil der jährlichen Ausgaben im letzten Quartal getätigt. In den Vereinigten Staaten etwa machen die Verbraucherausgaben 70 Prozent des BIP aus. Über ein Drittel davon entfällt auf die Monate November und Dezember und bringt dem stationären Einzelhandel 23 Milliarden Dollar, dem Online-Handel 60 Milliarden Dollar. Allein die Verkaufszahlen im Bereich Spielzeug generieren 600 000 Stellen. Das Weihnachtsgeschäft betrifft nahezu jede Branche: Lebensmittel, Haushaltswaren, Spielzeug, Schmuck, Parfum, Kleidung, Verbraucherdienstleistungen, Reise, Getränke, Elektronikprodukte, Bücher – und so weiter.

Weihnachten ist nur einmal im Jahr. Das Geld wird verdient, oder auch nicht – kein Unternehmen kann etwaige Verluste aus dem Weihnachtsgeschäft im nächsten Quartal wettmachen. Eine Senkung der Verbraucherausgaben um 20 Prozent zur Weihnachtszeit genügt, um die westlichen Volkswirtschaften aus der Balance zu bringen. Ein Beispiel: Ein jährliches Wachstum der Weihnachtsausgaben zwischen zwei und vier Prozent gilt als Zeichen einer gesunden US-Wirtschaft. Liegt es darunter, werden die Unternehmen unruhig.[1]

Man stelle sich weiter vor: Der Westen hat sich gerade vom Weihnachtsschock erholt, da bereiten sich die Frauen dieser Welt auf ein Chinesisches Neujahrsfest mit nur 80 Prozent der Ausgaben vor. Das Chinesische Neujahr ist das größte Fest der Welt. 2018 wurden circa 142 Milliarden US-Dollar allein in China dafür ausgegeben. Das Wachstum der chinesischen Wirtschaft ist zunehmend abhängig von den Konsumenten. Ein Absinken der Ausgaben um 8,5 Prozent im Jahr 2018 führte zu großer Besorgnis unter den Ökonominnen und Ökonomen.[2] Was würde ein Rückgang um 20 Prozent wohl auslösen?

Im Frühling steht ein weiteres Fest von großer wirtschaftlicher Bedeutung an: der Ramadan. Im Herbst ist Diwali, die Mutter aller Feiertage in Indiens auf dem Feiertagskalender fußender Wirtschaft. Am Jahresende schließt sich der Kreis des weiblichen Aktivismus mit dem nächsten Weihnachtsfest, zu dem dann 80 Prozent von 80 Prozent ausgegeben werden. Die gesamte Aktion wird über die sozialen Medien orchestriert – dass so etwas möglich ist, haben Frauen weltweit bereits 2017 mit dem Women's March bewiesen.

Keines dieser Feste könnte stattfinden, wenn Frauen nicht die dafür benötigten Dinge herstellen und kaufen würden. Sie haben die Ausgaben völlig unter Kontrolle.[3] Die Sache wäre geritzt.

Der Konsum ist ein sowohl von den Wirtschaftswissenschaften als auch den Feministinnen oft übersehener oder unterbewerteter Bereich. Doch die Kaufentscheidungen dahinter sind als Wirtschaftstreiber vergleichbar mit Investmententscheidungen. Und niemand hat mehr Kontrolle über die Kaufentscheidungen als Frauen. In Westeuropa und Nordamerika kontrollieren sie über 75 Prozent der Verbraucherausgaben. Laut Berechnungen der Boston Consulting Group ist der durch die Ausgaben von Frauen weltweit repräsentierte Markt dreimal so groß wie Chinas und sechsmal so groß wie Indiens BIP. Dabei handelt es sich immerhin um die beiden bevölkerungsreichsten Länder der Erde.[4] Wir haben es hier mit dem einzigen Teil des globalen Wirtschaftslebens zu tun, der von der XX-Ökonomie regiert wird. Warum wird dieses Potenzial nicht genutzt?

Der Grund liegt meiner Meinung nach darin, dass die Frauenbewegung sich vor langer Zeit einen produktionsorientierten Blick auf die Wirtschaft angeeignet hat. Laut dieser (männlichen) Herangehensweise ist die Herstellung von Dingen wichtig, das Kaufen dieser Dinge aber nicht – da es eine »weibliche Tätigkeit« ist. Wir haben die Macht aus dem Blick verloren, die das Einkaufen über die Wirtschaft hat – und die Frauen haben diese Macht erst vor Kurzem errungen.

Im frühen 20. Jahrhundert wurden westliche Frauen bereits in Zeitschriften als Konsumentinnen dargestellt, doch in Wahrheit bestimmten die Männer noch immer über das Haushaltsbudget. Ab den 1960er-Jahren konnten Frauen allerdings autonomer über Anschaffungen entscheiden und hatten damit mehr Einfluss auf die Wahl bestimmter Haushaltsprodukte, etwa Wasch- und Putzmittel, Lebensmittel und Kleidung für die ganze Familie. Der Ehemann gab seiner Frau Haushaltsgeld, mit dem sie selbst für den Haushalt einkaufen konnte, doch er hatte immer noch das letzte Wort bei Luxusartikeln und größeren Anschaffungen. Mit der zunehmenden Berufstätigkeit der Frauen wuchsen auch die Geldmenge, über die sie frei verfügten, sowie die Auswahl an Gütern, die sie erwerben konnten. Heute kaufen Frauen im Westen immer noch Haushaltsartikel, aber sie beeinflussen oder bestimmen auch Kaufentscheidungen für größere Anschaffungen und Luxusartikel – und kaufen sie meist direkt selbst.

Die Möglichkeit, Entscheidungen über den Konsum eines Haushalts zu treffen, war für die Frauen ein Meilenstein. Das wird besonders klar erkennbar, wenn man mit Frauen spricht, die diese Macht noch nicht haben. Die Wirkung vieler Maßnahmen zur wirtschaftlichen Stärkung von Frauen in Entwicklungsländern wird daran gemessen, inwiefern sie die Möglichkeit der Frauen verändert, auf Entscheidungen in der Haushaltsführung Einfluss zu nehmen, vor allem hinsichtlich größerer Anschaffungen. Ich selbst stütze mich am liebsten auf die Frage, ob die Frau die Möglichkeit hat, kleine Luxusartikel für sich selbst zu kaufen. Warum ich diese Herangehensweise für die bessere halte, kann die folgende Geschichte erklären:

Meine Doktorandin Laurel Steinfield und ich hatten versucht herauszufinden, welche Priorität Artikel wie Binden innerhalb der Einkäufe ugandischer Familien hatten. Eines Morgens fuhren wir gerade in ein Dorf, um Testgruppen zu befragen, als wir eine Idee hatten. Mit unseren Kollegen der NGO Plan International, die uns berieten, hielten wir an einem Markt und kauften einen Korb mit Waren, die unserer Meinung nach ein Spektrum an Nutzungsmöglichkeiten und potenziellen Nutzern umfassten: Dinge des täglichen Bedarfs, Süßigkeiten, unregelmäßig und regelmäßig benötigte Dinge, Sachen für Männer und für Frauen, Dinge für Kinder, Zucker, Gewürze und haltbare sowie frische Lebensmittel. Diese Ausbeute nahmen wir mit zur ersten Testgruppe des Tages.

Männer und Frauen saßen an einem langen Tisch in einer leerstehenden Schule. Wir breiteten unsere Einkäufe vor ihnen aus und baten sie, alles in einer Reihe von »notwendig« bis »Luxusartikel« anzuordnen. Einigermaßen verwundert begannen sie die Produkte zu sortieren, und schon bald kristallisierte sich eine Reihenfolge heraus. Als sie zu den Luxusgütern gelangten, fingen sie an zu diskutieren. Die umstrittenen Gegenstände waren Bier, Batterien, eine SIM-Karte, Toilettenseife, eine Haarverlängerung, Gesichtscreme und, interessanterweise, Binden.

Als Nächstes sollte die Gruppe regelmäßig und unregelmäßig erworbene Artikel sortieren. Als »regelmäßig« eingestuft wurden Paraffin, Salz, Zucker und Pflanzenöl sowie Bier, Batterien und SIM-Karten. »Unregelmäßig« gekauft wurden Reis (in Uganda ein Lebensmittel für besondere Gelegenheiten), Toilettenseife, Gewürze, Süßigkeiten, Gesichtscreme und Haarverlängerungen. Ungefähr in der Mitte, gleichauf mit dem Gemüse, lagen die Binden.

Laurel und ich tauschten einen Blick. Ich bat die Gruppe spontan, jene Gegenstände herauszusuchen, die Männer für nötig hielten, Frauen jedoch nicht. Jetzt hatten die Teilnehmer wirklich Spaß und brachen immer wieder in Gelächter aus. Sie entschieden sich für Bier, Batterien, eine SIM-Karte und einen Softdrink. Nun wollte ich, dass sie Gegenstände heraussuchten, die Frauen für notwendig hielten, Männer aber nicht. Männer und Frauen lächelten einander vielsagend an, als wollten sie ausdrücken: »Jetzt kommt der eigentliche Kampf.« Die Frauen griffen sofort nach den umstrittenen Gegenständen und ließen sie demonstrativ in die Mitte des Tischs plumpsen. Alle lachten laut. Jetzt lagen da vier Dinge: Toilettenseife, Gesichtscreme, Binden und die Haarverlängerung.

Unsere neue »Einkaufsmethode« benutzten wir eine Woche lang sowohl in gleichgeschlechtlichen als auch in gemischten Testgruppen. Zwischendurch nahmen wir einige Gegenstände heraus und fügten roten Lippenstift hinzu. Wir lernten einiges.

Alle Kaufentscheidungen wurden dadurch bestimmt, dass der männliche Haushaltsvorstand die Ausgaben kontrollierte. In dieser Gemeinde arbeiteten die meisten Frauen nicht außer Haus, während die Männer in eine kleine Stadt in der Nähe pendelten. Sie wurden bar bezahlt. Die Frauen tauschten untereinander Güter. Die Männer hatten deshalb immer Bargeld, während die Frauen nur hatten, was die Männer ihnen zum Kauf der »notwendigen« Dinge gaben – oder jener Dinge, die Männer für »notwendig« hielten.

Keine der Frauen wusste, wie viel ihr Mann verdiente oder möglicherweise irgendwo beiseitegeschafft hatte. Und sie wussten auch nicht, was wir entdeckten: dass er sich mittags Reis und Fleisch kaufte – Lebensmittel, die sie und ihre Kinder nur selten aßen – und dazu einen Softdrink trank. Manchmal kaufte er von dem übrigen Geld Süßigkeiten oder Softdrinks für die Kinder – selten sogar für seine Frau. Wer als Einziger Geschenke verteilen kann, drückt damit natürlich seine Macht aus, und Frauen können ihren Kindern nie etwas Besonderes kaufen. Die SIM-Karten galten als notwendig für die berufstätigen Männer. Batterien waren für die Radios der Männer bestimmt, die außerdem glänzende neue Schuhe und gut aussehende Kleidung für die Arbeit in der Stadt brauchten, während Kleidung für die Frauen nicht für notwendig erachtet wurde.

Jede von uns befragte Frau beharrte darauf, ihr Mann trinke nur Bier, wenn ein anderer ihn dazu einlade. Die Männer gaben unter Geschlechtsgenossen jedoch zu, jeden Abend bei einem Bier zusammenzusitzen. Sie berichteten, jeden Abend bezahle einer von ihnen für die ganze Runde, sodass alle bis auf einen zu Hause erzählen konnten, jemand anders habe sie eingeladen. Mit der Zeit summierte sich das für jeden der Männer auf mehrere Dollar pro Woche; das tägliche Haushaltseinkommen in dieser Gegend beträgt etwa zwei Dollar. Die Männer erklärten, Biertrinken gehöre zu ihren Ritualen und man könne die Teilnahme nicht verweigern.

Ich verstand das zwar, weil solche Rituale natürlich überall weitverbreitet sind, doch es störte mich aufgrund des ständigen Konflikts um Binden. Mitarbeiterinnen und Mitarbeiter von NGOs beharrten zum Teil vehement darauf, dass Binden für arme Familien zu teuer seien. Doch als wir erfuhren, dass Geld für Bier ausgegeben wurde, fragte ich die Leute von den NGOs, ob sie davon wüssten. Das taten sie natürlich. Sie wussten zwar nicht, wie viel genau für Bier ausgegeben wurde, ahnten jedoch, dass es eine im Verhältnis zum Haushaltseinkommen beträchtliche Summe war. Niemand hatte je mit den Männern darüber gesprochen, ob diese Ausgaben nötig waren. Zu dem Zeitpunkt wussten wir bereits, dass die meisten Mädchen mit einer Packung Binden (zum Preis von einem Dollar) pro Monat zurechtkamen. Bier dagegen kostete *mindestens* zehn Dollar im Monat. Innerhalb der Männergruppen gaben die Männer zu, dass sie wussten, dass die Schülerinnen Binden brauchten, doch niemand sprach je mit ihnen darüber, weil das Thema tabu war. Dieses Schweigen ermöglichte es den Männern, sich »dumm« zu stellen und das Thema schlicht zu ignorieren.

Tatsächlich waren Hygieneartikel für Frauen generell ein Problem. In den ländlichen Gebieten der Entwicklungsländer benutzen die Leute ein und dieselbe Seife für alles. In Afrika ist das meist ein schmales, blaues Stück von etwa 30 Zentimetern Länge. Man schneidet es wie eine Salami und wäscht damit den Boden, das Geschirr, das Baby oder das Gesicht. Die Seife ist rau, weshalb die Frauen Toilettenseife so schätzen, denn damit fühlt sich ihre Haut besser an und sieht auch besser aus (genau wie mit Gesichtscreme). Die Aussagen der Frauen waren überzeugend. Solche Produkte gaben ihnen das Gefühl, Menschen zu sein und keine Arbeitstiere. Gab ihnen jemand Seife oder Creme, fühlten sie sich in ihrer Würde als Menschen anerkannt. Sie sagten, wenn sie immer Haarverlängerungen nutzen könnten, würden sie dies tun, aber normalerweise blieben diese Utensilien besonderen Anlässen wie Hochzeiten, Beerdigungen und dem Osterfest vorbehalten – und auch dann nur, wenn ihre Männer ihnen die Produkte schenkten.

Der rote Lippenstift schlug ein wie der Blitz. Wir benutzten ihn für eine Übung, bei der wir fünf oder sechs Gegenstände präsentierten und die Gruppe fragten, wem diese Dinge wohl gehörten. Die Männer brachten den roten Lippenstift, vor allem im Kontext von Gesichtscreme, Toilettenseife und einer SIM-Karte, mit Prostituierten in Verbindung. In einer besonders diskussionsfreudigen, gemischtgeschlechtlichen Probandengruppe wehrte sich eine der Frauen lachend mit dem Hinweis, Männer assoziierten Make-up nur deshalb mit Prostituierten, damit sie ihren Frauen keines kaufen müssten. Die anderen Frauen lachten und nickten – genau wie die Männer.

Eine Frauengruppe aus einem armen Bergdorf, in dem es nichts zu kaufen gibt, gab an, die Frau mit dem roten Lippenstift, der Gesichtscreme, den SIM-Karten und der Toilettenseife zu bewundern. Ich fragte nach dem Grund. Sie sagten, sie habe diese Dinge mit ihrem eigenen Geld gekauft und respektiere sich selbst genug, um Sachen auszuwählen, die sie schön aussehen ließen. »Aber wie verdient sie ihr Geld?«, hakte ich nach. »Sie ist stark«, sagten die Frauen mit Nachdruck, »sie hat ihr eigenes Unternehmen.« »Aber ist sie eine gute Mutter? Kümmert sie sich gut um ihre Kinder?«, wollte ich wissen. »Ja«, antworteten die Frauen, »sie kauft erst für sich selbst ein, wenn ihre Kinder alles haben, was sie brauchen.« Meine Fragen hatten die Frauen eindeutig berührt – sie selbst hatten nie Lippenstift besessen und sich auch nie stark gefühlt.

Seit dieser Feldstudie habe ich die Frage nach der Entscheidungsfreiheit von Frauen über den Kauf von Gesichtscreme und Toilettenseife fest in meine Forschung zur wirtschaftlichen Stärkung von Frauen aufgenommen. Die Antworten treffen mitten ins Herz der Ungleichheit zwischen Männern und Frauen.

Die Testgruppen in Uganda verdeutlichten zudem, dass die Person mit der Entscheidungsmacht über die Haushaltseinkäufe durch ihre Entscheidungen bestimmte Gewohnheiten ermöglicht und andere erschwert. Sie gibt manchen Familienmitgliedern, was sie für ihre Entwicklung brauchen, und zerstört die Träume anderer. Diese Person spart für die Ausbildung oder verschleudert das Geld für Bier. Kaufentscheidungen bestimmen in grundlegender Weise über die Entwicklung einer Gemeinschaft. Wer die Versorgung steuert, beeinflusst direkt und massiv die Zukunft dieser Gemeinschaft. In unseren Testgruppen entschied stets der Mann, und er legte oft mehr Wert auf seine eigenen Bedürfnisse als auf Ausgaben zugunsten der Entwicklung seiner Kinder.

Ähnliche Probleme beobachteten wir während unserer Arbeit mit dem ländlichen Verteilungssystem von CARE Bangladesch. Dort ist die Möglichkeit, Einkäufe zu tätigen, vom Zugang zu Bargeld und vom Grad der Mobilität abhängig, da die Frauen, die zwar gerne einkaufen wollten, die Häuser nicht verlassen dürfen. CARE heuerte extrem arme Frauen als Verkäuferinnen an und nannte sie *aparajita* – »die Frau, die nicht aufgibt«. Das System selbst heißt Jita.

Das Team für wirtschaftliche Entwicklung, das sich das System ausgedacht hatte, handelte mit örtlichen und internationalen Unternehmen aus, dass Frauen kleine Packungen ihrer Produkte verkaufen durften – darunter Shampoo, Waschmittel, Seife, Zahnpasta, SIM-Karten,

Gemüsesamen und abgepackte Snacks. Der Kerngedanke war, die aparajitas in Arbeit zu bringen. Sie sollten den in den Häusern eingeschlossenen Frauen den Kauf von Waren ermöglichen. Das Projekt war die Idee zweier junger, muslimischer Männer mit einem Hintergrund in Marketing und Wirtschaftswissenschaften. Saif Al Rashid und Asif Ahmed sind zwei der engagiertesten Feministen, die ich kenne.

Die aparajitas verkauften den abgeschotteten Frauen Waren und erfuhren so, welche Güter am begehrtesten und welche am schwersten zu bekommen waren. Ganz oben auf der Liste standen natürlich Binden. Die Frauen wollten sie, waren zum Einkaufen aber auf die Männer angewiesen. Und die Männer wären lieber tot umgefallen, als mit Binden an der Kasse gesehen zu werden. Die Frauen wollten auch Verhütungsmittel, die sie ohne Wissen der Männer einnehmen konnten. (In Bangladesch sind Verhütungsmittel zur oralen Einnahme ohne Rezept erhältlich.) Und sie wollten BHs.

Also veränderten die aparajitas ihren Warenkorb. Sie behielten ihr normales Angebot bei und brachten weiterhin, was die Kunden wünschten, aber sie fügten auch kleine Überraschungen hinzu. Manchmal baten wir die aparajitas am Ende der Interviews, uns ihren aktuellen Warenkorb zu zeigen. Meistens taten sie das gern. Die netten Kleinigkeiten reichten von Haarschmuck bis zu kleinen Duftsäckchen. Mein Favorit war ein Kondom mit Erdbeergeschmack.

Doch ein Produkt im Angebot der aparajitas drohte, das gesamte System zum Einsturz zu bringen. Der Konzern Unilever, einer der Lieferanten von Jita, belieferte die aparajitas mit dem meistverkauften Hautaufheller der Welt, *Fair & Lovely*. Das Jita-System war ohnehin umstritten, weil dort arme Leute Waren von Großkonzernen verkauften, darunter auch »Sachen, die arme Menschen nicht brauchen« – so die Meinung westlicher Kritiker. Als Maßnahme gegen die Armut funktionierte Jita sehr gut und hätte leicht auf Tausende Verkäuferinnen ausgeweitet werden können, doch kritische Stimmen und Sponsoren im Westen können einigermaßen engstirnige Ansichten darüber haben, welche Dinge arme Frauen kaufen »dürfen«.

Die Moral des Konsums – wer bekommt was, welche Dinge sind verboten, was kann oder kann nicht hergezeigt werden – unterscheidet sich je nach Ort sehr stark, genau wie die Definition von Notwendigkeit und Luxus. Über diese Kategorien wurde viel publiziert, am besten meiner Meinung nach von Mary Douglas und Baron Isherwood in *The World of Goods*.[5] Im Westen tun Medien und Geldgeber (genau wie Regierungen und manche altmodischen NGOs) so, als seien wir alle einer Meinung darüber, was ein in moralischer Hinsicht gutes oder schlechtes Produkt sei. Ich kenne Leute, die Kosmetika für unmoralisch halten, und sogar manche, die sie als ein mit Drogen und Alkohol vergleichbares Suchtmittel betrachten. Ich selbst finde Waffen wesentlich problematischer, obwohl ich in Texas aufgewachsen bin, wo die Menschen den Besitz einer beliebigen Menge von Waffen für ihr moralisches und bürgerliches Recht halten. Vorkämpfer der Weltgesundheit führen einen moralischen Kreuzzug, um Kondome möglichst überall zu verbreiten. Doch viele Katholiken weltweit sind noch immer der Überzeugung, Kondome seien unmoralisch.

In Malaysia machte ich eine beschämende Erfahrung, nachdem mir eine abwertende Bemerkung über hautaufhellende Cremes entschlüpft war. Die Frau, die mich beschämte, sagte in Gegenwart anderer, dass es keinen Unterschied gebe zwischen Hautaufhellern und Bräunungscremes. Ich war peinlich berührt, begriff, dass sie durchaus recht hatte, und kritisierte die Cremes nie wieder. In der Weltgemeinschaft besteht eben kein Konsens darüber, was ein Produkt moralisch gut oder verwerflich mache – und wahrscheinlich wird es auch nie zu einem solchen Konsens kommen.

Das Gleiche trifft auf die Kategorie des »Notwendigen« zu. Für nötig halten die Menschen meist Dinge, die Douglas und Isherwood als »unsere Gemeinsamkeiten mit Vieh« bezeichnen und als »extrem tierärztliche Herangehensweise« kritisieren.[6] Die Reduktion von Bedürfnissen auf das zum Überleben unbedingt Nötige ist eine Form der Entmenschlichung. In einer solchen Welt hätten wir keine Musik, Bücher oder Kunst, weil diese für uns eben nicht gleichermaßen überlebensnotwendig sind wie das Futter für eine Kuh. Dabei ließe sich argumentieren, diese Dinge erst machten »uns zu Menschen« oder »das Leben lebenswert«. Wer eine Gemeinschaft versorgen will, muss über Tierfutter hinausdenken.

Manche Gutsituierte scheinen zu glauben, die Armen seien so sehr auf das bloße Überleben konzentriert, dass sie diese »oberflächlicheren« Dinge gar nicht bemerken. Oder wir halten das Leid der Armen für so groß, dass Schönheit sie nicht mehr berühre. Oder – und ich fürchte, auch darin liegt ein Stück Wahrheit – wir glauben, die Armen sollten sich nur auf das Überleben konzentrieren und hätten kein Recht auf schöne Dinge. Wir unterschätzen die positiven Auswirkungen, die schöne Dinge auf uns alle haben, und die enorme Wirkung, die kleine, schöne Dinge in ansonsten schwierigen Lebensumständen entfalten können.

Ungeachtet ihrer Armut sehnen sich auch die marginalisiertesten Menschen dieser Welt natürlich nach Freude und Abenteuer und haben Sinn für Humor. Das Schlimmste, was einen armen Ort heimsuchen kann, ist Verzweiflung. Dann wird jede Hilfe zur äußersten Herausforderung, weil die Menschen das Bedürfnis verlieren, sich selbst zu helfen. Wo es noch Freude gibt, wo gelacht wird und neue Dinge ausprobiert werden, sind Menschlichkeit und Hoffnung noch intakt.

In der Zeit, als das Jita-System auf ganz Bangladesch ausgeweitet wurde, fiel den Mitarbeiterinnen und Mitarbeitern etwas auf. Die Frauen trugen normalerweise Kleidung in Blautönen. Die Leute von Jita erklärten uns, dass die Männer den Frauen die Stoffe kauften und Blau ihnen am besten gefiele. Doch mit der Verbreitung der aparajitas änderte sich die Farbpalette der Frauenkleidung. Neue Farben und Muster tauchten auf und blieben von Jita nicht unbemerkt. Zum ersten Mal suchten die Frauen ihre Kleidung selbst aus und konnten nun dort ihre Identität ausdrücken, wo die Botschaft früher nur Kontrolle hieß.

Wir wussten, dass die Leute von Jita diese Veränderung bemerkt hatten, und stellten in unseren Interviews mit den Kunden der aparajitas Fragen zum Thema Kleidung. Dabei ergab sich ein deutlicher Unterschied zwischen jüngeren und älteren Befragten. Die Jüngeren bekannten, sich eher für sich selbst einzukleiden und weniger, um ihren Ehemännern zu gefallen. Eine junge Frau erklärte, ihre Lieblingsfarbe sei schwarz. »Das sieht schick aus. Schwarz passt zu allem, kann elegant oder sportlich kombiniert und zu jeder Jahreszeit getragen werden.« Sie klang wie die Moderedakteurin einer edlen Zeitschrift. Ich entdeckte ein Paar modische Schuhe an ihrer Garderobe. Sie sagte, Schuhe seien ihr Lieblingsaccessoire. Kommt das jemandem bekannt vor? Das hier wohl eher nicht: Wenn sie in ihrer Burka das Haus verlässt, kann sie sich und ihre Individualität modisch nur durch ihre Schuhe ausdrücken.

Früher sah man in Bangladesch nicht häufig Frauen in Burkas, doch seit die Konservativen die Frauen dazu drängten, die angeblich aufreizende Kleidung darunter zu bedecken, gehören sie mehr und mehr zum Straßenbild. (Gab es je eine Kultur, in der alte Männer nicht der Meinung waren, junge Frauen kleideten sich aufreizend?) Manche Frauen reagierten auf amüsante und doch deutliche Weise. Statt einer monoton dunklen Burka nähte eine junge Frau eine himmelblaue und kaufte sich passende Schuhe. Ihrem Mann gefällt Himmelblau an ihr – er war begeistert. Sie nähte noch mehr Burkas in verschiedenen Farben und besorgte passende Schuhe. Ihr Styling war eine humorvolle und doch klare Ansage an die Mullahs.

Die Bangladeschis mögen Farben und Muster besonders gern. Sie bemalen ihre Lastwagen und Rikschas, als stünde der Karneval kurz bevor. In den Dörfern mit Jita-System waren die meisten Häuser sehr einfach, bestanden aus Wellblech, einem Betonfundament und Holzpfosten. Doch die Stützbalken der Metalldächer hatten immer ein Muster – manchmal eine Rebe, manchmal einen Diamanten. Einige Bewohner bemalten die Balken in schönen Farben. Die Fenstergitter leuchteten oft in hellen Tönen wie Türkis. Auf den Fußböden befand sich häufig ein rundes, rotes Muster mit einer Blume in der Mitte. Ich hielt es anfangs für ein religiöses Symbol, aber man versicherte mir, dass es einfach nur da war, weil es schön war.

Am Beispiel des Jita-Systems können wir sehen, dass Konsum nicht nur ein Ausdruck von Identität, Moral und Ästhetik ist, sondern diese auch formt. Es zeigt sehr augenfällig, wie eine einzige Kategorie – Kleidung – dazu benutzt wird, Missfallen, Konformität, Besitz, Loyalität, Rebellion oder gar Frivolität zum Ausdruck zu bringen. Wir sehen Menschen, die ihre Häuser so gestalten, dass sie nicht nur den Regen abhalten, sondern auch Freude machen. Auch hier hat die Person, die über die Einkäufe bestimmt, einen unverhältnismäßig großen Einfluss darauf, wie etwas aussieht und instandgehalten wird, ob ein Familienmitglied gehorcht oder aufbegehrt, und so fort. Diese Person wacht normalerweise über Kultur und Familie. In Bangladesch sind das die Männer.

Mit steigendem Durchschnittseinkommen in einem Land übernehmen Frauen einen immer größeren Anteil der Versorgerrolle. Abb. 29 zeigt den Prozentsatz des Konsums, der von Frauen kontrolliert wird, in Zusammenschau mit dem BIP pro Kopf.[7] Wenn Länder reicher werden, bestimmen Frauen über einen größeren Anteil der Ausgaben. In den Industrieländern bestimmen Frauen sogar über mehr Verbraucherausgaben, als rechnerisch ihrem Einkommen entsprächen. Obwohl sie weniger verdienen, geben sie mehr aus, weil sie mit dem Familieneinkommen Dinge für ihre Kinder und Männer erwerben. Bei den Ausgaben von Frauen für Kleidung beispielsweise geht es deshalb nicht nur um ihren eigenen Bedarf. Frauen kaufen fast die gesamte Kinderkleidung und einen Großteil der Kleidung der Männer. Gleiches gilt für andere Ausgaben – von Lebensmitteln bis zur Sportausrüstung.

Frauen bestimmen im Übrigen auch in scheinbar von ihnen unabhängigen Marktsegmenten über den Konsum. Zum Beispiel wird viel Wind um den »Jugendmarkt« gemacht. Gewiss haben Heranwachsende mehr Mitspracherecht bei Kleidung oder Lebensmitteln als Kleinkinder, aber ihre Mütter stimmen den Käufen zu, zahlen die Rechnungen und regeln oft auch den Gebrauch des jeweiligen Gegenstands.

Doch in manchen Kategorien kaufen Frauen noch immer weniger

FRAUEN, VERBRAUCHERAUSGABEN UND NATIONALER WOHLSTAND

	BIP pro Kopf (in 1000 $)	Von Frauen kontrollierte Verbraucherausgaben (%)
USA	46	73
Kanada	37,9	75
Großbritannien	37	67
Deutschland	36	70
Frankreich	34	71
Spanien	33	60
Japan	32	63
Italien	32	57
China	7	50

ABB. 29 Frauen haben tendenziell mehr Kontrolle über die Verbraucherausgaben, je höher das BIP pro Kopf liegt.

Quellen: Michael J. Silverstein u. Kate Sayre, »The Female Economy«, *Harvard Business Review*, Sept. 2009 (Verbraucherausgaben); Datenbank der Weltbank (BIP pro Kopf)

als Männer. Männer kaufen und rauchen mehr Zigaretten als Frauen und erwerben auch mehr Alkohol. Frauen verspielen ihr Geld nur äußerst selten in Spielcasinos. Deshalb hilft die wirtschaftliche Stärkung von Frauen den Kindern und widerlegt auch den nachgerade absurden Gemeinplatz, Männer seien die rationaleren Verbraucher.

In den vergangenen zwei Jahrzehnten gewann der Konsum nach übergeordneten Kriterien wie »umweltfreundlich« oder »fair gehandelt« an Bedeutung. Frauen orientieren sich beim Kauf weitaus häufiger als Männer an solchen gesellschaftlichen oder umweltrelevanten Zielen. Die Daten zeigen, dass sie auch gern zur Unterstützung anderer Frauen konsumieren. Zweckgebundene Marketingkampagnen wie von Pampers und UNICEF über Tetanus bei Müttern und Neugeborenen zielen meistens auf Frauen und sind zum Teil extrem erfolgreich.[8]

Ich glaube daher, dieser sozial proaktive Konsum zeigt, dass sich Frauen über Konsumverhalten vielleicht produktiver und wirkungsvoller organisieren könnten als über Streiks und andere traditionelle Protestmaßnahmen.

2017 fand in den USA ein Generalstreik für Frauenrechte statt. Die Frauen sollten nicht zur Arbeit gehen, um gegen die Haltung der Trump-Regierung gegenüber Frauenrechten zu demonstrieren. Doch ein Streik funktioniert für Frauen nicht so ohne Weiteres, weil sie in der Wirtschaft nicht in gleicher Weise präsent sind wie Männer. Viele sind Hausfrauen, und die berufstätigen Frauen arbeiten in weiblich dominierten Branchen. Zudem haben Frauen überproportional häufig unsichere Jobs, die kurzfristig gekündigt werden können.

Die Organisatorinnen des Streiks »Day Without a Woman« hatten vorgeschlagen, nicht außer Haus arbeitende Frauen sollten an diesem Tag die Care-Arbeit nicht erledigen. Doch die Frauen hätten natürlich niemals auch nur für einen Tag aufgehört, sich um ihre Kinder zu kümmern – vor allem, wenn diese noch klein waren. Und wem wäre es aufgefallen, wenn sie einmal nicht den Küchenboden gewischt hätten? Der Vorschlag unterstellte auch, dass jede Frau in einer heterosexuellen Beziehung lebte und die Leidtragenden deshalb männlich wären. Weiterhin gingen sie davon aus, dass die männlichen Partner der Streikenden nicht auf deren Seite standen, was unrealistisch ist. In den Nachrichten erzählten viele Frauen, sie könnten nicht streiken, weil ihre Arbeit dann Kolleginnen aufgehalst würde. Die Reaktion einer Frau im Speziellen veranschaulichte zudem perfekt, warum Streiks für Frauen ganz grundsätzlich nicht so gut funktionieren wie für Männer: Diese Frau sagte, sie habe erlebt, wie ihre Mutter für das Recht auf Arbeit streikte, sodass es sich nun falsch anfühle, dagegen zu streiken.[9]

Einfluss durch Konsum zu gewinnen, wie etwa durch die 80-Prozent-Strategie zu Weihnachten, könnte weitaus wirkungsvoller sein. Einkäufe erledigen die Frauen normalerweise allein, sodass sie weniger Gefahr laufen, Zielscheiben von Vergeltungsmaßnahmen zu werden. Jede kann mitmachen. Keiner von uns wird es schaden, um die

Feiertage etwas weniger Geld auszugeben. Die meisten Firmen wollen alles vermeiden, was ihnen Schwierigkeiten mit Verbraucherinnen einbringt. Doch manchmal vergessen sie, dass Frauen sowohl ihre Zielgruppe als auch ihre Arbeitskräfte stellen. Wir sollten sie daran erinnern.

11

GELD ALS SCHIKANE

Seit Wochen befand ich mich in einem Machtkampf mit den Kuratoren der Münzsammlung des Ashmolean Museums in Oxford. Wir planten das Power Shift Forum for Women in the World Economy 2014, und das Thema lautete: Finanzen. Der Empfang sollte im Vorraum der Münzausstellung des Ashmolean stattfinden. Die Kuratoren sollten uns durch die Sammlung führen und über die Inklusion der Frauen ins Geldsystem sprechen.

Bezüglich meines Wunsches waren die Kuratoren erst erstaunt, dann beleidigt. Die Numismatik beschäftige sich nicht mit solch »politischen« Fragen, brummten sie. Ich wies höflich darauf hin, dass in der Ausstellung von Herrschern, Eroberungen und Wirtschaftspolitik die Rede sei. Ob diese Themen nicht auch »politisch« seien? Nein, das sei nur Geschichte, wurde mir beschieden. Man lächelte mich beruhigend an und fragte, ob es nicht schöner wäre, den Gästen die hübschen Münzen mit Göttinnen darauf zu zeigen.

Das Schweigen über die Frauen ist typisch für wissenschaftliche Disziplinen, die männlich dominiert sind. Die Anthropologie ignorierte Frauen als Thema bis in die 1970er-Jahre, genau wie die Archäologie. Dann eroberten Frauen die Disziplinen und stellten die »politische« Frage. Die Geschichtsschreibung konzentrierte sich, plakativ gesprochen, auf Könige und Kriege. Mir war natürlich bewusst, dass die Auslassung der Frauen in den historischen Darstellungen des Finanzsystems nur ein weiterer blinder Fleck war. Diesmal hatte ich jedoch noch eine andere Theorie.

Überall auf der Welt schien die moralische Überzeugung tief verwurzelt zu sein, Geld sei für Frauen kein Thema. Über die Kulturen hinweg herrschende, erstaunlich ähnliche Ideologien behaupteten, Frauen sollten oder könnten nicht mit Geld umgehen. Geldverleiher in den Dörfern vertraten sie genauso wie Risikokapitalgeber und ähnelten in unheimlicher Weise den Ansichten, die schon zu Zeiten meiner Mutter und Großmutter vertreten wurden. Auch die praktischen Hürden variierten kaum. Ich schloss daraus, dass jede von mir untersuchte Frauenpopulation – von Hausfrauen im 19. Jahrhundert über Frauen in den Slums von Bangladesch bis zu Unternehmerinnen im heutigen London – nicht nur von bezahlter Arbeit oder Spitzenpositionen, sondern vom Geldsystem als Ganzem ausgeschlossen waren.

Die Kluft zwischen Frauen und dem Finanzsystem wurde Anfang der 2000er-Jahre besonders deutlich sichtbar. Damals begann der Aufstieg des Mikrokreditsystems für die Ärmsten der Armen. Der Banker Muhammad Yunus aus Bangladesch hatte für diese Innnovation 2006 den Friedensnobelpreis erhalten. Die Hauptkunden für Mikrokredite waren und sind arme Frauen in Entwicklungsländern. Obwohl die Kreditgeber exorbitante Zinsen verlangten, nahmen Frauen die Mikrokredite an – hauptsächlich, weil sie nirgendwo sonst Geld bekamen. Die Frauen nutzten ihre Kredite für gesellschaftlich förderliche Projekte, die den Familien und Gemeinschaften Vorteile brachten – wie es statistisch fast immer der Fall ist.

In der Folge setzten auch internationale Wohltätigkeitsorganisationen Mikrokreditprogramme auf. Allerdings gab es viele Probleme. Die Hauptschwierigkeit war die feindselige Reaktion der Männer in den Dörfern, in denen die Mikrokredite eingeführt wurden: Jede Bank, die Geld direkt an Frauen verlieh, bedrohte die männliche Vorherrschaft. Oft nahmen die Männer den Frauen das geliehene Geld weg, weigerten sich, es zurückzuzahlen, und setzten ihre Entscheidungen mit Gewalt durch. Seitdem gehört der Umgang mit häuslicher Gewalt in Programmen zur finanziellen Inklusion von Frauen zum Standard.

Die Mikrokredite waren zwar klein, doch manche Frauen gerieten aufgrund der astronomischen Zinsen von 25 bis 50 Prozent dennoch in die Schuldenfalle. In den Augen der Weltgemeinschaft war das Risiko der Überschuldung ein Beleg für die dem Bankensystem inhärente Korruption und bestätigte zudem ein verbreitetes Vorurteil über Frauen – nämlich, dass sie unfähig seien, finanzielle Verantwortung zu tragen.

Auf der ganzen Welt schneiden Männer und Jungen in Tests zum Finanzwissen besser ab als Frauen und Mädchen. Das gilt selbst nach entsprechender Schulung. Die Forschung schloss daraus häufig, dass etwas in den Frauen (vielleicht »unterlegene« Gehirne?) ihnen den Umgang mit Finanzinformationen erschwere. Es darf jedoch nicht vergessen werden, dass kulturelle Praktiken die Entwicklung bestimmter Fähigkeiten bei Männern und Frauen beeinflussen. Männer haben selbst in der Jugend meist mehr Erfahrung mit finanziellen Angelegenheiten, und zwar gerade weil der Zugang von Frauen zum Finanzsystem stark beschränkt ist. Jungen wachsen mit der Erwartungshaltung auf, später mit Geld umgehen zu müssen, und sind oft schon früh auf intensivere Weise als Mädchen in Geschäftliches eingebunden. Mädchen haben weniger Möglichkeiten zum informellen Lernen und wachsen nicht selten mit seltsamen Vorstellungen auf, wie »Geld ist schmutzig« – ein Mantra, das ich von Frauen in Bangladesch, feministischen Theoretikerinnen und meiner eigenen Großmutter gleichermaßen gehört habe.

Seit Mitte der 1990er-Jahre haben die NGOs Frauen-Spargruppen in armen Regionen aufgebaut und dabei die Erfahrung gemacht, dass die konkrete, alltägliche Vertrautheit mit Geld wirksamer ist als entsprechende Instruktionen. Im Detail funktioniert das so: Eine Gruppe von Frauen trifft sich regelmäßig an einem privaten, nur Frauen vorbehaltenen Ort. Jede legt etwas Geld in eine verschlossene Spardose. Während der Betrag wächst, treffen die Frauen Entscheidungen über dessen Verwendung, ohne dass Männer sich einmischen oder ihnen das Geld abnehmen. Die mir bekannten Gruppen legten einen Teil des Ersparten für Notfälle beiseite und verwendeten einen weiteren Teil für die Bedürfnisse ihrer Dorfgemeinschaft, etwa die Unterstützung von HIV-Waisen. Der Rest wird den Mitgliedern der Gruppe als Startkapital geliehen, damit sie Hühner züchten oder Saris nähen, also Einkommen generieren können. Der Zinssatz ist mit circa 20 Prozent hoch, aber nicht so hoch wie die von den Mikrokreditgebern verlangte Rate.

Am Jahresende wird der Betrag zu gleichen Teilen an die Gruppenmitglieder ausgeschüttet, sodass jede Frau von den Erfolgen der anderen profitiert. Mit dem Aufkommen der Mikrokredite konnten Frauen auch Geld von offiziellen Institutionen leihen und mit dem Einkommen aus ihren Investitionen zurückzahlen. Ungeachtet der hohen Zinsen betrugen die Rückzahlungsquoten für diese Kredite 98 Prozent oder mehr – ein außergewöhnlich kreditwürdiges Ergebnis.

Die NGOs unterstützten die Sparerinnengruppen, weil die Vorzüge sofort klar waren: Wächst das Einkommen der Frauen, werden die Familien besser ernährt, Kinder gehen häufiger zur Schule, und die Wohnsituation verbessert sich. All diese Veränderungen reduzieren die Armut. Aus diesen über verschiedene Gruppen und Länder hinweg identischen Beobachtungen können wir schließen, dass Frauen durchaus finanzielle Kompetenz entwickeln können, wenn sie Zugang zu Geld haben und es selbst verwalten können. Die Frauen aus den Spargruppen berichten auch von einem gesteigerten Selbstwertgefühl – sie berichten davon, zu Hause mehr Wertschätzung zu erfahren, und vom Gefühl der Verbundenheit zu den anderen Frauen ihrer jeweiligen Gruppe.

Haben die Frauen einen unterschiedlichen Bildungsstand, entsteht jedoch manchmal Ungleichheit. Ich beobachtete beispielsweise eine Gruppe mit zwei Lehrerinnen und einer Frau, die nie eine Schule besucht hatte. Eine der Lehrerinnen eröffnete ein Bankkonto für die Gruppe, und beide Lehrerinnen diskutierten die monatlichen Kontoauszüge mit den anderen Mitgliedern. Die Frau, die nie zur Schule gegangen war und weder Buchstaben noch Zahlen lesen konnte, begriff nicht, was vor sich ging. Sie geriet in eine Schuldenspirale und fühlte sich als Außenseiterin. Sie verlor das Vertrauen in die Gruppe, weil sie weder die finanziellen Folgen ihres Kredits noch die grundlegenden Informationen auf den Kontoauszügen verstand.

Eine andere Frauengruppe wählte ihr einziges Mitglied mit einem mittleren Schulabschluss als Vorsitzende. Sie beschloss, alle Transaktionen in bar durchzuführen, weil die Frauen ohne Schulbildung mit Münzen und Scheinen umgehen konnten. Weil alle Transaktionen konkret und anschaulich abliefen, vertraute ihr die Gruppe.

Die beiden Beispiele zeigen, dass der Ausschluss der Frauen von grundlegender Bildung lebenslange Folgen für ihre Finanzkompetenz hat und sich auch nicht durch eine spezifische Schulung ausgleichen lässt. Für diese Frauen muss die Methodik angepasst werden.

In den vergangenen fünf Jahren übten die Geldgeber der NGOs Druck aus, die Zahl der Mitglieder in den Sparerinnengruppen zu erhöhen. Als Reaktion darauf gründeten sie gemischtgeschlechtliche Gruppen, doch die Männer versuchten leider häufig, das Ruder an sich zu reißen. Sie forderten größere Kredite, zahlten sie nicht zurück und wollten niedrigere oder gar keine Zinsen aushandeln. Sie weigerten sich oft, Geld für Notfälle zur Seite zu legen – was für arme Dorfgemeinschaften von zentraler Bedeutung wäre –, und nutzten das Geld nur zögerlich für wohltätige Zwecke wie Hilfe für Waisen. Die Männer zeigten ein tendenziell riskanteres Finanzverhalten, beharrten aber darauf, Frauen verstünden nichts von Geschäftlichem. Auch der Verlust der Privatsphäre durch die Aufnahme von Männern in solche Gruppen konnte schwierige Folgen haben. Die Möglichkeit, diskret Geld zu sparen, ist für Frauen in ländlichen Gemeinschaften ein äußerst dringliches Ziel. Wenn jedoch Männer mit im Raum sind, könnten die Frauen ihre Geschäfte genauso gut in aller Öffentlichkeit regeln.

Der ersten gemischtgeschlechtlichen Gruppe, die ich besuchte, gehörten nur zwei Männer an. Als ich den Raum betrat, saßen die Frauen auf dem Boden und hatten die Schuhe ausgezogen, während die Männer auf den einzigen Stühlen saßen und ihre Schuhe anbehalten hatten. Sowohl das Sitzen auf einem Stuhl als auch das Tragen der Schuhe innerhalb des Hauses sind in ländlichen, armen Gegenden Zeichen des gesellschaftlichen Status. Die Männer leiteten die Gruppe und sahen sich die Sparbücher aller Frauen an, ehe sie die Transaktionen des Tages notierten. Die Frauen blickten vom Boden zu ihnen auf und beantworteten gehorsam ihre Fragen.

Mir wurde recht schnell klar, dass sich die Schlüsselfaktoren für den Erfolg der Frauenspargruppen schon mit der Aufnahme von nur zwei Männern in Luft aufgelöst hatten: die Privatsphäre bei den Transaktionen, die Solidarität innerhalb der Gruppe, die unabhängige Entscheidungsfindung, die Würde der Frauen und die offene Atmosphäre ohne Schikanen durch Männer. Durch die reine Forderung nach größeren Gruppen ohne Verständnis für die Geschlechterdynamik hatte der Geldgeber das wirkungsvollste Instrument gegen Armut der letzten 30 Jahre funktionsunfähig gemacht.

Allerdings beobachtete ich auch eine Ausnahme. Eine gemischtgeschlechtliche Gruppe aus einem von CARE International organisierten Netzwerk traf finanzielle Entscheidungen auf sehr respektvolle, gemeinschaftliche Weise. Vielleicht infolgedessen übertrafen ihre Gewinne die jeder anderen Gruppe innerhalb des Netzwerks. Ehepaare aus der Gruppe berichteten mir, die anderen Dorfbewohner beneideten sie um ihre Ehen, weil sie gewaltfrei seien. Die Männer versuchten einige Geschlechtsgenossen zu überzeugen, dass die im Umgang mit den Finanzen erlernte Ethik des Respekts die häuslichen Spannungen reduziert habe, doch ihre Freunde wollten keinen Dominanzverlust riskieren, indem sie ihr Verhalten änderten. Trotz der außergewöhnlichen Ergebnisse dieser Gemeinschaft beendete CARE jedoch die gemischtgeschlechtlichen Gruppen in dieser Region – das Verhalten der Männer beim Thema Finanzen war insgesamt zu destruktiv gewesen.

Eine weitere wichtige Lektion des zurückliegenden Jahrzehnts ist, dass die wirtschaftliche Stärkung von Frauen nicht damit endet, ihnen beim Geldverdienen zu helfen. Sie müssen auch in die Lage versetzt werden, das Geld sicher und ohne Wissen anderer aufzubewahren, damit sie über dessen Verwendung entscheiden können. Wenn die Frauen keine Kontrolle über ihr Geld haben, können sie damit auch nicht konstruktiv zur Verringerung der Armut beitragen. Stattdessen kontrollieren ihre Ehemänner das Geld, und weil es sich für sie »umsonst« oder wie gefundenes Geld anfühlt, geben sie es leichtfertiger aus.

Leider machen es die Banken den Frauen schwer, Geld zu sparen. Wie Finanzinstitute die Kontrolle von Frauen über ihre Einnahmen einschränken, begriff ich durch ein Projekt, das ich in Uganda zusammen mit CARE durchführe und das von der Bill and Melinda Gates Foundation finanziert wird. Das Projekt erprobt zwei Maßnahmen: einen Dienst für Mobile Banking, der Frauen die Kontrolle über ihre Finanzen ermöglichen soll, und eine Familienberatung, die darauf ausgelegt ist, Frauen gleichberechtigte Mitsprache bei Entscheidungen im Haushalt zu verschaffen. Die Theorie hinter diesem Projekt besagt, dass beide Aspekte, also die Kontrolle der Frauen über ihr Geld und mehr Mitsprache im Haushalt, letztlich die Armut verringern.

Die Umsetzung des Projekts wurde jedoch durch die Haltung und herrschende Praxis der Banken erschwert. Bis vor Kurzem erlaubten ugandische Banken eine Kontoeröffnung unter dem Namen einer Frau nur dann, wenn ihr männlicher nächster Verwandter sie zu dem Termin begleitete und seine Erlaubnis gab. Diese Regel wurde inzwischen zwar geändert, doch die Banken erschwerten die finanzielle Inklusion der Frauen weiterhin. Beispielsweise verlangten sie zur Kontoeröffnung noch immer Dokumente wie etwa Geburtsurkunden, obwohl Frauen oft nicht in das Geburtenregister aufgenommen werden. Der beschränkte Zugang von Frauen zu offiziellen Identitätsnachweisen ist weltweit eines der Haupthindernisse für ihre wirtschaftliche Inklusion. Um einen Identitätsnachweis zu erhalten, müssen die Frauen nicht selten im Heimatdorf herumfragen, ob jemand sich an ihre Geburt erinnert. Wer ein Konto eröffnen will, um alleinigen Zugriff auf sein Geld zu haben, verrät damit natürlich seine Absicht. Zu allem Übel verlangen die Banken manchmal die schriftliche Zustimmung des Dorfältesten, der sich meist moralisch verpflichtet sieht, dem Ehemann zu berichten, dass dessen Frau ein Konto eröffnen will. Zugleich fühlt er sich keineswegs angehalten, umgekehrt einer Frau zu erzählen, dass ihr Mann sich um ein Konto bemüht. Zusammengenommen bedeutet das, dass schon der normale und alltägliche Vorgang der Eröffnung eines Kontos dem Ziel unserer Maßnahmen entgegensteht; er hindert die Frauen daran, ihr Geld vertraulich zu verwahren - und hilft letztlich den Männern, ihre absolute Kontrolle aufrechtzuerhalten.

Verkompliziert wird die Situation zudem, weil es in ländlichen Gebieten so wenige Banken gibt, dass allein die Entfernung zum Hindernis wird - zumal die Frauen oft zu Fuß unterwegs sind. Weil sie um Erlaubnis fragen müssen, wenn sie das Haus verlassen wollen, können sie nicht ohne das Wissen ihres Mannes eine Bank aufsuchen.

Der Zugang zu Mobile Banking hält hier eine mögliche Lösung parat. Die Technik bietet direkten Zugang zu einer Bank und eine höhere Chance auf Privatsphäre. An kleinen Kiosken in der Nähe können Frauen Geld einzahlen oder abheben. Doch Frauen haben weit seltener ein Smartphone (das als für sie nicht »nötig« gilt) und brauchen für dessen Registrierung wiederum einen Identitätsnachweis. Würde das Geld jedoch durch die Sparerinnengruppe ein- und ausgezahlt, wären Privatsphäre und Kontrolle sichergestellt. Hat eine Frau kein eigenes Smartphone, könnte sie eines von einem anderen Gruppenmitglied leihen. Deshalb leiteten wir beide Maßnahmen über die Gruppen ein - natürlich mit deren Erlaubnis.

Das Mobile Banking soll Frauen Unabhängigkeit und Diskretion ermöglichen. Wir hoffen jedoch, dass die Familienberatung das Gleiche erreicht, indem sie ein gemeinschaftlicheres Umfeld schafft. Der Kurs soll den männlichen Haushaltsvorstand überzeugen, seine Frau als gleichberechtigte Partnerin in Entscheidungsprozesse einzubeziehen und ihre Ziele als den seinen gleichrangig anzusehen.

In den Dörfern, in denen wir arbeiten, geben die Frauen traditionell ihre Bareinkünfte an die Ehemänner weiter. Die Männer geben ihnen Haushaltsgeld für die »Notwendigkeiten« des Alltags (z. B. Gemüse, aber keine Toilettenseife), während sie mit dem Rest des Geldes nach Belieben verfahren und normalerweise keine Rechenschaft über die

Ausgaben ablegen. Wir fanden heraus, dass die meisten Männer bereits Bankkonten hatten, viele Frauen aber nicht. Die Männer erzählten, dass sie das Geld für ihre persönlichen Bedürfnisse ausgaben. Die Frauen wussten nichts von diesen Konten, der Höhe der Einkünfte oder der Existenz von Ersparnissen. Sie hatten außerdem keine Ahnung, ob die Familie im Notfall abgesichert war. Also behielten sie heimlich etwas Bargeld zurück und versteckten es, so gut es ging.

Viele Frauen hatten gewalttätige oder alkoholsüchtige Ehemänner oder waren kurz davor, verlassen zu werden. Sie versuchten verzweifelt, so viel Geld wie möglich zurückzulegen. Wie man es auch betrachtete, es gab legitime und dringende Gründe für die Frauen, selbst über ihr Geld zu verfügen, doch die herrschende Moral verbot ihnen genau das.

Man kann sich vorstellen, wie verletzlich sich diese Frauen fühlten – und es tatsächlich waren. Die Frauen wussten auch: Sollten ihre Ehemänner sterben, könnten ihr Eigentum konfisziert und sie selbst an Verwandte des Mannes vererbt werden.

In unserer Forschung benutzten wir auch eine Standardskalierung aus der Psychologie. So fanden wir heraus, dass Frauen, die nichts von der finanziellen Situation des Ehemanns wussten, häufiger ängstlich und depressiv waren als Frauen, die entsprechende Informationen hatten.[1] Auf der Pearlin Mastery Scale zur Ermittlung der sogenannten Kontrollüberzeugung erzielten Männer eine weitaus höhere Punktzahl. Die Skala misst den Glauben einer Person, das eigene Schicksal beeinflussen zu können.[2] Frauen mit eigenem Einkommen, Bankkonto und Mobiltelefon hatten eine höhere Kontrollüberzeugung sowie weniger Ängste und Depressionen als Frauen, die diese Dinge nicht besaßen. Die Ergebnisse zeigten, dass wir uns in die richtige Richtung bewegten. Sie legten das emotionale Leid offen, das unfaire finanzielle Machtverhältnisse hervorbringt, und zeigten, dass die wirtschaftliche Ermächtigung von Frauen diese Folgen verhindern kann.

Wir untersuchten auch den Einfluss patriarchaler Überzeugungen.[3] Menschen beiderlei Geschlechts, die der Ansicht waren, Männer sollten Institutionen und Regierungen dominieren, glaubten seltener an die eigene Fähigkeit, ihre Zukunft beeinflussen zu können. Obwohl weitaus mehr Männer als Frauen von der patriarchalen Dominanz überzeugt waren, fühlten sie sich genauso häufig durch das System entmachtet. Frauen teilten seltener die patriarchalen Überzeugungen, waren aber stärker negativ von ihnen betroffen.

Während meiner Arbeit in Uganda sah ich anhand anderer Feldstudien, wie diese grundlegenden Praktiken in Familien und Institutionen ein riesiges Hindernis für Besitzerinnen kleiner oder mittlerer Betriebe darstellten. 2017 untersuchte ich ein Investmentprogramm der Weltbank für Unternehmerinnen in Moldawien.[4] Bei der Vorbereitung las ich in anderen Studien, dass Männer in Moldawien die Kontrolle über die Haushaltsfinanzen haben, und zwar unabhängig davon, wo das Geld herkommt, und dass sie bis auf kleine Anschaffungen alle finanziellen Entscheidungen treffen, obwohl die Haushaltseinkünfte laut moldawischem Gesetz beiden Partnern gehören.

Am deutlichsten zeigte sich diese Finanzpraxis an der Zuteilung von Grundbesitz durch die moldawische Regierung nach dem Fall der Sowjetunion. Im Zuge der Privatisierung waren Grund und Boden gleichmäßig zwischen Männern und Frauen aufgeteilt worden. Damals hatte sich die Weltbank besorgt gezeigt, dass Frauen bei diesem Versuch gerechter Verteilung benachteiligt würden, weil sie die Rechtslage bezüglich des Grundbesitzes nicht so gut kannten wie Männer. Die Männer als Haushaltsvorstände trafen zudem die Entscheidungen und würden so faktisch über den Grundbesitz ihrer Frauen verfügen können. Für verheiratete Frauen wäre es deshalb schwierig, die Kontrolle über das zugeteilte Land zu behalten.[5] Ungeachtet der einst gleichen Aufteilung besaßen Männer 25 Jahre später zehnmal mehr Land als Frauen sowie 90 Prozent der landwirtschaftlichen Ausrüstung. Wie unsere Beschäftigung mit der wirtschaftlichen Stärkung von Frauen schon häufiger gezeigt hat, profitieren von angeblich »geschlechtsneutralen« Programmen letztlich die Männer, weil diese Maßnahmen die spezifische Benachteiligung von Frauen ignorieren.

In meiner Untersuchung für die Weltbank zeigte sich, dass der Wohlstand moldawischer Männer exponentiell stieg. Ihnen gehörten nicht nur mehr moldawische Unternehmen, sondern sie erweiterten ihr Geschäft auch, obwohl die wirtschaftlichen Leistungen im Vergleich zu Unternehmen in Frauenhand eher durchschnittlich ausfielen. Die männlichen Unternehmer wurden von den Banken bevorzugt behandelt. Firmen in Frauenbesitz wuchsen selbst bei exzellenter Performance langsamer, weil sie nur begrenzten Zugang zu Kapital hatten und die Banken ihnen schlechtere Konditionen boten.

Tatsächlich wachsen Unternehmen in Frauenhand weltweit langsamer. Transkulturelle Studien zum Unternehmertum sehen einen der Gründe darin, dass Frauen die Rücklagen der eigenen Familie nur zögerlich zur Absicherung ihrer Firmen verwenden. Dieses Ergebnis wird immer als Beweis dafür angeführt, dass Frauen für ihre ökonomische Benachteiligung selbst verantwortlich seien. Doch keine dieser Studien stellt die offensichtliche Frage: *Warum* verwenden Frauen die Familienrücklagen nicht so häufig wie Männer als Sicherheit? Die Studienautoren gehen davon aus, dass Finanzpraktiken neutral seien, und berücksichtigen deshalb nicht, dass sich die Lebensumstände von Männern und Frauen immer unterscheiden. Alle für Frauen negativen Ergebnisse werden somit einer inhärenten Unterlegenheit der Frauen zugeschrieben.

Im Finanzbereich entbehren die meisten Aussagen über die geschäftlichen Fähigkeiten von Frauen jedweder Grundlage. Eine 2015 von der Global Banking Alliance for Women, Data2X und der Inter-American Development Bank durchgeführte Studie entdeckte, dass keine Zentralbank nach Geschlecht differenzierte Daten über ihre Geschäftskunden erhebt. Auch einzelne Banken tun dies nicht. Die befragten Banken hielten Frauen nicht für gute Kundinnen oder fanden nicht, dass sie einen signifikanten Teil ihres Geschäfts ausmachten. Deshalb hielten sie die Erhebung geschlechterspezifischer Daten für überflüssig. Daten von potenziellen Kunden, wie sie etwa die Global-Findex-Studie erhebt, zeigen jedoch stets, dass Frauen seltener Konten haben als Männer – obwohl in den Entwicklungsländern fast niemand eines hat. Die Weltbank hat Banken in Entwicklungsländern inzwischen aufgefordert, nach Geschlecht aufgeschlüsselte Daten zu liefern. Die erste Welle dieser Einreichungen kam 2018.

In den meisten westlichen Ländern verbieten Regularien aus den 1970er-Jahren den Banken allerdings, ihre Kundendaten nach Geschlecht zu differenzieren. Die Beschränkung sollte den Banken Diskriminierung unmöglich machen, doch 50 Jahre später ist eindeutig, dass die Banken durch diese Regel schlicht keine Angst hatten, für Diskriminierung Rechenschaft ablegen zu müssen. Wenn es in den Kundendaten keinen Hinweis auf das Geschlecht gibt, kann nicht ermittelt werden, ob das Institut systematische Benachteiligungen zu verantworten hat. Die Bank könnte 95 Prozent ihrer Unternehmenskredite an Männer vergeben, ohne dass es jemand merkt.

So wenigstens lautete das Ergebnis einer 2014 vom US Senate Committee on Small Business and Entrepreneurship durchgeführten Studie: Nach 50 Jahren »geschlechtsblinden« Bankenwesens gingen 95 Prozent der konventionellen Unternehmenskredite und 22 von 23 Dollar eines jeden Geschäftsdarlehens an Männer.[6] Mit anderen Worten: Männer erhalten nicht nur weitaus mehr, sondern auch höhere Kredite. Frauen besitzen circa ein Drittel der kleinen bis mittelgroßen Betriebe in den USA, erwirtschaften jährlich drei Billionen Dollar für die US-Wirtschaft und beschäftigen 23 Millionen Menschen.[7] Angesichts der schieren Größe dieser Zahlen muss es dem Wachstum der Volkswirtschaft spürbar schaden, wenn Banken Unternehmerinnen Kapital vorenthalten dürfen.

Ein beliebtes Beispiel für die Macht geschlechterdifferenzierter Kundendaten ist die BLC Bank im Libanon.[8] 2014 analysierte die Bank ihre Kundendaten akribisch und fand heraus, dass Frauen einen kleinen, aber hochprofitablen und mit wenig Risiko behafteten Teil ihres Geschäfts ausmachten. Frauen besaßen ungefähr ein Drittel der kleinen bis mittelgroßen Betriebe im Libanon, erhielten aber weniger als fünf Prozent der konventionellen Unternehmenskredite. Das Segment war also groß, wurde von den libanesischen Banken aber ignoriert und deshalb nicht entsprechend bedient. Da keine weitere Bank im Land sich um Geschäftskundinnen bemühte, war dieses Marktsegment äußerst leicht zugänglich. Als der libanesische Finanzmarkt stagnierte, war ein Angebot für Kundinnen eine der wenigen Wachstumsmöglichkeiten für die Bank.

Mithilfe der International Finance Corporation (IFC) betrieb die BLC Bank eine umfangreiche Marktforschung, unter anderem durch Testgruppen und Interviews mit Unternehmerinnen. Sie ließ die Frauen die Bedürfnisse und Anforderungen ihrer Firmen erläutern, entwarf entsprechende Produkte und passte ihre Dienstleistungen dem Bedarf an. Es stellte sich beispielsweise heraus, dass libanesische Unternehmerinnen extrem wenig Zeit zur Verfügung hatten und sich von den Banken deshalb längere Geschäftszeiten, mehr Filialen und einheitliche Antragsprozesse wünschten.

Durch diese Befragungen fand die BLC Bank auch heraus, dass die Frauen im Libanon sich der negativen Behandlung durch die Banker durchaus bewusst waren. Die Bank musste sich dieser Kritik offen stellen und Kundinnen künftig respektvoll behandeln. Die Kommunikation mit den Kundinnen über neue Produkte und Dienstleistungen durfte deshalb nicht als geschlechtsneutral getarnt werden. Produkte auf Frauen zuzuschneiden, sie aber »geschlechtsneutral« zu vermarkten, ist eine häufige Strategie der Banken, die ihre männlichen Kunden nicht »abschrecken« wollen. Wenn das stimmt, sagt es nichts Gutes über den Kundenstamm aus. Wahrscheinlicher dürfte aber sein, dass die Institute nicht als »rosa Banken« gelten wollen – eine feige Taktik, die von dem zentralen Problem zeugt, nämlich dass es den Bankern grundsätzlich an Respekt gegenüber Frauen mangelt.

Statt ihre Ausrichtung auf Kundinnen hinter geschlechtsneutraler Optik zu verbergen, ging die BLC Bank das Problem also direkt an. Sie produzierte eine Reihe lustiger Werbefilme, in denen die typischen Probleme von Frauen im Umgang mit Banken dargestellt wurden. Sie schulte alle Beschäftigten in der Vermeidung von Vorurteilen und schuf Anreize für das erfolgreiche Anwerben von Kundinnen. Sie änderte sogar ihre Personalpolitik, um die Zahl von Frauen in Führungspositionen in der Bank zu erhöhen. Und sie postete YouTube-Videos, in denen ihre Angestellten Geschlechterdiskriminierung am Arbeitsplatz satirisch darstellten.

Es überrascht nicht, dass libanesische Frauen die BLC zu ihrer bevorzugten Bank machten. Sie verzeichnete einen starken Anstieg der Zahl der Kundinnen, vergab mehr und höhere Kredite an Frauen und eröffnete mehr Konten für Kundinnen. Frauen entscheiden sich normalerweise bei allen Finanzdienstleistungen für ein- und denselben Anbieter. So auch im Fall der neuen BLC-Kundinnen, die für die Bank deshalb profitabler waren als männliche Kunden. Frauen hatten zudem weit geringere Ausfallquoten. Die Kundenbefragungen der Bank zeigten auch, dass beide Geschlechter die progressiven Schritte der Bank zugunsten von Frauen guthießen. Die BLC Bank hatte in einem stagnierenden Markt erfolgreich ein profitables, mit geringem Risiko behaftetes Kundensegment erobert. Anderen Banken war das nur deshalb nicht gelungen, weil sie an ihren Vorurteilen festhielten.

Der Unwille der meisten Banken, Kundinnen respektvoll und fair zu behandeln, muss bei internationalen Entwicklungsmaßnahmen berücksichtigt werden. Eine Studie der Weltbank von 2019 zeigte, dass Banken in Entwicklungsländern eine Kreditlücke von 1,46 Billionen Dollar haben.[9] Verweigert man Frauen Kredite, wird das Wachstum einer Volkswirtschaft genauso verlässlich blockiert wie durch das Fernhalten der Frauen vom Arbeitsmarkt. Zusätzlich wird das Haushaltseinkommen gesenkt – mit allen bereits dargestellten Konsequenzen, nur eben auf ein Billionenniveau vervielfacht. Die Weltbank-Arbeitsgruppe Women, Business and the Law berichtet, dass Länder, in denen mehr Frauen Bankkonten haben, größere wirtschaftliche Stabilität genießen.[10] Einmal mehr ist der Preis für den Ausschluss von Frauen hoch. Sie einzubeziehen ist dagegen für alle von Vorteil.

Leider werden Frauen oft durch unschöne Geschäftspraktiken abgeschreckt. Eine Fallstudie, die ich 2014 mit Jiafei Jin von der Southwestern University of Finance and Economics in China schrieb, verdeutlicht diese Realität und illustriert, dass die von Bankern benutzten Rechtfertigungen für die Ausgrenzung von Frauen oft jeder Grundlage entbehren.[11] Mitarbeiter der »Bank of Chengdu« (ein Pseudonym) behaupteten, in ihrem Kreditportfolio gäbe es keine Frauen, die Unternehmen besitzen - mit Ausnahme von Erbinnen, die allerdings den noch von ihren Vätern ausgewählten Managern die Geschäfte überlassen.[12] Sie behaupteten, Inhaberinnen von Unternehmen würden nie Kredite beantragen - obwohl sie nicht dokumentierten, wer die Bank betrat, wer entnervt wieder ging, wer lange genug blieb, um den Antrag auszufüllen, und wessen Antrag angenommen oder abgelehnt wurde. Ohne jeden Beweis nannten die Bankmitarbeiter eine wahre Litanei an Gründen, warum Frauen keine guten Kundinnen seien: Sie stellten zu viele Fragen, beschäftigten sich zu intensiv mit der Zinsfrage, seien nicht risikobereit und hätten »Kinder, weshalb ihnen die Sache nicht ernst« sei. Doch Fragen stellen, auf Zinsen achten und der Verschuldung vorsichtig gegenüberstehen sind allesamt Merkmale von Kreditwürdigkeit. Es ergab keinen Sinn, Kundinnen aus diesen Gründen abzuweisen.

In Wahrheit hatte die Bank of Chengdu keine Ahnung, ob Frauen gute Kundinnen waren, weil sie mit ihnen keine Erfahrung hatte. Doch wir können nicht davon ausgehen, dass unbewusste Vorurteile das Problem waren, denn die Banker äußerten ihre Bedenken offen und waren ungeachtet der fehlenden Beweise überzeugt, dass ihre Vorstellungen von Frauen der Realität entsprachen. Zudem pflegten sie ein gesellschaftliches Ritual, von dem sie *wussten*, dass es Kundinnen abschreckte. Dieses Ritual wollte ich in der Studie aufdecken.

Monate zuvor hatte ich in Zhejiang drei Unternehmerinnen interviewt, die gerade das 10 000-Women-Trainingsprogramm von Goldman Sachs absolviert hatten. Auf meine Frage nach dem größten Hindernis für ihren Erfolg sagten sie, es sei die Ausbildung. Aber die habt ihr jetzt, entgegnete ich. Was ist nun das nächste Hindernis? Ich rechnete damit, dass sie die Kinderbetreuung nennen würden. Stattdessen tauschten sie Blicke und wandten sich dann einhellig an mich: »Karaoke«. Wie bitte? Sie erklärten, wer einen Bankkredit erhalten wolle, müsse mit den Kreditberatern lange, alkoholreiche Abendessen hinter sich bringen. Nach dem Essen würden die Männer in der Regel weitertrinken und zum Karaoke gehen. Und danach würde es gefährlich. Keine Frau, der an ihrer Sicherheit, ihrem Ruf oder ihrer Ehe gelegen sei, wolle sich diesem Risiko aussetzen. Nachdem ich das erfahren hatte, bat ich Jiafei Jin um ihre Mitarbeit bei einer Untersuchung über Banking und Frauen.

Selbstverständlich pflegte auch die Bank of Chengdu das Karaokeritual. Abendessen mit Kunden endeten normalerweise mit Besuchen bei Prostituierten. Danach ließen sich die Männer von Limousinen nach Hause bringen, weil sie zu betrunken waren, um selbst zu fahren. Das Ritual war für die Bank teuer und für die Kreditberater nicht besonders gesund, da sie es mit all ihren Kunden zu pflegen hatten. Die Abendessen fanden normalerweise während der Woche statt, sodass die Banker am nächsten Tag wahrscheinlich verkatert waren. Das beeinflusste wohl ihre Konzentrationsfähigkeit bei der Arbeit. Die Auswirkung auf ihre Familien mag man sich kaum vorstellen. Im Ergebnis hatte die Bank kaum weibliche Führungskräfte – wie hätten sie sich an dieser Kultur der Ausschweifungen beteiligen sollen? – und nahm die Weigerung der Unternehmerinnen, sich an den Ritualen zu beteiligen, als Rechtfertigung für das Fehlen von Kundinnen. Man könne kein Vertrauen zu jemandem aufbauen, der sich nicht hemmungslos mit ihnen betrinken wolle.

Tatsächlich gibt es in jedem Finanzzentrum eine Entsprechung zum Karaokeritual: In London und New York pflegt man den Lap Dance. In Osteuropa geht man in die Sauna. Wie auch immer die genaue Ausprägung sein mag – das sexuell gefährliche Ritual zur Ausgrenzung von Frauen aus dem Finanzsystem ist omnipräsent. Angesichts dieser Einstellungen und Praktiken wird ersichtlich, warum sich sogenannte »frauenfreundliche« Angebote, die Männern gleichermaßen offenstehen, meist nicht positiv auf den Zugang von Frauen zum Finanzsystem auswirken: Ungeachtet der positiven Absicht machen bestimmte Rituale die Angebote für Männer weitaus zugänglicher.

Als ich die drei Frauen in Zhejiang fragte, wie ihnen der Zugang zu Banken erleichtert werden könne, waren sie sich schnell einig: Sie wünschten sich mehr weibliches Personal in den Banken. Diese Antwort habe ich schon häufig gehört, aber sie ist nicht sehr wahrscheinlich, denn der Finanzsektor schließt Frauen auch aus, indem er ihren beruflichen Aufstieg verhindert.

Bei dem Skandal um die Lohngleichheit in Großbritannien 2018 erzielten die Banken noch schlechtere Ergebnisse als die Fluggesellschaften, Spielcasinos und Fleischwarenhersteller. Ihre Gender Pay Gaps waren nicht nur größer, sondern es waren auch noch weniger Frauen in den bestbezahlten Führungspositionen vertreten. Bei Goldman Sachs waren nur 17 Prozent des höchstbezahlten Viertels aller Beschäftigten weiblich. Barclays berichtete, dass Frauen nur 19 Prozent der Spitzenpositionen besetzten. Bei HSBC waren 34 Prozent der höchstbezahlten Angestellten weiblich, doch auf den Positionen mit dem niedrigsten Lohn waren es 71 Prozent.[13]

Im gesamten Finanzsektor haben Frauen in Führungspositionen Seltenheitswert. Die üblicherweise für diesen Zustand benutzte Ausrede lässt sich unschwer erraten: Frauen seien eben schlechter in Mathe.

2016 durfte ich persönlich Bekanntschaft mit diesen Vorurteilen über das weibliche Gehirn machen. Gemeinsam mit Kolleginnen arbeitete ich an einem Trainingsprogramm für die International Finance Corporation (IFC). Das Programm sollte weltweite Partnerbanken der IFC überzeugen, Kundinnen besser zu behandeln. In unserer allerersten Konferenzschaltung verlangte die IFC, in das Curriculum müsse »etwas über den Unterschied zwischen den Gehirnen« aufgenommen werden. Ich erklärte, inzwischen sei gut belegt, dass es keine grundlegenden Unterschiede zwischen den Gehirnen von Männern und Frauen gebe. Ich dachte, das Thema sei damit vom Tisch, doch während der Entwicklung der Kursmaterialien brachte die IFC es immer wieder auf.

Irgendwann wurde mir klar, dass wir diesen Auftrag nie abschließen würden, wenn wir uns nicht hinsetzten und eine Studienübersicht über die Gehirnunterschiede zwischen den Geschlechtern schrieben. Ich führte also wissenschaftliche Studien zusammen, die zeigten, dass und warum Fachleute nicht mehr davon ausgingen, dass aus »geschlechtlichem Dimorphismus« kognitive Leistungsunterschiede hervorgingen. Unsere Kunden von der IFC waren hocherfreut. Erst jetzt erklärten sie, der Widerstand der Banker begegne ihnen meist in Gestalt der aggressiv vorgetragenen Behauptung, die Gehirne von Frauen seien zur Mathematik nicht fähig.

Eine weitere Taktik ist offene sexuelle Belästigung. Der Umgang mit Frauen an der Wall Street ist durch viele Medienberichte belegt. Sowohl Frauen als auch Männer berichteten schon öfters, wie sie die unreifen und abwertenden Aussagen von Männern über Frauen empfanden, die in den Investmentbanken zum guten Ton gehören. Maureen Sherry, eine frühere leitende Direktorin der 2008 pleitegegangenen Bank Bear Stearns, erinnerte sich an ein Ritual auf dem Parkett: Dabei wurde jedem Mann, der große Gewinne erzielt hatte, ein Plüschbiber zugeworfen. In einem Artikel über ihre Erfahrungen als Frau an der Wall Street schreibt Sherry: »Er [der Biber] war ein Geschenk, eine Art Augenzwinkern, von einem Trader an den anderen und drückte Anerkennung für ein gutes Geschäft aus. Die darin enthaltene sexuelle Anspielung war beabsichtigt – *Beaver* ist im Englischen ein Slang-Ausdruck für Vagina. Meine wenigen Kolleginnen gestatteten sich nicht, Ekel zu empfinden. Wir wussten alle, dass wir uns glücklich schätzen mussten, hier zu arbeiten. Wer nicht so dachte, kündigte eben.«[14]

In einem Artikel in der *New York Times* über *bro talk*, also die Art, wie Männer unter sich über Frauen sprechen, berichtet Sam Polk, dass es noch schlimmer kommen kann, wenn keine Frauen anwesend sind. Er erzählt von seinem Besuch in einem brasilianischen Steakhouse mit dem leitenden Direktor und einem wichtigen Kunden. Als die weibliche Bedienung sich vom Tisch entfernte, sagte der Kunde: »Die würde ich gern über den Tisch legen und es ihr besorgen.« Sam zwang sich zu einem Lächeln, ärgerte sich jedoch später über sich selbst. »Der Kommentar irritierte mich, und der Mann widerte mich an. ... Warum hatte ich nichts gesagt?«[15] Polk hatte aus denselben Gründen geschwiegen, aus denen Frauen die Zähne zusammenbeißen und derlei ertragen: Wer solches Verhalten nicht toleriert, verliert den Job oder die Aussicht auf Beförderung.

Und wieder sind es die »Rituale der Männerbünde«.[16] Männer, die sich daran beteiligen, werden »gemocht« und großzügig belohnt, während Männer, die sich dem widersetzen, abgestraft werden. Die prekärsten Männer verhalten sich wie Wachhunde und erschnüffeln die Abweichler.

Der *bro talk* verstärkt die Bindung zwischen Männern und signalisiert Frauen zugleich, dass sie nicht willkommen sind. Er verweist sie auf ihren Status als Objekte. In einem derartigen Umfeld werden Frauen so klein wie möglich gehalten. Man stelle sich vor, was unter den Männern abläuft, wenn eine Frau befördert wird. Damit das geschehen konnte, musste ein Mann übergangen werden - der sich möglicherweise rächen will. Wenn wir uns ansehen, wie schwer es für Frauen ist, sich in Finanzfirmen nach *oben* durchzukämpfen, sollten wir auch fragen, ob die Männerbünde sie nach *unten* drücken.

Die Männerbünde belassen es nicht beim Schikanieren von Frauen. Mit ihrer erzwungenen Kumpelei halten sie auch andere Männer auf Linie. Im Sommer 2018 berichteten Zeitungen von einem weiteren schockierenden Vorkommnis im Finanzsektor. Diesmal ging es um einen führenden Banker von Credit Suisse, der für sein ständiges Mobbing berüchtigt und dennoch immer weiter aufgestiegen war. Credit Suisse hatte zahlreiche Beschwerden über ihn ignoriert und dem Mann ermöglicht, sein Verhalten ohne Angst vor Konsequenzen weiterzuführen. Sherry und Polk weisen darauf hin, dass alle genannten Unternehmen ostentativ Antidiskriminierungsschulungen durchführen und Programme zur Diversität bei der Stellenbesetzung implementiert haben. Das geschilderte Verhalten, das Frauen mithilfe primitivster männlicher Gruppenbildungsmechanismen ausgrenzt, wird dennoch nicht ernsthaft adressiert.

Die Institutionen erhalten diese toxische Umgebung auch durch meist folgenlose Beschwerdeprozesse aufrecht. Zudem tendieren in sehr männerdominierten Kontexten die Tyrannen zum Aufstieg an die Spitze - nicht trotz, sondern wegen ihres Verhaltens. Denn die exzessive Aggressivität ist es gerade, die einen Mann zum Alphamännchen macht. Die Männer an der Spitze sind nicht besser, vielleicht aber schlimmer als ihre Geschlechtsgenossen auf dem Parkett. Erführen sie keine Bewunderung von anderen Männern, wären sie nicht in Führungspositionen. Oft behaupten sie, »dünnhäutige« Frauen würden ihr Verhalten zu ernst nehmen, und reagieren auf Beschwerden mit harmlosen disziplinarischen Maßnahmen. Viele jammern über das Fehlen ordentlicher Verfahren innerhalb der #MeToo-Bewegung, doch die existierenden Beschwerdeprozesse verwehren den Frauen seit Jahrzehnten genau diese ordentlichen Verfahren.

Das hier geschilderte sexuell unangemessene Verhalten der Männer zählt nicht zu den »unbewussten Vorurteilen«. In den Führungsetagen des Finanzsektors kommt fast jeder aus einer privilegierten Familie, hat eine prestigeträchtige Schule besucht und geht privat zu elitären Veranstaltungen, wo geschliffene Manieren erwartet werden. Die Fähigkeit dieser Männer, die Realität dermaßen aufzuspalten, beweist, dass die Tyrannen genau wissen, was sie tun - und dass sie damit aufhören können, wenn es erforderlich ist. Männer, die ihre Frauen schlagen, können in der Öffentlichkeit extrem freundlich wirken und zu Hause doch Monster sein. Tyrannen im Finanzsektor wissen, dass sie sich bei der Arbeit Dinge erlauben können, die andernorts undenkbar wären.

Ein solches Verhalten passt nicht zu den Menschen des 21. Jahrhunderts und erst recht nicht zu den Institutionen, die die Weltwirtschaft beeinflussen. Warum also ermöglichen wir seinen Fortbestand? Diese Männer argumentieren, Wirtschaft, Geschäftswelt und Finanzsektor seien eine Art Dschungel, in dem nur die Härtesten überleben. Indem sie alle zwingen, in dieser bizarren Kultur zu arbeiten, sichern sie angeblich, dass nur die Besten bleiben - als sei übles Verhalten ein Verdienst. Die Topmanager in diesem Sektor behaupten manchmal gar, eine höhere Anzahl von Frauen würde die Standards senken.

Welche Beweise gibt es dafür, dass die Männerbünde das Finanzwesen besser beherrschen als die Frauen? Ironischerweise deuten die verfügbaren Daten stark darauf hin, dass die für die Finanzbranche typische »Macho«-Kultur die Fähigkeit der Männer, gute Entscheidungen zu treffen, beeinträchtigt und, als mittelfristige Folge, die Weltwirtschaft unberechenbarer macht.

Zahlreiche Untersuchungen zeigen, dass Männer, die ausschließlich von anderen Männern umgeben sind, tendenziell unüberlegte finanzielle Entscheidungen treffen: Sie gehen unkluge Risiken ein, geraten beim Aktienhandel in eine Art Rauschzustand und werden Opfer des Herdendenkens.[17] Auch der Anstieg des Testosteronpegels und des Stresshormons Cortisol hängt damit zusammen: Das dominanzsuchende Verhalten einzelner Männer erhöht den Testosteronpegel innerhalb der gesamten Gruppe und macht alle Mitglieder tendenziell kompetitiver und aggressiver. Je aggressiver das Verhalten wird, umso mehr Testosteron wird produziert. Jeder Einzelne will der Gruppe die eigene Männlichkeit beweisen, wodurch die Situation zunehmend eskaliert. Der Wille und die Fähigkeit, die Lage von außen zu betrachten und sich ein Gesamtbild zu machen, gehen sukzessive verloren. Und irgendwann wirkt sich das komplexe Zusammenspiel von Hormonen, männerdominiertem Umfeld und Stress aus: Es neigt dazu, ein übergroßes Selbstvertrauen und höhere Risikobereitschaft zu produzieren, reduziert eher das Urteilsvermögen und die Fähigkeit, Berechnungen anzustellen, sowie zur Impulskontrolle und zu unabhängigem Handeln. Auf einer Makroskala verursacht dieses Phänomen die sogenannten »Blasen«, also Marktsituationen, bei denen Aktienpreise deutlich über vernünftig begründbare Werte steigen. Solche Blasen werden von Händlern verursacht, die nicht kritisch denken, sondern sich wie Herdentiere verhalten. Die Behauptung, die Männerkultur der Wall Street sei ein Garant für Exzellenz, ist folglich lächerlich. Vielmehr ist die Vorstellung entsetzlich, dass das weltweite Geldsystem unter diesen Bedingungen gesteuert wird.

Natürlich haben auch Frauen Testosteron, und natürlich sind auch sie vom Zusammenspiel von hormonellen Einflüssen, äußeren Bedingungen und Stress betroffen. Die Zusammenhänge sind für beide Geschlechter komplex. Wenn wir das Ergebnis beobachten, deutet aber vieles darauf hin, dass die daraus entstehende Dynamik das Denken und Urteilsvermögen von Frauen weniger stark in Mitleidenschaft zieht. Da Frauen Außenseiterinnen sind, nehmen sie auch nicht an den Ritualen der Männernetzwerke teil. Deshalb agieren sie beim Wertpapierhandel tendenziell vernünftiger. Viele Studien über Finanzverhalten haben inzwischen den Konnex zwischen geschlechtsspezifischem Verhalten und dem Entstehen finanzieller Entscheidungen hergestellt.[18] Dabei erzielen Frauen meist die besseren Ergebnisse: Sie machen eher ihre Hausaufgaben, schätzen Risiken besser ein, denken eher in größeren Zusammenhängen und langfristiger, lassen sich weniger von der Herdenmentalität beeinflussen und finden häufiger ungewöhnliche Lösungen.

Diese Faktoren führen zu besseren finanziellen Ergebnissen. Dennoch ist der Hinweis wichtig, dass gemischtgeschlechtliche Teams insgesamt die besten Leistungen erzielen. Das Investitionsverhalten von Männern und Frauen ist komplementär. An Arbeitsplätzen mit einem ausgewogenen Geschlechterverhältnis können Männernetzwerke auch keinen Druck auf die Entscheidungen ausüben.

Angesichts der Vorstellung von testosterongesteuerten Börsenmaklern stellten Fachleute nach dem Crash von 2008 die rhetorische Frage, ob es überhaupt zum Kollaps gekommen wäre, wenn der Finanzsektor statt von Männern von Frauen dominiert würde. Frauen, die bereits in der Branche arbeiteten, begannen, die Stabilität und Ausrichtung des weltweiten Geldsystems anzuzweifeln. Sie formierten sich in Gruppen, die darüber nachdachten, wie das Finanzsystem Gutes bewirken und vor allem den Frauen Nutzen bringen könnte. Ein Kerngedanke war, geschlechterspezifisch zu investieren *(gender-lens investing)*. Diese Investitionsphilosophie hat das Ziel, Frauen zu unterstützen und stärker wertzuschätzen.[19]

Führend in der Entwicklung dieser radikalen Idee war Joy Anderson, die Gründerin des Criterion Institute. Die Organisation unterstützt Finanzinnovationen, die Frauen zugutekommen. Wer erstmals etwas von der »Wertschätzung des Geschlechts« hört, muss zunächst die Vorstellung überwinden, finanzielle Indikatoren seien logische, nötige und objektive Bemessungskriterien mit quasi göttlichem Status. Die promovierte Historikerin Joy Anderson sorgte bei der Konferenz »Power Shift« für großes Aufsehen, als sie erläuterte, wie arbiträr diese Kriterien tatsächlich sind: »Ich bin Historikerin. Ich kann Ihnen die exakten Daten nennen, an denen wir uns diesen Mist ausgedacht haben.«

Ziel muss es also sein, *neue* Finanzindikatoren zu entwickeln, die das Geschlecht als Faktor und Realität einbeziehen und berechnen, welche Vorteile es hat, diese Wirklichkeit zu adressieren. Ein Beispiel: Bei der Bewertung einer Investition in den Bau eines städtischen U-Bahn-Netzes erhielte das Projekt eine positivere Bewertung, wenn es bessere Strukturen hätte, um weiblichen Fahrgästen nachts Sicherheit zu bieten. Erhöhte Sicherheit für Frauen würde Kosten für Polizei- und medizinische Einsätze senken und die Produktivität erhöhen. Beides würde die finanziellen Ergebnisse des Projekts verbessern und damit auch den Wert der Investition steigern. Langsam verbreitet sich das Konzept: Auf der Konferenz »Gender-Smart Investing« in London im Herbst 2018 tummelten sich zahllose Investoren, die frauenorientierte Investmentstrategien verfolgen wollen. Geschlechterbezogene Investitionen können nach einer beliebigen Anzahl von Kriterien ermittelt werden – von der Zahl der Frauen in Aufsichtsräten bis zu frauenfreundlichem Produktdesign.

Der geschlechterorientierte Investmentansatz galt bis vor Kurzem als nicht plausibel. Doch als Bloomberg 2017 den neuen Gender Equality Index erprobte, war das Konzept bereits in den Mainstream vorgedrungen. Bloomberg bietet investmentbezogene Informationen über 325 000 Finanzinstitute auf der ganzen Welt. Bloombergs Investorenbasis hatte sich ein entsprechendes Bewertungssystem gewünscht, weil man glaubte, dass Aktien von Firmen mit besserer geschlechterorientierter Inklusionspolitik andere Indices übertreffen würden. Die Bloomberg-Investoren hatten recht.

Der von Bloomberg getestete Prototyp vom Gender-Index war recht einfach. Er bewertete Firmen etwa nach der Anzahl der Frauen im Aufsichtsrat, in Führungspositionen und danach, ob das Unternehmen Elternzeit anbot. Im ersten Jahr wurden nur Finanzdienstleister getestet – also genau die Institutionen, die Gegenstand dieses Kapitels sind. Die Erhebung ergab, dass Firmen mit besseren Ergebnissen bei Gender-Themen ihre Mitbewerber auch bei den anderen Leistungen übertrafen – allerdings nur ein wenig. In den folgenden Jahren übertraf der Gender Equality Index für Finanzunternehmen den Bloomberg Financial Services Index und die MSCI-Finanzindices. 2019 lag der Bloomberg Gender Equality Index um 50 Prozent höher als die anderen beiden (Abb. 30).

2018 fügte Bloomberg Daten von 230 weiteren Firmen hinzu. Die Ergänzung dieser Unternehmen ermöglichte dem Index, die Gleichstellung über mehrere Branchen hinweg abzubilden. Im dritten Quartal 2019 übertraf der erweiterte Gender Equality Index jeden Monat den MSCI World Index und den MSCI All Country World Index.

Der Bloomberg Gender Equality Index ist für die wirtschaftliche Stärkung der Frauen von großer Bedeutung. Mit diesem Index können die Abonnenten von Bloomberg Aktien nach dem Einsatz der Unternehmen für die Gleichstellung der Geschlechter auswählen und beobachten, welche Ergebnisse die gleichstellungsfreundlichen Firmen insgesamt erzielen. Bislang zeugt der Index von einem positiven Zusammenhang zwischen den Gleichstellungsbemühungen einer Firma und deren finanziellem Wert: Unternehmen, die auf Gleichstellung achten, sind bessere Investitionen als weniger frauenfreundliche Betriebe. Die Investoren bevorzugen deshalb Aktien von Firmen mit guter Ge-

BLOOMBERG GENDER EQUALITY INDEX
BEI FINANZDIENSTLEISTERN VS. ANDERE FINANZINDICES, 2016–2019

BLOOMBERG GENDER EQUALITY INDEX (ALLE BRANCHEN)
VS. VERGLEICHBARE INDICES, 2019 (JAHR 1)

schlechterpolitik, wodurch deren Aktienpreise wahrscheinlich steigen werden – und Unternehmen, die sich im Bereich Gender nicht positiv hervortun, sehen darin einen Anreiz, ihre Kultur zu verändern.

Hinzu kommt der wachsende Wohlstand der Frauen. Ihnen gehört zwar immer noch ein viel kleinerer Anteil der weltweiten Vermögen als Männern, doch reformiertes Erbrecht und die geschäftlichen Erfolge vieler Frauen tragen zum Wachstum des individuellen Vermögens von Frauen bei. Die Forschung zeigt, dass wohlhabende Frauen sich häufiger als Männer für Investitionen entscheiden, die gesellschaftlich oder ökologisch verantwortlich sind. Sie achten auch stärker auf die langfristigen Folgen und Vorteile von Investitionen und weniger auf kurzfristige Gewinne, die an den Finanzmärkten traditionell hoch im Kurs stehen.

Leider werden Frauen, die über genügend Geld für Investitionen verfügen, vom Finanzsektor chronisch schlecht bedient. Vermögensberater gehen immer noch davon aus, dass Frauen keine Ahnung von Finanzen und deshalb keine finanziellen Ziele oder Pläne haben. Sie schlagen ihnen »sichere«, »standardisierte« Investmentoptionen vor und erzählen nichts von innovativeren Anlagen. Sie stoßen vermögende Frauen vor den Kopf, indem sie sogar dann mit deren Ehemännern kommunizieren, wenn das entsprechende Portfolio der Frau gehört.

ABB. 30 Die erste Grafik zeigt die Werte der im Bloomberg Gender Equality Index (GE-Index) enthaltenen Finanzdienstleister (2016–2019) im Vergleich zu zwei anderen Indices, die Finanzdienstleistungsunternehmen beobachten – dem MSCI World Financials Index und dem MSCI All Country World Financials Index. Der GE-Index war im ersten Jahr etwas besser als die anderen beiden und überholte sie ab Mitte 2017 deutlich. Die Lücke zwischen dem GE-Index und den vergleichbaren Indices wurde in den zwei Folgejahren größer, bis der GE-Index eindeutig überlegene Ergebnisse erbrachte.
Die zweite Grafik stellt die Entwicklung des neuen, erweiterten GE-Index in den ersten drei Quartalen von 2019 dar. Genau wie die zur Erprobung benutzte Version zeigt der erweiterte GE-Index im ersten Jahr seiner Anwendung leicht bessere Ergebnisse im Verhältnis zu vergleichbaren Indices.
Quelle: Bloomberg Finance LP, 2019

Die Berater unterschätzen Frauen in vielfältiger Weise, etwa wenn sie das Portfolio als »Familienvermögen« bezeichnen, obgleich die Frau das Geld selbst verdient hat.[20]

Sexistische Finanzberatung schadet auch den Volkswirtschaften. Untersuchungen von Sylvia Ann Hewlett und Andrea Turner Moffitt an 6000 vermögenden Individuen in den Vereinigten Staaten, Großbritannien, Indien, China, Hongkong und Singapur zeigten, dass Frauen mit ihren Finanzberatern so unzufrieden waren, dass ein Großteil von ihnen ganz auf diese Dienstleistung verzichtete. Somit behielten viele dieser Frauen ein Barvermögen, statt zu investieren.[21]

Wenn ein bedeutender Teil des Vermögens von Frauen in bar herumliegt, statt investiert zu werden, verringert das das Potenzial eines Landes zu wirtschaftlichem Wachstum, der Schaffung von Arbeitsplätzen und der Unterstützung von Innovationen. Angesichts der stärkeren Neigung von Frauen, in Firmen mit positiven Auswirkungen auf Gesellschaft und Umwelt zu investieren, reduziert dieses Problem auch die zur Verfügung stehenden Ressourcen im Kampf gegen grundlegende Herausforderungen. Selbst die Vermögensberater könnten mehr verdienen, wenn sie Frauen respektvoll behandeln würden. Stattdessen halten sie an ihren Geschlechtervorurteilen fest und entscheiden sich für einen ökonomisch irrationalen Weg, der Frauen, dem Land und ihren eigenen Portemonnaies schadet.

Sowohl Männer als auch Frauen bekundeten in Hewletts und Moffitts Studie Interesse an Investitionen, die sich positiv auf die Gesellschaft auswirken. Beide wollten auch Firmen mit diversem Führungspersonal unterstützen. Genau dieser Impuls begründet die Nachfrage nach Indices, die positives gesellschaftliches, ökologisches und geschlechtergerechtes Verhalten von Unternehmen widerspiegeln. Es ist ein ermutigendes Signal, dass so viele Menschen auf positive Weise investieren wollen, statt ausschließlich profitorientiert zu denken.

All diese Entwicklungen zeugen vom Potenzial für eine radikale Veränderung der Weltwirtschaft. Je mehr verantwortungsvolle Investments den traditionellen Ansatz übertreffen, je mehr Investoren nachhaltige Geldanlagen bevorzugen und je stärker sich internationale Institutionen um eine andere Geschlechterethik in der Finanzwelt bemühen, umso mehr können wir hoffen, dass die Finanzwelt ihre Dschingis-Khan-Mentalität eines Tages überwindet.

12

OWNING IT – BEHARRLICHKEIT

Aus Angst vor den Nazis schickten Veras österreichische Eltern ihre fünfjährige Tochter im Kindertransport nach England. Diese Transporte brachten kurz vor Ausbruch des Zweiten Weltkriegs etwa 10 000 Kinder in Sicherheit. Die jungen Flüchtlinge wuchsen bei britischen Familien auf und waren nach Kriegsende oft die einzigen Überlebenden ihrer Herkunftsfamilien.

Wie viele andere junge Flüchtlinge blieb auch Vera in England und baute sich dort ein Leben auf. Schon früh interessierte sie sich für Mathematik, aber an ihrer Mädchenschule wurden weder Mathematik noch Naturwissenschaften unterrichtet. Also bekam sie ausnahmsweise die Erlaubnis, eine Jungenschule zu besuchen. Sie entschied sich gegen ein Hochschulstudium, weil das einzige für Mädchen erlaubte naturwissenschaftliche Fach die Botanik war und sie sich dafür nicht besonders interessierte. Stattdessen arbeitete sie für die Post Office Research Station in London – als einzige Frau unter 2000 Programmierern. Sie konstruierte Computer und schrieb Codes in Programmiersprache. »Anfangs wurde ich belächelt, wie alle Frauen, doch als ich ihnen zu verstehen gab, dass ich Karriere machen wollte, ging es eher darum, mich auszugrenzen.«[1] An einer Abendschule machte sie einen Abschluss in Mathematik. Mit 18 Jahren wurde sie britische Staatsbürgerin und änderte ihren Namen in Stephanie.

Als sie den Physiker Derek Shirley heiratete, zwang ihr Arbeitgeber sie zur Kündigung. Sie fand zwar eine neue Anstellung, ärgerte sich aber, dass überall talentierte Frauen wegen Heirat oder Schwangerschaft aus dem Beruf gedrängt wurden. An einem schicksalhaften Tag im Jahr 1959 beschloss sie, etwas gegen diese unfaire und verschwenderische Praxis zu unternehmen. Mit einem Startkapital von sechs Pfund gründete sie »freelance programmers« (die Kleinschreibung des Firmennamens sollte auf das fehlende Startkapital hinweisen). In dieser neuartigen Firma durften Frauen Ehefrauen, Mütter und Softwareentwicklerinnen zugleich sein. Jede konnte von zu Hause arbeiten und die Arbeitszeiten selbst bestimmen, solange das Ergebnis fehlerfrei und pünktlich geliefert wurde.

Stephanies Ehemann musste sie zur Eröffnung des Geschäftskontos begleiten. Als sie Werbebriefe verschickte, riet man ihr, mit »Steve« statt »Stephanie« zu unterschreiben. So begann diese Tech-Pionierin der 1960er-Jahre, »Steve« ironisch als ihren Namen zu benutzen. Trotz dieser schwierigen Startbedingungen erarbeitete sich ihr Unternehmen wegen seiner exzellenten Programmierungen bald einen guten Ruf. Als »extrem familienfreundlicher« Betrieb hatte es Modellcharakter. Jahre später fasste Steve zusammen: »Ich stellte qualifizierte Frauen ein, die die Computerbranche aufgrund von Heirat oder Familiengründung verlassen hatten, und ermöglichte ihnen die organisierte Heimarbeit.«[2]

1975 hatte die Firma bereits 300 Beschäftigte und arbeitete an einer Reihe wichtiger Innovationen im Sicherheitsbereich, darunter die Programmierung der »Black Box« der Concorde. In den 1980er-Jahren hatte Steves Unternehmen Tausende Angestellte und arbeitete für die führenden Unternehmen Englands. Bei ihrem Börsengang 1996 wurde die Firma mit 121 Millionen Pfund bewertet. Da Steve einen Großteil ihrer Anteile an Beschäftigte übergeben hatte, wurden 70 ihrer Angestellten zu Millionären.

Steve Shirley wurde eine der reichsten Frauen Großbritanniens. Als unermüdliche Dienerin ihres Landes gehört sie auch zu seinen größten Wohltäterinnen. Mit 80 Jahren hatte sie fast ihr gesamtes Vermögen für gute Zwecke gestiftet. Oft dachte sie daran zurück, wie sie einst nach Großbritannien gelangt war: »Ich wusste nicht genau, was los war und warum, aber fremde, freundliche Menschen halfen mir und retteten mir das Leben. Ich brauchte einige Jahre, um diese Tatsache und ihre Bedeutung zu verstehen. Als ich es begriffen hatte, fasste ich einen Entschluss, den ich nie mehr infrage stellte: Ich musste sicherstellen, dass mein Leben es wert war, gerettet zu werden.«[3]

Als ich Steve - heute »Dame Stephanie« beim Tee in Oxford kennenlernte, hatte sie schon seit über 30 Jahren den Status einer Ikone. Ich wollte sie dafür gewinnen, Frauen weltweit zu helfen, Unternehmen zu gründen - so wie sie selbst es einst getan hatte. Ich wollte, dass sie zur Eröffnung des ersten Power Shift Forum for Women in the World Economy ihre Geschichte erzählte. Es war die perfekte Parabel für die Zwänge, denen Gründerinnen unterliegen, die kreative Art, diese zu umgehen, die Befreiung, die sie dabei häufig empfinden, und das Erbe, das sie hinterlassen.

Die immer noch bestehenden Nachteile von Frauen in offiziellen Beschäftigungsverhältnissen gründen zu einem wesentlichen Teil in der Tatsache, dass die Firmen, bei denen die Frauen arbeiten, Männern gehören. Unternehmerinnen stellen häufiger andere Frauen ein, bilden sie häufiger fort und befördern sie öfter. Eine sinnvolle Strategie neben anderen Bemühungen, die Arbeitsbedingungen von Frauen zu verbessern, ist deshalb die Gründung einer Stiftung von Unternehmerinnen. Alle Schwierigkeiten, mit denen sich die XX-Ökonomie konfrontiert sieht, treffen leider auch auf Unternehmensgründungen zu. Im Folgenden werde ich deren Potenziale und Probleme anhand dreier Beispiele illustrieren: der Erfahrungen armer schwarzer Frauen, die in Südafrika als Avon-Beraterinnen arbeiten, des Interesses der moldawischen Regierung an der Förderung von Unternehmerinnen und des positiven Beitrags, den Investitionen von Frauen in frauengeführte Unternehmen in Großbritannien leisten könnten.

Die Idee für meine Studie über Avon in Afrika entstand in stundenlanger Lektüre alter Frauenzeitschriften in der Bibliothek der University of Illinois. Ich recherchierte damals für mein Buch *Fresh Lipstick*.[4]

Mir fiel auf, dass viele Anzeigen zwischen 1880 und 1920 Frauen als Verkäuferinnen für bestimmte Waren anwarben. Verheiratete Frauen waren damals noch nicht Teil des offiziellen Arbeitsmarkts, doch sie konnten in der Nähe ihres Hauses als Vertreterinnen arbeiten – ähnlich den aparajitas im heutigen Bangladesch. Damals entstanden in den gesamten USA Netzwerke von Vertreterinnen. Sie brachten Waren in ländliche, abgelegene Gegenden und schufen so den großartigen amerikanischen Konsumentenmarkt, der noch immer zu den beneidenswertesten Vorzügen der US-Wirtschaft gehört. Die Vertreterinnen verdienten Geld und konnten sich mit anderen Frauen vernetzen.

Ich wollte untersuchen, ob ein solches Netzwerk auch armen Frauen in Entwicklungsländern Vorteile und wirtschaftliche Stärkung bringen könnte. Die meisten Firmen aus den alten Anzeigen gab es längst nicht mehr, aber eine von ihnen hatte sich zu einem weltweit bekannten Riesen entwickelt: Avon. Die Firma war im späten 19. Jahrhundert als Parfumproduzent gegründet worden, hatte ihr Logistiksystem nie geändert und betrieb ihr Hauptgeschäft inzwischen in Entwicklungsländern. Es gab Presseberichte von Avon-Beraterinnen, die ihre Produkte entlang des Amazonas verkauften. Genau so etwas wollte ich untersuchen.

Als ich 2006 nach Oxford ging, hoffte ich, die internationalere Ausrichtung der Universität würde mir die Möglichkeit geben, das Projekt umzusetzen. Ich schrieb Andrea Jung, CEO von Avon, dass ich gerne ihr afrikanisches Distributionssystem untersuchen würde. Fragen kostet nichts, dachte ich, und klickte auf »Senden«. Sie antwortete binnen einer Stunde und erlaubte mir nicht nur die Studie, sondern stellte auch Kontakt zur Leiterin des Avon-Standorts in Südafrika her. Ich war erstaunt. Zwei Monate später wurde ich in Johannesburg den Bezirksmanagerinnen vorgestellt. Sie konnten mich mit den schwarzen Frauen in Kontakt bringen, deren Arbeit ich untersuchen wollte. Von nun an ließ die Firma mir freie Hand. Drei Jahre lang mischte Avon sich nicht in meine Untersuchungen ein und fragte auch vor dem Erscheinen meiner Studie nicht nach Vorabergebnissen.

Die Reise nach Johannesburg war mein erster Aufenthalt in Afrika. Ich brauchte also eine Person in meinem Team, die Erfahrung mit dem Land hatte. Catherine Dolan, eine Expertin für Afrika, Anthropologie, Wirtschaftsentwicklung und Gender, die auch gerade nach Oxford gekommen war, erklärte sich zur Zusammenarbeit bereit. Es sollte die erste von vielen Kooperationen mit ihr werden.

2007 veröffentlichte das britische Ministerium für Internationale Entwicklung einen Aufruf zur Einsendung innovativer Ideen für den Kampf gegen die Armut in Entwicklungsländern. Als ich mein Avon-Konzept vorstellte, lachte mir der Ministeriumsvertreter laut ins Gesicht: »Nun, wir suchen neue und verrückte Ideen, also können Sie Ihre ruhig einreichen.« Gegen jede Wahrscheinlichkeit bekamen wir die Fördermittel und begannen mit der Studie.

Avon verkauft nicht über Anzeigen, sondern durch Kataloge. Deshalb wissen die meisten Menschen nicht, dass es die fünftgrößte Kosmetikfirma der Welt ist. In jeder Sekunde werden vier Avon-Lippenstifte verkauft. Es gibt 6,5 Millionen Avon-Beraterinnen und -Berater (99 Prozent sind weiblich) in über 100 Ländern. Jedes Jahr werden über 600 Millionen Avon-Kataloge in 25 Sprachen und 143 Ländern verteilt – das ist sechsmal so viel wie die Zahl der jährlich gedruckten Bibeln.[5]

Als die Frauen im Westen in den 1970er-Jahren berufstätig wurden, erschwerte das den Verkauf von Tür zu Tür, den Avon praktizierte – denn nun war niemand mehr zu Hause, der aufmachte. Die Firma erprobte deshalb die Expansion in Entwicklungsländer. Nach dem Zusammenbruch der Sowjetunion baute Avon in den ehemaligen Mitgliedstaaten Präsenzen auf. Für die dortigen Frauen war das wirtschaftliche Überleben noch schwieriger als für die Männer. Avon ist eine riesige internationale Firma, die Frauen ohne Kapital, Ausbildung oder Büroräume zu Einkommen verhelfen kann. Vielen Frauen in Osteuropa kam sie deshalb wie gerufen. Zum ersten Einstellungstermin in der Ukraine erschienen unglaubliche 14 000 Frauen. Der Mann, der die Veranstaltung geleitet hatte, erzählte mir leicht beschämt, die Frauen hätten ihn weinend vor Dankbarkeit umarmt, bis seine Krawatte durchnässt gewesen sei. Seit dieser Erfahrung in Osteuropa hat Avon in vielen Entwicklungsländern erfolgreich Präsenzen errichtet. Und es gibt tatsächlich Avon-Beraterinnen, die den Amazonas hochpaddeln und Lippenstifte verkaufen. Manche sagen, es gebe in Brasilien mehr Avon-Beraterinnen als Militärs. Es würde mich kein bisschen überraschen, wenn das stimmte.

Avon-Beraterinnen sind nicht fest angestellt, sondern arbeiten selbstständig, sind also letztlich »Unternehmerinnen«. Sie erhalten 20 Prozent Kommission, was für diese Art der Arbeit großzügig ist, doch sie können noch mehr verdienen, wenn sie andere Frauen als Beraterinnen rekrutieren. Weil neue Beraterinnen ihrerseits ermutigt werden, Frauen anzuwerben, entstehen immer mehr Ebenen und schließlich ein Netz aus Beziehungen, innerhalb dessen die Frauen durch die jeweilige Person über ihnen (»Upline«) miteinander verbunden sind. Die grafische Umsetzung dieser Beziehungen würde wie ein Familienstammbaum aussehen. Von Avon angeworbene Frauen werden also sofort Teil einer Gemeinschaft.

Weil das System organisch wächst und die Frauen von zu Hause arbeiten, kann Avon sehr leicht neue Vertretungen gründen – anders als Kosmetikfirmen, die ihre Waren in Geschäften anbieten. Wenn Avon ein neues Entwicklungsland erschließt, wächst es dort normalerweise sehr schnell, weil sich die Zahl der Beraterinnen in kurzer Zeit vervielfacht. Jede Upline-Beraterin ist für das Management ihrer unmittelbaren »Downlines« verantwortlich. Sie trainiert sie, berät sie in geschäftlichen Fragen, ermutigt sie, schlichtet Streit und fördert sie. Dafür erhält sie einen geringen Prozentsatz der Verkäufe jeder Downline-Beraterin – genau wie alle Uplines über ihr. Wer viele Downlines hat, kann somit gutes Geld verdienen. Das Einkommen, das so generiert wird, kann die größte Lohnlücke Südafrikas schließen – nämlich die zwischen schwarzen Frauen und allen anderen.

Die meisten Menschen glauben, die Ungleichheit verliefe in Südafrika hauptsächlich zwischen Weißen und Schwarzen. Das stimmt nur bis zu einem gewissen Grad. 80 Prozent der Landesbevölkerung sind Schwarze. Weiße stellen nur 9,2 Prozent, doch 79 Prozent von ihnen erzielen ein Einkommen im oberen Viertel. Weniger als 10 Prozent der Schwarzen verdienen so viel. Der Großteil staatlicher Hilfen geht an schwarze Haushalte.

Die Schwarzen sind eindeutig die ärmsten Südafrikaner, doch innerhalb dieser Gruppe sind die Frauen weit stärker benachteiligt als die Männer. Zum Zeitpunkt unserer Studie lag die Armutsgrenze bei 645 Rand monatlich. Etwa 70 Prozent der schwarzen Männer verdienten mindestens 1000 Rand monatlich, doch nur 53 Prozent der schwarzen Frauen. Zudem herrschte unter schwarzen Frauen verglichen mit schwarzen Männern eine höhere Arbeitslosigkeit. Sie hatten geringere Einkommen, einen niedrigeren Bildungsstand, waren häufiger inoffiziell beschäftigt, nutzten seltener Finanzprodukte und hatten die höchste Selbstständigkeitsrate – doch 94 Prozent ihrer Unternehmen bestanden im inoffiziellen Verkauf von Obst, Gemüse und handwerklichen Produkten.

Die Benachteiligung der Frauen zeigt sich vielleicht am deutlichsten in geschlechtsspezifischer Gewalt. Südafrikanische Frauen sterben sechsmal so häufig durch einen Intimpartner wie Frauen im weltweiten Durchschnitt. Während unserer Arbeit dort erschien eine Untersuchung, der zufolge 25 Prozent der südafrikanischen Männer zugaben, *mindestens* eine Frau vergewaltigt zu haben. Die Hälfte von ihnen sagte, es seien zwischen zwei und zehn gewesen. Südafrikanische Schriftstellerinnen wie Redi Tlhabi haben schreckliche Schilderungen von Vergewaltigungen innerhalb der Bevölkerung verfasst. Weil erzwungener Sex so häufig ist, kommen auf je zwei HIV/AIDS-kranke schwarze Männer fünf Frauen mit diesem Krankheitsbild. Ein Artikel in *The Lancet* von 2009 untersuchte Studien über Gewalt gegen Frauen in Südafrika und kam zu dem Ergebnis, in Bezug auf dieses Problem herrsche dort »ein auffallender Mangel an Verantwortung und Führung durch die Regierung«.[6]

Da unsere Studie sich auf das Thema Armut konzentrierte, bestand unsere Population ausschließlich aus armen schwarzen Frauen. Wir fanden heraus, dass sie bei Avon monatlich 900 Rand verdienten und damit in der oberen Hälfte der Einkommen schwarzer Frauen und in den oberen zehn Prozent selbstständiger schwarzer Frauen in Südafrika lagen. Sie befanden sich nur knapp unter dem Durchschnittseinkommen schwarzer Männer und deutlich über der Armutsgrenze. Ein Vergleich der Avon-Einkommen mit den von der südafrikanischen Regierung genannten Lebenshaltungskosten ergab, dass eine Frau, die 16 Monate innerhalb des Avon-Systems arbeitete und durchschnittlich verdiente, das Gros der Lebenshaltungskosten für eine vierköpfige Familie aufbringen konnte – jedoch nicht die Wohnkosten.[7] Eine Avon-Beraterin mit Familie müsste sich also eine Unterkunft mit anderen teilen oder einen zusätzlichen Job haben.

68,6 Prozent unserer Studienteilnehmerinnen waren entweder der Haushaltsvorstand oder lebten mit einer weiteren erwachsenen Frau zusammen, mit der sie sich die Ausgaben teilten. Nur wenige bekamen Hilfe von einem Mann – fast alle hatten Kinder. In Südafrika werden 41 Prozent der Haushalte von Frauen geführt. Im weltweiten Durchschnitt ist das eine sehr hohe Zahl.

Wir interessierten uns besonders für einen Vergleich der Avon-Verkäufe mit den Mikrokrediten, die sich zu der Zeit mehr und mehr verbreiteten. Diese gaben den Frauen meist nur das Kapital, um selbst hergestellte oder erworbene Waren zu verkaufen. Es gab einige wenige Systeme, die dem Avon-Prinzip ähnelten und haltbare Produkte verkauften, etwa Solarlampen oder schadstofffreie Herde. Doch diese Systeme gerieten in Schwierigkeiten, weil die Produkte teuer und schwer zu transportieren waren und einmalige Anschaffungen darstellten. Hatte eine Frau jeder Familie im Dorf ein solches Produkt verkauft, hatte sie keine Möglichkeit mehr, Einkommen zu generieren. Wirklich gebraucht wurden also günstige, gut transportable Produkte, die regelmäßig wieder gekauft wurden. Das System der Mikrokredite hatte zudem gezeigt, dass die Frauen nicht nur Geld benötigten, sondern auch Hilfe und Rat, Training und viel Zuspruch. Beratungsdienste und Kurse waren teuer und wurden meist nicht professionell durchgeführt. Das Hauptproblem bestand jedoch in den hohen Zinsen auf die Mikrokredite.

Für all diese Schwierigkeiten bot Avon von vornherein Lösungen. Die Firma hat beispielsweise ein Kreditsystem, das den Mikrokrediten haushoch überlegen ist. Avon verleiht nur Waren, kein Bargeld. Die Beraterin muss eine Bonitätsprüfung bestehen, um ihre ersten Produkte verkaufen zu dürfen. Die Firma hat auch ein Punktesystem zur Kreditvergabe entwickelt, das selbst sehr arme Frauen normalerweise bestehen. Eine Frau, die die Voraussetzungen erfüllt, kann eine anfangs kleine Menge an Produkten leihen und ihren Kreditrahmen Schritt für Schritt parallel zu ihrem Kundenstamm erweitern. Besteht sie die Bonitätsprüfung nicht, kann sie mit Bargeld dennoch Waren kaufen und sich mit der Zeit eine gewisse Bonität erarbeiten. Hat sie kein Geld, leihen ihr oft andere Beraterinnen einen gewissen Betrag.

Der Wert der Waren muss jedes Mal zurückgezahlt werden, wenn ein neuer Katalog erscheint. Das ist alle sechs bis acht Wochen der Fall. So kann nie ein Schuldenberg entstehen, der bei vielen Mikrokrediten zum Problem wird. Avon verlangt keine Zinsen. Das System wird zwar eng geführt, ist aber sehr großzügig. Wenn eine Beraterin die Standards einmal nicht erfüllt, kann sie später wieder einsteigen.

Avon besteht darauf, dass die Beraterinnen die Bezahlung über Bankkonten abwickeln. Es gibt zahlreiche Bemühungen, Frauen in armen Ländern in die Finanzstrukturen einzubeziehen, indem man ihnen zu Bankkonten verhilft. Wie bereits gezeigt wurde, ist das nicht einfach. Doch wenn Avon kommt, haben plötzlich alle ein Konto: 92 Prozent unserer Studienteilnehmerinnen hatten eigene Konten.

Die Mikrokreditsysteme waren als Strategien gegen Armut gedacht und hatten nicht das Ziel, Arbeitsplätze zu schaffen. Sie konzentrierten sich auf den Lebensunterhalt der Frauen und ihrer Familien. Die Schaffung von Arbeitsplätzen hat für Regierungen jedoch oft Priorität. Leider beschäftigen Unternehmen in Frauenhand meist nur wenige Menschen: Im weltweiten Durchschnitt sind es unter vier. Doch die

Avon-Gruppenleiterinnen in unserer Studie beaufsichtigten durchschnittlich 137 Beraterinnen (die Spanne reichte von 10 bis 817). Die Personalerfahrung, die diese Frauen bei Avon sammeln, ist auf dem Arbeitsmarkt von Bedeutung. Auch andere grundlegende Management-Techniken werden unterrichtet. Die Avon-Beraterinnen können die erworbenen Fähigkeiten für andere Berufe oder eigene Gründungen nutzen. 89,9 Prozent gaben an, die bei Avon erlernten Kenntnisse seien auf andere Tätigkeiten oder Branchen übertragbar.

Letztlich fungiert Avon als günstige Bank und Kreditverwaltung sowie als Lieferant, Trainer und Marketingabteilung für das Beraterinnennetzwerk. Als Catherine und ich das Projekt abgeschlossen hatten, schossen die für die Mikrokredite typischen Netzwerke in Lateinamerika, Afrika und Asien wie Pilze aus dem Boden - und scheiterten genauso schnell, wie sie aufgetaucht waren. Experten für wirtschaftliche Entwicklung beobachteten zur selben Zeit Avons 125 Jahre altes, weltweites Beraterinnensystem und fragten sich, wie der Firma das gelingen konnte. Unser Bericht hätte zu keinem besseren Zeitpunkt erscheinen können.

In Oxford hielten uns viele Kolleginnen und Kollegen dennoch für verrückt. Und natürlich zeigten sich einige von ihnen, genau wie manche Kritiker in den Medien, »moralisch empört«, dass wir das Avon-System als Methode der Armutsbekämpfung untersuchten. Avon solle aufhören, den Armen Dinge zu verhökern, die sie »nicht bräuchten«.

Diese Kommentare waren so weit von unseren eigenen Beobachtungen entfernt, dass es uns schwerfiel, mit der nötigen Ruhe darauf zu reagieren. Die Avon-Beraterinnen verkaufen explizit außerhalb ihrer eigenen Gemeinden und richten sich gezielt auch an reichere Kundschaft. Unsere Daten belegten dies und zeigten, dass ärmere Kundinnen meist einfache Produkte wie Bodylotion oder Seife kauften. Erwarben sie doch einmal kleine Luxusgüter, warteten sie, bis Avon deren Preis reduzierte. Und sie kauften Probiergrößen. Diese kleinen Dinge brachten ein wenig Freude in ihr ansonsten recht tristes Leben. Die Moralisten zu Hause wandten die Werturteile ihrer eigenen Kultur auf eine weit entfernt lebende, nicht vermögende Bevölkerung mit einer gänzlich anderen Konsumethik an. Das britische Missfallen war letztlich Ausdruck einer – um es vorsichtig auszudrücken – kolonialistischen Perspektive.

Die Beraterinnen selbst sahen die Produkte als Stärken an. Wir baten die Teilnehmerinnen, den Verkauf von Avon-Produkten mit dem Verkauf landwirtschaftlicher Produkte zu vergleichen, und erfuhren, dass Avon-Waren sich schneller verkaufen, mehr Auswahl und gute Gewinnspannen bieten, wiederholt eingekauft werden, nicht schlecht werden und die Verkäuferin nicht zwingen, den ganzen Tag in der Hitze am Straßenrand zu sitzen. Der Verkauf von Avon-Produkten wird als würdevollere Art des Geldverdienens betrachtet. Auch die Marketingkompetenz von Avon ist ein Plus. Avons Algorithmen werten die relevanten Märkte für die Beraterinnen aus, wählen die richtigen Produkte und Preise und stellen schickes, passgenaues Verkaufswerkzeug zusammen. Benötigt ein bestimmter Markt besondere Produkte, etwa andere Make-up-Farben, entwirft oder findet Avon ein entsprechendes Angebot. Avon war die erste große US-Kosmetikfirma, die eine Palette von Make-up für People of Color anbot, und sie hatte deshalb jahrzehntelange Erfahrung, die auf dem südafrikanischen Markt von Vorteil war.

Für die Verkäufe von Avon war der Umstand, dass die Frauen mit Fremden interagieren mussten, eines der Haupthindernisse. Wir kannten Frauen, die auf ihren Verkaufsrunden ausgeraubt und vergewaltigt worden waren. Die häusliche Gewalt gegenüber Frauen kam noch häufiger vor. Mehrfach wurde uns berichtet, Frauen seien von ihren Männern geschlagen worden, weil diese ihnen den beruflichen Erfolg neideten. Alle Geschichten endeten damit, dass die Frauen genug Geld sparten, um ihre Kinder zu nehmen und die Männer zu verlassen. Manche Beraterinnen warben gezielt Frauen an, die von häuslicher Gewalt gefährdet waren, weil sie ihnen helfen wollten, sich aus dieser Situation zu befreien.

Avon ermutigt nicht unmittelbar bedrohte Frauen, sich persönliche Ziele zu setzen. Sie sollen demnach nicht alle Einnahmen ausgeben, sondern Kapital aufbauen. Dazu weisen die Uplines die Downlines an, ein Bild auszuschneiden, das einen persönlichen Traum darstellt – etwa ein eigenes Haus. Sie sollen es so aufhängen, dass sie es jeden Tag sehen können. Dann stellen sie Businesspläne auf, um ihre Träume zu verwirklichen. Jede Frau kennt die Träume der anderen, sodass ein gewisser Druck besteht, das Ziel zu verfolgen. Die Frauen sind normalerweise stolz auf das, was sie erreicht und/oder für die Zukunft geplant haben. Dass sie überhaupt Pläne machen können, statt nur ans tägliche Überleben zu denken, ist ihnen sehr wichtig. Nicht wenige von ihnen hatten Häuser oder Wohnungen erworben, das Studium der Kinder finanziert oder schicke Autos gekauft – und damit die Meilensteine des Mittelschichtlebens erreicht.

Ihre Leistungen waren besonders beeindruckend, weil die meisten bei null angefangen hatten – was nicht sprichwörtlich gemeint ist. Manche waren Flüchtlinge, andere AIDS-Waisen. Wieder andere waren auf der Flucht vor häuslicher Gewalt. Eine alleinerziehende Mutter, die es aus den Flüchtlingslagern geschafft hatte, erzählte uns etwa:

> Ich hatte ein Problem. … Mein Onkel vergewaltigte mich. … Ich kam nicht mit der Schule klar und mit dem Druck, bei diesem Mann leben zu müssen. … Dann erfuhr ich, dass mein Onkel mich mit HIV angesteckt hatte. … Ich tat nichts, mir war alles egal, ich wollte nichts wissen … ich wartete nur darauf, zu sterben, weil ich nicht den Mumm hatte, mich umzubringen.
> Ich will jetzt nicht mehr sterben, ich will sehen, wie mein [Avon-]Geschäft wächst. … Ich will, dass es groß wird und gut läuft. Ich habe die Schule früh abgebrochen. Ich glaube nicht, dass ich ohne [Avon] überleben könnte. Ich muss dafür alles geben, denn jetzt habe ich Geld für Essen und Kleidung für mein Kind. … Wie [meine Upline] will auch ich ein Auto, damit ich meine Kinder in die Stadt fahren und ihnen alles kaufen kann – das ist mein Traum. Weil ich keinen Schulabschluss habe, finde ich keinen Job. Ich muss Avon betrachten wie meine Aufgabe – als zöge ich ein Kind groß.

> Wenn ich sterbe, weiß ich jetzt wenigstens, dass ich meinem Kind etwas hinterlasse. Ich will nicht, dass er sagt: »Meine Mutter hatte keine Arbeit.« … Ich plane, sehr lange bei Avon zu bleiben, so lange mein Sohn bei mir lebt. Das ist der beste Job meines Lebens. Vorher war ich traurig und elend.

Jede Frau, die wir interviewten, kannte die Sorge darum, genug Essen für die Kinder zu haben. Ich vermute, den meisten von ihnen war Hunger nicht fremd. Viele waren traumatisiert, und einige waren alt genug, um sich an die Apartheid zu erinnern. Hinter jedem Gesicht verbarg sich Vernachlässigung, Vergewaltigung, Krankheit oder ein anderes schreckliches Erlebnis, und doch lächelten sie uns an. Ich scherzte mit Catherine oft, dass die Frauen in der Studie über Avon sprachen wie manche Leute über Jesus. Immer wieder hörten wir »Avon hat mich gerettet«. Als Überschrift für unseren ersten Artikel wählte Catherine: »Lipstick Evangelism«.[8]

Was diese Frauen wirklich wütend machte, war der berüchtigte Unwille ihrer Männer, zur Versorgung der Kinder beizutragen. Eine Befragte erzählte uns: »Traditionell herrscht unter Schwarzen und Indern die Überzeugung, dass die Frauen sich um die Kinder zu kümmern haben. ›Ich bin der Mann im Haus und gehe raus zum Jagen. Du bleibst hier und kochst Essen.‹ Nicht viele schwarze Männer unterstützen ihre Kinder. Das ist eine Tatsache.« Dass die Frauen mit der Versorgung ihrer Kinder alleingelassen werden, ist umso schockierender in einem Land, in dem es so viele Haushalte ohne Männer gibt.

Die Verantwortung hörte nicht bei den Kindern auf. Unsere Teilnehmerinnen kümmerten sich um bis zu acht Personen, und einige sorgten für kranke oder behinderte Verwandte. Fast jede schickte den Familien in den Dörfern Geld, und viele zahlten zusätzlich für die Ausbildung der Kinder anderer Leute. Wie überall gaben die Frauen auch hier ihr Bestes, um anderen zu helfen, denen es noch schlechter ging – vor allem anderen Frauen.

Von Avon-Beraterinnen wird erwartet, dass sie die Produkte selbst benutzen und beim Verkaufsgespräch attraktiv und selbstbewusst zu erscheinen. Allerdings werden sie nicht unter Druck gesetzt, das Make-up selbst zu tragen oder sich auf andere Weise zu präsentieren - sie müssen nur sauber, gepflegt und selbstsicher wirken. Darüber habe ich niemals Beschwerden gehört. Im Gegenteil, die meisten waren stolz auf ihre neuen Kenntnisse über Pflege und Styling und blickten sogar ein wenig auf andere herab, die sich damit keine Mühe gaben. (Eine Frau packte mich am Kinn, inspizierte meine Wangen und sagte: »Schätzchen, deine Haut ist eine Katastrophe. Lass mich helfen.« Ich erhielt mehrere Angebote für eine Gratis-Typberatung, und man gab mir zu verstehen, dass diese dringend nötig sei ...) Die Frauen bekundeten, ihr Erscheinungsbild verleihe ihnen ein Selbstbewusstsein, das ihnen früher gefehlt habe. Bei dem »Look« ging es nicht nur um ein gepflegtes Äußeres, sondern auch um eine stolze Haltung, einen zielgerichteten Gang, einen nach vorne gerichteten Blick und eine direkte Sprache. 88 Prozent der Teilnehmerinnen sagten, ihre Erfahrung mit Avon habe sie selbstbewusster gemacht.

Die südafrikanische Gesellschaft ist stark nach Schichten und »Rassen« stratifiziert. Am meisten beeindruckte mich, dass die armen schwarzen Frauen, mit denen wir für unsere Studie sprachen, also die am stärksten benachteiligten und ausgeschlossenen Menschen in einem armen Land, die Angst vor jenen verloren hatten, die »über« ihnen standen. 74 Prozent stimmten der Aussage zu: »Wegen Avon schüchtern mich Menschen nicht mehr ein, von denen ich glaube, dass sie über mir stehen.«

Waren diese Frauen gestärkt und ermächtigt worden? Ohne Frage glaubten sie das selbst und sagten es auch deutlich. Und doch kann man nicht sagen, dass die Avon-Beraterinnen die Produktionsmittel besitzen. Viele Experten würden sie nicht einmal als Unternehmerinnen betrachten. Dennoch hatten die Frauen in der Vergangenheit so gelitten, dass sie die Fähigkeit verloren hatten, ihr Schicksal selbst in die Hand zu nehmen. Die Möglichkeit, ihren Lebensunterhalt nun selbst zu bestreiten, schien der erste wichtige Schritt auf dem Weg zur

Autonomie zu sein. Ich glaube nicht, dass so eine Leistung geringgeschätzt werden sollte.

Was sich bereits bei meiner Beschäftigung mit den Landwirtinnen in den Bergen Ugandas ergeben hatte, traf auch hier zu: Für Menschen, deren materielle Lage so angespannt ist, ist es fast unmöglich, neue Produktideen zu entwickeln, die Verpackungsmaterialien zu kaufen, die Waren zu transportieren und die vielen weiteren kleinteiligen Schritte zu bewältigen, die anstehen. Avon kümmert sich um all das, bringt den Frauen berufsrelevante Fähigkeiten bei, hilft ihnen, mit Geld umzugehen, und baut ihr Selbstvertrauen auf. Für die Frauen in Südafrika ist dieses System ein Segen. Experten für wirtschaftliche Entwicklung und Wissenschaftler sind oft der Meinung, nur Regierungen sollten etwas gegen Armut unternehmen. Wer das sagt, denkt meist an die Regierungen wohlhabender Länder, die alle Möglichkeiten und bis zu einem gewissen Grad auch den Willen haben, ihre Bürger zu unterstützen. Viele Länder setzen sich jedoch nicht für ihre Bürgerinnen ein und machen auch nicht den Eindruck, das in nächster Zukunft ändern zu wollen.

In Südafrika fehlt es an Bemühungen, die wirtschaftliche Ausgrenzung schwarzer Frauen zu beenden. Darunter leidet die Wirtschaft des ganzen Landes. In fast der Hälfte aller Haushalte bestreitet eine Frau den Lebensunterhalt. Obwohl die Frauen in Südafrika dem Gesetz nach gleichgestellt sind, führen Stammesregeln, Gewalt und die Last der Care-Arbeit dazu, dass sie systematisch daran gehindert werden, für ihre Familien zu sorgen – was selbst vergleichbar arme Männer tun können. Südafrika wird der Armut nicht entrinnen, solange es sich nicht auf die Angleichung der wirtschaftlichen Situation schwarzer Frauen konzentriert. Sie haben die Stärke, dem Staat zu einer Wende zu verhelfen, wenn sie nur die nötige Unterstützung bekommen.

Die moldawische Regierung versucht wenigstens, den Bürgerinnen zu helfen. Moldawien ist das ärmste Land Europas und leidet noch immer unter dem wirtschaftlichen Schock des Zusammenbruchs der UdSSR. Die Arbeitslosigkeit ist hoch, die Produktivität gering und die

Korruption allgegenwärtig. Zudem reduziert die Abwanderung die Zahl möglicher Arbeitskräfte: Viele Männer gehen nach Russland und finden dort Arbeit, für die keine spezielle Aus- oder Vorbildung nötig ist. Die meist höher gebildeten Frauen gehen nach Europa. Seit den 1960er-Jahren sinkt die Fertilität stetig; eine Frau bekommt im Durchschnitt 1,25 Kinder. Die Kombination aus niedriger Fertilität und Abwanderung führt zu einer jährlich sinkenden Bevölkerungszahl.

Die Beteiligung der Frauen am offiziellen Arbeitsmarkt ist mit 39 Prozent sehr niedrig, doch 30 Prozent mehr Frauen als Männer streben einen höheren Bildungsabschluss an. In technischen Berufen und auf Facharbeiterpositionen dominieren Frauen, doch beim Gehalt besteht eine große Lücke zwischen den Geschlechtern. Die Zahl von Frauen geführter Haushalte in Moldawien gehört zu den höchsten der Welt (wie in Südafrika beträgt sie circa 40 Prozent). Dennoch gibt es für Kinder unter fünf Jahren keine Betreuungseinrichtungen. Auch in Moldawien ist Gewalt gegen Frauen erschreckend häufig, und der Frauenhandel zählt zu den größten Problemen des Landes.

Die moldawische Nationalregierung will Beschäftigung und Unternehmensgründungen von Frauen aus den gleichen Gründen fördern wie andere Regierungen: um das Wirtschaftswachstum anzuregen, Arbeitsplätze zu schaffen, etc. Hinzu kommen geschlechtsspezifische Gründe: Der »Brain Drain« ist in Moldawien weiblich, die niedrige Fertilität gründet hauptsächlich in der für Mütter schlechten wirtschaftlichen Perspektive, und Gewalt gegen Frauen sowie Frauenhandel wurzeln, wie überall, in der wirtschaftlich prekären Situation der Frauen. Die Regierung hofft, dass Unternehmerinnen neue Arbeitsplätze schaffen, mehr Frauen einstellen, gerecht bezahlen und befördern.

2017 evaluierte ich auf Einladung der Weltbank Aktivitäten zur Unterstützung von Unternehmerinnen in Moldawien. Die Maßnahmen waren Teil eines Projekts mit Investitionskrediten.[9] Ich fand heraus, dass Frauen 25 Prozent aller Unternehmenseigner in Moldawien ausmachten. Das lag unter dem globalen Durchschnitt von 30 Prozent.

Ihre Unternehmen schienen langsamer zu wachsen als solche in Männerhand - ungeachtet der geschlechtergerechten Kapitalverteilung, die nach dem Zusammenbruch der Sowjetunion durchgeführt worden war. Männer gründeten zudem häufiger Unternehmen als Frauen. Zugleich scheiterten von Männern gegründete Firmen dreimal so häufig, und zwar meist in der frühen Phase (Abb. 31). Somit bestanden die von Frauen gegründeten Unternehmen im Durchschnitt doppelt so lange wie die von Männern.

In etwa der Hälfte der Branchen zeigten die von Frauen geführten Firmen höhere Verkaufszahlen und größere Produktivität. Sie beschäftigten insgesamt auch mehr Menschen. Und sie hatten nicht nur mehr weibliche Beschäftigte als die Unternehmen der Männer, sondern bo-

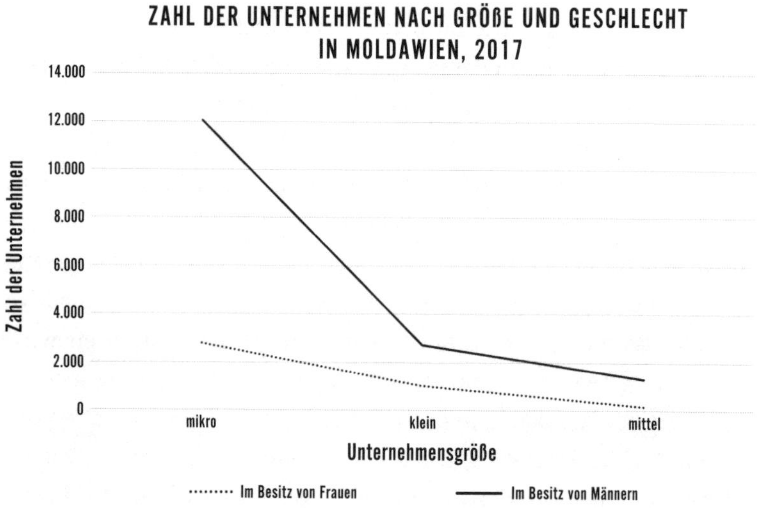

ABB. 31 Hier sind Unternehmen nach Größe geordnet und danach unterschieden, ob sie Männern oder Frauen gehören. Männer gründen weit häufiger Unternehmen als Frauen, doch ein Großteil dieser Firmen scheitert in der Frühphase. In der letzten Phase kaufen Männer Firmen, die Frauen gehören. Das erklärt nicht nur den Unterschied in den Besitzverhältnissen zwischen den Geschlechtern, sondern verbessert auch die Leistung von Unternehmen in Männerbesitz.
Quelle: Supporting Women's Enterprise in Moldova, 2018

ten auch häufiger Fortbildungen an und beförderten mehr Frauen. In solchen Firmen hatten Frauen häufiger Spitzenpositionen inne und besaßen Anteile. In jeder Region, jeder Branche und nach allen denkbaren Messkriterien waren Frauen für andere Frauen bessere Arbeitgeber, als die Männer es waren. Oberflächlich betrachtet schienen die Unternehmerinnen deshalb geeignet, die Ziele der moldawischen Regierung zu erfüllen. Ein Blick auf die Finanzierungslage ihrer Firmen zeigte jedoch, mit welchen Nachteilen die XX-Ökonomie belastet ist.

Männer gaben häufiger an, ihre Firmen gekauft zu haben. Sie mussten also größere Summen Kapital angesammelt haben. Sie konnten ihr Unternehmen durch eigene Mittel und mit familiärer Unterstützung finanzieren – Letzteres funktionierte hauptsächlich, weil das Familienvermögen als ihres angesehen wurde. Folglich mussten sie auch für spätere Erweiterungen, Erneuerungen und Innovationen weniger Schulden machen.

Frauen dagegen benötigten häufiger Bankkredite, vor allem zur Kapitalisierung von Start-ups. Die Finanzinstitute verlangten von Frauen höhere Zinsen als von Männern und forderten höhere Absicherungen. Im Ergebnis kämpften die Frauen mit Schulden und konnten weniger reinvestieren. Wurden ihre Unternehmen größer, verloren sie die Kontrolle darüber, während Männer in ihren eigenen Firmen die Führung behielten. Der Grund schien zu sein, dass die Gründerinnen nicht über genug Kapital für Expansionen verfügten, ihre Kreditrahmen ausgeschöpft hatten und gezwungen waren, mehr Anteile zu verkaufen, um die Firma weiterzuentwickeln. Verkaufen mussten sie an Männer, weil diese genug Geld hatten. Verkaufte eine Frau die Mehrheit ihrer Aktien an einen Mann, galt sie in den Studien der Weltbank und in anderen internationalen Datenkatalogen als Firma in männlichem Besitz. Weil die Männer also von Frauen gegründete Unternehmen aufkauften, die bessere Leistungen brachten als ihre eigenen Gründungen, sah es im Ergebnis aus, als hätten Männer insgesamt gesündere Betriebe als Frauen. Gleichzeitig wurden so die besten Unternehmen aus den Daten der Frauen entfernt, sodass die Frauenunternehmen als Gruppe weniger robust erschienen. Das Ergebnis war letztlich irreführend, weil Männer Anerkennung für die Leistung von Frauen erhielten.

Zwei Ausnahmen zeigten jedoch die Vorteile, die entstehen, wenn der Zugang zu Kapital geschlechtergerecht geregelt ist. Im Gastgewerbe arbeiteten vor allem ältere Frauen. Sie hatten die Privatisierung der moldawischen Wirtschaft als bereits Erwachsene erlebt. Im Zuge der geschlechtergerechten Umverteilung hatten sie Land bekommen, es selbst behalten und genutzt, um ein Hotel oder Restaurant zu gründen. Anders als die meisten Frauen in Moldawien hatten sie deshalb Kapital und mussten sich nicht verschulden. Moldawien ist ein schönes Land, aber der Tourismus ist dort noch nicht weit entwickelt. Dennoch liefen die Betriebe der Frauen gut. Im Alter würden sie in einer weit besseren Lage sein als ihre Geschlechtsgenossinnen. Die Unterstützung älterer Frauen ist ein Problem, das Moldawien in allernächster Zukunft ins Haus steht.

Die zweite Ausnahme war der Großhandel. In dieser Branche hatten überraschend viele Frauen ihre Firmen geerbt, hatten Kapital und mussten keine Schulden machen. In puncto Umsatz und Produktivität stellten sie die Männer in den Schatten. Dennoch wurden Großhändlerinnen ausgegrenzt. Der Grund war nicht schwer zu finden: Die Daten zeigten, dass diese Frauen überproportional häufig von Steuerprüfern besucht und fast jedes Mal um einen Obulus gebeten wurden. Auch die Zollbehörden machten ihnen Probleme. Die männlichen Großhändler hatten keinerlei Probleme mit Korruption. Erpressung war ein Problem der Frauen, nur selten hatten Männer darunter zu leiden. Angesichts der Gewalt gegen Frauen in Moldawien bin ich sicher, dass die »Gefälligkeiten«, die den Großhändlerinnen abgepresst wurden, häufig sexueller Natur waren.

Die Ergebnisse meiner Evaluation präsentierte ich in der moldawischen Hauptstadt Chişinău und schlug dabei auch konkrete Maßnahmen vor. Anwesend waren Minister und Führungskräfte von NGOs – alle waren sehr interessiert. Nach meiner Vorstellung hatte ich ein gutes Gefühl und glaubte, die Regierung könne den Frauen wirksam helfen. Ich war optimistisch, weil die Unterstützung dieser Frauen Moldawien bei der Lösung einiger grundlegender Probleme helfen würde – von niedriger Fertilität bis zu Menschenhandel. Investitionen in die XX-Ökonomie, das weibliche Kapital, bringen stets mehr als nur monetären Profit.

Die weltweite Datenlage zeigt, dass Frauen sichere, offizielle Beschäftigungsverhältnisse (mit Zuzahlung zur Rente und dergleichen) bevorzugen und wenn möglich beibehalten, statt eigene Firmen zu gründen. Wahrscheinlich ist inzwischen deutlich, dass diese Vorliebe zu Ethik und Zielen der XX-Ökonomie passt: Frauen streben nach langfristiger Sicherheit und Versorgung ihrer Familien. Doch in Großbritannien zum Beispiel stagniert die Beteiligung der Frauen am offiziellen Arbeitsmarkt. Stattdessen gründen viele Frauen eigene Unternehmen.

Unter den Motiven für die Gründungen gewichten die Frauen in Großbritannien persönliche Freiheit und Selbstverwirklichung höher als Reichtum, den männliche Gründer als oberstes Ziel nennen. Die Frauen suchen etwa nach einer besseren Vereinbarkeit von Care-Tätigkeit und bezahlter Arbeit, doch das ist nicht ihr Hauptziel. Sie scheinen gleichzeitig nach Unabhängigkeit und Sicherheit zu suchen und wollen wohl auch dem Sexismus am Arbeitsplatz entgehen. Zudem streben sie an, einen positiven Beitrag zur Gesellschaft zu leisten.

Britische Frauen studieren, wie ihre amerikanischen Geschlechtsgenossinnen, meist wirtschaftliche Fächer, Medizin oder Biowissenschaften. Es überrascht deshalb nicht, dass ihre häufigsten Gründungen Arztpraxen und Steuerberatungen sind. Diese sind in Großbritannien von allen Branchen die profitabelsten und stabilsten und zudem Wachstumsbereiche. Solche Unternehmen beschäftigen jedoch meist nicht viele Menschen und weisen nicht die Wachstumsraten auf, die etwa im Technologiebereich verzeichnet werden – allerdings scheitern solche Firmen auch nicht so oft.

Wie andernorts sind auch in Großbritannien Regierung und Wirtschaftsbosse überzeugt, dass Frauen hauptsächlich Kunstgeschichte studieren und zum Studium naturwissenschaftlicher Fächer eigens ermutigt werden müssten, damit sie Unternehmen gründen und spektakuläre Gewinne erwirtschaften können. Man zerbricht sich also den Kopf darüber, warum Mädchen keine MINT-Fächer mögen, Mathe nicht beherrschen und so weiter. (Angesichts dieser Aussagen muss man sich durchaus fragen, ob die Zuständigen selbst die Zahlen überhaupt verstehen.) Wer so klagt, folgt Stereotypen, aber auch dem Mythos des Unternehmers als Genie.

Die britische Kultur, und nicht nur sie, stellt das Unternehmertum als hypermaskuline, hochriskante und extrem profitable Angelegenheit dar. Ein Beispiel ist die beliebte Serie *Die Höhle der Löwen*, in der Start-up-Gründerinnen und -Gründer sich bei männlichen Risikokapitalgebern *(venture capitalists, VCs)* um Geld bemühen. Diese sind die »Löwen«, die mit entsprechendem Gebrüll die Ideen der Bewerberinnen und Bewerber niedermachen, sich jedoch manchmal dazu herablassen, ihnen Angebote zu unterbreiten.

Dieses theatralische Szenario ist im britischen öffentlichen Diskurs sinnbildlich geworden für die Welt der Unternehmensgründungen. Es übertreibt jedoch die tatsächliche Rolle von VCs bei realen Gründungen massiv. Nur ein Prozent der britischen Unternehmen erhalten Risikokapital, und von den Firmen, die sich darum bewerben, bekommen nur zwei Prozent tatsächlich eine Investition. Übergroß hingegen ist bei diesen Entscheidungen die Ungerechtigkeit zwischen den Geschlechtern. 93 Prozent der VCs sind männlich, und nur 10 bis 15 Prozent ihrer jährlichen Investitionen fließen in von Frauen gegründete Unternehmen. VCs bevorzugen zudem Technologiefirmen, doch nur neun Prozent ihrer Zuwendungen gehen an von Frauen gegründete Start-ups im Technologiebereich – obwohl es in dieser Branche fast 30 Prozent Studentinnen und Mitarbeiterinnen gibt. Wenn die VCs den Gender Gap in ihrer eigenen Unternehmenspraxis schlössen, stiege das britische Produktionsvolumen um 25 Milliarden Pfund und es entstünden 150 000 neue Stellen.

Fast das gesamte Risikokapital in Großbritannien geht an Tech-Firmen. Diese sind allerdings die riskantesten Start-ups des Landes: Mehr als die Hälfte scheitert in den ersten fünf Jahren, fast alle anderen wenige Jahre später. Risikokapital beschleunigt die Entwicklung eines Start-ups, doch nicht selten wird jeder Wille, Gutes zu tun oder ein gutes Arbeitsumfeld zu schaffen, dem vom VC angestrebten »erfolgreichen Exit« geopfert – also dem Versuch, die Firma so schnell wie möglich zu verkaufen oder an die Börse zu bringen. Ein erfolgreicher Exit bedeutet viel schnelles Geld für die VCs und den Gründer oder die Gründerin. Doch genauso schnell kann man scheitern. Nur 27 Prozent der jungen Männer, die Risikokapital erhalten, erreichen tatsächlich einen erfolgreichen Exit. Aus den Ideen der anderen wird nichts.

Risikokapitalgeber und die von ihnen bevorzugten männlichen Unternehmer sind dennoch zum Inbegriff des Unternehmertums in Großbritannien geworden. Die britische Presse berichtet über VC-Investitionen wie über große Sportereignisse, beklagt lautstark, wie wenig Geld an Frauen geht, und kolportiert Geschichten von VCs, die Frauen erniedrigt und abgewiesen haben. VCs überall sind von Geschlechterstereotypen durchsetzt, doch in Großbritannien scheint die Lage besonders unausgeglichen: Britische Männer erhalten mit 86 Prozent höherer Wahrscheinlichkeit Risikokapital als Frauen.

Es ist offenkundig, warum Risikokapitalgeber Frauen nur selten unterstützen. Als internationales Investmentphänomen wurden VCs häufig untersucht und immer für extrem männerfokussiert befunden. Zwei Studien aus der *Harvard Business Review* tauschten Namen und Bilder auf Businessplänen oder Schein-Präsentationen. Dabei präsentierte ein Mann die Geschäftsidee einer Frau und umgekehrt. Die Studien zeigten, dass eine von einem Mann vorgestellte Idee gewinnt, während die gleiche Idee, von einer Frau vorgestellt, verliert. Eine weitere Studie analysierte 200 Videos von VC-Präsentationen inklusive der Fragen und Kommentare der VC und kam zu dem Ergebnis, dass die Fragen stark vom Geschlecht abhängig sind. Männer werden Variationen der Frage gestellt: »Wie wollen Sie mein Geld vermehren?«, während Frauen in etwa gefragt werden: »Wie wollen Sie verhindern, dass ich Geld verliere?« Auch die Kommentare der VCs zu Businesspläc nen unterscheiden sich nach Geschlecht. Sprechen sie mit Männern, benutzen sie *Gewinn, Hoffnung, vollenden, erreichen, anstreben, erhalten, verdienen, expandieren* und *wachsen*. Gegenüber Frauen verwenden sie *Genauigkeit, ängstlich, besorgt, vermeiden, vorsichtig, konservativ, verteidigen, Angst, Verlust, Verpflichtung* und, vor allem, *Schmerz*.[10]

Der Sexismus vieler VCs endet nicht mit der Auswahl der Investments. Eine weitere Studie untersuchte die Ergebnisse unter Verwendung von Crunchbase, einer großen Datenbank mit Statistiken von Start-ups. Daraus ergab sich, dass der Unterschied erfolgreicher Exits zwischen Gründern und Gründerinnen gänzlich vom Geschlecht der oder des VCs abhing. Kauft eine Risikokapitalfirma das Start-up eines Mannes und weist ihm einen männlichen Partner zu, der den Exit herbeiführen soll, beträgt die Erfolgschance 27 Prozent. Ein männlicher Partner, der das Start-up einer Frau managt, erzielt eine Erfolgsrate von 17 Prozent. Ist der Managing Partner weiblich, gleichen die Erfolgschancen der von einer Frau gegründeten Firma jenen des von einem Mann gegründeten Unternehmens.[11]

Über Frauen und VCs gibt es viele unschöne Geschichten. Justine Roberts, Gründerin der Eltern-Website Mumsnet, erinnert sich an ihre Erfahrungen bei der Vorstellung ihres Businessplans: »In einem Meeting drehte sich einer ständig zu seinem Nachbarn und fragte nach meinem Namen. Wurde ich defensiv, sagte er: ›Sie sehen aus, als würden Sie gleich zu weinen anfangen.‹ Er machte Anspielungen darauf, Sex mit mir zu haben, wenn er nicht verheiratet wäre. Man will sich und seinen Wert beweisen, und deshalb habe ich mir erst danach die Frage gestellt, warum ich das hingenommen habe.« Heute ist Mumsnet mit 12 Millionen Besucherinnen und Besuchern eine der meistgenutzten Seiten Großbritanniens. Roberts erhielt für ihre Dienste an der britischen Wirtschaft einen CBE (Commander of the Order of the British Empire), aber Investoren fragen sie noch immer, wer sich in ihrer Firma um das Geschäftliche kümmert.[12]

Heidi Zak, eine der Gründerinnen von ThirdLove, erzählt von ihren Erlebnissen mit Risikokapitalgebern: »Am Ende der Präsentation sagte einer zu mir: ›Tut mir leid, wir investieren nur in Dinge, die wir verstehen.‹ Wir verkaufen Damenunterwäsche. Diese VCs investieren in unglaublich komplexe Technologien, ducken sich aber weg, wenn ich ›BH‹ sage.«[13] Ende 2018 schaffte ThirdLove es auf die jährliche Forbes-Liste der kommenden Milliarden-Dollar-Start-ups. Die Firma wird derzeit mit 750 Millionen Dollar bewertet.[14]

»Wenn ein Mann den Raum betritt, wird ihm automatisch Kompetenz unterstellt. Wenn *ich* den Raum betrete, unterstellt man mir Inkompetenz«, so Kim Taylor über die Geschlechterdynamik bei Präsentationen vor Risikokapitalgebern.[15] Taylor verkaufte ihre Firma für Online-Bildung schließlich für 25 Millionen Dollar, doch als sie anfangs ihre Idee vorstellte, schenkten die VCs den Daten in ihrer Marktanalyse keinen Glauben: »Es schien mir sehr merkwürdig, dass ich national anerkannte Daten oder Informationen vorstellte und sie diese einfach nicht als wahr anerkennen wollten.«[16]

Es ist nicht etwa so, als wüssten die VCs nicht, dass sie Männer bevorzugen. Aber sie unternehmen nichts, um das zu ändern, obwohl ihre Vorurteile zu schlechten Entscheidungen führen.

Vorurteile gegenüber Frauen sind leider typisch für die britische Investorenszene. Unternehmerinnen erhalten nur neun Prozent der jährlichen Investitionshilfen. Die Befragung von 750 Gründerinnen im März 2018 durch die Zeitung *Telegraph* ergab, dass 65 Prozent sich von Finanzdienstleistern unfair behandelt fühlten. 67 Prozent gaben an, dass sie davon ausgingen, männliche Investoren hätten sie anders behandelt, wenn sie selbst Männer wären. Auf die Frage, ob sie bei der Gründung Schwierigkeiten hatten, ernst genommen zu werden, antworteten 65 Prozent mit ja. Der Hälfte wurde irgendwann geraten, ein Mann solle das Unternehmen leiten. Mütter berichteten, noch unfairer behandelt worden zu sein. Angesichts des beinahe gänzlichen Fehlens finanzieller Unterstützung hatten 72 Prozent der befragten Frauen ihre Firmen mit Ersparnissen oder unter Einsatz ihrer Kreditkarten gegründet.[17]

Manchmal werden sogenannte Business Angels als Lösung des Gender Gap bei den britischen Firmengründungen ins Gespräch gebracht. Die »Engel« sind die Gegenpole zu den »Löwen« im VC-Bereich. Sie investieren genauso stark in den Gründer oder die Gründerin wie in die Geschäftsidee und hoffen, die Verwirklichung eines langfristigen Plans zu unterstützen, statt dem Traum ein schnelles Ende zu setzen. Meist nutzen sie dazu ihr eigenes Geld, während VCs ihr Geld aus Fonds beziehen. Dennoch sind die meisten Business Angels Männer (86 Prozent) und investieren, ganz wie VCs, lieber in andere Männer, auch wenn diese Tendenz bei ihnen nicht so stark ausgeprägt zu sein scheint: Männer bekommen mit 86 Prozent höherer Wahrscheinlichkeit als Frauen Geld von VCs; bei Business Angels liegt sie nur 56 Prozent höher.

Gibt es also keine reichen britischen Frauen, die als Business Angels agieren könnten? Eine Studie der UK Business Angel Association befragte über 600 wohlhabende Frauen in Europa. Die Frauen, die die Voraussetzung für Angel-Investitionen erfüllen, kennen das Konzept oft nicht oder wissen nicht, wie sie sich beteiligen können. Ihre Finanzberater nehmen an, dass Frauen sichere Standard-Investitionen bevorzugen, und erwähnen die Angel-Investitionen deshalb tendenziell nicht. Die potenziellen Engel glauben außerdem, dass sie keine Zeit haben, um ein Investment dieser Art zu evaluieren, und halten es oft für zu riskant. Schlug man ihnen jedoch vor, sich einer Gruppe anzuschließen, in der Arbeit und Risiko geteilt werden, zeigten die Frauen sich sehr interessiert.

Als einige dieser Investorinnen jedoch existierenden Gruppen von Business Angels beitreten wollten, zeigten sich die Männer ihnen gegenüber unfreundlich. »Ich wollte einem Angel-Netzwerk beitreten, aber alle wurden von älteren Männern geleitet. Die Atmosphäre war schrecklich, und ich habe dort nie investiert«, so eine Französin. Eine portugiesische Investorin erzählt: »In einem Netzwerk aus meist männlichen Business Angels muss man deren Regeln kennen – vor allem in Bezug darauf, wie Entscheidungen getroffen werden. Es ist eine Männerwelt.« Die Studie kam zu dem Schluss: »Viele Investorinnen machten negative Erfahrungen in männerdominierten oder rein männlichen Angel-Gruppen in ganz Europa. Es ist dringend nötig, frauenzentrierte oder frauenfreundliche Gruppen in den Partnerländern aufzubauen.«[18]

Die offensichtliche Lösung wäre laut Bericht die Gründung rein weiblicher Angel-Gruppen. Der Bericht empfahl auch, dass die Regierungen diese Gruppen entsprechend unterstützen, wenn sie Gründerinnen helfen. In Großbritannien wäre das wahrscheinlich nicht möglich, da es sich um positive Diskriminierung handeln würde. Jede derartige Gruppierung würde dort als »unfair« eingestuft - ungeachtet der Tatsache, dass VCs und Business Angels in überwältigendem Maß von männlichen Investoren und Gründern dominiert werden.

Eine andere Option für die Finanzierung von Gründerinnen ist das Crowdfunding. Auf Webseiten wie Kickstarter und Indiegogo kann man der Öffentlichkeit Ideen vorstellen. Männer posten zwar häufiger Vorschläge auf solchen Seiten, aber Frauen erhalten häufiger Unterstützung, wenn sie denn posten. Das scheint daran zu liegen, dass Investorinnen ihr Geld gezielt in von Frauen gegründete Start-ups stecken. Crowdfunding bietet Gründer/innen und Investoren und Investorinnen die Möglichkeit, den unangenehmen Finanzsektor zu umgehen. Weil alle sich nur der Öffentlichkeit vorstellen oder private Gelder investieren, ist diese Form der Unterstützung von Frauen selbst in Großbritannien akzeptabel.

Die Bedeutung von Risikokapital und digitalen Technologien lässt Gründungen für Frauen jedoch nicht gerade attraktiv wirken. Das Szenario der *Höhle der Löwen* sollte auch Regierungen abschrecken. Es ist das eine, Wachstum und Innovation zu fördern, doch wenn die gesamte Wirtschaft nach den Regeln einer »testosterongetriebenen Achterbahn« funktionierte, wäre sie instabil und wüchse kaum, weil die erfolgreiche Tech-Branche enge Grenzen hat. Es sind auch von Frauen gegründete Firmen, die dem Staat Stabilität, verlässliches Wachstum, sichere Beschäftigungsverhältnisse und Verantwortung für die Gemeinschaft bieten. Die weibliche Wirtschaft grundsätzlich als langsam, nicht erstrebenswert und unfähig zu betrachten ist schlicht dumm. Aus einer solchen Haltung können nur schwache Maßnahmen erwachsen.

Was wir stattdessen brauchen, ist eine Investitionsethik mit Raum für langsameres Wachstum und weniger riskante Geschäftsideen. Investmentportfolios sollten stets ein Gleichgewicht aus kurzfristigen Hochrisikoanlagen und langfristigen, risikoarmen, realistischeren Investments bieten. Es spricht nichts gegen ein auf dieser Philosophie begründetes Kapitalprogramm für Frauen. Die Wahrscheinlichkeit für dessen Umsetzung ist jedoch gering, weil die Investorenszene fest in Männerhand ist und deren Netzwerke tendenziell eher riskantes Verhalten belohnen, Frauen und nette Männer ausgrenzen, schlechte Manieren übersehen, gute Ideen einäschern und Dominanz um ihrer selbst willen schätzen. Es mag Spaß machen, aber es ist kein vernünftiger Ansatz für den Aufbau einer Volkswirtschaft.

Ich hoffe, dass die Bewegung zur wirtschaftlichen Stärkung von Frauen Aufmerksamkeit von Investorinnen bekommt und die Entstehung einer Gemeinschaft von Investorinnen befördert. Auf diese Weise könnte die vernünftige Basis für Wachstum, für das Frauen stehen, gestärkt werden. Und so würden auch mehr gleichberechtigte Arbeitsplätze für Frauen entstehen und Gemeinschaften auf positive Weise unterstützt.

Kehren wir zu Dame Stephanie Shirley zurück. Sie ist eindeutig eine Ausnahmeerscheinung, die Intelligenz, Beharrlichkeit und Großzügigkeit kombinierte und der Gesellschaft ein außergewöhnliches Erbe hinterlässt. Indem sie andere Frauen unterstützt, ist sie jedoch zugleich typisch für die meisten Unternehmerinnen. In den letzten zehn Jahren habe ich mit Hunderten Unternehmerinnen auf der ganzen Welt gesprochen und bin überzeugt, dass der Wunsch, zu helfen, einer der kraftvollsten Antriebe für die wirtschaftliche Stärkung von Frauen ist und unser Anliegen weltweit vorantreiben kann.

13

DEN WELTMARKT IM BLICK

Die Neuigkeit verbreitete sich wie ein Lauffeuer in den Frauengruppen von Papua-Neuguinea: Eine örtliche Geschäftsfrau hatte ausgehandelt, dass 30 000 Landwirtinnen Stop & Shop mit Obst und Gemüse beliefern durften. Wie so viele Frauen auf der Welt hatten diese finanziell schlecht gestellten Bäuerinnen ihren Lebensunterhalt durch Kleingärtnerei bestritten. Doch eine lokal organisierte NGO namens Mothers Helping Mothers hatte ihnen Fortbildungen ermöglicht, sodass sie nun größere Käufer beliefern konnten. Sie lernten neue Methoden und wie man Früchte und Gemüse auswählte, die die Qualitätskontrollen passieren. Sie fanden einen Weg, die Erzeugnisse zu einem Containerschiff zu bringen, das einmal wöchentlich anlegen sollte. Der Vertrag sollte Stop & Shop eine verlässliche Quelle für qualitativ hochwertige Lebensmittel garantieren und den wirtschaftlich sonst stark eingeschränkten Frauen ein regelmäßiges Einkommen bieten.

Als ich 2018 in Port Moresby ankam, um die Frauenkonferenz der Asia-Pacific Economic Cooperation (APEC) zu besuchen, diskutierten viele über die gleiche Frage: Könnte man ein vergleichbares Projekt auch in anderen Ländern durchführen, um mehr Frauen zu helfen? Das Modell aus Neuguinea hatte es geschafft, die Hindernisse, die der Handel mit landwirtschaftlichen Produkten weltweit für Frauen bereithält, zu überwinden – von fehlenden Transportmitteln bis zu rein männlichen Kooperativen. Der Weltmarkt arbeitete nun *für* die Frauen statt gegen sie.

Der Weltmarkt. Das klingt wie ein riesiges, fantastisches Wesen, ist aber nichts anderes als ein Netzwerk von Tauschbeziehungen aus Tausenden Verträgen wie diesem. Der Weltmarkt wird von ganz normalen Menschen gebildet, die diese Verbindungen Punkt für Punkt herstellen, sich auf Tauschbeziehungen einigen, Produkte herstellen und von A nach B bewegen. Frauen sind von diesem riesigen Netzwerk allzu oft ausgeschlossen, weil sie nicht die richtigen Leute kennen und die richtigen Leute wiederum nichts von ihnen wissen.

Teil des Netzwerks zu sein ist wichtig, denn bevor ein Geschäft wie das zwischen Mothers Helping Mothers und Stop & Shop abgeschlossen werden kann, muss eine Reihe von Problemen gelöst werden: Wie soll der für die neue Methode nötige Dünger beschafft werden, wo bekommt man die Kisten, die man zum Containerschiff transportiert, und so weiter. Ziemlich gewöhnliche Dinge eigentlich. Sind alle Probleme beseitigt und alle Verbindungen hergestellt, ist eine Kette aus Aktionen und Transaktionen entstanden, die beinahe automatisch funktioniert, sofern am Ende der Kette ein Käufer wartet. So entsteht regelmäßiges Einkommen für alle, auch die Lastwagenfahrer, die Hersteller der Düngemittel und die Kistenverkäufer.

Wenn eine große Firma oder Regierung etwas in großen Mengen kauft, nennt man das »Beschaffung«. Es kann sich dabei um Grapefruits, Seife, Ohrringe oder Reißzwecken handeln – was der Käufer eben gerade braucht. Werden die gekauften Waren über Nationalgrenzen transportiert, nennt man das »internationalen Handel«. Im Grunde ganz einfach. Es ist keine mysteriöse Angelegenheit – nur eine, die aus vielen kleinen Einzelschritten besteht.

Männer halten 99 Prozent der Verträge im weltweiten Beschaffungswesen und kontrollieren folglich 99 Prozent des internationalen Handels.[1] Es handelt sich also um einen lukrativen Teil der Wirtschaft, von dem Frauen nahezu gänzlich ausgeschlossen sind. Die Unternehmerinnen in Moldawien, die Gründerinnen in Großbritannien oder andere Unternehmerinnen, deren Produkte für größere Käufer von Interesse sind, hätten ausgesorgt, wenn sie nur einen dieser Verträge bekämen. Da Frauen für andere Frauen bessere Arbeitgeberinnnen sind, wäre das auch für die Frauenbewegung positiv.

Das Problem ist: Wer zu einer Gruppe von Menschen gehört, die Tausende Jahre lang nicht allein das Haus oder den Hof verlassen durften (und das zum Teil noch heute nicht dürfen), kennt vielleicht niemanden, der etwas kaufen oder zur Entwicklung von Lösungen beitragen kann, und weiß oft nicht, wie viele der für die Teilnahme am Weltmarkt nötigen Abläufe funktionieren. Das trifft auf Frauen in Papua-Neuguinea strukturell genauso zu wie auf ihre Geschlechtsgenossinnen in Guadalajara oder Aberdeen. Deshalb beschäftigt sich die Bewegung zur wirtschaftlichen Stärkung der Frauen auch mit Beschaffungslogistik und Handel. Da 80 Prozent des Welthandels über multinationale Konzerne laufen, versucht man die Konzerne zu überzeugen, von Frauen geführte Unternehmen in ihre Lieferketten einzubeziehen.

»Lieferkette« ist ein Fachbegriff, dessen Bedeutung jedoch sofort einleuchtet. Man stelle sich vor, eine Firma kauft Uniformen von einem Textilhersteller – das ist das erste Glied der Lieferkette. Der Textilhersteller wiederum kauft Stoffe, Maschinen, Garn und Verpackungsmaterial von anderen Firmen, die weitere Glieder der Kette bilden. Diese Firmen wiederum kaufen von Textilherstellern, Stahlfabriken, Plastik- und Papierherstellern und sogar Holzbetrieben – noch mehr Glieder der Kette. Insgesamt sind viele verschiedene Branchen und eine große Zahl von Menschen an einer solchen Lieferkette beteiligt.

In den Zulieferbetrieben multinationaler Konzerne arbeiten viele Frauen. Die Konzentration auf die Lieferketten kann deshalb nicht nur Unternehmerinnen, sondern auch vielen weiblichen Beschäftigten helfen. Wenn beispielsweise Großhändler wie Primark und Target bei einer Fabrik in China einkaufen, prüfen sie zuvor deren Sicherheitsstandards. Besteht ein Großkunde auf einer bestimmten Ausstattung, etwa beleuchteten Notausgängen, wird der Lieferant diesem Wunsch wahrscheinlich nachkommen, damit er den Vertrag abschließen oder behalten kann. Manchmal erlauben Fabriken ihren Großkunden, vor Ort Trainings zur Verbesserung des Arbeitsklimas oder der Gesundheit am Arbeitsplatz durchzuführen. Manche Großkunden fragen nach der ethnischen oder geschlechtlichen Zusammensetzung der Belegschaft und signalisieren damit, dass sie lieber mit Firmen zusammenarbeiten, die auf Diversität achten. Der Käufer schlägt vor, was die Fabrik zur Herstellung seiner Produkte einkaufen soll – seien es schwer entzündliche Stoffe oder wiederverwertbare Verpackungen. Das wiederum beeinflusst die nachgeordneten Glieder der Kette. Ein großer, multinationaler Konzern kann in einer Lieferkette allein durch den Vertrag mit dem direkten Zulieferer viel bewirken und darüber hinaus durch »sanfte Einflussnahme« weitere Verbesserungen erreichen. In all diesen Fällen *beeinflusst* der Käufer jedoch den Lieferanten nur. Er kann keine bestimmte Praxis *diktieren*, weil ihm der Zulieferer nicht *gehört*. Sein einziges Druckmittel ist die Aussicht, den Vertrag mit einem anderen Zuliefererbetrieb abzuschließen.

Jenseits des zweiten Glieds der Kette hat selbst ein großer Konzern wenig Einblick in die Zulieferbetriebe und kann diese auch nur in geringem Maß beeinflussen. Im dritten oder vierten Glied der Kette können sich, vor allem in Entwicklungsländern, leider dunkle Geschäftspraktiken verbergen. Insbesondere handelt es sich dabei um mögliche Verletzungen des Arbeitsrechts oder gar um Sklaverei. Um diese Probleme anzugehen und Korruption und Missbrauch zu bekämpfen, arbeiten die multinationalen Konzerne mit Regierungen, NGOs und internationalen Behörden sowie anderen Branchenmitgliedern zusammen.

Sollte ich zu viel erklären, bitte ich um Entschuldigung. Ich nehme an, dass Ihnen als Leserinnen und Lesern diese Zusammenhänge nicht im Einzelnen bekannt sind, weil auch ich lange Zeit nichts von den Details wusste. Das änderte sich 2013 mit meinem Forschungsprojekt für Walmart.

Walmart hatte sich 2011 öffentlich der wirtschaftlichen Stärkung von Frauen verpflichtet und versprochen, binnen fünf Jahren Produkte im Wert von 20 Milliarden Dollar von amerikanischen Zulieferfirmen zu kaufen, die Frauen gehören. In derselben Zeit wollte Walmart seinen Absatz bei der weiblichen Kundschaft in internationalen Märkten verdoppeln. Walmart unterstützte Projekte zur wirtschaftlichen Stärkung von Frauen mit 100 Millionen Dollar, darunter auch eine große Initiative für Frauen in der Landwirtschaft. Der Konzern versprach auch, 200 000 Frauen in Entwicklungsländern als Einzelhändlerinnen auszubilden und so die soziale Mobilität nach oben zu fördern. Zudem führte er Initiativen bei seinen Zulieferern durch und erzielte beeindruckende Ergebnisse, darunter Lohngleichheit und eine Verminderung der Gewalt am Arbeitsplatz.[2]

Meine Rolle bestand darin herauszufinden, wie das Programm Empowering Women Together (EWT) zu bewerten sei.[3] Mit EWT wollte der Konzern Kleinstunternehmen von Frauen beim Wachstum unterstützen, indem er seinen 140 Millionen Kunden diese Waren anbot. Anfangs geschah das über ein besonderes Portal auf der Walmart-Website, später und mit zunehmendem Wachstum der Kleinunternehmen durch Tausende kleine, aus Ziegeln errichtete Läden. Dabei konzentrierte sich Walmart nicht nur auf die Landwirtschaft, sondern auch auf kleine handwerkliche Güter von Schweißbändern bis zu Körben. Im Erfolgsfall des EWT-Programms hätte Walmart gezeigt, dass Unternehmerinnen in den Welthandel integriert werden können, indem man sie in eine große Lieferkette aufnimmt. Man hoffte, dass andere multinationale Konzerne nach dem gleichen Muster verfahren würden.

In vielen Lieferketten ist Walmart der größte Faktor. Der Konzern verkauft eine breite Palette von Produkten: Haushaltswaren, Schmuck, Gartenbedarf, Unterhaltungselektronik, Lebensmittel, Getränke, Putzmittel und vieles mehr. Als größter Einzel- und Lebensmittelhändler der Welt hat Walmart die wahrscheinlich umfassendste und differenzierteste Lieferkette der Welt, die in fast jedes Land und fast jede Branche reicht. Könnte man die wirtschaftliche Ermächtigung der Frauen in dieses Beziehungsnetz integrieren, wäre vielen Menschen geholfen. Deshalb wollte ich diese Studie gerne durchführen.

Durch ein Forschungsstipendium der Universität Oxford, das mir ermöglichte, meine Ergebnisse unabhängig zu veröffentlichen, begleitete ich das EWT-Programm. Als unser Team damals mit der Arbeit anfing, hatte EWT 30 Unternehmerinnen ausgewählt, darunter kleine Firmen und Start-ups in Nordamerika, Afrika, Lateinamerika und Asien. Das Programm umfasste zwölf Länder auf vier Kontinenten. Die Zulieferinnen reichten von zwei Stanford-Absolventinnen der Ingenieurwissenschaften, die Lernspielzeug für Mädchen entwickelten, bis zu einer Fabrik für Filzblumen in Nepal.

Die Auswahl dieser 30 von Frauen geführten Unternehmen war eine Herausforderung. Ein Verzeichnis von Kleinunternehmen in Frauenhand existierte nicht – wenigstens nicht in den Vereinigten Staaten, wo mir das Streben nach Diversität in den Lieferketten am stärksten ausgeprägt zu sein scheint. Weil es keine Liste gab, holte das Walmart-EWT-Team, das damals von MiKaela Wardlaw-Lemmon geleitet wurde, Informationen auf Handelsmessen ein und achtete auf entsprechende Artikel in Zeitschriften und Zeitungen. Eine der Firmen, die umweltfreundliche Kleiderhüllen für Reinigungen herstellte, entdeckte EWT im amerikanischen Pendant zur *Höhle der Löwen*.

Der Women's Business Enterprise Council (WBENC, gesprochen We-Bank) wurde gegründet, um dieses Problem zu beheben. Er sollte ein Register von US-Unternehmen erstellen, die Frauen gehörten. WBENC wird von einem Zusammenschluss aus Firmen, Städten und weiteren Organisationen finanziert, die gerne bei von Frauen geführten Unternehmen kaufen würden. Die US-Regierung hat, genau wie andere große Organisationen, Diversitätsvorschriften für all ihre Lieferanten, sodass viele amerikanische Firmen nach Lieferanten in Frauenbesitz suchen. Doch ehe ein Betrieb für eine solche Geschäftsbeziehung in Betracht kommt, muss er als tatsächlich in Frauenbesitz befindlich zertifiziert werden. WBENC stellt diese Zertifikate aus und hilft Frauen bei der Entwicklung zum Zulieferbetrieb für Großkunden.

Noch schwerer war es, von Frauen geführte Unternehmen in Entwicklungsländern zu finden. Andere Länder, darunter viele reiche, sind auf dem Weg zur Marktdiversifizierung noch nicht so weit wie die

USA. Daher gestaltet sich die Suche oft ineffizient und potenziell gefährlich. 2013 wurde deshalb WEConnect International gegründet. Das Ziel war es, eine internationale Liste von Unternehmen aufzubauen, die Frauen gehören. Die NGO WEConnect wurde von 72 Unternehmen gegründet, die zusammen jährlich über eine Billion Dollar für Produkte und Dienstleistungen ausgeben. Unter dem Schutz der Regierungen organisiert WEConnect nun weltweit große, öffentliche Veranstaltungen, bei denen Frauen ihre Unternehmen als Zulieferbetriebe listen lassen können. Melanne Verveer, die erste US-Botschafterin für weltweite Frauenthemen, und die damalige US-Außenministerin Hillary Clinton leiteten diese wichtige internationale Initiative. WEConnect zertifiziert und trainiert die Frauen, die sich in die Liste aufnehmen lassen, und hat auf diese Weise inzwischen Lieferbetriebe in über 100 Ländern identifiziert.

In Europa setzt sich WEConnect unabhängig von der eben genannten Initiative gegenüber den Regierungen für Diversität unter Zulieferbetrieben ein. Das Konzept der Diversität von Lieferbetrieben hat in Europa erst vor Kurzem Fuß gefasst und muss sich mit entsprechenden Widerständen auseinandersetzen. Vor allem in Großbritannien führt der Gedanke, Frauen in den Welthandel einzubeziehen, immer wieder zu dem Einwand, Frauen würden damit bevorzugt behandelt. Diese Reaktion erstaunt mich immer. Wenn 99 Prozent des Welthandels von Männern kontrolliert werden, kann doch niemand ernsthaft behaupten, dass eine kleine Unterstützung für Frauen unfair sei? Wäre es nicht äußerst unfair, ein solches Monopol ohne Gegenmaßnahmen fortbestehen zu lassen?

Walmart hatte diese Optionen bei seinem EWT-Projekt ohnehin nicht. Das Team reiste zu Veranstaltungen und Messen, um Frauen als Lieferantinnen zu gewinnen. Manchmal reiste es um die halbe Welt und fand trotzdem nur eine Frau mit einem für den Verkauf geeigneten Produkt. Schließlich engagierten sie zur Unterstützung die NGOs Full Circle Exchange und Global Goods Partners.

Beide NGOs wurden von ganz normalen Menschen ins Leben gerufen. An der Spitze von Full Circle Exchange standen drei Brüder mittleren Alters aus Boise, Idaho. Sie waren durch Verkäufe an große Einzelhändler zu Geld gekommen und wollten etwas zurückgeben. Sie finanzierten und gründeten Full Circle Exchange 2012 und setzten sich die wirtschaftliche Stärkung von Frauen zum Ziel - aus den bekannten Gründen: Die Unterstützung von Frauen ist eine effektive Methode im Kampf gegen globales Leid. In wenigen Jahren bauten John, Mark und Ed Priddy ein von Afrika bis Peru reichendes Netzwerk auf und sprühten nur so vor Ideen, wie sich Handarbeiten von Frauen vermarkten ließen.

Catherine Shimony und Joan Shifrin, die Gründerinnen von Global Goods Partners, kannten sich seit ihrer gemeinsamen Arbeit an der Johns Hopkins School of Advanced International Studies. Nach dem Studium arbeiteten beide für Stiftungen, die sich gegen Armut in Entwicklungsländern einsetzten. Dort lernten sie aus erster Hand, wie viel bewirkt werden kann, wenn Frauen Geld haben. 2005 gründeten sie mit Unterstützung dieser Stiftungen in einem alten Bürogebäude in New York Global Goods Partners. Ihr Ziel war es, Handwerkerinnen in Entwicklungsländern Zugang zum US-Verbrauchermarkt zu ermöglichen. Sie begannen mit einem kleinen Portfolio von Frauengruppen, die sie aus der Stiftungsarbeit kannten. Mit Referenzen aus ihrem eigenen Netzwerk von Kontakten aus der Wirtschaftsentwicklung erstellten sie eine Liste von 40 Partnergruppen aus 20 Ländern.

Mithilfe von Joan, Catherine, den Brüdern Priddy und der US-Entsprechung der *Höhle der Löwen* hatte EWT schließlich 30 Unternehmen zusammengetragen. Global Goods Partners arbeitete nur mit Organisationen zusammen, die etablierte Programme zur Unterstützung von Frauen vorzuweisen hatten. Ein Partner beispielsweise war die Massai Women Development Organization (MWEDO), die den Frauen bei der Ernährung ihrer Familien hilft, indem sie einen besseren Markt für ihren Perlenschmuck erschließt. Dieser Schmuck wird seit Jahrhunderten in ganz Afrika bewundert. In Nordamerika hatte Full Circle Exchange Partnerfirmen, die Flüchtlingsfrauen und ehemaligen weiblichen Sträflingen Arbeit gaben und Frauen aus ethnischen Minderheiten gehörten. In Entwicklungsländern beschäftigten ihre Partnerfirmen einige der bedürftigsten Frauen der Welt.

In vielen Fällen machte jedoch das nächste Hindernis auf dem Weg die Zusammenarbeit beinahe unmöglich: Jedes Unternehmen in Frauenbesitz musste nun die Zulieferer-Prüfung durch Walmart bestehen, die von einer Art Ethikkommission durchgeführt wurde. Es ist bekannt, dass multinationale Konzerne häufig für die Arbeitsbedingungen in ihren Zulieferbetrieben kritisiert werden. Die meisten westlichen Firmen haben auf diese Kritik reagiert und verhindern Verstöße gegen Mindestanforderungen durch bestimmte Standards und Prozesse. So arbeitet Walmart nur mit Lieferanten zusammen, die eine strenge Prüfung bestehen. Sie wird vor Ort von unabhängigen Prüfern durchgeführt. Zu den Anforderungen gehören Toiletten mit Spülung, Brandschutzmaßnahmen, beleuchtete Ausgänge, Türen, die sich in beide Richtungen öffnen lassen, vertraglich festgelegte Arbeitszeiten und Stundenlöhne, keine Kinderarbeit und andere Bedingungen, die wir von einem verantwortungsbewussten Betrieb erwarten.

Die nordamerikanischen Zulieferbetriebe bestanden die Prüfung problemlos, weil sowohl die USA als auch Kanada ihre Unternehmen bereits gesetzlich zur Einhaltung dieser Kriterien verpflichten. Doch in vielen Entwicklungsländern stellten die Anforderungen die Firmen vor große Schwierigkeiten. Weil Frauen ihr Unternehmen oft mit wenig oder ohne Kapital gründen, fangen sie meist als informelle Betriebe mit niedrigen laufenden Kosten an. Das heißt häufig, dass sie von zu Hause arbeiten und für jedes hergestellte Produkt einzeln bezahlen, statt feste Stundenlöhne zu haben. Weder Heimarbeit noch Stückpreise sind jedoch im Rahmen der Anforderungen von Walmart erlaubt. Einige dieser Kleinstbetriebe befanden sich zudem in Dörfern ohne Elektrizität oder fließendes Wasser, sodass Toiletten mit Spülung oder Sicherheitsbeleuchtung von vornherein nicht vorhanden waren. Manche Frauen arbeiteten im Freien unter einem Baum. Auch das war nicht erlaubt. Manche waren in Frauengruppen tätig, die während der Arbeit plauderten und sich um die Kinder kümmerten, was gegen die Regel verstieß, dass Kinder nicht in den Betrieben anwesend sein durften. Wegen der eingeschränkten Mobilität, die für Frauen in Entwicklungsländern oft typisch ist, konnten viele nicht nach der Stechuhr arbeiten: In einem Land etwa konnten die Frauen ihre Häuser aus Angst vor Bestrafung durch die Ehemänner nicht verlassen, mussten also in die Stadt gehen, ihre Materialien kaufen und schnell nach Hause zurücklaufen, ehe ihre Abwesenheit bemerkt wurde.

Ich hatte die Gelegenheit, einem jungen Mann aus der Ethikkommission an Walmarts Hauptsitz in Bentonville, Arkansas, diese Umstände zu erläutern. Er war überrascht, dass ich die Standards hinterfragte. Ich konnte seinen Standpunkt natürlich nachvollziehen. In wohlhabenden Ländern mit funktionierenden staatlichen Strukturen, guter Infrastruktur und vorangeschrittenen Antidiskriminierungsmaßnahmen halten die Menschen ihre Regularien leicht für objektive moralische Standards. Diese Ansicht teile ich nicht. Die Menschen, die solche Regeln aufstellen, haben oft keine Erfahrung mit Frauen gemacht, die unter Bäumen arbeiten und in deren Umgebung es meilenweit weder Elektrizität noch fließendes Wasser gibt. Sie verstehen nicht, dass die Kindertagesstätte eben darin besteht, dass alle Frauen aus dem Dorf unter einem Baum sitzen und die Kinder während der gemeinsamen Arbeit im Auge behalten.

Ich war der Meinung, das System dürfe zwar natürlich keine Korruption oder Grausamkeit tolerieren, müsse aber unterschiedliche Lebensumstände in Betracht ziehen. Benötigt wurden internationale Standards, die andere Bedingungen erlaubten als große, nach westlichen Maßgaben errichtete Fabriken. Die Begrenzung der Zulieferverträge auf Unternehmen mit genügend Kapital für moderne Einrichtungen grenzt arme Frauen de facto vom Welthandel aus und behält ihn den Männern vor, die bereits über Wohlstand verfügen.

Manchmal schreckten die Restriktionen genau die Leute ab, denen EWT eigentlich helfen wollte. Bei der Überprüfung von MWEDO kam es beispielsweise zu einem Identifikationsproblem. Die sehr patriarchal organisierten Massai praktizieren Kinderehen und überlassen die Versorgung der Babys allein der Mutter. Es gibt dort also sehr viele junge Frauen, die dringend arbeiten müssen. Weil Frauen im ländlichen Afrika oft keine Geburtsbescheinigung haben, kennen sie manchmal ihr eigenes Alter nicht. Aufgrund von Mangelernährung kann eine 18-Jährige wie eine 12-Jährige aussehen. Als MWEDO überprüft wurde, sahen viele Arbeiterinnen minderjährig aus und konnten ihr Geburtsjahr nicht nachweisen – hatten aber eigene Kinder dabei. Zum Glück fragten die Prüferinnen und Prüfer in diesem Fall so lange in den umliegenden Dörfern herum, bis sie das Alter der jungen Mütter feststellen konnten. Die meisten Prüferinnen und Prüfer hätten sich nicht so viel Mühe gemacht.

Das Problem der Identifikation tritt immer dann auf, wenn ein Programm eine formelle Registrierung wie das Einrichten von Bankkonten oder Kreditkarten oder den Erwerb eines Mobiltelefons voraussetzt. Seit meiner Arbeit an diesem Projekt bemühen sich Firmen wie MasterCard in den Entwicklungsländern gemeinsam mit den Regierungen darum, Ausweise für alle Bürger bereitzustellen, gerade auch für Frauen in ländlichen Gebieten. Auch für dieses Problem gibt es also möglicherweise eine Lösung.

Der Zugang zu Materialien ist außerhalb von Nordamerika eine Herausforderung. Wenn die Frauen Haushaltswaren oder persönliche Gegenstände für westliche Einzelhändler herstellen, gehört zum Design oft ein neuer Stoff oder eine neue Perle. In Nordamerika findet man nahezu alles online und kann es sich bis zum nächsten Tag an die Haustür liefern lassen. In Entwicklungsländern hingegen sind manche Dinge gar nicht zu bekommen.

Schwierigkeiten gibt es auch mit so einfachen Dingen wie Farbpigmenten. Man denke an die Saisonmode in den Schaufenstern – die Farben der Schuhe, Taschen und Schals passen oft exakt zusammen. Die präsentierten Produkte stammen wahrscheinlich von unterschiedlichen Fabrikanten, vielleicht aus unterschiedlichen Ländern, die sich alle an einem bestimmten Pantone-Farbton orientieren, damit nachher alle Teile zusammenpassen. Unser Team beobachtete Frauen in Kenia, die nicht die richtigen Pigmente für bestimmte Flechtkörbe bekommen konnten. Sie versuchten unter anderem, den Bast mit Flusswasser auf steinernen »Herden« zu färben. Dann trockneten sie das Material in der Sonne, indem sie es über Büsche hängten. Jeder Arbeitsschritt veränderte potenziell den Farbton und gefährdete damit das Bestehen der Qualitätskontrolle bei Walmart. Die Frauen brauchten sowohl bei der Beschaffung von Materialien als auch in technischer Hinsicht Unterstützung. Damit wäre ein weiteres Hindernis aus dem Weg geräumt.

Die nordamerikanischen Zulieferbetriebe waren sowohl aufgrund der besseren technischen Standards ihrer Märkte im Vorteil als auch aufgrund der Ethik dieser Märkte. Das Women's Bean Project in Denver beispielsweise verkauft alle möglichen Dinge, die aus Bohnen bestehen. Ändern sich die Preise oder Verfügbarkeiten der Bohnen, die sie normalerweise verwenden, gibt ihnen der Lieferant rechtzeitig im Voraus Bescheid, schlägt Ersatz vor oder warnt vor Lieferverzögerungen. So kann die Firma planen. Diese Form der Kooperation gibt es für Frauen in Entwicklungsländern nicht.

Sowohl in den Entwicklungs- als auch in den Industriestaaten, und zwar nicht nur im Rahmen dieses Projekts, benötigten die Frauen technische Hilfe bei der Produktion und bei vielen anderen Aspekten von der Herstellung bis zum Versand. Die nordamerikanischen Unternehmen beispielsweise entwarfen normalerweise ihre eigenen Produkte, mussten das Design dann aber produktionstechnisch umsetzen, den Preis berechnen und eine Fabrik finden, die es für sie herstellte. Manche nutzten dafür Fabriken im eigenen Land, ob USA oder Kanada, andere ließen in anderen Teilen der Welt produzieren. Das Problem war, eine – wo auch immer angesiedelte – Fabrik mit der richtigen Ausrüstung und Fähigkeit zu finden. Dafür musste man jemanden kennen, der jemanden kannte – und Frauen kennen oft gerade nicht die richtigen Personen, weil sie nicht Teil der üblichen Netzwerke sind.

Sind die Produkte fertig, müssen sie etikettiert und für die Lieferung zum Einzelhändler verpackt werden. Bei hohen Stückzahlen ist das sehr viel Arbeit. Die meisten Frauen in Nordamerika, mit denen ich sprach, wussten nicht, dass es darauf spezialisierte Unternehmen gibt. Sie hatten monatelang versucht, es selbst zu übernehmen. Wieder zeigt sich das Problem der Ausgrenzung aus den Netzwerken, in denen man solches Wissen erwirbt.

Der Lernprozess könnte weniger schmerzhaft sein und mehr Unternehmen in Frauenhand könnten überleben, wenn die Unternehmen bei den richtigen Leuten Bekanntheit erlangen würden. In den USA und Kanada zum Beispiel könnten Organisationen wie die Handelskammern oder der Rotary Club derartige technische Beratungen anbieten. In den Entwicklungsländern könnte es so ähnlich funktionieren wie die Arbeit der landwirtschaftlichen Vertreter – nur dass sich dieses Angebot explizit an Frauen richten und respektvoll umgesetzt werden würde.

Lieferung und Zoll sind für EWT-Zulieferbetriebe aus Entwicklungsländern teuer und riskant. Der Transport vom Produktionsort zum Exportbereich ist oft teuer und schwer zu arrangieren. Zudem verlangen die Zollbeamten oft Bestechungsgeld oder erheben Fantasiegebühren. Eine EWT-Zulieferfirma hatte all die Herausforderungen der Produktion erfolgreich gemeistert und wollte die Bastkörbe nun von Nairobi aus verschiffen. Der Zollmitarbeiter lehnte die ursprüngliche Gebührenschätzung jedoch ab und verlangte eine Zahlung, die den Wert der Lieferung überstieg.

Korruption ist überall auf der Welt für Frauen ein noch größeres Problem als für Männer.[4] Es herrscht die Ansicht, dass Frauen von Gebühren und Regeln keine Ahnung hätten. Frauen sind auch sexueller Belästigung ausgesetzt. Da es in den meisten Entwicklungsländern nur ein oder zwei große Häfen gibt, wäre es effizient, bestimmte Mitarbeiterinnen und Mitarbeiter einzustellen, die in Exportangelegenheiten eigens für Frauen zuständig sind und sicherstellen, dass diese gut behandelt werden. Wünschen Länder mehr Exporte von Betrieben in Frauenhand, wäre das ein wichtiger und vergleichsweise einfacher Schritt auf dem Weg dorthin.

Folgendes glaubt man mir häufig nicht: Das größte Hindernis für Unternehmerinnen in Entwicklungsländern ist der Stil. Meine Doktorandin Mary Johnstone-Louis und ich reisten 2012 zur Verkaufsmesse des International Trade Centre in Mexico City. Auf der Veranstaltung sollten Unternehmerinnen, insbesondere aus Entwicklungsländern, ihre Waren potenziellen Großkunden vorstellen. Zudem bot sich die Chance, in die Liste des damals gerade gegründeten WEConnect aufgenommen zu werden. Schnell beklagten die Käufer, die Frauen stellten keine Waren »für den Markt« her. Damit meinten sie den westlichen Verbrauchermarkt. Uns war bewusst, dass Frauen in Entwicklungsländern oft wenig oder gar nichts von diesem Markt wissen, sich dessen Geschmack oder Saisons nicht vorstellen können und die Funktionsweise nicht verstehen. So sind sie etwa oft überrascht, wenn sie hören, dass ihre Produkte auf Verbrauchersicherheit getestet werden müssen oder ein Zertifikat für das Tierwohl benötigen.

Welthandelsausstellungen finden meist an Orten wie Schanghai, New York oder Mailand statt. Der – gar regelmäßige – Besuch ist für diese Frauen viel zu teuer. Die Ausstellungen müssten also zu den Frauen kommen statt umgekehrt. Das wäre zwar kostenintensiv, würde sich aber lohnen, weil die Frauen die Zusammenhänge normalerweise recht schnell begreifen, wenn sie sie sehen. Eine einzige Handelsmesse genügte beispielsweise, um moldawische Modeunternehmen in Frauenbesitz viel moderner (nach westlichen Standards) werden zu lassen.

Die Designer bei Global Goods Partners arbeiteten mit den Massai-Frauen an Schmuck, der modisch sein sollte, aber zugleich die traditionelle Knüpftechnik verwendete. Obwohl alle Beteiligten sich größte Mühe gaben, verstaubten die Armbänder und Ketten ein Jahr lang bei Walmart, wurden immer weiter reduziert und verkauften sich dennoch nicht. Walmart trug die Kosten, doch ein großflächiges Scheitern hätte die Ausweitung von EWT zu einem dauerhaften, weltweiten Programm beendet.

Letztlich entschieden also die Kunden von Walmart, ob EWT funktionieren würde. Die meisten Amerikaner haben schon ein paarmal bei Walmart eingekauft. Walmarts Durchschnittskunden haben ein knappes Budget und können deswegen keine hohen Preise zahlen, um ein weltweites Programm zur wirtschaftlichen Entwicklung zu unterstützen.

Während meiner Arbeit an diesem Projekt wurde ich häufig gefragt, ob die Frauen in den Entwicklungsländern durch die niedrigen Preise bei Walmart nicht »über den Tisch gezogen« würden. Wer so fragte, hatte meist noch nie über die armen Kundinnen von Walmart nachgedacht, die natürlich auch nicht »über den Tisch gezogen« werden durften. Die Walmart-Kunden bestimmen die Preisgrenzen in den Geschäften. Wenn wir die XX-Ökonomie von ihren Beschränkungen befreien wollen, müssen wir die Interessen aller für unsere Arbeit relevanten Frauen ausgleichen.

In einigen Fällen konnte ein Produkt nicht zu einem für Walmart-Kunden akzeptablen Preis hergestellt werden. Manchmal konnte eine Marke so entwickelt werden, dass sich ihr Produkt in höherwertigen Onlineshops wie Sundance oder Anthropologie verkaufen ließ. Beim Branding geht es darum, eine Unterscheidbarkeit zur üblichen Produktqualität zu schaffen, die einen höheren Preis rechtfertigt. Doch die Feinheiten der Markenentwicklung beherrschen Frauen in Entwicklungsländern nicht – für sie ist es bereits eine Herausforderung, etwas herzustellen, das auf dem westlichen Markt Gefallen findet. Wenn Handelsorganisationen wie die Association of National Advertisers in den USA oder die European Brands Association ihre Mitglieder ermutigen würden, diesen frauengeführten Unternehmen als Marketingberater zur Verfügung zu stehen, würde das vielen Frauen und ihren Familien nützen.

Auch Schulungen im Umgang mit den sozialen Medien wären sinnvoll. Eine häufige Beschwerde von Partnern und Zulieferern des EWT war, dass Walmarts Website die Produkte nicht ausreichend präsentierte. Die Seite verließ sich darauf, dass die Kunden entweder nach

WOMEN®
OWNED

ABB. 32 Dieses »Women Owned«-Logo wurde entworfen, um Waren im Laden für Konsumenten und Konsumentinnen zu kennzeichnen, die Frauen unterstützen möchten, indem sie deren Produkte kaufen.
Quelle: Abdruck mit Genehmigung des Women's Business Enterprise Council, siehe https://www.womenownedlogo.com für weiterführende Details

von Frauen gefertigten Produkten suchten - was unwahrscheinlich ist - oder nach dem Produktnamen - was ohne Branding auch nicht gerade wahrscheinlich ist. Walmart präsentierte die Produkte anfangs zwar und schuf ein spezielles Portal für von Frauen gefertigte Produkte. Doch das Interface war ungeeignet und visualisierte die Produkte nicht so, dass ein Unternehmen oder gar alle EWT-Zulieferbetriebe davon hätten profitieren können. Unabhängige Marketingberatung und Unterstützung bei der Optimierung digitaler Ergebnisse durch die Weltgemeinschaft wären für Kleinlieferanten wie diese äußerst hilfreich.

Die Vermarktung eines Produkts als »hergestellt durch einen Betrieb in Frauenbesitz« kann eine ganz eigene Wirkung entfalten. Eine von Walmart durchgeführte Verbraucherbefragung ergab, dass die Kundinnen - die in der großen Mehrheit sind - lieber Waren von frauengeführten Betrieben kaufen würden, wenn alle anderen Faktoren (vor allem der Preis) gleich blieben. Männliche Kunden gaben an, diesbezüglich keine Präferenz zu haben. Walmart half WBENC also bei der Entwicklung eines Logos, mit dem Einzelhändler Produkte von Unternehmen in Frauenhand markieren können (Abb. 32).

Die EWT-Lieferbetriebe hatten Schwierigkeiten, das für Materialkauf und Gehälter nötige Geld aufzubringen. Keine der Firmen konnte es sich leisten, Kapital lange zu binden, doch von der Lieferung über die Rechnungsstellung und Verbuchung bis zur Bezahlung verging viel Zeit. In Nordamerika verlängern Banken Kredite auf Basis einer vorliegenden Bestellung. Doch Frauen in Entwicklungsländern besitzen kein Land, und die Banken verleihen ohne echte Sicherheiten kein Geld. Unternehmerinnen bekommen deshalb selbst bei Vorliegen einer verbindlichen Bestellung keine Darlehen.

Diesem Problem widmeten sich die Brüder Priddy mit großer Beharrlichkeit. Sie wandten sich an Banken und gesellschaftlich relevante Investoren, hatten aber kein Glück. In einigen Fällen liehen sie den Unternehmerinnen das Kapital schließlich selbst. John Priddy erklärte mir am Telefon: »Das Problem ist Folgendes: Wir wollen, dass Unternehmen in Frauenbesitz wachsen, aber sie haben kein Kapital. Wenn der Zeitpunkt der Expansion kommt, müssen sie also Kapital anwerben – und wer besitzt es? Die Männer! Angenommen, sie bekämen Kapital von den Brüdern Priddy. Sosehr wir den Frauen auch helfen wollen: Das würde bedeuten, dass ihr Unternehmen in Männerbesitz übergeht.«

Als soziales Nonprofit-Unternehmen hat Global Goods Partners Zugang zu Fördermitteln, die gewinnorientierten Organisationen nicht zur Verfügung stehen. So kann Global Goods Partners 50 Prozent einer Bestellung vorab bezahlen. Damit können die Produktionspartner vorab die Materialien kaufen und die Handarbeiterinnen während des Herstellungsprozesses bezahlen. Dieses Verfahren ist zwar kein Ersatz für den fehlenden Zugang von Frauen zu Kapital, hilft aber Partnerunternehmen von GGP, die sonst nicht fortbestehen könnten.

Inzwischen wird allerdings an guten Lösungen gearbeitet. We-Fi, eine Initiative der Weltbank, hat 300 Millionen Dollar für regionale Banken weltweit reserviert, die damit Programme für Unternehmerinnen unterstützen können. Die Fördermittel werden mit Beiträgen aus anderen Quellen kombiniert, sodass sich die Geldmenge insgesamt verdreifacht. Ich persönlich fühle mich geehrt, mich an der Arbeit von We-Fi beteiligen zu können – vor allem, weil ich auf diese Weise die Lösungsmöglichkeiten kennenlernen konnte.

Mit der Zeit zeigten die Vorschläge von We-Fi ein immer größeres Bewusstsein für Geschlechtergerechtigkeit, und We-Fi beschäftigte sich neben den Krediten auch mit anderen Schwierigkeiten, darunter dem Eigenkapital. Mit verschiedenen Anreizen, Dokumenten und durch Fürsprache wird inzwischen versucht, Grundkapital für Frauen zu sammeln. Bewirken kann diesen Wandel nur eine Organisation mit der Reichweite und Autorität der Weltbank. Nötig sind außerdem ausreichende Mittel, die eine solche Entwicklung anregen und abfedern können.

Der Großteil dessen, was ich hier beschreibe, ließe sich leichter umsetzen, wenn die internationalen Wirtschaftskörperschaften (G7, G20, APEC) und Regierungen dem Thema mehr Beachtung schenken würden. Walmart kam zu dem Schluss, das »Ökosystem«, in dem sich von Frauen geführte Kleinunternehmen in Entwicklungsländern befinden, sei für Verträge mit diesen Betrieben nicht hilfreich. Deshalb beschloss der Konzern, stattdessen jenen Zulieferbetrieben in Frauenbesitz Wachstumshilfe zu geben, die bereits Verträge mit Walmart hatten, und sich auf andere Programme zu konzentrieren, die in den Bereichen Einzelhandel, Landwirtschaft und Fabrikentwicklung gute Ergebnisse vorweisen konnten. Ich war von Walmarts Entscheidung enttäuscht, konnte sie aber verstehen.

Im Rahmen der Entwicklung dieser und anderer Kollaborationen zwischen Firmen, NGOs, internationalen Behörden, verschiedenen Frauenverbänden und manchmal Nationalregierungen wurde immer deutlicher, dass das internationale Ökosystem einer grundsätzlichen Überarbeitung bedarf. Dabei geht es nicht um kleine Maßnahmen durch wohlgesinnte Einzelpersonen oder Konzerne. Wenn Frauen in der Weltwirtschaft jemals gleichgestellt sein sollen, müssen die Menschen an der Spitze des weltweiten Wirtschaftsmanagements Frauen als Gruppe positiv gegenüberstehen. Das klingt nach einem schwer zu erreichenden Ziel, und das ist es auch. Aber die Führungsrolle, die Kanada in dieser Sache einnimmt, stimmt mich hoffnungsvoll.

Kanada hat die erste Regierung der Geschichte, die mit einem erklärtermaßen feministischen Premierminister und einer feministischen Außenpolitik prahlen kann. Die Taten passen allerdings zu den großen Worten: Kanadas »progressive« Herangehensweise an das Thema Handel ist nichts weniger als die Vision einer neuen Weltordnung. Die Regierung will nicht mehr auf Basis der herrschenden Wirtschaftsphilosophie Handel treiben, weil sie destruktiv und nicht nachhaltig ist. Die Konzentration auf Geschlechtergerechtigkeit ist aus Sicht Kanadas eine erste Strategie, um die Weltordnung in eine menschlichere und nachhaltigere Zukunft zu führen. Die kanadische Handelskommission schätzt, dass die Beteiligung der Frauen am Welthandel ohne die bisherigen Hindernisse zu einem Wachstum der eigenen Wirtschaft um 114 Milliarden US-Dollar führen würde.

Im Juli 2017 erzielten Kanada und Chile das erste internationale Handelsabkommen, das Geschlechtergleichheit unmissverständlich vorsieht. Das Kapitel »Handel und Geschlecht« des neu ausgearbeiteten Freihandelsabkommens erklärt, der Vertrag sei explizit nicht genderneutral. Man wisse um »die Bedeutung der Einbeziehung einer Geschlechterperspektive auf die Förderung inklusiven Wirtschaftswachstums und die Schlüsselrolle geschlechtergerechter Maßnahmen für das Erreichen einer nachhaltigen sozioökonomischen Entwicklung«.[5]

In den Verfügungen des Abkommens verpflichten sich beide Nationen, allen internationalen Übereinkünften zur Geschlechtergerechtigkeit zu folgen und die Öffentlichkeit in ihren Ländern über ihre je eigenen »Gesetze, Regularien, Maßnahmen und Praktiken zur Gleichstellung« zu informieren. Es folgt eine Liste von Maßnahmen, die Chile und Kanada in ihre Pläne zur wirtschaftlichen Stärkung von Frauen aufnehmen werden. Sie reicht von finanzieller Inklusion für Frauen bis zu stärkerer Repräsentation auf Führungsebenen und in Entscheidungsprozessen. In beiden Ländern werden nach Geschlechtern aufgeschlüsselte Daten erhoben und – jeweils getrennt und gemeinschaftlich – analysiert.

Für die in diesem Kapitel beschriebenen Umstände ist wichtig, dass das Abkommen ein gemeinsames Komitee ins Leben ruft. Es ist explizit zur Zusammenarbeit mit NGOs, dem privaten Sektor, internationalen Behörden und »anderen relevanten Institutionen« befugt, um Geschlechtergerechtigkeit im Welthandel zu erreichen. Diese Verfügung bildet die Grundlage für den Aufbau eines frauenfreundlichen Ökosystems, das wir brauchen und von dessen Notwendigkeit der Einsatz der vielen Organisationen zeugt, die bereits an dem Problem arbeiten.

Kanada versucht aktiv, den Rest der Welt von diesem Weg zu überzeugen. Deshalb war es am Entwurf der »Declaration on Trade and Women's Economic Empowerment« beteiligt, die 2017 auf dem Gipfel der Welthandelsorganisation (WTO) in Buenos Aires vorgestellt wurde. Hinter der Erklärung steht Arancha González, die leitende Direktorin des Internationalen Handelszentrums (ITC).

Arancha hatte die Eröffnungsrede der Power Shift 2015 gehalten. Damals beeindruckte sie uns alle mit ihrem leidenschaftlichen Vortrag über die Ungerechtigkeit zwischen den Geschlechtern auf dem Weltmarkt. Sie erzählte, nur 11 Prozent der Unternehmerinnen seien an Import-Export-Verträgen beteiligt, und verkündete, das ITC verpflichte sich offiziell, bis 2020 eine Million Frauen in das Welthandelssystem zu integrieren. Das ITC erhoffe sich dadurch einen Anstieg des weltweiten BIP um 148 Billionen US-Dollar.

Befürworterinnen und Befürworter der Declaration on Trade and Women's Economic Empowerment erklärten, dass die Herstellung der Geschlechtergerechtigkeit ein erster Schritt sein könnte, um der WTO eine fortschrittlichere Agenda zu geben und sie auf den Weg zurückzuführen, für den sie ursprünglich bestimmt war.[6]

Unter der UN-Charta von 1945 sollte der Welthandel ein neues Ziel verfolgen: den Frieden. Artikel 55, »Internationale Zusammenarbeit auf wirtschaftlichem und sozialem Gebiet«, nennt als erstes Ziel der Weltwirtschaft, einen »Zustand der Stabilität und Wohlfahrt herbeizuführen, der erforderlich ist, damit zwischen den Nationen friedliche und freundschaftliche [...] Beziehungen herrschen«.[7] Die Vereinten Nationen schufen mehrere den neuen ökonomischen Zielen verpflichtete Behörden, darunter die Weltbank, den Internationalen Währungsfonds, das ITC und den Vorläufer der Welthandelsorganisation. Als der

Handel im Allgemeinen Zoll- und Handelsabkommen (GATT, 1948) von den restlichen Belangen getrennt wurde, war damit auch die Wirtschaft von den humanitären Zielen abgespalten. Von da an praktizierte die Handelspolitik das Recht des Stärkeren – eine für die Wirtschaft der 1950er-Jahre typische Ideologie, die sich in den nächsten 75 Jahren nicht ändern sollte.

2017 sahen die Aktivistinnen und Aktivisten, die hinter der Erklärung zugunsten der Frauen standen, in der Konzentration auf die Geschlechterfrage eine Rückkehr zum eigentlichen Auftrag der UN-Charta – wussten sie doch um die positiven humanitären Auswirkungen der wirtschaftlichen Inklusion von Frauen. Mit einer Erklärung wie dieser würden sowohl die Frauenrechte als auch die humanitären Anliegen wieder in der Weltwirtschaft berücksichtigt.

Die Erklärung war eine nicht bindende, aber bedeutsame Übereinkunft: Sie ermöglichte eine Analyse der In- und Auslandspolitik im Hinblick auf die Geschlechtergerechtigkeit, unterstützte Unternehmensgründerinnen, beförderte finanzielle Inklusion, half bei der Beteiligung von Frauen am Welthandel sowie der Entwicklung sinnvoller Gleichstellungsstrategien und entsprechender Forschungsansätze. Island und Sierra Leone brachten die Erklärung ein, die letztlich von 119 (später 122) Ländern unterzeichnet wurde, darunter alle reichen Länder mit Ausnahme der USA. Von den mehrheitlich muslimischen Ländern unterschrieben nur die Türkei und Pakistan. Indien, das Land mit der zweitgrößten Bevölkerung der Welt und sehr schlechter Gleichberechtigungspolitik, verweigerte die Unterschrift mit dem Argument, das Thema Geschlecht gehöre nicht in ein Handelsabkommen.[8] Die 46 Neinsager waren besonders irritiert von der Forderung der Frauen nach Beschaffungsverträgen und hielten es außerdem für zu arbeitsintensiv, sich in dieser Form mit den Anliegen der Frauen zu beschäftigen.

Dass die USA nicht unterschrieben, war keine echte Überraschung. Die Amerikaner haben die internationale Vereinbarung über Frauenrechte von 1979 noch immer nicht unterzeichnet (die sogenannte Convention on the Elimination of All Forms of Discrimination Against Women, CEDAW). Außer den USA haben nur fünf weitere Länder nicht unterschrieben: Iran, Palau, Somalia, Sudan und Tonga. Wie bereits erläutert, hat die extreme Marktphilosophie ihren Ursprung in den USA, und auch heute vertritt man dort oft noch die Position, Märkte sollten sich nicht um gesellschaftliche Belange kümmern, auch nicht um Ungerechtigkeit zwischen den Geschlechtern. In den letzten Jahren haben sich die USA zudem innerhalb der WTO sehr destruktiv verhalten und stehen einer fortschrittlichen Agenda wohl nicht positiv gegenüber.

Auch Indiens Behauptung, der Begriff »Handel« schließe per definitionem das Thema Geschlechtergerechtigkeit aus, gründet in der Vorstellung objektiv operierender Märkte. Diese Annahme spielt allen in die Hände, die vom Status quo profitieren. Sie unterstützt die gegenwärtigen Strukturen, Werte und Vorteilsnehmer des Welthandelssystems und bricht aus der Perspektive der Geschlechtergerechtigkeit in sich zusammen, weil damit offenbar wird, dass innerhalb des »objektiven« globalen Systems zwei verschiedene Ökonomien operieren. Die eine ist im Vergleich zur anderen strukturell massiv benachteiligt.

Auch die Reaktion der Zivilgesellschaft war enttäuschend. Manche wandten eine inzwischen vorhersehbare Strategie an, um die Inklusion von Frauen zu verlangsamen: Angeblich progressive Beobachter verweigern sich jeder Maßnahme zur Unterstützung von Frauen, ehe nicht ein Haufen anderer Weltprobleme gelöst ist – oder die Welt niedergebrannt und durch etwas anderes ersetzt wurde. Diese Haltung ist der zynische Versuch, Frauen als Geiseln und als Druckmittel für andere ideologische Ziele einzusetzen, die stattdessen Priorität haben sollen. Wird jedem vorsichtigen Versuch der Unterstützung der Frauen die Lösung der Weltprobleme aufgehalst, kommt das der Parole gleich: »Frauen zuletzt – alles andere zuerst!« Es ist eine Form patriarchaler Politik, doch man findet diese angeblich Progressiven überall dort, wo Reformen zur Gleichstellung auf Systemniveau zur Debatte stehen.

Stets versuchen sie, die Anliegen der Frauen auszubremsen, und beweisen damit erneut, dass die Linke der Gleichstellung genauso schaden kann wie die Rechte.

Leider haben sich auch einige Frauenorganisationen dieser Vorgehensweise angeschlossen – mit Statements, die ironischerweise eine Genderperspektive vermissen lassen. Über 160 Frauenorganisationen und ihnen verbundene Gruppierungen reichten eine Petition ein, mit der sie ihre Regierungen von der Unterzeichnung der Erklärung abhalten wollten. Gegen das erste Übereinkommen der Welthandelsorganisation zur Geschlechtergleichstellung argumentierten sie beispielsweise wie folgt:

> Frauenrechtsorganisationen aller Kontinente haben diese Erklärung als Ablenkungsmanöver von den durch die WTO verursachten Schäden entlarvt. Gäbe es echtes Interesse an den Menschenrechten der Frauen, würden die Regierungen die Regeln des Welthandels ändern, die momentan die Löhne der Frauen niedrig halten, sie von ihrem Land vertreiben und öffentliche Güter für den Profit multinationaler Konzerne privatisieren. Wir sind es leid, dass Geschlechtergerechtigkeit als zynische Ausrede zur Rechtfertigung von Neoliberalismus verwendet wird.
>
> *Kate Lappin*, Regionalkoordinatorin des Asia Pacific Forum on Women, Law and Development

> Landwirtinnen sind durch eine Freihandelspolitik geschädigt worden, die landwirtschaftliche Märkte für ausländische Investoren geöffnet hat. Die Liberalisierung des Handels erleichtert den Zugriff von Konzernen auf Land, bringt Frauen um Boden und Lebensunterhalt und führt zur Ausbreitung von Hunger, der Gemeinschaften zerstört und das Leid der Frauen verstärkt.
>
> *Zeinaida Soriano*, Amihan, National Federation of Peasant Women, Philippinnen

> Frauen haben als Erste gezeigt, dass die WTO ein institutionalisiertes, kapitalistisches Patriarchat globaler Dimension ist. Wir werden nicht zulassen, dass »Frauen« als trojanisches Pferd dienen, um ein System auszuweiten, das Leben und Lebensunterhalt von Frauen und Kindern, Landwirtinnen und Arbeiterinnen und des gesamten Planeten zerstört.
>
> *Vandana Shiva*, indische Wissenschaftlerin, Umweltaktivistin, Kämpferin für Lebensmittelsouveränität[9]

In all diesen Aussagen bezieht sich der Begriff »Frauen« auf eine homogene Gruppe der Unterdrückten. Es wird nicht berücksichtigt, dass nicht alle Unterdrückten in gleichem Maße benachteiligt sind. Bemerkenswerterweise werden die ökonomischen Interessen der Frauen als etwas Triviales betrachtet, das höchstens als Deckmantel oder trojanisches Pferd taugt und hinter dem sich wichtigere Probleme verbergen. Nichts, was für Frauen getan wird, kann ernsthaft oder bedeutsam oder förderlich sein – jede Bemühung in diese Richtung ist eine »zynische Ausrede«. Selbst die Aussagen über den Grundbesitz zeugen von schockierender Ahnungslosigkeit: Nicht die WTO hat diesen Frauen Land weggenommen – sie haben niemals Land besessen.

Diese »progressiven« Stimmen bei den NGOs lehnen jede Zusammenarbeit mit der WTO ab, selbst wenn es darum geht, Frauen – und damit den Armen und Hungernden – zu helfen. Nicht einmal, wenn die WTO damit auf einen fortschrittlicheren Weg gebracht werden soll – denn das lenkt nur von dem Schaden ab, den sie bereits verursacht hat. In ihren Augen gibt es nur zwei mögliche Positionen: Man ist entweder gegen die WTO oder steht schuldig an ihrer Seite, und weder aus dem einen noch dem anderen Extrem kann sich etwas Produktives entwickeln.

Neoliberalismus ist ein so häufig verwendeter Begriff, dass sich seine genaue Bedeutung schwer erfassen lässt. Er kann übertriebenen Glauben an einen Laissez-faire-Kapitalismus bedeuten (den ich als extreme Marktorientierung bezeichnet habe). Oder er kann als Kritik an Programmen aufgefasst werden, die systemimmanente Probleme nicht adressieren, sondern von den Individuen erwarten, diese jeweils selbst zu lösen. Keiner dieser Einwände trifft auf die Menschen zu, die über die WTO ein Ende der Ausgrenzung der Frauen von den Weltmärkten erreichen wollen.

Im allgemeinen Sprachgebrauch ist jemand neoliberal, wenn er oder sie innerhalb der gegenwärtigen Wirtschaftsstrukturen arbeitet – selbst, wenn diese Person sich für Frauen und Arme einsetzt. Um solchen Zuschreibungen zu entgehen, darf man mit keiner internationalen Wirtschaftsorganisation, keinem Unternehmen und wahrscheinlich auch keiner der bei der WTO vertretenen 164 Nationalregierungen zusammenarbeiten. Man kann also mit keiner mit dem »System« verknüpften Organisation kooperieren, ohne als »neoliberal« zu gelten. Ich nehme an, dass die Gewerkschaften, die noch immer mit weltweiten Konzernen verhandeln, davon ausgenommen sind.

Zeitgenössische Kritiker behandeln den Kapitalismus oft so, als sei er die einzige Form des Patriarchats, die es je gegeben habe. Die lange und schreckliche Erfahrung der Frauen mit dem Patriarchat, einer einzigartigen Kraft mit vielen Erscheinungsformen und unendlich vielen Leben, wird schlicht geleugnet. Aus dieser Perspektive gibt es kein vorgeschichtliches Patriarchat, kein Patriarchat der Wildbeuter, Nomaden, Krieger oder Landwirte. Und gewiss kein sozialistisches, kommunistisches oder sowjetisches Patriarchat.

Diese Haltung verkennt, dass Frauen unter einzigartigen Zwängen leiden, die sie von der Beteiligung an *jedweder* Form der Wirtschaft abhalten. Implizit wird sogar suggeriert, Frauen sollten weiterhin nicht berücksichtigt und ausgeschlossen bleiben, während die hier zitierten Rednerinnen auf eine bessere Welt warten.

Aus diesem Denkmuster gibt es keinen Ausweg – und für Frauen ist darin kein Platz.

Wir können auf eine Weltordnung ohne Probleme warten, ehe wir die Ungerechtigkeiten zwischen den Geschlechtern adressieren. Oder wir können Frauen *jetzt* zur Priorität machen.

Die Hälfte der Bevölkerung ist eine ausreichende Größe. Fünftausend Jahre Gewalt sind genug. Die am stärksten benachteiligte Sub-Gruppe unter den Ungleichen wurde lange genug unfair behandelt. Die Sicherung einer hoffnungsvollen Zukunft ist Grund genug. Es ist Zeit, die XX-Ökonomie an die erste Stelle zu setzen.

14

DER WEG ZUR RETTUNG

Der Umgang mit Frauen ist eines der dunkelsten Kapitel der Menschheitsgeschichte. Vielleicht aus Angst vor der schmerzhaften Realität haben wir uns zu lange geweigert, genau hinzusehen. Riesige Mengen an Beweisen, von historischen Dokumenten bis zu Statistiken, führen uns diese Tragödie nun klar vor Augen. Doch die Daten lassen auch einen Weg zur Rettung erkennen. Um der Gerechtigkeit und des Mitgefühls willen, aber auch im Sinne des materiellen Wohlstands der gesamten Spezies rufe ich euch auf, euch auf diese wichtige Reise zu machen und euch der Bewegung zur wirtschaftlichen Stärkung der Frauen anzuschließen.

Auf der ganzen Welt leiden Frauen unter den ökonomischen Praktiken, deren Wurzeln Tausende Jahre zurückreichen: Der Kauf und Verkauf von Töchtern gegen deren Willen. Die Verbrennung von Bräuten, deren Mitgift aufgebraucht ist. Das sexuelle Erniedrigen von Witwen als einziger Weg, ihr Überleben und das ihrer Kinder sicherzustellen. Das Aushungern unabhängiger Ehefrauen als Strafe für kleine Vergehen im Haushalt. Die Gefangenschaft von Müttern in häuslicher Gewalt, weil sie mit ihren Kindern nirgends unterkommen.

Wir sehen jetzt, dass wirtschaftliche Mechanismen Frauen in allen Ländern systematisch in Abhängigkeit und Ungleichheit hielten und halten: das Monopol der Männer auf das Kapital; Heiratsregeln, die Berufstätigkeit nicht gestatten; sexuelle Belästigung am Arbeitsplatz; die zwangsweise Übereignung von Einkünften und Gütern von Frauen an Männer; Ideologien über die Leistungsfähigkeit von Gehirnen; die ungerecht verteilte Last der Care-Arbeit; die Bestrafung der Mutterschaft.

Doch die Ausgrenzungsmechanismen der XX-Ökonomie verursachen auch hohe Kosten für die Gesellschaft insgesamt. Der Verkauf junger Töchter in die Ehe führt zu zahllosen Teenagerschwangerschaften und hoher Säuglingssterblichkeit. Mittellose Witwen bilden unter den Ärmsten die größte Gruppe. Unsichere Lebensmittelversorgung und Welthunger werden verstärkt, weil Frauen kein Land besitzen dürfen. Nach Jahrzehnten ungleicher Verdienste sind ältere Frauen weitaus häufiger von staatlichen Leistungen abhängig als Männer. Wo Frauen nicht unabhängig sind, bleiben die Risiken durch Tod, Zerstörung von Eigentum, Krankheit und Trauma unkalkulierbar hoch. Kinder hungern, erkranken und bleiben ohne Schulbildung, weil ihre Mütter keine wirtschaftliche Macht haben.

Auch die Opportunitätskosten sind hoch. Berufstätige Frauen sind der verlässlichste Antrieb des Wirtschaftswachstums. Bleiben sie zu Hause, weil es keine Kinderbetreuung gibt oder ihre Ehemänner sie nicht aus dem Haus lassen, sind nicht nur sie die Verliererinnen, sondern auch die Länder, in denen sie leben. Viele – vor allem westliche – Gesellschaften geben hohe Summen für die Bildung von Frauen aus und zwingen sie dann, den Beruf aufzugeben. Damit verschwenden sie wertvolle Ressourcen, verlieren eine Chance auf nachhaltiges Wachstum und vergrößern Wissenslücken, die bereits jetzt ihre Zukunft gefährden.

Mit einer gezielten globalen Anstrengung, die XX-Ökonomie von den ihr auferlegten Einschränkungen zu befreien, könnten einige der tragischsten Probleme der Welt gelöst werden. Die wirtschaftliche Stärkung der Frauen hat sich vielfach als die beste Waffe im Kampf gegen die Armut erwiesen. Ökonomisch unabhängige Frauen können häuslicher Gewalt entfliehen. Jungen Müttern ein Einkommen zu ermöglichen schützt sie vor Menschenhandel. Geschlechtergerechtigkeit reduziert die verschiedensten Formen von Gewalt.

Die positiven Auswirkungen einer umfassenden Inklusion der Frauen würden sich auch auf institutioneller und nationaler Ebene zeigen. Die Einbeziehung von Frauen in das Finanzsystem erhöht die institutionellen Gewinne, senkt die Risiken, verstärkt die Transparenz und bedeutet mehr Stabilität für die gesamte Wirtschaft. Die Beteiligung von Frauen am Welthandel erhöht die Widerstandsfähigkeit und Innovationskraft einer Nation. Wenn Frauen Geld haben, kultivieren sie mit ihren Ausgaben Humankapital; Investitionen in die Gemeinschaft und Wohltätigkeit steigen ebenfalls. Sind Frauen auf den Führungsebenen der Wirtschaft vertreten, folgen höhere Gewinne, niedrigere Risiken, weniger Umweltschäden und eine angenehmere Arbeitsatmosphäre.

Aufgrund ihrer Fähigkeit, Wachstum zu befördern und Kosten zu senken, bezahlt sich die XX-Ökonomie selbst – sofern sie überall einbezogen wird. Investitionen beispielsweise in bezahlbare Kinderbetreuung würden durch einen Zustrom weiblicher Arbeitskräfte ausgeglichen, die sonst zu Hause hätten bleiben müssen. Damit stiegen das BIP und somit auch das Steueraufkommen. Die Datenlage zeigt zudem, dass Männer keine Arbeitsplätze verlieren, wenn mehr Frauen auf den Arbeitsmarkt strömen, weil das resultierende Wirtschaftswachstum zur Entstehung von mehr Arbeitsplätzen beiträgt. Männer profitieren auch in anderer Form, wenn sie ihre wirtschaftliche Verantwortung mit Frauen teilen, denn Überstunden, ein männerdominiertes Arbeitsumfeld und die erdrückende Last, der alleinige Versorger zu sein, zehren überall auf der Welt an ihren Kräften.

Die besten Wirtschaftsergebnisse lassen sich erzielen, wenn Männer und Frauen in gleichberechtigter Weise zusammenarbeiten, sei es im Beruf oder zu Hause. Studien zeigen immer wieder, dass Teams aus Männern und Frauen klügere Investitionsentscheidungen treffen, bessere Produkte herstellen, höhere Gewinne erzielen und weniger Fehler machen. Paare, die sich Hausarbeit und Beruf teilen, haben eine engere Bindung zu ihren Kindern, auf Gleichberechtigung ausgerichtete Wertvorstellungen, erleben weniger familiäre Spannungen und höhere Produktivität.

Wollen wir als Gesellschaft besser leben, gibt es keine erfolgversprechendere Strategie, als die Einschränkungen, die der XX-Ökonomie auferlegt wurden, zu beseitigen. Dennoch wird es Widerstand geben.

Manche Männer wird eine weltweite Bewegung zur Inklusion der Frauen in die Wirtschaft wütend machen, weil sie sich nicht vom traditionellen Bild von Männlichkeit verabschieden können. Ihre Wut wird gefährlich sein, wie männliche Wut es schon immer für Frauen war, doch wir dürfen nicht einknicken und müssen zusammenstehen.

Auch Wirtschaftswissenschaftler werden sich wahrscheinlich dagegen wehren. Ihre Disziplin hängt einer Ideologie an, mit der die systematische Ausgrenzung der Hälfte unserer Spezies nicht erklärt werden kann. Sie beharren darauf, dass die Benachteiligung der Frauen aus deren freiwilligen Entscheidungen resultiert. Sie wollen uns also glauben machen, dass Frauen in *jedem* Land, zu *jeder* Zeit, in *jeder* Branche, in *jedem* Beruf und in *jedem* Sektor der Weltwirtschaft entweder Entscheidungen treffen, die ihnen selbst schaden, oder dass ihnen die jeweils für den Erfolg nötigen Qualitäten in *allen* Fällen fehlen. Doch die XX-Ökonomie lässt sich zu einer tragischen Geschichte zusammenfassen – und die besteht nicht aus den immer gleichen Fehlentscheidungen oder Mängeln von Millionen einzelner Frauen.

Betrachten wir die kontinuierliche Benachteiligung der Frauen dieser Welt, so lässt sich ein Muster struktureller Ungleichheit erkennen, das nicht durch unzählige irrationale Taten von Frauen, sondern durch gezielte Ausgrenzung verursacht wird. Und genau das ist das Erkennungsmerkmal der ältesten und größten Unterschicht der Menschheit. Wir sollten uns gemeinsam von diesem hässlichen historischen Ballast befreien und Frieden und Wohlstand an seine Stelle setzen.

Wir brauchen eine konzertierte weltweite Bewegung, um die systematische Unterdrückung von Frauen zu beenden. Es gibt viel zu tun. Es wird nicht leicht, und es wird nicht schnell gehen, aber der Wandel wird die Mühe wert sein. Motivieren kann uns die Aussicht auf eine Weltwirtschaft, die nicht nur inklusiver, sondern auch frei von jener patriarchalen Ausbeutungsstruktur ist, die Frauen *und* Männer jahrtausendelang unterdrückt und die Erde zerstört hat.

Die Ablösung dieser Ethik der Herrschaft durch eine Ethik des Teilens verlangt nichts weniger als einen Sprung in der sozialen Evolution unserer Spezies. Doch Beweglichkeit ist unsere größte Stärke. Wir schaffen das.

Der Weg liegt hell und klar vor uns, die Aufgabe drängt, und die Möglichkeiten sind groß. Lasst uns die XX-Ökonomie gemeinsam befreien, als Schwestern und Brüder, Seite an Seite.

NACHWORT: DIE NÄCHSTEN SCHRITTE

Dieses enorme Unterfangen hält Aufgaben für jeden bereit. Ich habe erläutert, was die XX-Ökonomie ist, wie sie funktioniert und wo ihre Grenzen liegen, und habe dabei einige Vorschläge gemacht. Hier möchte ich ein paar dieser Ideen anreißen. Doch danach kann jeder selbst über die Einschränkungen nachdenken, denen Frauen unterliegen, kann sich Lösungen überlegen, die wenigstens kleinste Veränderungen bewirken können, und dann herausfinden, wie sie sich umsetzen lassen.

Manche Ideen sind ganz einfach: Über die sozialen Medien kann ein Bewusstsein für die Zusammenhänge geschaffen werden. Oder man kann an Organisationen spenden, die Frauen wirtschaftlich unterstützen. So etwas geht schnell, und wir haben keine Zeit zu verlieren, denn das Leid geht weiter.

Ich teile meine Anmerkungen in drei Gruppen auf. Die erste bezieht sich auf die Vereinigten Staaten, die zweite auf die Weltgemeinschaft und die dritte auf uns als Individuen. Ich konzentriere mich erst auf die USA, weil das Land an einer Wegscheide steht, an der sich das Schicksal der Frauen für viele Jahre entscheiden und letztlich Frauen auf der ganzen Welt betreffen wird.

IN DEN USA

Ich möchte die Amerikanerinnen und Amerikaner daran erinnern, dass Margaret Atwoods Roman *Der Report der Magd* mit dem Entzug der wirtschaftlichen Rechte der Frauen beginnt. Dieser Verlust macht sie auf einen Schlag machtlos und erleichtert es der Führung Gileads, sich auch ihre Fortpflanzungsrechte zu eigen zu machen. Diese zwei Freiheiten sind nicht ohne Bezug zueinander und sollten mit gleicher Dringlichkeit geschützt werden.

Ein Teil der Aufmerksamkeit, den der mit Empörung und Panik geführte Kampf um das Thema Abtreibung erfährt, muss deshalb unbedingt dem Schutz der wirtschaftlichen Rechte gewidmet werden. Ich fürchte, dass der Abbau der Arbeitsrechte der zweiten Welle unter anderem deswegen unbemerkt geschehen ist, weil die radikalen Konservativen die öffentliche Aufmerksamkeit gezielt auf die monothematische Kampagne gegen das Recht auf Abtreibung gelenkt haben. Es ist wichtig, genau hinzusehen und zu untersuchen, was mit den Errungenschaften der zweiten Welle geschehen ist und noch geschieht.

Die Frauen in den USA bringen einen fast genauso großen Anteil am BIP hervor wie die Männer. Sie zahlen deutlich mehr Steuern und gehen häufiger zur Wahl. Sie sind die größte Interessengruppe Amerikas. Jede andere Interessengruppe verlangt für ihre Unterstützung eine Gegenleistung, und Frauen sollten das Gleiche tun. Es ist Zeit, auf den Tisch zu hauen!

Hier ist meine Prioritätenliste für die Präsidentschaftswahlen 2020 und die folgende Regierung. Ich habe die wirtschaftlichen Probleme nach ihrer Wirkung und Erreichbarkeit geordnet.

PRIORITÄT 1: EIN BUNDESWEITES VERBOT ERZWUNGENER SCHLICHTUNGSVERTRÄGE. Die Presse hat dieses Problem als »obskur« bezeichnet, aber in Wirklichkeit handelt es sich um etwas Alltägliches, dem keine Beachtung geschenkt wird. Solche Verträge zwingen Beschäftigte, auf ihre arbeitsrechtlichen Ansprüche zu verzichten und alle Streitigkeiten durch ein vom Arbeitgeber arrangiertes Schlichtungsverfahren zu regeln. Die Unterschrift wird zur Einstellungsvoraussetzung gemacht und geht mit dem Verzicht auf die potenzielle Beteiligung an einer Sammelklage einher. Somit heben diese Verträge alle Arbeitsrechte amerikanischer Beschäftigter auf.

Erzwungene Schlichtungsverträge betreffen alle Beschäftigten – unabhängig von Geschlecht, Rasse, Ethnie oder Religion. Ich glaube dennoch, dass Frauen stärker von Diskriminierung betroffen sind. Deshalb bezeichne ich dieses Problem als Frauenthema.

Erzwungene Schlichtungsverträge wurden vom Obersten Gerichtshof als verfassungsgemäß bezeichnet. Diese Entscheidung wird mehr Arbeitgeber ermutigen, sie anzuwenden. Schon heute ist fast die Hälfte der amerikanischen Beschäftigten solchen Verträgen unterworfen. Ich gehe davon aus, dass es durch das Urteil des Obersten Gerichtshofs noch mehr werden und letztlich vielleicht alle berufstätigen Amerikaner betroffen sein werden.

Dieser fundamentale Angriff auf das Arbeitsrecht muss gestoppt werden. Zum Glück gibt es dafür im Kongress Unterstützung aus beiden Parteien, sodass noch vor der Präsidentschaftswahl 2020 ein Verbot in Kraft treten könnte. Der Kongress hat bereits durch sein Verbot der Zwangsschlichtungen in Fällen sexueller Belästigung gezeigt, dass diese Praxis umgangen werden kann. Es gibt also bereits einen Präzedenzfall. Weil die Verträge letztlich alle betreffen, ist bei diesem Problem trotz der gesellschaftlichen Polarisierung eine parteienübergreifende Koalition denkbar, an der schon jetzt gearbeitet werden sollte.

Auch kommerzieller Druck sollte hier zum Einsatz kommen. Eine Liste der Firmen, die solche Verträge verwenden, sollte veröffentlicht werden, und die Bürger sollten keine Produkte dieser Arbeitgeber kaufen. Firmen, denen an ihrem guten Ruf gelegen ist, sollten solche Verträge nicht verwenden und keine Geschäftsbeziehungen mit Unternehmen pflegen, die diese Verträge einsetzen. Firmen, die sich gegen deren Verbot einsetzen, sollten nicht die Oberhand haben.

PRIORITÄT 2: DAS ERLASSEN ALLER SCHULDEN FÜR STUDIENDARLEHEN. Dabei handelt es sich um ein Frauenthema, weil Frauen zwei Drittel dieser Schulden halten, mehr Geld leihen und - angesichts mangelnder Fortschritte im Bereich der Lohngleichheit - diese Schulden mit niedrigeren Gehältern zurückzahlen müssen. Wir erinnern uns: Frauen nutzen häufiger solche Darlehen, weil sie zu einem größeren Prozentsatz studieren als Männer und mehr Qualifikationen benötigen, um die gleichen Arbeitsplätze zu erhalten. Eine Begrenzung des vom Staat erlassenen studentischen Darlehens pro Person diskriminiert deshalb die Frauen. Dieses Problem betrifft keineswegs nur eine kleine Elite: 65 Prozent der Millennials absolvieren eine Aus- oder Weiterbildung nach der Sekundarstufe. Von einem Erlass der Studiendarlehen profitieren also nicht überproportional die Wohlhabenden, denn Menschen mit ausreichenden Finanzmitteln lassen ihre Kinder erst gar keine Kredite für das Studium aufnehmen. Wer ein solches Darlehen in Anspruch nimmt, benötigt garantiert eine Befreiung davon.

Die Regierung sollte den Menschen diese Last schon aus ökonomischen Gründen abnehmen, sodass ein Erlass nicht als besondere Großzügigkeit angesehen werden dürfte. Die künftige Wirtschaft wird darunter leiden, dass eine ganze Generation auf diese Weise belastet ist. Die Aussicht auf den Schuldenberg wird letztlich viele davon abhalten, einen höheren Bildungsabschluss anzustreben, wodurch die Wettbewerbsfähigkeit des ganzen Landes sinken wird. Die Schulden werden sich auf die Konsumfreudigkeit, das Spar- und Investitionsverhalten der Menschen auswirken und die Haushaltsgründung beeinflussen, sodass weitere Anschaffungen betroffen sind. Die Schulden werden die Fruchtbarkeitsrate senken und es der »Sandwich-Generation« schwerer machen, ältere Familienangehörige zu unterstützen, sodass die Kosten für Sozial- und Gesundheitswesen steigen werden. Wenn die Bundesregierung es sich leisten kann, Banken und Milliardären Erleichterungen zu gewähren, ist es ihr auch möglich, dieses demografische Desaster zu verhindern.

Wegen der langfristigen Folgen für die Wirtschaft sollte die Entscheidung, den Studierenden die Darlehen zu erlassen, nicht als einmalige »Ausgabe« betrachtet und vom Budget abgezogen werden. Stattdessen sollten Kosten und Gewinne dieser Maßnahme als Kapitalinvestition berechnet werden, die den anfänglichen Einsatz gegen den Wert aller daraus resultierenden positiven Zuflüsse aufrechnet. Die Prognose sollte einer differenzierten Vorausschau auf die im Fall der Beibehaltung der Schulden entstehenden Einbußen gegenübergestellt werden.

Werden die Auswirkungen des Erlasses der Studienkredite korrekt berechnet, wird meiner Ansicht nach deutlich werden, dass die Beibehaltung der Schuldenlast nicht nur herzlos, sondern aus wirtschaftlicher Perspektive auch völlig *unvernünftig* ist.

Schließlich möchte ich die Babyboomer aufrufen, diesen Vorschlag zu unterstützen, weil die Schulden unsere Kinder und Enkel für Jahrzehnte belasten werden. Als Eltern sollten wir gegen diese Schuldenlast auf die Straße gehen.

PRIORITÄT 3: UNIVERSELLE KINDERBETREUUNG. Die Argumentation für eine universelle Kinderbetreuung findet sich in Kapitel 7. Hier möchte ich nur sagen, dass sie hohe Priorität haben sollte und die anderen beiden Punkte nur zuerst genannt sind, weil ich glaube, dass sie schneller umzusetzen sind. Ich bin der Meinung, jeder sollte Zugang zu Kinderbetreuung haben, auch Mütter, die sich entschieden haben, zu Hause zu bleiben. Wir sollten diese öffentliche Dienstleistung als Förderung der frühkindlichen Entwicklung begreifen, nicht als Verwahranstalt. Es wäre zu wünschen, dass alle Kinder Zugang dazu haben – und dass ihre Eltern dies *wollen*.

PRIORITÄT 4: VERSCHIEBUNG DER VERANTWORTUNG FÜR LOHNGLEICHHEIT ZUR EXEKUTIVE. Wir wissen aus unserer Erfahrung, aber auch durch den Blick in andere Länder, dass es keine gute Idee war, den Kampf für die Lohngleichheit einzelnen Frauen aufzuhalsen. Wir sollten deshalb die Verantwortung radikal umverteilen. Vor allem angesichts der derzeit überwiegend konservativen Besetzung des Obersten Gerichtshofs können wir nicht hoffen, dass sich diese Situation ändert. Wir müssen den Gerichten diese Entscheidungen so weit wie möglich abnehmen.

PRIORITÄT 5: GLEICHBERECHTIGTE BETEILIGUNG AN ALLEN INFRASTRUKTURPROJEKTEN. Sei es der Green New Deal oder der Bau von Autobahnen – Frauen sollten einen angemessenen Anteil der so entstehenden Arbeitsplätze erhalten.

Eine Hauptursache der Ungerechtigkeit bei Lohn und Beförderungen ist das Quasi-Monopol, das Männer in der Baubranche und anderen »schweren« Berufen haben. Frauen der Arbeiterschicht sind von dieser Form der Diskriminierung besonders betroffen. Gesprochen wird bei Infrastrukturprojekten jedoch immer nur davon, Männer wieder in Arbeit zu bringen. Das ist inakzeptabel. Frauen und ihre männlichen Verbündeten sollten bei jedem neuen Projekt auf gleichberechtigter Inklusion bestehen.

PRIORITÄT 6: NEUE SCHUTZMASSNAHMEN FÜR HAUSFRAUEN UND MÜTTER. Diesen Gedanken nenne ich nur deshalb zuletzt, weil wahrscheinlich Studien nötig sind, um die bestmöglichen Maßnahmen in ein Gesetz zu fassen. Ich glaube nicht, dass höhere Alimente der beste oder einzige Weg in diese Richtung sind.

Unsere kollektive Konzentration auf berufstätige Frauen überschattet die persönlichen Risiken jener Frauen, die finanziell von ihren Ehemännern abhängig sind. Aufgrund der geringeren Löhne und schlechteren Aufstiegschancen geben viel mehr Frauen als Männer den Beruf zugunsten der Kindererziehung auf. Es ist heuchlerisch, ihnen keinen besonderen Schutz zukommen zu lassen.

Bei *all* diesen Maßnahmen muss – intersektional – sichergestellt werden, dass die Rechte von Minderheiten und armen Frauen berücksichtigt und deren Benachteiligung in angemessener Weise kompensiert werden.

Die Vereinigten Staaten spielen innerhalb der internationalen Gemeinschaft eine besondere Rolle und könnten die wirtschaftliche Situation von Frauen äußerst positiv beeinflussen, wenn ganz normale Amerikaner entsprechend Position bezögen.

IN DER WELT

INTERNATIONALE WIRTSCHAFTSPOLITIK. Frauen haben keinen Einfluss auf die Steuerung der Weltwirtschaft. Die G7, G20 und die APEC haben in den letzten fünf Jahren zwar kosmetische Veränderungen durchgeführt, doch diese scheinen hauptsächlich dazu angetan, Frauenrechtlerinnen und Frauenrechtler zu besänftigen, und erwecken nur den Anschein von Inklusion.

So veranstalten die verschiedenen Gipfel zur wirtschaftlichen Zusammenarbeit beispielsweise »Frauenwochen«, bei denen für Frauen relevante wirtschaftliche Themen vorgestellt werden. Delegationen aus den Hauptveranstaltungen nehmen daran jedoch nicht teil. Die zentralen Gipfeltreffen finden mindestens sechs Monate später statt, ohne dass Frauenvertreterinnen anwesend sind, und die einzige Verbindung zwischen beiden Veranstaltungen ist eine kurze, schriftliche Zusammenfassung der »Frauenwoche« für die Delegierten. Dieses Dokument wird normalerweise eilig und auf Konsensbasis während der Frauenwoche zusammengestellt, basiert jedoch nicht auf Daten und den Erfahrungen mit den existierenden Maßnahmen. Ich bezweifle, dass die Delegierten diesem Dokument viel Aufmerksamkeit widmen, und ich *weiß*, dass sich einige Länder hinter den Kulissen der Zusammenarbeit bei Frauenthemen insgesamt verweigern. Wir alle sollten unaufrichtiges Verhalten von Wirtschaftsvertretern öffentlich zur Sprache bringen.

Die geringe Expertise beim Thema Frauen und Wirtschaft tritt bei vielen dieser Veranstaltungen dennoch schmerzlich zutage. 2018 beispielsweise hielt ich auf der Frauenwoche der APEC einen Vortrag. Das

Programm dauerte vier Tage, doch nur drei Vorträge auf der gesamten Agenda befassten sich mit Wirtschaft. Der Rest handelte vom Recht auf Abtreibung, von Gewalt gegen Frauen (ohne ökonomische Perspektive) oder bestand aus informellen Beiträgen von »Menschen aus der Praxis« (entweder Spender aus der Wirtschaft oder örtliche Geschäftsleute). Am Ende stimmten wir schnell darüber ab, welche Themen der APEC präsentiert werden sollten. Und so läuft es auf all diesen Frauenwochen. Wäre tatsächlich ein Delegierter von APEC auf diesen Frauentreffen erschienen, wäre er (und es ist immer ein »Er«) ohne eigene Schuld wohl zu der Ansicht gelangt, die Probleme, die hier zur Sprache kamen, würden von Organisationen wie der WHO ohnehin längst adressiert. Die Wahrnehmung, Frauen seien überwiegend für die Fortpflanzung zuständig, wird bei diesen Meetings unfreiwillig gestützt, da sie sich einseitig auf diese Themen konzentrieren – zu Lasten der wirtschaftlichen Probleme.

Leider weigern sich die meisten Männer in der internationalen Wirtschaftspolitik, der XX-Ökonomie – dem weiblichen Kapital – die gebührende Aufmerksamkeit zu schenken. Vor zwei Jahren war ich bei einer internen Fortbildung der Weltbank, an der insgesamt 400 Fachleute aus der ganzen Welt teilnahmen. Das Panel über Frauen und Wirtschaft war eines von vieren in unserem Zeitfenster, doch nur 25 Menschen erschienen. 23 von ihnen waren Frauen – obwohl insgesamt nur wenige Frauen diese Fortbildung besuchten. Im selben Jahr sollten die W20 eine Präsentation beim Jahrestreffen des fast ausschließlich männlich besetzten Think Tank 20 halten. Die Männer hörten sich einige Präsentationen an, darunter eine lange über Umweltthemen. Doch sobald die W20 das Podium betraten, standen die Herren vom Think Tank 20 auf und verließen den Saal.

Bei anderen Veranstaltungen führt das fehlende Gesamtverständnis der XX-Ökonomie zur Zersplitterung oder Unterminierung unserer Bemühungen. Eine UN-Veranstaltung auf höchster Ebene über die wirtschaftliche Stärkung der Frauen bot die einmalige Gelegenheit, globales Verständnis und eine Initiative für Frauen in der Wirtschaft in die

Wege zu leiten. Leider kam es in dem Panel hauptsächlich zu Grabenkämpfen über andere Interessen und Ideologien. Die Vertreterinnen und Vertreter, die sich international für die XX-Ökonomie einsetzen, sollten nach ihrer Expertise, ihrem Einsatz für Frauen und ihrer Unabhängigkeit ausgewählt werden, damit sie sich auf Frauen als Ganzes konzentrieren und deren Interessen nicht anderen Prioritäten unterordnen.

Wir brauchen dringend eine unabhängige, internationale Organisation zum kompetenten Einsatz für die wirtschaftlichen Interessen von Frauen. Sie bräuchte ein Bürogebäude, eigene Mitarbeiterinnen und Mitarbeiter und sollte berechtigt sein, Delegierte zu allen Gipfeltreffen zu entsenden. Sie müsste die Forschung zum Themenbereich Frauen und Wirtschaft sammeln, beobachten und über Fortschritte berichten. Ungeachtet aller Probleme erscheinen die W20 heute als beste Ausgangsbasis für eine solche Institution. Die niederländische Königin Máxima hat sich bereit erklärt, das Fundraising und die Offizialisierung der W20 zu übernehmen. Gelänge diese Anstrengung, wäre sie eine Unterstützung für alle Frauen.

Auf Organisationen wie die WTO sollte mehr Druck ausgeübt werden, alle Fragen auch aus der Perspektive der Geschlechtergerechtigkeit zu betrachten. Kanada ist hier ein gutes Vorbild. Am besten unterstützen die Bürger aller Länder solche Bemühungen, indem sie ihre Nationalregierungen entsprechend unter Druck setzen. Diese bestimmen die Prioritäten ihrer Länder und beeinflussen damit, was bei internationalen Gipfeltreffen auf der Tagesordnung steht. Wir können nicht weiter so tun, als verhielten sich diese Organisationen geschlechterneutral. Sie arbeiten für uns - ziehen wir sie also zur Rechenschaft.

LEADERSHIP UND EXPERTISE. Führungspersönlichkeiten wie die EZB-Präsidentin Christine Lagarde oder der kanadische Ministerpräsident Justin Trudeau können Entscheidendes bewirken. Es ist von essenzieller Bedeutung, frauenfreundliche Führungskräfte in internationalen Organisationen zu stärken.

Doch auch die Unterstützung solcher Kräfte im privaten Sektor ist wichtig. Es erschreckt mich noch immer, wenn Menschen Bemühungen um mehr Frauen in Aufsichtsräten mit dem Kritikpunkt zurückweisen, auf diese Weise würden vor allem reiche Frauen bevorteilt. Die Führungskräfte von Konzernen beeinflussen ihre jeweiligen Beschäftigten und Zulieferbetriebe sowie das Leben an ihren Standorten. Der Einfluss reicht von Lohngleichheit und Aufstiegschancen über Arbeits- und Produktsicherheit bis zu Transparenz und Korruptionsbekämpfung. Wir sollten die Bedeutung von Frauen (und ihnen wohlgesinnten Männern) in politischen Führungspositionen nicht negieren und sollten das auch im Wirtschaftsbereich nicht tun. Das Thema ist zu wichtig.

In der Wirtschaft gibt es einen bedauerlichen Mangel an Kompetenz hinsichtlich des Themas Frauen. Das liegt zum Teil daran, dass die wirtschaftswissenschaftlichen Fakultäten mit Gleichberechtigung nicht viel am Hut haben. Wie ich gezeigt habe, gibt es jedoch in den Universitäten, Regierungen und Behörden dieser Welt feministische Ökonominnen und andere, die Wissen beisteuern können. Wir müssen diese Menschen identifizieren, unterstützen, zurate ziehen und zusammenbringen, damit Maßnahmen dokumentiert und formuliert und der Rest der politischen Entscheidungsträger überzeugt werden können. Junge Frauen sollten wir ermutigen, relevante Fächer zu studieren, damit sie in Zukunft wichtige Stellen besetzen können.

ÖFFENTLICHE UND PRIVATE FINANZIERUNG. Wir sollten die internationalen Hilfs- und Wohltätigkeitsorganisationen davon überzeugen, die wirtschaftliche Stärkung der Frauen zu unterstützen. Besonders die Bürger in den Geberländern sollten darauf bestehen, dass ein wachsender Anteil der internationalen Hilfsgelder direkt an Frauen fließt. Angesichts der Tatsache, dass ein wesentlicher Teil des Budgets oft von Militärausgaben und Korruption aufgefressen wird, sollte ein gewisser Wille bestehen, die Frauen zu unterstützen: Wir wissen, dass es wirkungsvoller ist und das Geld produktiv eingesetzt wird.

INDIVIDUELLER EINSATZ

Die Bewegung kann an vielen Stellen auch von individuellem Engagement profitieren. Einige Beispiele sind:

INVESTITIONEN. Individuelle und institutionelle Investorinnen und Investoren sollten dezidiert in frauenfreundliche Firmen, Unternehmerinnen und große Projekte zur Unterstützung von Frauen investieren.

Es sollten Investorinnenverbände gegründet werden, die die Betätigung von Frauen als Business Angels für Gründerinnen erleichtern. Einige davon sollten auch Investorinnen mit kleineren Budgets zugänglich sein.

Zudem kann jeder Gründerinnen oder Projekte zugunsten von Frauen durch Crowdfunding unterstützen. Je mehr Frauen und andere Investoren sich daran beteiligen, umso besser.

Der folgende Punkt ist schwieriger, aber umsetzbar: Wenn eine Firma durch gravierende Verstöße gegen die Geschlechtergerechtigkeit in die Nachrichten gerät, sollte man die Aktien dieses Unternehmens verkaufen, um Druck auszuüben. Umgekehrt unterstützt die Geldanlage bei Firmen mit guter Gleichstellungspolitik den Wandel in diese Richtung.

KONSUM. Gezielter Konsum, wie er bereits im Bereich des Fair Trade geschieht, ist ein vielversprechender Weg. Boykotte hingegen funktionieren meist nicht und schaden oft den Beschäftigten. Stattdessen überzeugen positive Entscheidungen für Produkte von frauenfreundlichen Firmen deren Wettbewerber, selbst Reformen anzugehen.

Ob ein Hersteller frauenfreundlich ist, lässt sich auf mehreren Wegen feststellen. Ein Werkzeug ist der Bloomberg Gender Equality Index. Darüber hinaus gibt es den Edge Certification Index, der sehr strenge Kriterien anlegt und die Firmen viel kostet. Hat eine Firma dieses Siegel, sollte man sie finanziell unterstützen. Ähnlich funktioniert das Zertifikat »Gender Equal«, das für gute Ergebnisse bei einer Reihe von Indikatoren der Gleichstellung verliehen wird. Mit der gleichnamigen App kann man auch gezielt nach Marken suchen, die man innerhalb einer bestimmten Kategorie miteinander vergleichen kann.

Manchmal testen Einzelhändler und Marketingkooperativen Labels, die zeigen, dass ein Produkt von einem Unternehmen in Frauenbesitz hergestellt oder von Landwirtinnen erzeugt wurde. Es ist gut, solche Initiativen zu unterstützen, weil es sich momentan noch überwiegend um Testläufe handelt. Deshalb tauchen diese Labels auf und verschwinden schnell wieder. Selbst ein kleiner Absatzanstieg überzeugt die Unternehmen häufig bereits, Frauen wirtschaftlich weiterhin auf diese Weise zu unterstützen.

ARBEITSUMFELD. Am Arbeitsplatz können Einzelpersonen entweder als Kolleginnen und Kollegen oder als Führungskräfte Einfluss nehmen. Der radikalste Schritt ist vielleicht, dass die Beschäftigten einander dort, wo es erlaubt ist, ihre Gehälter offenlegen. Am besten geschieht das anonym, doch informelle Gespräche wirken auch. Das größte Hindernis - neben Vorurteilen - für Frauen ist bei Gehaltsverhandlungen, dass die Gehälter der anderen ein Geheimnis bleiben.

Um aufstrebende Frauen zu fördern, ist kein umfangreiches Mentoring-Programm nötig. Ich warne vor Programmen, die ausschließlich mit Kritik operieren, weil sie meist eher schadet als hilft. Schon eine geringe Stärkung des Selbstbewusstseins kann jedoch Wunder wirken.

Wem es möglich ist, der oder die sollte Frauen Karriereentwicklungen ermöglichen. Beförderungen wären natürlich auch hilfreich.

Viele Experten und Managementberatungen empfehlen, dass Führungskräfte hinsichtlich ihres Engagements für Diversität evaluiert und durch ein Anreizsystem motiviert werden sollen. Dem stimme ich zu. Jahrelang glaubten Geschäftsleute, dass dafür ein CEO Buy-in ausreiche. Heute wissen wir, dass das Problem auf den unteren Führungsebenen beginnt und das Management dort eher an die eigenen Ziele denkt als an die der Firma.

Jede und jeder kann sich zudem abwertender Sprache über Frauen verweigern. Jede und jeder kann sich gegen sexuelle Belästigung stellen. Jede und jeder kann aufhören, Leute mit Vorurteilen weiter gewähren zu lassen.

BEWUSSTSEIN. Wir müssen uns organisieren und den Druck auf die Institutionen erhöhen, indem wir ein größeres Bewusstsein für das Ausmaß der Ausgrenzung von Frauen schaffen, für die dadurch entstehenden Schäden und für das, was Veränderungen hier bewirken werden. Das kann auf verschiedenen Wegen geschehen. Fast jede Leserin oder jeder Leser dieses Buchs hat vermutlich irgendeine Präsenz in den sozialen Medien. Ich glaube, dass es gut und zielführend ist, das eigene Engagement kundzutun sowie auf entsprechende Online-Veröffentlichungen von oder über die Bewegung hinzuweisen.

Der Journalismus und andere mediale Ausdrucksformen können darüber berichten. Sinnvoll wäre das vor allem in Mainstream-Medien, die große Teile der Bevölkerung erreichen. Viele interessante Menschen und Programme liefern Inhalte, Geschichten und Bilder. Kompetente Vertreterinnen und Vertreter der internationalen Bewegung stehen für Gespräche zur Verfügung, unter anderem bei der Weltbank, der International Finance Corporation, Chatham House, WEConnect, USAID, dem Department for International Development, UN Women und anderen Institutionen. Die Gender-Teams großer Organisationen sind normalerweise recht klein, sodass es hilfreich ist, ihnen eine gewisse Vorlaufzeit zu geben. Wir sollten uns alle die Zeit dazu nehmen. Wer immer etwas Diesbezügliches teilen, twittern oder schreiben kann, sollte das tun.

Öffentliches Bewusstsein und Unterstützung bringen nicht nur Regierungen dazu, sich für Geschlechtergerechtigkeit einzusetzen, sondern motivieren auch öffentliche und private Geldgeber, Frauen zu helfen. Je mehr die Öffentlichkeit unser Anliegen unterstützt, umso leichter wird unsere Arbeit.

SPRACHE. Es müsste eine Kampagne darüber geben, dass die Begriffe »implizite Vorurteile« und »unbewusste Vorurteile« nur dann verwendet werden sollten, wenn die Vorurteile tatsächlich unbewusst und nicht nur uneingestanden sind. Niemals sollte mit diesen Begriffen direkte Benachteiligung beschrieben werden. Menschen, die in Sprache und Verhalten Geschlechterideologien transportieren, sollten ebenso kritisch betrachtet werden wie Rassisten.

Zudem wäre es vorstellbar, eine Gruppe nach dem Muster von »Mothers Against Drunk Driving« zu gründen, um für das Ende der Abstrafung von Mutterschaft zu kämpfen. Es sollte öffentlich kundgetan werden, wie ethisch problematisch es ist, jemandem, der Kinder versorgen muss, faire Bezahlung vorzuenthalten – selbst, wenn diese Person eine Frau ist. Diese Haltung ist zu lange unbemerkt geblieben. Man sollte sich in Zukunft dafür schämen müssen. Irgendwann werden solche Einstellungen und die damit verbundene Diskriminierung hoffentlich verschwinden.

SPENDEN. Viele Wohltätigkeitsorganisationen haben sich auf die wirtschaftliche Stärkung von Frauen spezialisiert, erhalten aber nur einen sehr geringen Teil des Spendenaufkommens. Wir sollten alle, wann immer möglich, versuchen, an eine dieser Organisationen zu spenden oder sie anderweitig zu unterstützen. Auf globaler Ebene würde ich am ehesten für CARE die Hand ins Feuer legen, doch viele andere große Hilfsorganisationen haben Initiativen zur wirtschaftlichen Stärkung von Frauen. Detaillierte Informationen über die einzelnen Programme stehen online zur Verfügung. Ich schätze auch Women for Women International sehr, die sich auf Konfliktregionen konzentrieren. In solchen Ländern gibt es nicht viele entsprechende Programme – wahrscheinlich, weil die Leute schlicht Angst vor den damit einhergehenden Veränderungen haben. Lokale Wohltätigkeitsorganisationen, die Frauen unterstützen, sind oft besonders effektiv und verdienen deshalb unsere Hilfe.

Jenseits meiner Vorschläge bitte ich alle, kreativ über die eigenen Stärken nachzudenken und zu versuchen, sie einzusetzen. Wenn alle ihre Stimmen erheben und ihre Talente nutzen, wird die Aufgabe viel leichter.

Ich lade alle ein, sich an der Lösung eines der größten Probleme unserer Zeit und vielleicht unserer gesamten Geschichte zu beteiligen.

DANK

Dieses Buch und die Forschung, auf der es basiert, wurden durch viele Menschen und Organisationen unterstützt. Besonders danken möchte ich Catherine Dolan und Paul Montgomery, die meine ersten Kollaborationspartner für dieses Projekt waren. Sie arbeiteten auch Jahre später noch mit mir zusammen und zählen zu meinen engsten Freunden. Auch Amanda Berlan und Sue Dopson waren an der Frühphase beteiligt, genau wie Caitlin Ryus und Gillian Stevens. Maryalice Wu hat seit 2008 mit mir gemeinsam Daten gesammelt und ausgewertet. All diesen wundervollen Menschen bin ich dankbar.

Ich bin auch mit leidenschaftlichen und energiegeladenen Doktorandinnen gesegnet, die an diesem Projekt mitgearbeitet haben. Vor allem Laurel Steinfield und Mary Johnstone-Louis waren in der ersten Phase dabei. Anna Custers war für mein jüngstes Großprojekt über finanzielle Inklusion in Uganda unverzichtbar. Kelly Northridge, Astrid van den Bossche und Tania Jain haben wichtige Beiträge zu verschiedenen Projekten geleistet. Die damalige Cambridge-Studentin Lina Rothman unterstützte mich sowohl bei der Arbeit als auch moralisch. Marko Blazekovich war von Anfang an dabei.

Julia Flynn rettete mir das Leben, indem sie als Assistentin bei mir anfing, als das riesige Projekt Empowering Women Together begann. Wichtig waren auch viele Menschen an der Saïd Business School in Oxford, darunter Pegram Harrison, Simon Johnson, Nick Riley, Christopher Brook-Hollidge, Claire Fisher, Josie Powell, Anita Jassi, Nils Nordal, Andrew Morgan-Giles, Arta Gerguri und Emily Baro. Danken möchte ich Amanda Poole, Grant Phillips und Edward David, die an der

Gründung von Power Shift mitwirkten. Elizabeth Paris half nicht nur dabei, sondern lud mich auch zur Arbeit am Projekt »Goldman Sachs 10 000 Women« ein und brachte mir dabei viel über Frauen, Unternehmensgründung und Finanzwesen bei.

Mein Oxforder Kollege Green Templeton unterstützte mich großzügig – sowohl finanziell als auch moralisch. Besonders dankbar bin ich Ian Scott, Stephen Kennedy, Michael Earl und dem inzwischen leider verstorbenen Sir David Watson.

Während meiner Arbeit an dem Buch hielten Cindy Drakeman und Asia Elsner den Betrieb bei DoubleXEconomy, LLC, aufrecht, sodass wir alle weiterhin unsere Miete zahlen konnten. Daneben haben sie in den vergangenen Jahren einfach viel Spaß in mein Leben gebracht.

Einige Menschen in der Szene zur wirtschaftlichen Stärkung von Frauen sind, genau wie ich, schon lange dabei. Auch ihre Unterstützung war wichtig: Elizabeth Vazquez, Stéphane Dubois, Wade Channel, Christine Svarer, Henriette Kolb, Mayra Buvenic und Noa Gimelli sind nur einige von ihnen. Ich danke auch Melanne Verveer für ihre inspirierende Führung dieser Bewegung. Ich danke Donnetta Campbell für ihre Hilfe beim Aufbau der Präsenz der Bewegung in den sozialen Medien sowie für ihre ungebrochene Begeisterung und Beharrlichkeit.

Ich hatte das Glück, mit wichtigen Organisationen zusammenarbeiten zu dürfen, darunter CARE International, die Weltbank Plan International, UNICEF, das britische Department for International Development, Avon und Procter & Gamble. In dieser Hinsicht bedanke ich mich besonders bei den Mitgliedern der Global Business Coalition for Women's Economic Empowerment: James Jones, Jenny Grieser, Charlotte Oades, Sarah Thorne, Paul George, Bethan Grillo, Chris McGrath, Lisa MacDougall, Cristina Shapiro, Ashley Keenan, Angie Rozas, Angela Baker, Walt Macnee, Payal Dalal, Nancy Swartout, Jamila Belabidi und Hazel Culley. Sie vertreten Coca-Cola, ExxonMobil, Goldman Sachs, MasterCard, Mondelēz, Marks & Spencer, Procter & Gamble, PwC, Qualcomm und Walmart.

Ich werde stets allen dankbar sein, die diese Arbeit finanziell unterstützt haben, darunter dem John Fell Fund of the Oxford University Press, der ExxonMobil Foundation, der Bill and Melinda Gates Foundation, CARE UK, dem Economics and Social Research Council of the United Kingdom, der Saïd Foundation, der Saïd Business School, der Pears Foundation, der Skoll Foundation und dem Department for International Development sowie dem Green Templeton College.

Bei meinen Feldforschungen erhielt ich so viel Hilfe, dass es unmöglich ist, alle Beteiligten namentlich zu erwähnen. In Ghana danke ich Boatema Asiedu, Sylvia Hinson-Ekong und Thomas Okyere sowie Barbara Korsah, Mavis Appiah, George Appiah, Bright Brobby und vielen anderen, die bei der Forschungsarbeit halfen. In Uganda habe ich Sam Mugisha, Rose Manana, and Claire Wambazu viel zu verdanken, genau wie Carolyne Kagoya, Kisozi Zacchaeus, Agnes Akwi, Joyce Achan, Reeta Nabuzale, Tinah Nassali, Gloria Titi, Edison Nsubuga und Ester Nanjovu. In Bangladesch geht mein Dank an Saif Al Rashid und Asif Ahmed sowie unsere örtlichen Forschungsassistentinnen Jannatul Farjana Niladria, Leena Fhameda, Radia Mehnaz Anis und Antora Khan und an Melea Press, die aus Großbritannien zu dem Projekt stieß. Für das Avon-Projekt in Südafrika bedanke ich mich bei Andrea Jung für ihre Erlaubnis, die Untersuchung durchzuführen, sowie bei Mike Gudgin, Yvonne Khoele und Eunice Maseko, die dessen Umsetzung möglich machten. Meine Kollegen und Kolleginnen Brian Brady, Tim Dowding und Melea Press ermöglichten es mir, mit den Interviews zum Walmart-Projekt weit mehr abzudecken, als ich allein je geschafft hätte. MiKaela Wardlaw-Lemmon, Dana Towsey, Jenny Grieser, Gina Lopez, Joan Shifrin, Catherine Shimony und John Priddy machten die Walmart-Studie nicht nur aussagekräftig, sondern auch zu einer wahren Freude. Bei meiner gegenwärtigen Studie in Uganda ist es mir eine Ehre, mit Christian Pennotti, Grace Majara und Melch Natukunda zusammenzuarbeiten. Das Gleiche gilt für die Profis bei IPSOS and Innovations for Poverty Action.

Es war eine große Herausforderung, diese gesamte Erfahrung in einem Buch unterzubringen. Ich möchte meiner Agentin Erin Harris danken, die mir durch die schwierigsten Phasen half und mir wertvolle Ratschläge gab. Ich danke Laura Hassan von Faber & Faber, die die Idee zu diesem Buch hatte. Ich bin dankbar für die Hilfe von Ileene Smith von Farrar, Straus and Giroux, die dieses Projekt als das erkannte, was es ist: eine Chance zur Unterstützung einer neuen Welle der Frauenbewegung zu einem wichtigen Zeitpunkt in der Geschichte.

Jackson Howard, Rowan Cope, Rebecca Caine, M. P. Klier and Nick Humphrey leisteten wichtige Beiträge zur Herstellung dieses Buchs. Besonderer Dank geht auch an Emma Cheshire, Lizzie Bishop, Hannah Styles und Hattie Cooke, die dafür sorgten, dass Übersetzungen dieses Buchs unternommen wurden. All diesen Menschen danke ich, dass sie mir geholfen haben, mein Lebenswerk in eine konzentrierte Form zu gießen.

Ich möchte Jim Hecimovich danken, der mir von Beginn an zur Seite stand. Der letzte und wichtigste Dank geht an meine Töchter Eliza und Caitlin, die nicht immer genau wussten, an welchem Ort der Welt ich mich gerade befand, aber doch immer genau begriffen, warum ich dort war.

Linda Scott

ANMERKUNGEN

KAPITEL 1

1 Diane Coyle, »Economics Has a Problem with Women«, *Financial Times*, 28. Aug. 2017, https://www.ft.com/content/6b3cc8be-881e-11e7-afd2-74b8ecd34d3b; Mary Daly, »Economics Trails the Sciences in Attracting a Diverse Student Mix«, *Financial Times*, 13. Mai 2018, https://www.ft.com/content/d47e885a-539b-11e8-84f4-43d65af59d43; »Inefficient Equilibrium: Women and Economics«, *Economist*, 19. Dez. 2017, https://www.economist.com/christmas-specials/2017/12/19/women-and-economics; Elizabeth Winkler, »›Hotter‹, ›Lesbian‹, ›Feminazi‹: How Some Economists Discuss Their Female Colleagues«, *Washington Post*, 22. Aug. 2017, https://www.washingtonpost.com/news/wonk/wp/2017/08/22/hotter-lesbian-feminazi-how-some-economists-discuss-their-female-colleagues/; Justin Wolfers, »Evidence of a Toxic Environment for Women in Economics«, *New York Times*, 18. Aug. 2017, https://www.nytimes.com/2017/08/18/upshot/evidence-of-a-toxic-environment-for-women-in-economics.html; Justin Wolfers, »Why Women's Voices Are Scarce in Economics«, *New York Times*, 2. Feb. 2018, https://www.nytimes.com/2018/02/02/business/why-womens-voices-are-scarce-in-economics.html; Ann Mari May, »Women Are Missing from Economics. Here's Why That Matters for All of Us«, *Huffington Post*, 11. Jun. 2018. Vgl. auch Mark J. Perry, »Women's Voices Might Be Scarce in Economics, but They Are Abundant and Over-Represented in Most Academic Fields and Graduate School Overall«, *AEIdeas*, 4. Feb. 2018, http://www.aei.org/publication/womens-voices-might-be-scarce-in-economics-but-they-are-abundant-and-over-represented-in-most-academic-fields-and-graduate-school-overall. Perry führt das ungewöhnliche Argument an, Frauen interessierten sich natürlicherweise eher für andere Themen (wobei er eingesteht, dass sie bessere Leistungen bringen), worüber sich niemand beschwere. Sein Argument wäre überzeugender, wenn Frauen an den wirtschaftswissenschaftlichen Fakultäten nicht so stark gemobbt und belästigt würden. Alice Wu, *Gender Stereotyping in Academia: Evidence from Economics Job Market Rumors Forum* (Abschlussarbeit, University of California, Berkeley, Dezember 2017), https://growthecon.com/assets/Wu_EJMR_paper.pdf.

2 Wolfers, »Why Women's Voices Are Scarce in Economics«, American Physical Society, »Doctoral Degrees Earned by Women«, https://www.aps.org/programs/education/statistics/fraction-phd.cfm. Die Daten reichen bis ins Jahr 2017 und entstammen dem Integrated Postsecondary Education Data System und der American Physical Society.

3 John T. Harvey, »Do Women Avoid Economics … or Does Economics Avoid Women?«, *Forbes*, 11. Januar 2019, https://www.forbes.com/sites/johntharvey/2019/01/11/do-women-avoid-economics-or-does-economics-avoid-women/#642585aa2f32; Winkler, »›Hotter‹, ›Lesbian‹, ›Feminazi‹«.

4 »Market Power: Women in Economics«, *Economist*, 23. März 2019, S. 11–12; Daly, »Economics Trails the Sciences in Attracting a Diverse Student Mix«; Wolfers, »Why Women's Voices Are Scarce in Economics«; »Inefficient Equilibrium«; Winkler, »›Hotter‹, ›Lesbian‹, ›Feminazi‹«.

5 Wolfers, »Why Women's Voices Are Scarce in Economics«; »Inefficient Equilibrium«.

6 Coyle, »Economics Has a Problem with Women«.

7 Den ersten Versuch machte 1995 der *Human Development Report* des Entwicklungsprogramms der Vereinten Nationen. Danach kam lange nichts. 2006 veröffentlichte das Weltwirtschaftsforum den ersten *Global Gender Gap Report*. Nun begannen auch andere Institutionen, über die Zusammenhänge zwischen der Gleichberechtigung der Geschlechter und einer gesunden Wirtschaft zu sprechen. Zwischen 2006 und 2012 erschienen mehrere bedeutende Berichte. Danach steigerte sich die Frequenz jährlich. *Gender, Equality and Development*. Washington, D.C.: World Bank Group, 2012; Organisation for Economic Cooperation and Development, *Closing the Gender Gap: Act Now!* Paris 2011; UNICEF, *State of the World's Children: Women and Children – The Double Dividend of Gender Equality*. New York 2007. Heute erscheinen jährlich Berichte großer Institutionen.

8 Vgl. z. B. Ronald Inglehart u. Pippa Norris, *Rising Tide: Gender Equality and Cultural Change Around the World*. Cambridge, U. K. 2003.

9 Katrin Elborgh-Woytek, Monique Newiak, Kalpana Kochlar, Stefania Fabrizio, Kangni Kpodar, Philippe Wingender, Benedict Clements u. Gerd Schwartz, *Women, Work and the Economy: Macroeconomic Gains from Gender Equity*. Washington, D.C. 2013; DeAnne Aguirre, Leila Hoteit, Christine Rupp u. Karim Sabbagh, *Empowering the Third Billion: Women and the World of Work*. New York 2012; Sandra Lawson u. Douglas B. Gilman, *The Power of the Purse: Gender Equality and Middle-Class Spending*. New York 2009; Jonathan Woetzel, Anu Madgavkar, Kweilin Ellingrud, Eric Labaye, Sandrine Devillard, Eric Kutcher, James Manyika, Richard Dobbs u. Mekala Krishnan, *The Power of Parity*. New York 2015; »Pursuing Women's Economic Empowerment, Meeting of the G7 Ministers and Central Bank Governors, 1.–2. Jun. 2018, Whistler, Canada«, prepared by the staff of the International Monetary Fund, 31. Mai 2018, https://www.imf.org/en/Publications/

Policy-Papers/Issues/2018/05/31/pp053118pursuing-womens-economic-empowerment; UNICEF, State of the World's Children.

10 Woetzel u. a., *The Power of Parity*, S. 26. McKinsey zufolge betrug der weltweite Durchschnitt 2015 37 Prozent. Der Beitrag der Frauen zum BIP ist in größeren Wirtschaften allerdings höher und wächst beständig. Auf dieser Basis schätze ich ihn derzeit konservativ bei 40 Prozent. Vgl. Food and Agriculture Organization, »Women in Agriculture: Closing the Gender Gap for Development«, *The State of Food and Agriculture*. Rom: Food and Agriculture Organization of the United Nations, 2011.

11 Ewa Lechman u. Harleen Kaur, »Economic Growth and Female Labor Force Participation-Verifying the U-Feminization Hypothesis: New Evidence for 162 Countries over the Period 1990–2012", *Economics and Sociology* 8, Nr. 1 (2015), S. 246–257. Der Diskurs über arbeitende Frauen und Wachstum basiert wesentlich auf den Untersuchungen der Harvard-Professorin Claudia Goldin. Z. B.: Claudia Goldin, »The U-Shaped Female Labor Force in Economic Development and Economic History«, NBER Working Paper Series, Nr. 4707. Cambridge, MA: National Bureau of Economic Research, 1994.

12 UNICEF, *State of the World's Children.*

13 Quentin Wodon u. Benedicte De La Briere, *Unrealized Potential: The High Cost of Gender Inequality in Earnings*. Washington, D.C.: World Bank Group, Children's Investment Fund Foundation, Global Partnership for Education, Kanada, 2018.

14 Lawson u. Gilman, *The Power of the Purse.*

15 World Economic Forum, *Global Gender Gap Report*, 2006–2018.

16 Organisation for Economic Co-operation and Development, *Closing the Gender Gap.*

17 Zum Thema Landbesitz: Food and Agriculture Organization, »Gender and Land Rights Database«, http://www.fao.org/gender-landrights-database/en/. Zum Thema Vermögen: »Daily Chart: Women's Wealth Is Rising«, *Economist*, 8. März 2018, https://www.economist.com/graphic-detail/2018/03/08/womens-wealth-is-rising.

18 *Measuring Women's Financial Inclusion: The Value of Sex-Disaggregated Data*. Washington, D.C.: Global Banking Alliance for Women, Data 2X, InterAmerican Development Bank, 2015.

19 Susan Harris Rimmer, *Gender-Smart Procurement Policies for Driving Change*. London 2017; Romina Kazandjian, Lisa Kolovich, Kalpana Kochhar u. Monique Newiak, »Gender Equality and Economic Diversification«, International Monetary Fund Working Paper, WP/16/140, https://www.imf.org/external/pubs/ft/wp/2016/wp16140.pdf.

20 Gerda Lerner, *The Creation of Patriarchy*. Oxford 1986; Janet S. Hyde, Sara M. Lindberg, Marcia C. Linn, Amy B. Ellis u. Caroline C. Williams, »Gender Similarities Characterize Math Performance«, *Science* 321 (2008), S. 494–495; E. Zell, Z. Krizen

u. S. R. Teeter, »Evaluating Gender Similarities and Differences Using Metasynthesis«, *American Psychologist* 70 (2015), S. 10–20.

21 *WHO Multi-country Study on Women's Health and Domestic Violence Against Women: Summary Report—Initial Results on Prevalence, Health Outcomes and Women's Responses*. Genf: World Health Organization, 2005; Anke Hoeffler u. James Fearon, »Conflict and Violence Assessment Paper«, Copenhagen Consensus Center, 22. Aug. 2014; Bjørn Lomborg u. Michelle A. Williams, »The Cost of Domestic Violence Is Astonishing«, *Washington Post*, 22. Feb. 2017; Valerie Hudson, Bonnie Ballif-Spanvill, Mary Caprioli u. Chad Emmett, *Sex and World Peace*. New York 2014.

22 Max Roser, »War and Peace«, Our World in Data, https://ourworldindata.org/war-and-peace. Siehe auch Steven Pinker, *Gewalt: Eine neue Geschichte der Menschheit*, übers. von Sebastian Vogel. Frankfurt a. M. 2011.

23 Einen Überblick und eine Diskussion der Statistik liefert Conor Seyle, »Is the World Getting More Peaceful?« OEF Research, a program of One Earth Future, https://oefresearch.org/think-peace/world-getting-more-peaceful.

24 Dwight D. Eisenhower, Rede »The Chance for Peace«, gehalten am 16. April 1953 vor der American Society of Newspaper Editors, https://www.presidency.ucsb.edu/documents/address-the-chance-for-peace-delivered-before-the-american-society-newspaper-editors.

25 Kevin Bales, *Die neue Sklaverei*, übers. v. Inge Leipold. München 2001.

26 Marianne Egger de Campo, »Contemporary Greedy Institutions: An Essay on Lewis Coser's Concept in the Era of the ›Hive Mind‹«, *Czech Sociological Review* 49, Nr. 6 (2013), S. 969–986. Der Begriff »gierige Institutionen« stammt von Lewis Coser. Vgl. ders., *Greedy Institutions: Patterns of Undivided Commitment*. New York 1974. Siehe z. B. auch M. G. Marmot, G. Rose, M. Shipley u. P. J. Hamilton, »Employment Grade and Coronary Heart Disease in British Civil Servants«, *Journal of Epidemiology and Community Health* 32, Nr. 4 (1978), S. 244–249.

27 Kellie A. McElhaney u. Sanaz Mobasseri, *Women Create a Sustainable Future*. San Francisco: University of California, Center for Responsible Business, Haas Business School, 2012, https://www.eticanews.it/wp-content/uploads/2012/11/Report-Women_Create_Sustainable_Value.pdf.

KAPITEL 2

1 Zu Beginn unserer Studie wurde diese Frage sonst nur von Marni Sommer untersucht (Mailman School of Public Health, Columbia University, New York). Wir arbeiteten mit Sommer zusammen. Sie war mit der gleichen Skepsis konfrontiert, mit der man auch uns begegnete. Inzwischen hat sie eine internationale Arbeitsgruppe aus Wissenschaftlern und Experten gegründet, die sich mit dem Einfluss von Hygieneproblemen auf arme Schülerinnen beschäftigt.

2 Neil Andersson, Sergio Paredes-Solís, Deborah Milne, Khalid Omer, Nobantu Marokoane, Ditiro Laetsang u. Anne Cockcroft, »Prevalence and Risk Factors for Forced or Coerced Sex Among School-Going Youth: National Cross-Sectional Studies in 10 Southern African Countries in 2003 and 2007,« *BMJ Open* 2 (2012), e000754.

3 Quentin Wodon, Claudio Montenegro, Hoa Nguyen u. Adenike Onagoruwa, *Missed Opportunities: The High Cost of Not Educating Girls*. Washington, D.C.: World Bank Group, 2018, https://openknowledge.worldbank.org/handle/10986/29956; Quentin Wodon, C. Male, A. Nayihouba, A. Onagoruwa, A. Savadogo, A. Yedan, J. Edmeades u. a., *Economic Impacts of Child Marriage: Global Synthesis Report*. Washington, D.C.: World Bank and International Center for Research on Women, 2018, https://www.icrw.org/wp-content/uploads/2017/06/EICM-Global-Conference-Edition-June-27-FINAL.pdf.

4 Linda Scott, Paul Montgomery, Laurel Steinfield, Catherine Dolan u. Sue Dopson, »Sanitary Pad Acceptability and Sustainability Study,« Okt. 2013, https://www.doublexeconomy.com/wp-content/uploads/2010/09/7PageReport.pdf.

5 Julie Hennegan, Paul Montgomery, Catherine Dolan, MaryAlice Wu, Laurel Steinfield u. Linda Scott, »Menstruation and the Cycle of Poverty: A Cluster Quasi-randomised Control Trial of Sanitary Pad and Puberty Education Provision in Uganda,« *PLOS ONE* 11, Nr. 12 (2016), e0166122.

6 »Women Faculty Face Bias at UCLA«, *Los Angeles Times*, 8. Okt. 2015; Melissa Korn, »Gender Bias Alleged at UCLA's Anderson Business School«, *Wall Street Journal*, 4. Juni 2014; Jodi Kantor, »Harvard Business School Case Study: Gender Equity«, *New York Times*, 7. Sept. 2013; Katy Waldman, »Harvard Business School Apologizes for Sexism on Campus«, *Slate*, 29. Jan. 2014.

7 Linda Scott, »Let's Be Honest About Gender Discrimination in Business Schools«, *Bloomberg*, 28. Juli 2014. Vgl. David Moltz, »The B-School Glass Ceiling«, *Inside Higher Education*, 23. Feb. 2010.

8 Bhagwan Chowdhry, »Would a Push to Hire More Women Reduce Gender Pay-Gap? Not Until We Fix the Pipeline«, Huffington Post, 30. Nov. 2014; Larry Gordon, »Women Faculty Face Bias at UCLA«, *Los Angeles Times*, 4. Okt. 2015.

9 Fakultätsmitglieder der UCLA äußerten sich mir gegenüber im Jahr 2014 auf diese Weise. Eine Analyse der Management-Beratungsfirma Korn Ferry auf Basis empirischer Daten der Universität ergab jedoch auch fehlendes Engagement der Dekanin für die Geschlechterdiversität und identifizierte dies als Fortschrittshindernis. Korn Ferry, *Gender Equity Final Report*, Juli 2015, https://www.anderson.ucla.edu/documents/areas/adm/dean/Korn-Ferry-Gender-Study-FINAL.pdf. Der *Los Angeles Times* zufolge zeigte die Fakultätsleitung »keine Absicht und keine proaktiven Maßnahmen zur Steigerung der Diversität«. Gordon, »Women Faculty Face Bias at UCLA«.

10 Das fand ich heraus, indem ich die Website jeder Universität besuchte, die Seite

der finanzwissenschaftlichen Fakultät aufsuchte, auf den Lebenslauf eines jeden Fakultätsmitglieds klickte und nachvollzog, wann er oder sie jeweils seine oder ihre Ausbildung beendet hatte. Dann errechnete ich den prozentualen Anteil älterer und jüngerer Männer und verglich die Gesamtzahl der Mitglieder der jeweiligen Fakultät für Finanzwissenschaften mit der Gesamtzahl der an der Universität beschäftigten Professoren und Professorinnen.

11 Korn Ferry's *Gender Equity Final Report* weist auch darauf hin, dass die Ehefrauen der männlichen Mitglieder der Fakultät für Finanzwissenschaften an der UCLA Hausfrauen seien. Ich fragte auch meine Interviewpartner nach deren Ehefrauen. Die meisten gaben an, ihre Frauen seien zu Hause. Sreedhari D. Desai, Dolly Chugh u. Arthur P. Brief, »The Implications of Marriage Structure for Men's Workplace Attitudes, Beliefs, and Behaviors Toward Women«, *Administrative Science Quarterly* 59, Nr. 2 (2014), S. 330–365. Korn Ferry, *Gender Equity Final Report.*

12 Waldman, »Harvard Business School Apologizes for Sexism on Campus«.

13 Korn Ferry, *Gender Equity Final Report.*

14 Valerie Hudson, Bonnie Ballif-Spanville, Mary Caprioli u. Chad Emmett, *Sex and World Peace.* New York 2014, S. 85–86.

15 Joseph A. Vandello, Jennifer K. Bosson, Rochelle M. Burnaford, Jonathan R. Weaver u. S. Arzu Wasti, »Precarious Manhood and Displays of Physical Aggression«, *Personality and Social Psychology Bulletin* 35, Nr. 5 (Mai 2009), S. 623–634; Joseph A. Vandello u. Jennifer K. Bosson, »Precarious Manhood and Its Links to Action and Agression«, *Association for Psychological Science* 20, Nr. 2 (2011); Joseph A. Vandello u. Jennifer K. Bosson, »Hard Won and Easily Lost: A Review and Synthesis of Theory and Research on Precarious Manhood«, *Psychology of Men and Masculinity* 14, Nr. 2 (2013), S. 101–113; Michael A. Copenhaver, Steve J. Lasch u. Richard M. Eisler, »Masculine Gender-Role Stress, Anger, and Male Intimate Abusiveness: Implications for Men's Relationships«, *Sex Roles* 42, Nr. 5–6 (2000), S. 405–415. Natasha Kosakowska, »If My Masculinity Is Threatened I Won't Support Gender Equality? The Role of Agentic Self-Stereotyping in Restoration of Manhood and Perception of Gender Relations«, *Psychology of Men and Masculinity* 17, Nr. 3 (Juli 2016), S. 274–284.

KAPITEL 3

1 Für diesen Teil habe ich eine Vielzahl an Quellen verwendet. Manche beschäftigen sich speziell mit dem Recht auf Grundbesitz, andere mit dem Ehestandsrecht oder finanziellen Aktivitäten, darunter auch dem Besitz und der Vererbung von Land. Zu den Untersuchungen, die speziell die Eigentumsrechte von Frauen umfassen, gehören: L. Muthoni Wanyeki, *Women and Land in Africa.* Cape Town 2003; Janet Walsh, *Double Standards: Women's Property Rights Violations in Kenya.*

New York 2003; Amy Porter, *Their Lives, Their Wills*. Lubbock 2015; Rebecca Sharpless u. Melissa Walker, *Work, Family, and Faith*. Columbia, MO 2006; Carmen Diana Deere u. Magdalena Léon, *Empowering Women: Land and Property Rights in Latin America*. Pittsburgh 2001; Bipasha Baruah, *Women and Property in Urban India*. Vancouver 2010; Bina Agarwal, *A Field of One's Own*. Cambridge 1995; Cema Bolabola, *Land Rights of Pacific Women*. Fiji 1986; Gale Summerfield u. Irene Tinker, *Women's Rights to House and Land: China, Laos and Vietnam*. Boulder, CO 1999.

2 »Married to the Mortgage«, *Economist*, 13. Juli 2013, https://www.economist.com/china/2013/07/13/married-to-the-mortgage; »Watering the Gardens of Others: China's Women Are Being Shut Out of the Land and Housing Markets«, *Economist*, 12. Juni 2015, https://www.economist.com/asia/2015/06/12/watering-the-gardens-of-others.

3 Food and Agriculture Organization, »Gender and Land Rights Database«, http://www.fao.org/gender-landrights-database/data-map/statistics/en/.

4 Die Daten geben den Prozentsatz der Landbesitzer und Landbesitzerinnen an. Da Männer jedoch meist größere Flächen besitzen, ist ihr Anteil an landwirtschaftlicher Nutzfläche höher, als das reine Besitzverhältnis nahelegt.

5 In diesem Abschnitt beziehe ich mich auf meine eigenen Erfahrungen und Beobachtungen in Uganda, aber auch auf folgende Quellen: Constitute Project, »Uganda's Constitution of 1995 with Amendments Through 2005« (Constitute Project, 2017), https://www.constituteproject.org/constitution/Uganda_2005.pdf?lang=en; Rachel Loftspring, »Inheritance Rights in Uganda: How Equal Inheritance Rights in Uganda Would Reduce Poverty and Decrease the Spread of HIV/Aids in Uganda«, *University of Pennsylvania Journal of International Law* 29, Nr. 1 (2014); Valerie Bennett, Ginger Faulk, Anna Kovina u. Tatjana Eres, »Report: The Inheritance Law in Uganda; The Plight of Widows and Children«, *Georgetown Journal of Gender and Law* 7 (Dez. 2006), S. 451.

6 Human Rights Watch, *Just Die Quietly: Domestic Violence and Women's Vulnerability to HIV in Uganda*. New York 2003, S. 35.

7 Walsh, *Double Standards*, S. 13.

8 Ebd., S. 1.

9 Food and Agriculture Organization, »The State of Food and Agriculture: Women in Agriculture, Closing the Gender Gap for Development«. Rom: Food and Agriculture Organization, Economic and Social Development Department, 2010, S. 3; World Food Programme, »Women and Hunger: 10 Facts«.

10 Food and Agriculture Organization, »The State of Food and Agriculture«.

11 Mary Johnstone-Louis, *Case Study: International Women's Coffee Alliance*, Power Shift: The Oxford Forum for Women in the World Economy, 2013, https://www.doublexeconomy.com/wp-content/uploads/2019/09/Power-Shift-IWCA-Case.pdf. Food and Agriculture Organization, »The State of Food and Agriculture«, S. vi.

12 Linda Scott, *Private Sector Engagement with Women's Economic Empowerment:*

Lessons Learned from Years of Practice. Oxford: Saïd Business School Series, University of Oxford, Nov. 2017, https://www.doublexeconomy.com/wp-content/uploads/2018/10/RES-0054-GBCWEE-Report-171117-BOOKLET.pdf.
13 Ebd.
14 Food and Agriculture Organization, »The State of Food and Agriculture«.
15 »Women for Women International, *Ending Violence Against Women in Eastern Congo*«, Winter 2007, 20–22, zit. n. Valerie Hudson, Bonnie Ballif-Spanville, Mary Caprioli u. Chad Emmett, *Sex and World Peace*. New York 2014.
16 *WHO Multi-country Study on Women's Health and Domestic Violence Against Women: Summary Report—Initial Results on Prevalence, Health Outcomes and Women's Responses*. Genf 2005.
17 Schuldzuweisungen gegenüber den Opfern sind bei häuslicher Gewalt üblich. Umfragen, die Einstellungen gegenüber der Gewalt an Intimpartnern untersuchen, arbeiten oft mit standardisierten Fragen nach den Gründen, die das Schlagen einer Frau akzeptabel machen. »Das Abendessen anbrennen lassen« ist eine Standardantwort aus dieser Liste. 2016 gaben beispielsweise 68 Prozent der Umfrageteilnehmer/innen in Nepal an, eine Frau dürfte geschlagen werden, wenn sie die Kinder vernachlässige, mit ihrem Ehemann streite, sich dem Sex verweigere oder das Abendessen anbrennen lasse. Die gleichen Schuldzuweisungen gegenüber den Opfern gibt es auch in den Industrieländern. Vgl. Enrique Gracia, »Intimate Partner Violence Against Women and Victim-Blaming Attitudes Among Europeans«, *World Health Organization Bulletin* 92, Nr. 5 (1. Mai 2014), S. 380–381; Saraswati Sundas, »Bhutan Tackles Violence Against Women for ›Refusing Sex, Burning the Dinner‹«, Reuters World News, 22. März 2016, https://uk.reuters.com/article/us-bhutan-women-abuse/bhutan-tackles-violence-against-women-for-refusing-sex-burning-the-dinner-idUSKCN0WP04E.
18 Amber Peterman, Audrey Pereira, Jennifer Bleck, Tia M. Palermo u. Kathryn M. Yount, »Women's Individual Asset Ownership and Experience of Intimate Partner Violence: Evidence from 28 International Surveys«, *American Journal of Public Health* 107, Nr. 5 (Mai 2017), S. 747–755.
19 Erin Lentz, »In the Fight Against Hunger, Why Don't We Prioritize Women?«, The Hill, 21. Nov. 2016, https://lbj.utexas.edu/fight-against-hunger-why-dont-we-prioritize-women.
20 Malala Yousafzai, *Ich bin Malala: Das Mädchen, das die Taliban erschießen wollten, weil es für das Recht auf Bildung kämpft*, München 2014, S. 48.
21 Eine Beschreibung des geschlechterbezogenen Ernährungsindex (gender nutrition index) findet sich auf der Profilseite von Erin Lentz an der University of Texas (Austin), Lyndon B. Johnson School of Public Affairs, https://lbj.utexas.edu/lentz-erin.
22 World Food Programme, »Women and Hunger: 10 Facts«, https://www.wfp.org/our-work/preventing-hunger/focus-women/women-hunger-facts.

23 José Villar, Leila Cheikh Ismail, Cesar G. Victora, Eric O. Ohuma, Doug G. Altman, Aris T. Papageorghiou, Maria Carvalho u. a. (für das International Fetal and Newborn Growth Consortium for the 21st Century), »International Standards for Newborn Weight, Length, and Head Circumference by Ges-tational Age and Sex: The Newborn Cross-Sectional Study of the INTERGROWTH-21st Project«, *Lancet* 384 (2014), S. 857–868; Francesca Giuliani, Eric Ohuma, Elena Spada, Enrico Bertina, Ayesha S. Al Dhaheri, Douglas G. Altman, Agustin Conde-Agudelo, Stephen H. Kennedy, Jose Villar u. Leila Cheikh Ismail, »Systematic Review of the Methodological Quality of Studies Designed to Create Neonatal Anthropometric Charts«, *Acta Pediatrics* 104, Nr. 10 (2015), S. 987–996; José Villar, Aris T. Papageorghiou, Ruyon Pang, Ann Lambert, Eric O. Ohuma, Manorama Purwar, Leila Cheik Ismail u. a., »The Likeness of Fetal Growth and Newborn Size Across Non-Isolated Populations in the INTERGROWTH-21st Project: The Fetal Growth Longitudinal Study and Newborn Cross-Sectional Study«, *Lancet: Diabetes and Endocrinology* 2, Nr. 10 (2014), S. 781–792; Fernando C. Barros, Aris T. Papageorghiou, Cesar G. Vicora, Julia A. Noble, Ruyang Pang, J. Iams, Anna Lambert u. a. (für das International Fetal and Newborn Growth Consortium for the 21st Century), »The Distribution of Clinical Phenotypes of Preterm Birth Syndrome: Implications for Prevention«, *JAMA Pediatrics* 169, Nr. 3 (2015), S. 229; Cesar G. Victora, José Villar, Fernando C. Barros, Julia A. Noble, Manorama Purwar, Leila Cheikh Ismail, Cameron Aris T. Papageorghiou u. a. (für das International Fetal and Newborn Growth Consortium for the 21st Century), »Anthropometric Characterization of Impaired Fetal Growth: Risk Factors for and Prognosis of Newborns with Stunting or Wasting«, *JAMA Pediatrics* 169, Nr. 7 (2015), e151431; José Villar, Fabien A. Puglis, Tanis R. Fenton, Leila Cheikh Ismail, Eleonora Staines-Urias, Francesca Giuliani, Eric O. Ohuma u. a., »Body Composition at Birth and Its Relationship with Neonatal Anthropometric Ratios: The Newborn Body Composition Study of the INTERGROWTH-21st Project«, *Pediatric Research*, 31. Mai 2017.

24 Food and Agriculture Organization, »State of Food and Agriculture«, S. vii, 13.

25 Ester Boserup, *Woman's Role in Economic Development*. London 1970.

26 Bernice Yeung u. Grace Rubenstein, »Female Workers Face Harassment in U. S. Agriculture Industry«, *NPR*, 25. Juni 2013; Food and Agriculture Organization, »State of Food and Agriculture«, S. 8, 10.

27 Sara Kominers, »Working in Fear: Sexual Violence Against Women Farmworkers in the United States«, OXFAM, 2015, https://www.northeastern.edu/law/pdfs/academics/phrge/kominers-report.pdf.

28 Food and Agriculture Organization, »The State of Food and Agriculture«, S. 18.

29 Organisation for Economic Cooperation and Development, *SIGI 2019 Global Report: Transforming Challenges into Opportunities, Social Institutions and Gender Index*. Paris 2019, https://doi.org/10.1787/bc56d212-en. Um die Aussage über den Zusammenhang von Landarbeit und SIGI-Punktzahl zu stützen, habe ich länder-

spezifische Daten über die Beteiligung von Frauen an der Landarbeit mit den für diese Länder jeweils gültigen SIGI-Punkten in Verbindung gebracht.

30 S. El Feki, B. Heilman u. G. Barker, *Understanding Masculinities: Results from the International Men and Gender Equality Survey (IMAGES) – Middle East and North Africa.* Kairo u. Washington, D.C. 2017, https://promundoglobal.org/wp-content/uploads/2017/05/IMAGES-MENA-Multi-Country-Report-EN-16.

KAPITEL 4

1 Pew Research Center, »Breadwinner Moms«, 29. Mai 2013, http://www.pewsocialtrends.org/2013/05/29/breadwinner-moms/; Alexandra Petri, »Science Says Males Must Dominate, According to Erick Erickson«, *Washington Post*, 30. Mai 2013, https://www.washingtonpost.com/blogs/compost/wp/2013/05/30/science-says-males-must-dominate-according-to-erick-erickson.

2 Kay Prüfer, Kasper Munch, Ines Hellmann, Keiko Akagi, Jason R. Miller, Brian Walenz, Sergey Koren u. a., »The Bonobo Genome Compared with the Chimpanzees and Human Genomes«, *Nature* 486, Nr. 7404 (28. Juni 2012), S. 527–531.

3 Zusätzlich zu Prüfer u. a., »The Bonobo Genome Compared with the Chimpanzees and Human Genomes«, und den später zitierten Quellen über Kampfschimpansen umfasst die Literatur über Bonobos und Schimpansen die folgenden Titel: Jane Goodall, *Through a Window: My Thirty Years with the Chimps of Gombe.* New York 2010; Richard Wrangham, *Die Zähmung des Menschen. Warum Gewalt uns friedlicher gemacht hat. Eine neue Geschichte der Menschwerdung,* übers. v. Jürgen Neubauer. München 2019; Richard Wrangham u. Dale Peterson, *Demonic Males: Apes and the Origins of Human Violence.* New York 1997; Jared Diamond, *Der dritte Schimpanse. Evolution und Zukunft des Menschen.* Frankfurt a. M. 1994; Barbara Smuts, »Apes of Wrath«, *Discover Magazine*, Aug. 1995, http://discovermagazine.com/1995/aug/apesofwrath548; Malini Suchak, Jen Crick, Timothy M. Eppley, Matthew W. Campbell u. Frans B. M. de Waal, »The Roles of Food Quality and Sex in Chimpanzee Sharing Behaviour (*Pan troglodytes*)«, *Behavior* 150, Nr. 11 (2013), S. 1220–1224; Martin N. Muller, Sonya M. Kahlenberg, Melissa Emery Thompson u. Richard Wrangham, »Male Coercion and the Costs of Promiscuous Mating for Female Chimpanzees«, *Proceedings of the Royal Society, Biological Sciences* 274, Nr. 1612 (2007), S. 1009–1014; Kristina Cawthon Lang, »Chimpanzee Pan troglodytes«, *Primate Factsheets*, 13. April 2006, University of Wisconsin, http://pin.primate.wisc.edu/factsheets/entry/chimpanzee; J. D. Pruetz, P. Bertolani, K. Boyer Ontl, S. Lindshield, M. Shelley u. E. G. Wessling, »New Evidence on the Tool-Assisted Hunting Exhibited by Chimpanzees (*Pan troglodytes verus*) in a Savannah Habitat at Fongoli, Sénégal«, *Royal Society Open*, April 2015, https://doi.org/10.1098/rsos.140507; Henry Nicholls, »Do Bonobos Really Spend All Their Time

Having Sex?«, *BBC*, 17. März 2016, http://www.bbc.com/earth/story/20160317-do-bonobos-really-spend-all-their-time-having-sex; Brian Hare u. Suzy Kwetuenda, »Bonobos Voluntarily Share Their Own Food with Others«, *Current Biology* 20, Nr. 5 (2010); Emily E. Wroblewski, Carson M. Murray, Brandon F. Keele, Joann C. Schumacher-Stanley, Beatrice H. Hahn u. Anne E. Pusey, »Male Dominance Rank and Reproductive Success in Chimpanzees, Pan troglodytes schweinfurthii«, *Animal Behavior* 77, Nr. 4 (2009), S. 873–885; James K. Rilling, Jan Scholz, Todd M. Preuss, Matthew F. Glasser, Bhargav K. Errangi u. Timothy E. Behrens, »Differences Between Chimpanzees and Bonobos in Neural Systems Supporting Social Cognition«, *Social Cognitive and Affective Neuroscience* 7, Nr. 4 (2012), S. 369–379; Richard W. Wrangham, Michael L. Wilson u. Martin N. Muller, »Comparative Rates of Violence in Chimpanzees and Humans«, *Primates* 47, Nr. 1 (2006), S. 14–26; Ewen Callaway, »Loving Bonobos Have a Carnivorous Dark Side«, *New Scientist*, 13. Okt. 2008, https://www.newscientist.com/article/dn14926-loving-bonobos-have-a-carnivorous-dark-side/; John Horgan, »Chimp Violence Fails to Support Deep-Roots Theory of War«, *Scientific American*, 17. Sept. 2014; Joseph T. Feldblum, Emily E. Wroblewski, Rebecca C. Rudicall, Beatrice H. Hahn, Thais Paiva, Mine Cetinkaya-Rundel, Anne E. Pusey u. Ian C. Gilby, »Sexually Coercive Male Chimpanzees Sire More Offspring«, *Current Biology* 24 (1. Dez. 2014), S. 2855–2860; Stefano Kaburu u. Nicholas E. Newton-Fisher, »Egalitarian Despots: Hierarchy Steepness, Reciprocity and the Grooming-Trade Model in Wild Chimpanzees, Pan troglodytes«, *Animal Behavior* 99 (2015), S. 61–71.

4 Smuts, »Apes of Wrath«; Melissa Emory Thompson, »Sexual Conflict: Nice Guys Finish Last«, *Current Biology* 24, Nr. 23 (1. Dez. 2014), R1125–1127.

5 John C. Mitani, Thomas T. Struhsaker u. Jeremiah S. Lwanga, »Primate Community Dynamics in Old Growth Forest Over 23.5 Years at Ngogo, Kibale National Park, Uganda: Implications for Conservation and Census Methods«, *International Journal of Primatology* 21, Nr. 2 (April 2000), S. 269–286; David P. Watts u. John C. Mitani, »Infanticide and Cannibalism by Male Chimpanzees at Ngogo, Kibale National Park«, *Primates* 41, Nr. 4 (2000), S. 357–365; J. S. Lwanga, T. T. Struhsaker, P. J. Struhsaker, T. M. Butynski u. J. C. Mitani, »Primate Population Dynamics over 32.9 Years at Ngogo, Kibale National Park, Uganda«, *American Journal of Primatology* 73 (2011), S. 997–1011; David P. Watts u. John C. Mitani, »Hunting Behavior of Chimpanzees at Ngogo, Kibale National Park, Uganda«, *International Journal of Primatology* 23, Nr. 1 (Feb. 2002), S. 1–28; John C. Mitani, David P. Watts u. Sylvia J. Amsler, »Lethal Intergroup Aggression Leads to Territorial Expansion in Wild Chimpanzees«, *Current Biology* 20, Nr. 12 (22. Juni 2010), R507–508; Mike Cummings, »Yale-Led Study: Wild Chimpanzees Have Surprisingly Long Life Spans«, *Yale News*, 20. März 2017; Alok Jha, »Chimpanzees Expand Their Territory by Attacking and Killing Neighbors«, *Guardian*, 21. Juni 2010; Cheyenne McDonald, »Being a Gangster Pays Off: Members of Uganda's Notoriously Violent Ngogo

Chimp Gang Live Twice as Long as Their Neighbors«, *Daily Mail*, 21. März 2017; Nicholas Wade, »Chimps, Too, Wage War and Annex Rival Territory«, *New York Times*, 21. Juni 2010; »The Ngogo Chimpanzee Project«, http://ngogochimpanzee project.org; John C. Mitani, »Diet of Chimpanzees (Pan troglodytes schweinfurthii) at Ngogo, Kibale National Park, Uganda, 1. Diet Composition and Diversity«, *American Journal of Primatology* 74 (2012), S. 114–129; Jessica Hamzelou, »Male Chimpanzee Seen Snatching Seconds-Old Chimp and Eating It«, *New Scientist*, 13. Okt. 2017; »Female Chimpanzees Know Which Males Are Most Likely to Kill Their Babies«, *Science Daily*, 18. Okt. 2018, https://www.sciencedaily.com/releases/2018/10/181018095026.htm.

6 Ann Gibbons, *The First Human: The Race to Discover Our Earliest Ancestors*. New York 2006; Kate Wong, »40 Years Afer Lucy: The Fossil That Revolutionized the Search for Human Origins«, *Scientific American*, 24. Nov. 2014; Yuval Noah Harari, Sapiens: *A Brief History of Humankind*. New York 2018; Wrangham, *Die Zähmung des Menschen*. Zur Gehirnentwicklung vgl. auch: Rilling u. a., »Differences Between Chimpanzees and Bonobos in Neural Systems Supporting Social Cognition«; Michael Balter, »Brain Evolution Studies Go Micro«, *Science* 315, Nr. 5816 (2007), S. 1208–1211; Simon Neubauer, Jean-Jacques Hublin u. Philipp Gunz, »The Evolution of Modern Human Brain Shape«, *Science Advances* 24, Nr. 1 (Jan. 2018), eaao5961; Jean-Jacques Hublin, Simon Neubauer u. Philipp Gunz, »The Evolution of Modern Human Brain Shape«, *Science Advances* 4, Nr. 1 (2018); Javier DeFelipe, »The Evolution of the Brain, the Human Nature of Cortical Circuits, and Intellectual Creativity«, *Frontiers in Neuroanatomy* 5 (16. Mai 2011), S. 29.

7 Die Literatur zur sozialen Dominanz ist umfangreich. Hier finden sich die grundlegenden Definitionen sowie der Hinweis auf die genetische Komponente: Thomas Haarklau Kleppesto, Nikolai Olavi Czajkowski, Olav Vassend, Espen Roysamb, Nikolai Haahjem Eftedal, Jennifer Sheehy-Skeffington, Jonas R. Kunst und Lotte Thomsen, »Correlations Between Social Dominance Orientation and Political Attitudes Reflect Common Genetic Underpinnings«, PNAS 116, 38, 3. September 2019, S. 17741–46.

8 Wrangham behauptet in *Die Zähmung des Menschen*, Menschen seien im Vergleich zu anderen Primaten friedlich, weil es bei ihnen weniger tödliche Konflikte zwischen männlichen Gruppenmitgliedern gebe. Im Krieg sind solche Konflikte allerdings tödlicher als bei allen anderen Primaten. Keine der Berechnungen scheint Gewalt gegen Frauen zu umfassen.

9 Harari, *Sapiens*.

10 Michael Gurven u. Kim Hill, »Why Do Men Hunt? A Reevaluation of ›Man the Hunter‹ and the Sexual Division of Labor«, *Current Anthropology* 50, Nr. 1 (2009), S. 51–74.

11 John D. Speth, »Seasonality, Resource Stress, and Food Sharing in So-Called

›Egalitarian‹ Societies«, *Journal of Anthropological Archaeology* 9, Nr. 2 (1990), S. 148–188.

12 Basil S. Hetzel, »The Chance Nutrition of Aborigines in the Ecosystem of Central Australia«, in: The Nutrition of Aborigines in Relation to the Ecosystem of Central Australia: Papers Presented at a Symposium, CSIRO, 23–26. Okt. 1976, Canberra, hg. v. B. S. Hetzel u. H. J. Frith, Melbourne: Commonwealth Scientific and Industrial Research Organization, 1978, zit. nach Speth, »Seasonality, Resource Stress, and Food Sharing in So-Called ›Egalitarian‹ Societies«, S. 161.

13 Speth, »Seasonality, Resource Stress, and Food Sharing in So-Called ›Egalitarian‹ Societies«.

14 L. R. Lukacs u. L. M. Thompson, »Dental Caries Prevalence by Sex in Pre-History: Magnitude and Meaning«, in: *Technique and Application in Dental Anthropology*, hg. v. Joel D. Irish u. Greg C. Nelson.Cambridge, U. K. 2008.

15 Alison A. Macintosh, Ron Pinhasi u. Jay T. Stock, »Prehistoric Women's Manual Labor Exceeded That of Athletes Through the First 5500 Years of Farming in Central Europe«, *Science Advances* 3, Nr. 11 (29. Nov. 2017), eaao3893. Weitere Literatur über prähistorische Frauen u. a.: A. Joyce, *Ancient Bodies, Ancient Lives: Sex, Gender, and Archaeology*. New York 2008; J. M. Adovasio, Olga Soffer u. Jake Page, *The Invisible Sex: Uncovering the True Roles of Women in Prehistory*. Walnut Creek, CA 2007; Kelley Hays-Gilpin u. David S. Whitley, *Reader in Gender Archaeology*. New York 1998; Margaret Ehrenberg, *Women in Prehistory*. London 1989.

16 Wrangham, *Die Zähmung des Menschen*.

17 Ebd.

18 Lisbeth Skogstrand, »The Role of Violence in the Construction of Prehistoric Masculinities«, in: *Archaeologies of Gender and Violence*, hg. v. Uroš Matié u. Bo Jensen. Oxford 2017, S. 77–102.

19 Julie Farrum, »Gender and Structural Violence in Prehistoric Peru«, in: *Archaeologies of Gender and Violence*, hg. v. Uroš Matié u. Bo Jensen. Oxford 2017, S. 247–262.

20 Cynthia Eller, *The Myth of Matriarchal Prehistory*. Boston 2000.

21 Stephanie Coontz, *In schlechten wie in guten Tagen. Die Ehe – eine Liebesgeschichte*, übers. v. Wolfdietrich Müller. Bergisch Gladbach 2006.

22 Tim Worstall, »The Gender Pay Gap Is the Result of Being a Parent, Not Discrimination«, *Forbes*, 1. Okt. 2015, https://www.forbes.com/sites/timworstall/2015/10/01/the-gender-pay-gap-is-the-result-of-being-a-parent-not-discrimination/#2732829aac7f.

23 Sarah Hrdy, *Mutter Natur: Die weibliche Seite der Evolution*, übers. v. Andreas Paul, Ellen Vogel, Karin Hasselblatt, Matthias Reiss u. Monika Schmalz. Berlin 2000.

24 Ebd.

25 Steve Tobak, »The Gender Gap Is a Complete Myth«, *CBS News*, 11. April 2011, https://www.cbsnews.com/news/the-gender-pay-gap-is-a-complete-myth/.

26 Jonathan Gibbons, *Global Study on Homicide*. Vienna: United National Office of Drugs and Crime, 2013. Vgl. Federal Bureau of Prisons, Mai 2019, https://www.bop.gov/about/statistics/statistics_inmate_gender.jsp, sowie World Prison Brief, Feb. 2016, http://www.prisonstudies.org/news/more-1035-million-people-are-prison-around-world-new-report-shows; Kathryn E. McCollister, Michael T. French u. Hai Feng, »The Cost of Crime to Society: New Crime-Specific Estimates for Policy and Program Evaluation«, *Drug and Alcohol Dependency* 100, Nr. 1–2 (1. Apr. 2010), S. 98–109; Dorian Furtuna, »Male Aggression: Why Are Men More Violent?«, *Psychology Today*, 22. Sept. 2014, https://www.psychologytoday.com/us/blog/homo-aggressivus/201409/male-aggression.

27 James Owen, »Men and Women Really Do See Things Differently«, *National Geographic*, 6. Sept. 2012, https://www.nationalgeographic.com/news/2012/9/120907-men-women-see-differently-science-health-vision-sex/.

28 Das Jäger-Modell war mehr als sein kultureller Mythos. Es war auch eine primatologische und evolutionäre Denkschule, die in den 1950er- und 1960er-Jahren sehr populär wurde. Noch heute wird mit diesem Begriff auf diese Denkschule Bezug genommen, etwa in der Anthropologie, der Archäologie und der Primatologie – allerdings meint der Begriff heute eine einst legitime, heute widerlegte und als veraltet geltende Denkweise. Ein Schlüsselwerk war der im Zuge einer Konferenz von 1966 entstandene Sammelband, der die Anhänger dieser Denkschule erstmals zusammenbrachte: R. B. Lee u. I. DeVore (Hg.): *Man the Hunter*. Chicago 1968, S. 293–303. Robert Ardrey verfasste auch ein vierbändiges Werk zum Thema, angefangen mit *African Genesis* (1961). Einige seiner Arbeiten waren die Grundlage für Fernsehdokumentationen. Das vielleicht bekannteste populärwissenschaftliche Werk aus dieser Denkschule war Desmond Morris, *Der nackte Affe*, übers. v. Fritz Bolle. München 1968, das zuerst als Artikelserie im *Daily Mail* erschien und 1967 als Buch veröffentlicht wurde. 2011 bezeichnete das Magazin *Time Der nackte Affe* als eines der wichtigsten 100 Sachbücher aller Zeiten. http://entertainment.time.com/2011/08/30/all-time-100-best-nonfiction-books/slide/the-naked-ape-by-desmond-morris/.

29 Rebecca Solnit, »Shooting Down Man the Hunter«, *Harper's Magazine*, 1. Sept. 2015.

30 Robert W. Sussman, *Man the Hunted: Primates, Predators, and Human Evolution*. New York 2005; Robert W. Sussman, »The Myth of Man the Hunter, Man the Killer, and the Evolution of Human Morality«, *Zygon* 34, Nr. 3 (1999), S. 453–471.

31 Esther Boserup, *Woman's Role in Economic Development*. London 1970.

32 Alberto Alesina, Paola Giuliano u. Nathan Nunn, »On the Origins of Gender Roles: Women and the Plough«, *Quarterly Journal of Economics* 128, Nr. 2 (2013), S. 469–530; »The Plough and the Now«, *Economist*, 21. Juli 2011, https://www.economist.com/node/18986073. Vgl. Fernand Braudel, *On History*. Chicago 1982.

33 Judy Barrett Litoff u. David C. Smith, »To the Rescue of the Crops«, *National Archives' Prologue Magazine* 25, Nr. 4 (1993), https://www.archives.gov/publica

tions/prologue/1993/winter/landarmy.html; Melissa Walker u. Rebecca Sharpless, *Work, Family and Faith: Rural Southern Women in the Twentieth Century*. Columbia 2006; Sue Kazeman Balcolm, *Women Behind the Plow: Work Makes Life Sweet*. North Dakota 2017; Elaine Weiss, *Fruits of Victory: The Woman's Land Army of America in the Great War*. Lincoln, NE 2008; Susan Hagood Lee, *Rice Plus: Widows and Economic Survival in Rural Cambodia*. London 2012; H. Elaine Lindgren, *Land in Her Own Name: Women as Homesteaders in North Dakota*. Fargo: North Dakota Institute for Regional Studies 1991.

34 Theophilus Liefeld, *Faces and Phases of German Life*. New York 1910.

35 Vgl. z. B.: Peter Frankopan, *Licht aus dem Osten: Eine neue Geschichte der Welt*, übers. v. Michael Bayer u. Norbert Juraschitz. Berlin 2016.

36 Laurel Bossen u. Hill Gates, *Bound Feet, Young Hands: Tracking the Demise of Footbinding in Village China*. Stanford, CA 2017.

37 Ab den 1970er-Jahren suchten junge Feministinnen nach Beweisen früherer Matriarchate – hauptsächlich um zu beweisen, dass das Patriarchat weder notwendig noch natürlich oder unabänderlich war. Diese Hoffnung wurde nun durch ausführliche Untersuchungen zunichtegemacht. Vgl. Eller, *The Myth of Matriarchal Prehistory*. Das heißt allerdings trotzdem nicht, dass das Patriarchat notwendig, natürlich oder unabänderlich ist.

38 Robert M. Sapolsky u. Lisa J. Share, »A Pacific Culture Among Wild Baboons: Its Emergence and Transmission«, *PLOS Biology* 2, Nr. 4 (13. Apr. 2004), e106. Vgl. Robert M. Sapolsky, *Mein Leben als Pavian*, übers. v. Ulrich Enderwitz. München 2001; Mark Schwartz, »Robert Sapolsky Discusses Physiological Effects of Stress«, *Stanford Report*, 7. März 2007, https://news.stanford.edu/news/2007/march7/sapolskysr-030707.html; sowie »Of Monkeys and Men: Robert Sapolsky Talks About His Years Spent with a Troop of Baboons«, *Atlantic*, Apr. 2001, https://www.theatlantic.com/magazine/archive/2001/04/of-monkeys-and-men/303047/.

39 Robert M. Sapolsky, »The Endocrine Stress-Response and Social Status in the Wild Baboon«, *Hormones and Behavior* 16, Nr. 3 (1982), S. 279–292. Zum gleichen Ergebnis kamen die berühmten Whitehall-Studien in Großbritannien, nur dass die Teilnehmer menschliche Angestellte des Öffentlichen Diensts waren. M. G. Marmot, G. Rose, M. Shipley u. P. J. Hamilton, »Employment Grade and Coronary Heart Disease in British Civil Servants«, *Journal of Epidemiology and Community Health* 32, Nr. 4 (1978), S. 244–249; M. G. Marmot, G. Davey Smith, S. Stansfield, u. a., »Health Inequalities Among British Civil Servants: The Whitehall II Study«, *Lancet* 337, Nr. 8754 (1991), S. 1387–1393.

40 Robert M. Sapolsky u. Lisa J. Share, »A Pacific Culture Among Wild Baboons: Its Emergence and Transmission«, *PLOS Biology*, 13. Apr. 2004, https://journals.plos.org/plosbiology/article?id=10.1371/journal.pbio.0020106.

KAPITEL 5

1 Gayle Rubin, »The Traffic in Women«, in: *Toward an Anthropology of Women*, hg. v. Rayna R. Reiter. New York 1975, S. 157–210.

2 Robert W. Sussman, *Man the Hunted: Primates, Predators, and Human Evolution*. New York 2005; George Murdock, The Ethnographic Atlas, http://eclectic.ss.uci.edu/~drwhite/worldcul/atlas.htm; Leta Hong Fincher, *Leftover Women: The Resurgence of Gender Inequality in China*. London 2014.

3 Vgl. Marcel Mauss, *Die Gabe: Form und Funktion in archaischen Gesellschaften*, übers. v. Eva Moldenhauer. Frankfurt a. M. 1990, S. 14.

4 Richard Wrangham, *Die Zähmung des Menschen. Warum Gewalt uns friedlicher gemacht hat. Eine neue Geschichte der Menschwerdung*. München 2019, mit Bezug auf A. P. Elkin, *The Australian Aborigines*. Sydney 1938.

5 Gordon F. McEwan, *The Incas: New Perspectives*. New York 2006; María Emma Mannarelli, *Private Passions and Public Sins: Men and Women in Seventeenth-Century Lima*, übers. v. Sidney Evans u. Meredith D. Dodge. Albuquerque 2007.

6 Jenny Jochens, *Women in Old Norse Society*. Ithaca, NY 1995; A. S. Altekar, *The Position of Women in Hindu Civilization*. Delhi 1956.

7 Ich danke Gerda Lerner, die als Erste herausgearbeitet hat, wie wichtig die Kulturen Mesopotamiens und die ersten verschriftlichten Gesetze für die Geschichte des Patriarchats sind. Gerda Lerner, *Die Entstehung des Patriarchats*, übers. v. Walmot Müller-Falkenberg. München 1995.

8 5. Mose 22,28–29.

9 Lerner, *Die Entstehung des Patriarchats*.

10 Susan Pomeroy, *Goddesses, Whores, Wives, and Slaves: Women in Classical Antiquity*. New York 1975; Lloyd Llewellyn Jones, *Aphrodite's Tortoise: The Veiled Women of Ancient Greece*. Wales, UK 2003; Coontz, *In schlechten wie in guten Tagen*; Marilyn Yalom, *A History of the Wife*. New York 2001; Kecia Ali, *Marriage and Slavery in Early Islam*. Cambridge, MA 2010; Altekar, *The Position of Women in Hindu Civilization*; Mannarelli, *Private Passions and Public Sins*.

11 Judith K. Brown, »A Note on the Division of Labor by Sex«, *American Anthropologist* 72 (1970), S. 1073–1078. Manchen mag erstaunen, dass der »Konvent« in meiner Liste auftaucht, gilt er doch als Rückzugsort für Nonnen. Im gesamten Mittelalter und bis ins frühe 19. Jahrhundert wurden unverheiratete Frauen (Witwen, verlassene Frauen oder Töchter armer Familien, die sich keine Hochzeit leisten konnten) fortgeschickt, um ihr Leben im Konvent zu verbringen.

12 Shereen El Feki, Gary Barker u. Brian Heilman, *Understanding Masculinities: Results from the International Men and Gender Equality Survey (IMAGES) – Middle East and North Africa*. Kairo u. Washington, DC: UN Women and Promundo-US 2017, https://promundoglobal.org/wp-content/uploads/2017/05/IMAGES-MENA-Multi-Country-Report-EN-16May2017-web.pdf.

13 Malcolm Potts u. Thomas Hayden, *Sex and War: How Biology Explains Warfare and Terrorism and Offers a Path to a Safer World*. Dallas 2008.

14 Stephanie Pappas, »APA Issues First-Ever Guidelines for Practice with Men and Boys«, *American Psychological Association* 50, Nr. 1 (2019), https://www.apa.org/monitor/2019/01/ce-corner. Vgl. auch »Harmful Masculinity and Violence«, In the Public Interest, *American Psychological Association*, Sept. 2018, https://www.apa.org/pi/about/newsletter/2018/09/harmful-masculinity.

15 International Labour Organization and Walk Free Foundation, Global Estimates of Modern Slavery. Genf: International Labour Office, 2017.

16 Fairerweise muss man sagen, dass die Entführung in vielen dieser Ehen vom Paar inszeniert ist, damit der Bräutigam die Kosten umgehen und die Braut ihren Ehemann selbst wählen kann. Sind entsprechende Zahlen verfügbar, müssen also die Entführungsfälle mit Einverständnis von den unfreiwilligen Entführungen unterschieden werden. In Kirgisistan sind ein Drittel aller »Hochzeiten durch Vergewaltigung« vom Paar abgesprochen. Das sind etwa 20 Prozent aller Hochzeiten. Die im Text genannte Zahl beziffert die Fälle ohne Zustimmung der Braut.

17 Roderick Phillips, *Untying the Knot: A Short History of Divorce*. Cambridge, UK 1991; Coontz, *In schlechten wie in guten Tagen*.

18 Phillips, *Untying the Knot*; Sandra Cavallo u. Lyndan Warner (Hg.), *Widowhood in Medieval and Early Modern Europe*. Harlow, UK 1999.

19 Phillips, *Untying the Knot*, S. 98.

20 Ebd.

21 David Herlihy, »Land, Family, and Women in Continental Europe, 701–1200«, In: *Women in Medieval Society*, hg. v. Susan Mosher Stuard. Philadelphia 1976, S. 13–43.

22 Martha C. Howell, *Women, Production, and Patriarchy in Late Medieval Cities*, Chicago 1986; Heather Swanson, *Medieval Artisans: An Urban Class in Late Medieval England*. Oxford 1989; Lindsey Charles u. Lorna Duffin (Hg.), *Women and Work in Preindustrial England*. London 1985.

23 Susan Mosher Stuard, »Women in Charter and Statute Law: Medieval Ragusa/Dubrovnik«, in: *Women in Medieval Society*, hg. v. Susan Mosher Stuard, Philadelphia 1976, S. 199–208; Shulamith Shahar, *The Fourth Estate: A History of Women in the Middle Ages*. New York 1983; Coontz, *In schlechten wie in guten Tagen*; Jack Goody, *Die Entwicklung von Ehe und Familie in Europa*. Berlin 1986.

24 Stuard, »Women in Charter and Statute Law«, S. 204.

25 Phillips, *Untying the Knot*; Coontz, *In schlechten wie in guten Tagen*.

26 Nina Nichols Pugh, »The Evolving Role of Women in the Louisiana Law: Recent Legislative and Judicial Changes«, *Louisiana Law Review* 42, Nr. 5 (Sonderausgabe 1982), https://digitalcommons.law.lsu.edu/lalrev/vol42/iss5/8.

27 Valerie Hudson, Bonnie Ballif-Spanvill, Mary Caprioli u. Chad Emmett, *Sex and World Peace*. New York 2014.

28 Coontz, *In schlechten wie in guten Tagen*.

KAPITEL 6

1 Amartya Sen, *Ökonomie für den Menschen*. München 2000.

2 Claudia Goldin, »The U-Shaped Female Labor Force in Economic Development and Economic History«, *NBER Working Paper Series*, Nr. 4707. Cambridge, MA: National Bureau of Economic Research, 1994, https://www.nber.org/papers/w4707; Ewa Lechman u. Harleen Kaur, »Economic Growth and Female Labor Force Participation-Verifying the U-Feminization Hypothesis; New Evidence for Two Countries over the Period 1990–2012«, *Economics and Sociology* 8, Nr. 1 (2015), S. 246–257; Paolo Verme, »Economic Development and Female Labor Participation in the Middle East and North Africa: A Test of the U-Shape Hypothesis«, *IZA Journal of Labor and Development* 4, Nr. 1 (2015), http://documents.worldbank.org/curated/en/184611468278682448/Economic-development-and-female-labor-participation-in-the-Middle-East-and-North-Africa-a-test-of-the-u-shape-hypothesis; Constance Sorrentino, »International Comparisons of Labor Force Participation, 1960–1981«, *Monthly Labor Review* 106, NR. 2 (1983), S. 23–36.

3 Kate Bahn u. Annie McGrew, »A Day in the U. S. Economy Without Women«, Center for American Progress, 7. März 2017, https://www.americanprogress.org/issues/economy/news/2017/03/07/427556/a-day-in-the-u-s-economy-without-women/; Jason Gold, »Women Are the Key to Economic Growth: Leaving Our Greatest Economic Asset on the Sideline Should Not Be an Option«, *U. S. News and World Report*, 18. Dez. 2017, https://www.usnews.com/opinion/economic-intelligence/articles/2017-12-18/women-are-the-key-to-unlocking-americas-economic-growth.

4 Die Geschichtsschreibung konzentrierte sich hauptsächlich auf die adligen Puritanerinnen der Abolitionismusbewegung. Doch zu dieser Zeit gab es auch berufstätige Frauen, die mindestens genauso prominent waren. Einige von ihnen, darunter Jane Croly und Ellen Demorest, gründeten Sorosis, die Vorläuferorganisation der General Federation of Women's Clubs. Jennifer Scanlon, *Inarticulate Longings*. New York 1995; Linda Scott, *Fresh Lipstick: Redressing Fashion and Feminism*. New York 2004.

5 Eleanor Flexner, *Century of Struggle: The Woman's Rights Movement in the United States*. Cambridge, MA 1959; Karen J. Blair, *The Clubwoman as Feminist: True Womanhood Redefined*, 1868–1914. New York 1980; Glenna Matthews, *The Rise of Public Woman: Woman's Power and Woman's Place in the United States*, 1630–1970. Oxford 1992.

6 Marilyn Power, Ellen Mutari u. Deborah M. Figart, »Beyond Markets: Wage Setting and the Methodology of Feminist Political Economy«, in: *Toward a Feminist Philosophy of Economics*, hg. v. Drucilla K. Barker u. Edith Kuiper. New York 2003, S. 70–86.

7 Janet Saltzman Chafetz u. Anthony Gary Dworkin, *Female Revolt: Women's Movements in Global Perspective*. Totowa, NJ 1986, S. 42.

8 Das Programm Work and Opportunities for Women (WOW) 2018 wurde von U. K. Aid finanziert. Von den Ergebnissen erfuhr ich durch einen Vortrag vor der Global Business Coalition for Women's Economic Empowerment im November 2018. Zum Zeitpunkt der Drucklegung dieses Buchs war das Projekt noch nicht beendet; ich darf die Ergebnisse mit Erlaubnis der Studienleitung jedoch wiedergeben.

9 Rebecca Traister, *All the Single Ladies: Unmarried Women and the Rise of an Independent Nation*. New York 2016; Marian Botsford Fraser, *Solitaire: The Intimate Loves of Single Women*. Canada 2001; Betsy Israel, *Bachelor Girl: The Secret History of Single Women in the Twentieth Century*. New York 2002; Scott, *Fresh Lipstick*; Kathy Peiss, *Cheap Amusements: Working Women and Leisure in Turn-of-the-Century New York*. Philadelphia 1986.

10 Jacob Mincer, »Labor Force Participation of Married Women: A Study of Labor Supply«, in: *Aspects of Labor Economics*, hg. v. National Bureau Committee for Economic Research, Princeton, NJ 1962, S. 63–105; Nancy Folbre, *Greed, Lust, and Gender: A History of Economic Ideas*. Oxford 2009.

11 Betty Friedan, *Der Weiblichkeitswahn oder Die Selbstbefreiung der Frau: Ein Emanzipationskonzept*, übers. v. Margot Carroux. Reinbek b. Hamburg 2016.

12 Ryan Nunn u. Megan Mumford, »The Incomplete Progress of Women in the Labor Market«, The Hamilton Project. Washington, DC: Brookings Institution, 2017; Jonathan Woetzel, Anu Madgavkar, Kweilin Ellingrud, Eric Labaye, Sandrine Devillard, Eric Kutcher, James Manyika, Richard Dobbs u. Mekala Krishnan, *The Power of Parity*. New York: McKinsey Global Markets Institute, Sept. 2015.

13 »President Ronald Reagan's message to Phyllis Schlafly and Eagle Forum members«, https://www.youtube.com/watch?v=rON6dgi1W3A.

14 Chafetz u. Dworkin, *Female Revolt*.

15 Ein Drittel des Rückgangs liegt daran, dass die Frauen nicht die Unterstützung ihrer Familien haben.

16 Francine Blau u. Lawrence M. Kahn, »Female Labor Supply: Why Is the U. S. Falling Behind?«, in: *Discussion Paper Series*. Bonn: Institute for Study of Labor [IZA], 2013.

KAPITEL 7

1 Damian Carrington, »Want to Fight Climate Change? Have Fewer Children«, *The Guardian*, 12. Juli 2017.

2 Phillip Longman zählt die Folgen dieses »point of no return« auf und liefert eine gute, verständliche Erklärung dafür, warum die sinkende Fortpflanzungsrate aus

wirtschaftlicher Sicht so unheilvoll ist. Phillip Longman, *The Empty Cradle: How Falling Birthrates Threaten World Prosperity and What to Do About It*. New York 2004.

3 Die Zahlen zur Fruchtbarkeit sind von 2017 und stammen aus dem CIA's World Factbook, https://www.cia.gov/library/publications/the-world-factbook/rankorder/2127rank.html. Vgl. United Nations, World Population Ageing, 2015, https://www.un.org/en/development/desa/population/publications/pdf/ageing/WPA2015_Report.pdf.

4 Ich habe dieses Argument zwar jahrelang in Vorlesungen vorgetragen, freue mich jedoch über die Unterstützung dieses Kapitels durch die exzellente Analyse von Population Action International: Elizabeth Leahy, Robert Engelman, Carolyn Gibb Vogel, Sarah Haddock u. Todd Preston, *The Shape of Things to Come: Why Age Structure Matters to a Safer, More Equitable World*. Washington, DC 2007.

5 Peter McDonald, »Societal Foundations for Explaining Low Fertility: Gender Equity«, *Demographic Research* 28, Nr. 34 (2013), S. 991–994; Peter McDonald, »Gender Equity in Theories of Fertility Transition«, *Population and Development Review* 26, Nr. 3 (2000), S. 427–439; Melinda Mills, Katia Begall, Letizia Mencarini u. Maria Letizia Tanturri, »Gender Equity and Fertility Intentions in Italy and the Netherlands«, *Demographic Research* 18 (2008), https://www.demographic-research.org/volumes/vol18/1/default.htm.

6 Paul Collier, *Die unterste Milliarde*. München 2008.

7 Weltwirtschaftsforum, *The Global Gender Gap Report*. Genf 2018.

8 Leahy, *The Shape of Things to Come*.

9 Hinsichtlich der Bemessungskriterien der fragilen Staaten beziehe ich mich auf den Fund for Peace Fragile State Index, https://fundforpeace.org/2019/04/10/fragile-states-index-2019/.

10 Valerie Hudson, Bonnie Ballif-Spanvill, Mary Caprioli u. Chad Emmett, *Sex and World Peace*. New York 2014.

11 Elizabeth Mendes, Lydia Saad u. Kyley McGeeney, »Stay-at-Home Moms Report More Depression, Sadness, Anger«, *Gallup News*, 18. Mai 2012, https://news.gallup.com/poll/154685/stay-home-moms-report-depression-sadness-anger.aspx.

12 Diese Zahlen basieren auf der privaten Haushaltszusammensetzung nach Euromonitor: https://ec.europa.eu/eurostat/statistics-explained/index.php?title=File:Private_households_by_household_composition,_2007-2017_(number_of_households_in_1_000_and_%25_of_household_types)_new.png.

13 Weltwirtschaftsforum, *The Corporate Gender Gap Report*. Genf 2010.

14 Wendell Steavenson, »Ceausescu's Children«, *The Guardian*, 10. Dez. 2014, https://www.theguardian.com/news/2014/dec/10/-sp-ceausescus-children. Vgl. Amy MacKinnon, »What Actually Happens When a Country Bans Abortion«, *Foreign Policy*, 16. Mai 2019, https://foreignpolicy.com/2019/05/16/what-actually-happens-

when-a-country-bans-abortion-romania-alabama/; Dirk J. van de Kaa, »Temporarily New: On Low Fertility and the Prospect of Pronatal Policies«, *Vienna Yearbook of Population Research* 4 (2006), S. 193–211.

15 Manche Arbeitgeber gestatten Elternzeit – anders als in anderen Ländern sind sie dazu aber nicht verpflichtet. In anderen Worten: Mutterschaft ist in den USA kein Recht.

16 https://www.bls.gov/news.release/famee.nr0.htm.

17 »Employment in Families with Children in 2016«, TED: The Economics Daily, U. S. Bureau of Labor Statistics, 27. Apr. 2017, https://www.bls.gov/opub/ted/2017/employment-in-families-with-children-in-2016.htm.

18 Sarah Jane Glynn, »Breadwinning Mothers Are Increasingly the U. S. Norm«, *American Progress*, 19. Dez. 2016, https://www.americanprogress.org/issues/women/reports/2016/12/19/295203/breadwinning-mothers-are-increasingly-the-u-s-norm/.

19 »How Big Is the Wage Penalty for Mothers?«, *Economist*, 28. Jan. 2019, https://www.economist.com/graphic-detail/2019/01/28/how-big-is-the-wage-penalty-for-mothers; Henrik Kleven, Camille Landais, Johanna Posch, Andreas Steinhauer u. Josef Zweimüller, »Child Penalties Across Countries: Evidence and Explanations«, *NBER Working Paper* Nr. 25524, Feb. 2019, https://www.nber.org/papers/w25524.

20 »Analysis: Women Hold Two-Thirds of Country's $ 1.4-Trillion Student Debt«, *American Association of University Women*, 21. Mai 2018, https://www.aauw.org/article/women-hold-two-thirds-of-college-student-debt/; »Graduating to a Pay Gap«, Bericht der American Association of University Women, https://www.aauw.org/research/graduating-to-a-pay-gap/.

21 Rachel G. Lucas-Thompson, Wendy A. Goldberg u. JoAnn Prause, »Maternal Work Early in the Lives of Children«, *Psychological Bulletin* 126, Nr. 6 (2010), S. 915–942, https://www.apa.org/pubs/journals/releases/bul-136-6-915.pdf.

22 Frances Goldscheider, Eva Bernhardt u. Trude Lappegård, »The Gender Revolution: A Framework for Understanding Changing Family and Demographic Behavior«, *Population and Development Review* 41, Nr. 2 (Juni 2015), S. 207–239; Christin Munsch, Matthew Rogers u. Jessica Yorks, »Relative Income, Psychological Well-Being, and Health: Is Breadwinning Hazardous or Protective?«, 111th Annual Meeting of the American Sociological Association, 2016, https://www.asanet.org/press-center/press-releases/being-primary-breadwinner-bad-mens-psychological-well-being-and-health; Michael M. Copenhaver u. Richard M. Eisler, »Masculine Gender Role Stress: A Perspective on Men's Health«, *Handbook of Diversity Issues in Health Psychology*, hg. v. Pamela M. Kato u. Traci Mann, New York 1996, S. 219–235; Joanna Syrda, »Spousal Relative Income and Male Psychological Distress«, *Personality and Social Psychology Bulletin* (Okt. 2019), https://doi.org/10.1177/0146167219883611.

23 Kathleen L. McGinn, Mayra Ruiz Castro u. Elizabeth Long Lingo, »Learning from Mum: Cross-National Evidence Linking Maternal Employment and Adult Children's Outcomes«, *Work, Employment, and Society* 33, Nr. 3 (30. Apr. 2018), S. 374–400.

24 Weltwirtschaftsforum, *The Corporate Gender Gap Report*. Genf 2010.

25 John Davis, »Spain's New Sex Czar«, *A Voice for Men*, 13. Aug. 2018, https://www.avoiceformen.com/feminism/spains-new-sex-czar/.

26 Matthew MacWilliams, »The One Weird Trait That Predicts Whether You're a Trump Supporter«, *Politico*, 20. Jan. 2016, https://www.politico.com/magazine/story/2016/01/donald-trump-2016-authoritarian-213533.

27 Steve Hendrix, »He Always Hated Women. Then He Decided to Kill Them«, *Washington Post*, 7. Juni 2019, https://www.washingtonpost.com/graphics/2019/local/yoga-shooting-incel-attack-fueled-by-male-supremacy/; Emmet Rensin, »The Internet Is Full of Men Who Hate Feminism. Here's What They Are Like in Person«, *Vox*, 18. Aug. 2015, https://www.vox.com/2015/2/5/7942623/mens-rights-movement; »Male Supremacy«, Southern Poverty Law Center, https://www.splcenter.org/fighting-hate/extremist-files/ideology/male-supremacy.

28 Aaron Karp, Estimating Global Civilian-Held Firearms Numbers, Small Arms Survey. Genf: Graduate Institute on International and Development Studies, Juni 2018, http://www.smallarmssurvey.org/fileadmin/docs/T-Briefing-Papers/SAS-BP-Civilian-Firearms-Numbers.pdf; National Institute of Mental Health, »Suicide«, https://www.nimh.nih.gov/health/statistics/suicide.shtml; Christopher Ingraham, »There Are Now More Guns Than People in the United States«, *Washington Post*, 5. Okt. 2015, https://www.washingtonpost.com/news/wonk/wp/2015/10/05/guns-in-the-united-states-one-for-every-man woman-and-child-and-then-some/; Kim Parker, Juliana Menasce Horowitz, Ruth Igielnik, J. Baxter Oliphant u. Anna Brown, »The Demographics of Gun Ownership«, *Pew Research Center*, 22. Juni 2017, https://www.pewsocialtrends.org/2017/06/22/the-demographics-of-gun-ownership/; American Foundation for the Prevention of Suicide, »Suicide Statistics«, https://afsp.org/about-suicide/suicide-statistics/; Bindu Kalesan, Marcos D. Villarreal, Katherine M. Keyes u. Sandro Galea, »Gun Ownership and Social Gun Culture«, *Injury Prevention* (2015), S. 1–5, https://injuryprevention.bmj.com/content/injuryprev/early/2015/06/09/injuryprev-2015-041586.full.pdf?keytype=ref&ijkey=doj6vx0laFZMsQ2; Lindsay Lee, Max Roser u. Esteban Ortiz-Ospina, »Suicide«, *Our World in Data*, Juli 2016, https://ourworldindata.org/suicide; Sally C. Curtin, Margaret Warner u. Holly Hedegaard, »Increase in Suicide Rates in the United States, 1999–2014«, *NCHS Data Brief* Nr. 241, National Center for Health Statistics, April 2016, https://www.cdc.gov/nchs/products/databriefs/db241.htm; Helene Schumacher, »Why More Men Than Women Die by Suicide«, *BBC Future*, 18. März 2019, http://www.bbc.com/future/story/20190313-why-more-men-kill-themselves-than-women.

29 »Asia's Lonely Hearts«, *Economist*, 20. Aug. 2011, https://www.economist.com/leaders/2011/08/20/asias-lonely-hearts.

30 Josh Levs, *All In: How Our Work-First Culture Fails Dads, Families, and Businesses – and How We Can Fix It Together*. New York 2015.

31 Grover J. »Russ« Whitehurst, »Why the Federal Government Should Subsidize Childcare and How to Pay for It«, 9. März 2017, https://www.brookings.edu/research/why-the-federal-government-should-subsidize-childcare-and-how-to-pay-for-it/.

32 Jon Greenberg, »If Women Worked as Much as Men, Would US GDP Jump 5 Percent?«, *Politifact*, 12. Dez. 2018, https://www.politifact.com/truth-o-meter/statements/2018/dec/12/christine-lagarde/if-women-worked-much-men-would-gdp-jump-5/.

KAPITEL 8

1 Steve Connor, »The Hardwired Difference Between Male and Female Brains Could Explain Why Men Are ›Better at Map Reading‹«, *The Independent*, Dez. 2013.

2 Cliodhna O'Connor, »›Brain Study Confirms Gender Stereotypes‹: How Science Communication Can Fuel Modern Sexism«, *Impact Blog*, London School of Economics, 4. Feb. 2015, http://blogs.lse.ac.uk/impactofsocialsciences/2015/02/04/science-communication-gender-stereotypes-sexism/; Cliodhna O'Connor u. Helene Joffe, »Gender on the Brain: A Case Study of Science Communication in the New Media Environment«, *PLOS ONE* 9, Nr. 10 (2014).

3 Hannah Devlin, »Science Museum Under Fire over Exhibit Asking If Brains Are Pink or Blue«, *Guardian*, 14. Sept. 2016, https://www.theguardian.com/world/2016/sep/14/science-museum-under-fire-exhibit-brains-pink-blue-gender-stereotypes; Mahatir Pasha, »Museum Under Fire for Quiz on Male, Female Brains«, *CNN*, 14. Sept. 2016, https://www.cnn.com/2016/09/14/health/science-museum-brain-quiz-controversy-trnd/index.html.

4 Sarah Ashley O'Brien u. Seth Fiegerman, »Fired Engineer: Google Tried to Shame Me«, *CNN Business*, 17. Aug. 2017; Connie Loizo, »James Damore Just Filed a Class Action Lawsuit Against Google, Saying It Discriminates Against White Male Conservatives«, *TechCrunch*, https://techcrunch.com/2018/01/08/james-damore-just-filed-a-class-action-lawsuit-against-google-saying-it-discriminates-against-white-male-conservatives/.

5 Michael J. Coren, »James Damore Has Proven the Alt-Right Playbook Can Work in Silicon Valley«, *Quartz*, 19. Aug. 2017; Sara Ashley O'Brien u. Laurie Segall, »Former Google Engineer: ›I Do Not Support the Alt-Right‹«, *CNN Business*, https://money.cnn.com/2017/08/15/technology/culture/james-damore-interview/index.html.

6 Lutz Jänke, »Sex/Gender Differences in Cognition, Neurophysiology, and Neuro-

anatomy«, *PMC*, 20. Juni, 2018, https://www.ncbi.nlm.nih.gov/pmc/articles/PMC6013760/; Cordelia Fine, *Delusions of Gender: How Our Minds, Society, and Neurosexism Create Difference*. New York 2010; Rebecca Jordan-Young u. Raffaella I. Rumiati, »Hardwired for Sexism? Approaches to Sex/Gender in Neuroscience«, *Neuroethics* 5 (2012), S. 305–315; Daphna Joel, Zohar Berman, Ido Tavor, Nadav Wexler, Olga Gaber, Yaniv Stein, Nisan Shefi u. a., »Sex Beyond the Genitalia: The Human Brain Mosaic«, *PNAS* 112, Nr. 50 (2015), S. 15468–15473. Vgl. Angela Saini, *Inferior: How Science Got Women Wrong and the New Research That's Rewriting the Story*. Boston 2017.

7 Lise Eliot, »Single-Sex Education and the Brain«, *Sex Roles* 69 (2013), S. 363–381; Jonathan M. Kane u. Janet E. Mertz, »Debunking Myths About Gender and Mathematics Performance«, *Notices of the American Medical Society* 59, Nr. 1 (2012), S. 10–21.

8 Julie Bort, »Over Half of Google Employees Polled Say the Web Giant Shouldn't Have Fired the Engineer Behind the Controversial Memo«, *Business Insider*, 9. Aug. 2017, https://www.businessinsider.com/many-google-employees-dont-think-james-damore-should-have-been-fired-2017-8.

9 Jenessa R. Shapiro, Amy M. Williams u. Mariam Hambarchyan, »Are All Interventions Created Equal? A Multi-Threat Approach to Tailoring Stereotype Threat Interventions«, *Journal of Personality and Social Psychology* 104, Nr. 2 (2014).

10 Cordelia Fine, »Explaining, or Sustaining, the Status Quo? The Potentially Self-Fulfilling Effects of ›Hard-Wired‹ Accounts of Sex Differences«, *Neuroethics* 5 (2012), S. 285–294; Claude M. Steele, »A Threat in the Air: How Stereotypes Shape Intellectual Identity and Performance«, *American Psychologist* 52, Nr. 6 (1997), S. 613–629; Thomas A. Morton, Alex Haslam u. Matthew J. Hornsey, »Theorizing Gender in the Face of Social Change: Is There Anything Essential About Essentialism?«, *Journal of Personality and Social Psychology* 96, Nr. 3 (2009), S. 653–664; Vincent Yzerbyt, Steve Rocher u. Georges Schadron, »Stereotypes as Explanations: A Subjective Essentialist View of Group Perception«, in: *The Social Psychology of Stereotyping and Group Life*, hg. v. Russell Spears, Penelope J. Oakes, Naomi Ellemers u. S. Alexander Haslam. Cambridge, UK 1997, S. 20–50; Johannes Keller, »In Genes We Trust: The Biological Component of Psychological Essentialism and Its Relationship to Mechanisms of Motivated Social Cognition«, *Journal of Personality and Social Psychology* 88 (2005), S. 686–702; Jessica Cundiff u. Theresa Vescio, »Gender Stereotypes Influence How People Explain Gender Disparities in the Workplace«, Sex Roles 75, Nr. 3–4 (2016), S. 126–138.

11 O'Connor, »Gender on the Brain«.

12 Ebd.

13 Ebd.

14 Ebd.

15 Fine, *Delusions of Gender*; Margaret M. McCarthy u. Arthur P. Arnold, »Reframing

Sexual Differentiation of the Brain«, *Nature Neuroscience* 14, Nr. 6 (2011), S. 677–687. Vgl. Jordan-Young u. Rumiati, »Hardwired for Sexism?«.

16 Robin McKie, »Why It's Time for Brain Science to Ditch the ›Venus and Mars‹ Cliche«, *Guardian*, 7. Dez. 2013.

17 Camilla Persson Benbow u. Julian C. Stanley, »Sex Differences in Mathematical Ability: Fact or Artifact?«, *Science* 210 (Dez. 1980), S. 1262–1264; Camilla Persson Benbow u. Julian C. Stanley, »Sex Differences in Mathematical Reasoning Ability: More Facts«, *Science* 222 (1983), S. 1029–1031.

18 Janet S. Hyde, Elizabeth Fennema u. Susan J. Lamon, »Gender Differences in Mathematics Performance: A Meta-Analysis«, *Psychological Bulletin* 107, Nr. 2 (1990), S. 139–155; Jacqueline S. Eccles, »Understanding Women's Educational and Occupational Choices: Applying the Eccles et al Model of Achievement-Related Choices«, *Psychology of Women Quarterly* 8, Nr. 4 (1994), S. 585–610; Judith L. Meece, Jacquelynne E. Parsons, Caroline M. Kaczala u. Susan B. Goff, »Sex Differences in Math Achievement: Toward a Model of Academic Choice«, *Psychological Bulletin* 91, Nr. 2 (1982), S. 324–348; National Science Foundation, »Science and Engineering Indicators« (2006), https://wayback.archive-it.org/5902/20160210153725/http://www.nsf.gov/statistics/seind06/. Einen Überblick geben Janet S. Hyde u. Janet E. Mertz, »Gender, Culture, and Mathematics Performance«, *PNAS* 106, Nr. 22 (2009), S. 8801–8807. Einen kritischen Überblick liefert Elizabeth S. Spelke, »Sex Differences in Intrinsic Aptitude for Mathematics and Science? A Critical Review«, *American Psychologist* 60, Nr. 9 (2005), S. 950–958.

19 Janet S. Hyde, »The Gender Similarities Hypothesis«, *American Psychologist* 60 (2005), S. 581–592; Janet S. Hyde, Sara M. Lindberg, Marcia C. Linn, Amy B. Ellis u. Caroline C. Williams, »Gender Similarities Characterize Math Performance«, *Science* 321 (2008), S. 494–495; sowie Janet S. Hyde, »Sex and Cognition: Gender and Cognitive Functions«, *Current Opinion in Neurobiology* 38 (Juni 2016), S. 53–56.

20 Luigi Guiso, Ferdinando Monte, Paola Sapienza u. Luigi Zingales, »Culture, Gender, and Math«, *Science* 320 (2008), S. 1164–1165.

21 Jing Feng, »Playing an Action Video Game Reduces Gender Differences in Spatial Cognition«, *Psychological Science* 18 (2007), S. 850–855; Jennifer A. Lachance u. Michele M. M. Mazzocco, »A Longitudinal Analysis of Sex Differences in Math and Spatial Skills in Primary School-Age Children«, *NIH Public Access Manuscript* 116, Nr. 3 (2006), S. 195–216. Vgl. D. H. Uttal, N. G. Meadow, E. Tipton, L. L. Hand, A. R. Alden, C. Warren u. N. S. Newcombe, »The Malleability of Spatial Skills: A Meta-Analysis of Training Studies«, *Psychological Bulletin* 139 (2013), S. 352–402.

22 Merim Bilalić, Kerim Smallbone, Peter McLeod u. Fernand Gobet, »Why Are (the Best) Women So Good at Chess?«, *Proceedings of the Royal Society* 23, doi:10.1098/rspb.2008.1576; Neil Charness u. Yigal Gerchak, »Participation Rates and Maximal Performance: A Log-Linear Explanation for Group Differences, Such as Russian and Male Dominance in Chess«, *Psychological Science* 7, Nr. 1 (1996), S. 46–51.

23 Hyde, »Gender Similarities Hypothesis«.

24 Sebastian Seung, *Connectome: How the Bran's Wiring Makes Us Who We Are*. New York 2013; Catherine Vidal, »The Sexed Brain: Between Science and Ideology«, *Neuroethics* 5 (2012), S. 295–303.

25 Amber Dance, »A Massive Global Effort Maps How the Brain Is Wired«, *Nature*, 2. Okt. 2015, https://www.scientificamerican.com/article/a-massive-global-effort-maps-how-the-brain-is-wired/.

26 Sue V. Rosser u. Mark Zachary Taylor, »Why Are We Still Worried About Women in Science?«, AAUP, Mai–Juni 2009, https://www.aaup.org/article/why-are-we-still-worried-about-women-science.

27 Für alle Leserinnen und Leser mit geisteswissenschaftlichem Hintergrund möchte ich nur sagen, dass ich der Einschätzung nicht zustimme, diese Bereiche seien einfach oder nicht praxisbezogen. Ich selbst habe Englisch als Hauptfach studiert.

28 Z. B.: Jonathan Zimmerman, »Why Are Schools Discriminating Against Women?«, *Christian Science Monitor*, 8. Apr. 2014.

29 Christina Hoff Sommers, *The War Against Boys: How Misguided Feminism Is Harming Our Young Men*. New York 2001.

30 Vivienne Ming, »The Hidden Tax on Being Different«, *HR*, 23. Nov. 2016.

31 Der *Global Gender Gap Report* des Weltwirtschaftsforums zeigt seit seinem Erscheinen, dass Männer häufiger angestellt sind, mehr Geld verdienen und mit überwältigender Mehrheit die Führungspositionen innehaben, und zwar in jedem Land der Welt und im privaten wie öffentlichen Sektor.

32 Claudia Goldin, »The Quiet Revolution That Transformed Women's Employment, Education, and Family«, *AEA Papers and Proceedings* 96, Nr. 2 (2006).

33 American Physical Society, »Doctoral Degrees Earned by Women,« https://www.aps.org/programs/education/statistics/fraction-p.cfm. Die Daten reichen bis 2017 und entstammen dem Integrated Postsecondary Education Data System und der American Physical Society.

34 Fine, *Delusions of Gender*, S. 76.

35 »The Elephant in the Valley«, https://www.elephantinthevalley.com.

36 Cary Funk, »Women and Men in STEM Often at Odds Over Workplace Equity«, Pew Research Center, 9. Jan. 2018, https://www.pewsocialtrends.org/2018/01/09/women-and-men-in-stem-often-at-odds-over-workplace-equity/.

37 Derek Thompson, »Health Care Just Became the US's Largest Employer,« *Atlantic*, 9. Jan. 2018.

KAPITEL 9

1 Amelia Gentleman, »›I'm Beyond Anger‹: Why the Great Pay Gap Reveal Is an Explosive Moment for Gender Equality«, *Guardian*, 28. Feb. 2018, https://www.theguardian.com/news/2018/feb/28/gender-pay-gap-reveal-explosive-moment-equality.

2 Ebd.

3 Hannah Murphy, »UK Pay Data Force Companies to Mind Their Gender Gap«, *Financial Times*, 26. Sept. 2017, https://www.ft.com/content/dd21e03e-634a-11e7-8814-0ac7eb84e5f1.

4 BBC Reality Check Team, »Equal Pay: What Is the Extent of the Problem?«, BBC News, 8. Jan. 2018, https://www.bbc.com/news/uk-42611725.

5 Die Doktrin zur positiven Diskriminierung entstammt dem ersten Teil. Dort heißt es im zweiten Absatz, Maßnahmen seien »auf Frauen und ihre Behandlung im Vergleich zu Männern bezogen, doch sie gelten gleichermaßen umgekehrt für Männer und ihre Behandlung im Vergleich zu Frauen.« Equal Pay Act 1970, Kap. 41, http://www.legislation.gov.uk/ukpga/1970/41/enacted/data.xht?view=snippet&wrap=true.

6 Noreen Burrows u. Muriel Robison, »Positive Action for Women in Employment: Time to Align with Europe?«, *Journal of Law and Society* 33, Nr. 1 (März 2006), S. 24–41; Julie C. Suk, »Gender Quotas After the End of Men«, *Boston Law Review* 93 (2013), S. 1123–1140; Ivana Krstić, »Affirmative Action in the United States and the European Union: Comparison and Analysis«, *Facta Universitatis, Law and Politics Series* 1, Nr. 7 (2003), S. 825–843.

7 Claire Suddath, »New Numbers Show the Gender Pay Gap Is Real«, *Bloomberg Businessweek*, 29. März 2018.

8 Linda Babcock u. Sara Laschever, *Women Don't Ask*. New York 2007.

9 Eine Zusammenfassung der erwähnten Studien findet sich unter Linda Scott, »Why Women Can't Negotiate for Equal Pay«, Double X Economy, https://www.doublexeconomy.com/2015/04/14/why-women-cant-negotiate-for-equal-pay/.

10 May Bulman, »Women in the UK Losing Out on £ 140 Billion Due to Gender Pay Gap, Figures Show«, *Independent*, 27. Jan. 2018; Gentleman, »›I'm Beyond Anger‹«.

11 Alexander J. S. Colvin, »The Growing Use of Mandatory Arbitration«, Economic Policy Institute, 6. Apr. 2018.

12 Justice White, »Separate Opinion«, Legal Information Institute, 438 U. S. 265, Regents of the University of California v. Bakke (Nr. 7811), vom 12. Okt. 1977, Urteil gesprochen am 28. Juni 1978, https://www.law.cornell.edu/supremecourt/text/438/265#writing-USSC_CR_0438_0265_ZX1.

13 European Commission, »International Perspectives on Positive Action Measures«, 2009, EU Publications, http://bim.lbg.ac.at/files/sites/bim/International%20Perspectives%20on%20Positive%20Action%20Measures.pdf.

14 Petra Foubert, *The Gender Pay Gap in Europe from a Legal Perspective*. Brüssel 2010. Vgl. Sanchari Roy, *Discriminatory Laws Against Women: A Survey of the Literature*, Policy Research Working Paper 8719. Washington, DC: World Bank Group, 2019, https://www.ssrn.com/abstract=3324761.

15 Europäische Kommission, »International Perspectives on Positive Action Measures«.

KAPITEL 10

1 »How Is Our Economy Impacted by the Holiday Season?«, Export-Import Bank of the United States, 25. Jan. 2018, https://grow.exim.gov/blog/how-is-our-economy-impacted-by-the-holiday-season; Larry Light, »Why Holiday Shopping Is So Important for the U.S. Economy«, *CBS News*, 28. Nov. 2016, https://www.cbsnews.com/news/why-holiday-shopping-is-so-important-for-the-economy/; »Consumers Will Spend 4.1 Percent More Than Last Year During Winter Holidays«, *National Retail Federation*, 24. Okt. 2018, https://nrf.com/media-center/press-releases/consumers-will-spend-41-percent-more-last-year-during-winter-holidays; Rod Sides, Bryan Furman, Rama Krishna V. Sangadin u. Susan K. Hogan, »2018 Deloitte Holiday Retail Survey: Shopping Cheer Resounds This Year«, *Deloitte Insights*, 23. Okt. 2018, https://www2.deloitte.com/insights/us/en/authors/h/susan-k-hogan.html.

2 Tom Hancock, »China's Lunar New Year Spending Growth Slowest Since 2005«, *Financial Times*, 11. Feb. 2019.

3 Der Zeitraum des Ramadans ändert sich jährlich. 2019 fiel er auf Mai/Juni, 2020 auf April/Mai. »The Ramadan Effect: How Islam's Holy Month Impacts Business«, *Harding Loevner*, April 2018, https://www.hardingloevner.com/fundamental-thinking/ramadan-effect-how-islams-holy-month-impacts-businesses/; »Big Indian Festivals and Their Effects on the Indian Economy«, Economics Club: IMI New Delhi, 1. Okt. 2017; Eileen Fischer u. Stephen J. Arnold, »More Than a Labor of Love: Gender Roles and Christmas Gift Shopping«, *Journal of Consumer Research* 17, Nr. 3 (Dez. 1990), S. 333–345; Michael Solomon, Gary Bamossy, Søren Askegaard u. Margaret Hogg, *Consumer Behavior: A European Perspective*. London 2005.

4 Michael J. Silverstein u. Kate Sayre, »The Female Economy«, *Harvard Business Review*, Sept. 2009.

5 Mary Douglas u. Baron Isherwood, *The World of Goods*. New York 1982.

6 Ebd., S. 4.

7 Silverstein u. Sayre, »The Female Economy«.

8 Linda Scott, Mary Johnstone-Louis u. Catherine Dolan, »Pampers and UNICEF, Part 1: The Marketing Campaign«, Saïd Business School Teaching Notes, Univer-

sity of Oxford, Okt. 2011, https://www.doublexeconomy.com/wp-content/uploads/2011/05/Pampers-Unicef-Case-Teaching-Note-Part-1.pdf; Linda Scott, Mary Johnston-Louis u. Catherine Dolan, »Pampers and UNICEF, Part 2: Delivering the Vaccine«, Saïd Business School Teaching Notes, University of Oxford, Okt. 2011, https://www.doublexeconomy.com/wp-content/uploads/2011/05/Pampers-Unicef-Case-Part-2.pdf.

9 Dayna Evans, »The Only Way to Know If Striking Works Is to Do It«, New York, 7. März 2017; Mary Emily O'Hara, »Women's Strike: ›A Day Without a Woman‹ Events Take Place Worldwide«, *NBC News*, 8. März 2017; Glosswitch, »What Would Happen If the World's Women Went on Strike?«, *New Statesman America*, 9. Feb. 2017.

KAPITEL 11

1 Kessler Psychological Distress Scale, https://www.tac.vic.gov.au/files-to-move/media/upload/k10_english.pdf.

2 L. I. Pearlin u. C. Schooler, »The Structure of Coping«, *Journal of Health and Social Behavior* (1978), S. 2–21, https://www.hsph.harvard.edu/health-happiness/pearlin-mastery-scale/.

3 E. Yoon, K. Adams, I. Hogge, J. P. Bruner, S. Surya u. F. B. Bryant, »Development and Validation of the Patriarchal Beliefs Scale«, *Journal of Counseling Psychology* 62, Nr. 2 (2015), S. 264–279.

4 Das Projekt hieß Moldova Second Competitiveness Enhancement Project (CEP-II).

5 Pierella Paci, *Gender in Transition*. Washington, DC 2002, http://documents.worldbank.org/curated/en/892681468751807453/pdf/multi0page.pdf; Andrei Kutuzov u. Brenda R. Haskins, *Moldova Country Brief: Property and Land Markets*. Madison, WI 2003, https://www.nelson.wisc.edu/ltc/docs/moldovabrief.pdf.

6 Majority Report of the U. S. Senate Committee on Small Business and Entrepreneurship, »21st Century Barriers to Women's Entrepreneurship«, 23. Juli 2014, https://www.sbc.senate.gov/public/cache/files/3/f/3f954386-f16b-48d2-86ad698a75e33cc4/F74C2CA266014842F8A3D86C3AB619BA.21st-century-barriers-to-women-s-entrepreneurship-revised-ed.-v.1.pdf.

7 Verschiedene Quellen im Internet behaupten, Frauen beschäftigten in den USA neun Millionen Menschen. Diese Zahl kann nicht stimmen, weil es zwölf Millionen Firmen in Frauenhand gibt. Hätten diese nur neun Millionen Beschäftigte, hätte ein substanzieller Teil der Unternehmen eine negative Zahl von Mitarbeiterinnen und Mitarbeitern. Ich hielt mich also an die Quellen, die aus den Umsätzen eine Standardzahl von Beschäftigten berechnen. Letztlich entschied ich mich für 23 Millionen. Die Zahl stammt vom National Women's Business

Council, der offiziellen US-Behörde für Unternehmerinnen. https://www.nwbc.gov/2009/10/27/the-economic-impact-of-women-owned-businesses-in-the-united-states/.

8 Linda Scott u. Elizabeth Paris, »Women Entrepreneurs and Effective Banking in Emerging Markets: BLC Bank Lebanon Proves a Strategy for Financial Inclusion«, Saïd Business School Series, University of Oxford, 2019.

9 MSME Finance Gap: *Assessment of the Shortfalls and Opportunities in Financing Micro, Small and Medium Enterprises in Emerging Markets*. Washington, DC 2017, http://documents.worldbank.org/curated/en/653831510568517947/MSME-finance-gap-assessment-of-the-shortfalls-and-opportunities-in-financing-micro-small-and-medium-enterprises-in-emerging-markets.

10 International Finance Corporation, MSME Finance Gap 2019. Washington, DC 2019; World Bank, Women, Business and the Law 2014. Washington, DC 2014.

11 Linda Scott u. Jiafei Jin, *Finance After Hours*. Saïd Business School Series, University of Oxford, 2014.

12 Die Bank gab es zwar wirklich, für die Veröffentlichung erhielt sie aber einen fiktiven Namen.

13 Claire Suddath, »New Numbers Show the Gender Pay Gap Is Real«, *Bloomberg Businessweek*, 29. März 2018.

14 Maureen Sherry, »The Brutal Truth About Being a Woman on Wall Street«, *Fortune*, 6. August 2016.

15 Sam Polk, »How Wall Street Bro Talk Keeps Women Down«, *The New York Times*, 7. Juli 2016.

16 Ebd.

17 Im Folgenden ein Auszug aus der Literatur. Mehrere dieser Artikel enthalten auch ausführliche Übersichten. Jean-Claude Dreher, Simon Dunne, Agnieszka Pazderska, Thomas Frodl, John J. Nolan u. John P. O'Doherty, »Testosterone Causes Both Prosocial and Anti-Social Status-Enhancing Behaviors in Human Males«, *Proceedings of the National Academy of Science* 113, Nr. 41 (2016), S. 11633–11638; Gary D. Sherman, Jennifer S. Lerner, Robert A. Josephs, Jonathan Renshon u. James J. Gross, »The Interaction of Testosterone and Cortisol Is Associated with Attained Status in Male Executives«, *Journal of Personality and Social Psychology* 110, Nr. 6 (2016), S. 921–929; Ed Leefelt, »This Is a Man's Brain on Testosterone«, *CBS News*, 4. Mai 2017, https://www.cbsnews.com/news/this-is-a-mans-brain-on-testosterone/; »Testosterone Makes Men Less Likely to Question Their Impulses: Sex Hormone Connected with Greater Reliance on Gut Instincts and Less Self Reflection«, *Science Daily*, 28. Apr. 2017, https://www.sciencedaily.com/releases/2017/04/170428154556.htm; Gideon Nave, Amos Nadler, David Zava u. Colin Cramer, »Single Dose Testosterone Administration Impairs Cognitive Reflection in Men«, *Psychological Science*, 3. Aug. 2017, https://journals.sagepub.com/doi/abs/10.1177/0956797617709592.

18 Eine Übersicht bietet Meredith A. Jones, *Women of the Street*. New York 2015, S. 7–22.

19 Melissa S. Fisher, *Wall Street Women*. Durham, NC 2011.

20 Andrea Turner Moffitt, *Harness the Power of the Purse: Winning Women Investors*. Los Angeles 2015.

21 Sylvia Ann Hewlett u. Andrea Turner Moffitt mit Melinda Marshall, *Harnessing the Power of the Purse: Female Investors and Global Opportunities for Growth*. New York: Center for Talent Innovation 2014, http://www.talentinnovation.org/publication.cfm?publication=1440.

KAPITEL 12

1 Dame Stephanie Shirley, *Let It Go*. London 2013.

2 Louise Tickle, »We Were Part of a Crusade to Get Women into Business«, *The Guardian*, 8. März 2017; Melissa Pandika, »How Dame Shirley Jumped over the Gender Gap in Tech in the 1960 s«, *NPR*, 12. Juni 2014.

3 Jenna Burch, »Why One Woman Went by the Name Steve«, *Self*, 9. Apr. 2015.

4 Linda Scott, *Fresh Lipstick: Redressing Fashion and Feminism*. New York 2004.

5 Ja, diese Statistik ist korrekt. Ich habe sie überprüft. Sie mag überraschend scheinen, aber Avon ist auch in einigen großen, nicht christlichen Ländern wie China und Indien vertreten. Die meisten Haushalte haben zudem nur eine Bibel, während der Avon-Katalog alle acht Wochen erscheint.

6 Mohamed Seedat, »Violence and Injuries in South Africa«, *The Lancet* 374, Nr. 9694 (19. Sept. 2009), S. 1011–1022.

7 Linda Scott, Catherine Dolan, Mary Johnstone-Louis, Maryalice Wu u. Kim Sugden, »Enterprise and Inequality«, *Entrepreneurship, Theory and Practice* 36, Nr. 3 (1. Mai 2012), S. 543–568.

8 Catherine Dolan u. Linda Scott, »Lipstick Evangelism: Avon Trading Circles and Gender Empowerment in South Africa«, *Gender and Development* 17, Nr. 2 (15. Juli 2009), S. 203–218.

9 Das Projekt hieß Moldova Second Competitiveness Enhancement Project (CEP-II). Tarik Sahovic, Noa Catalina Gimelli u. Galina Cicanci, *Supporting Women's Enterprise in Moldova*. Washington, DC 2018, http://documents.worldbank.org/curated/en/411391516856355553/Supporting-women-s-entrepreneurship-in-Moldova-review-assessment-and-recommendations.

10 Dana Kanze, Laura Huang, Mark A. Conley u. E. Tory Higgins, »Male and Female Entrepreneurs Get Asked Different Questions by VCs—and It Affects How Much Funding They Get«, *Harvard Business Review*, 27. Juni 2017; Dana Kanze, Laura Huang, Mark A. Conley u. E. Tory Higgins, »We Ask Men to Win and Women Not to Lose: Closing the Gender Gap in Startup Funding«, *Academy of Management*

Journal 61, Nr. 2 (2018), https://journals.aom.org/doi/abs/10.5465/amj.2016.1215. Siehe auch Alexandra Gibbs, »Supporting Female Entrepreneurs Could Add $ 326 Billion to the UK Economy, Review Finds«, *CNBC*, 8. März 2019.

11 Saheel Raina, »The Gender Gap in Startup Success Disappears When Women Fund Women«, *Harvard Business Review*, 19. Juli 2016.

12 Lucy Kellaway, »Justine Roberts of Mumsnet«, *Financial Times*, 9. Dez. 2013.

13 Natalie Robehmed, »Next Billion-Dollar Startup: Entrepreneurs Create $ 750M Bra Business by Exposing Victoria's Weakness«, *Forbes*, 18. Okt. 2018, https://www.forbes.com/sites/natalierobehmed/2018/10/18/next-billion-dollar-startup-entrepreneurs-create-750m-bra-business-by-exposing-victorias-weakness/.

14 Ebd.

15 Sally Herships, »Why Female Entrepreneurs Get Less Funding Than Men«, *Marketplace*, 25. Okt. 2017.

16 Ebd.

17 Eleanor Steifel, »I Was Told I Didn't Look the Part: The Funding Gap Preventing Millions of Women from Starting Their Own Businesses«, *The Telegraph*, 8. März 2018.

18 Jenny Tooth, »The Barriers and Opportunities for Women Angel Investing in Europe«, UK Business Angels Association, https://www.beangels.eu/wp-content/uploads/2018/03/WA4E-UKBAA-Women-Angels-Report-February-2018-WEB-003.pdf.

KAPITEL 13

1 Sue Harris Rimmer, *Gender-Smart Procurement: Policies for Driving Change*. London 2017, https://www.chathamhouse.org/publication/gender-smart-procurement-policies-driving-change.

2 Linda Scott, *Private Sector Engagement with Women's Economic Empowerment: Lessons Learned from Years of Practice*. Saïd Business School Series, University of Oxford, 2017, https://www.doublexeconomy.com/wp-content/uploads/2018/10/RES-0054-GBCWEE-Report-171117-BOOKLET.pdf.

3 Vgl. z. B.: Linda Scott, Catherine Dolan u. Laurel Steinfield, *Women's Empowerment Through Access to Markets: Maasai Women Development Organization (MWEDO), Arusha, Tanzania*. Saïd Business School Series, University of Oxford, 2015, https://www.doublexeconomy.com/wp-content/uploads/2019/02/mwedo-casestudy-final-may2015.pdf; Linda Scott, Laurel Steinfield u. Catherine Dolan, *Women's Empowerment Through Access to Markets: Katchy Kollections, Nairobi, Kenya*. Saïd Business School Series, University of Oxford, 2015, https://www.doublexeconomy.com/wp-content/uploads/2019/02/katchy-kollections-casestudy-final-may2015.pdf.

4 Angélica Fuentes, »The Link Between Corruption and Gender Inequality: A Heavy Burden for Development and Democracy«, Wilson Center blog, 2. Juli 2018, https://www.wilsoncenter.org/publication/the-link-between-corruption-and-gender-inequality-heavy-burden-for-development-and; Naomi Hossain, Celestine Nyamu Musembi u. Jessica Hughes, *Corruption, Accountability and Gender: Understanding the Connections*. New York: United Nations Development Program and United Nations Development Fund for Women, 2010, https://www.undp.org/content/dam/aplaws/publication/en/publications/womens-empowerment/corruption-accountability-and-gender-understanding-the-connection/Corruption-accountability-and-gender.pdf; Sangeetha Purushothaman, Tara Tobin, Shruthi Vissa, Priya Pillai, Sarah Silliman u. Carolina Pinheiro, *Seeing Beyond the State: Grassroots Women's Perspectives on Corruption and Anti-Corruption*. New York: United Nations Development Programme, 2012, https://www.undp.org/content/dam/undp/library/Democratic%20Governance/Anti-corruption/Grassroots%20 women%20and%20anti-corruption.pdf.

5 »Appendix II, Chapter N bis–Trade and Gender«, Canada-Chile Free Trade Agreement, 2017, https://www.international.gc.ca/trade-commerce/trade-agreements-accords-commerciaux/agr-acc/chile-chili/index.aspx?lang=eng#a5.

6 *Reshaping Trade Through Women's Economic Empowerment: Special Report*. Genf 2018, https://www.cigionline.org/reshaping-trade-through-womens-economic-empowerment.

7 Charta der Vereinten Nationen, Kapitel IX, »Internationale Zusammenarbeit auf wirtschaftlichem und sozialem Gebiet«, Artikel 55, 1945, https://unric.org/de/charta/.

8 »119 Nations Back Move to Remove Barriers Limiting Women's Participation in Trade«, *The Hindu*, 13. Dez. 2017, https://www.thehindu.com/business/Economy/119-nations-back-move-to-remove-barriers-limiting-womens-participation-in-trade/article21581261.ece/.

9 Asia Pacific Forum on Women, Law, and Development, »Women's Rights Groups Call on Governments to Reject the WTO Declaration on ›Women's Economic Empowerment‹«, Pressemitteilung, 12. Dez. 2017, https://apwld.org/press-release-164-womens-rights-groups-call-on-governments-to-reject-the-wto-declaration-on-womens-economic-empowerment/.

AUSWAHL-BIBLIOGRAFIE

Für dieses Buch wurden über 1000 Quellen verwendet. Sie alle in einen Text dieses Umfangs aufzunehmen war nicht angezeigt. Die Quellen werden in den jeweiligen Anmerkungen zitiert. Diese kurze Bibliografie soll einen Eindruck davon vermitteln, welche Werke meine Überlegungen besonders beeinflusst haben.

Agarwal, Bina: *A Field of One's Own: Gender and Land Rights in South Asia*. Cambridge 1995.

Bales, Kevin: *Die neue Sklaverei*. Übers. v. Inge Leipold. München 2001.

Blau, Francine D. u. Lawrence M. Khan: »Changes in the Labor Supply Behavior of Married Women 1980–2000«. Cambridge, MA: National Bureau of Economic Research, 2005.

—: »Female Labor Supply: Why Is the U.S. Falling Behind?«. *Discussion Paper Series*. Bonn: Forschungsinstitut zur Zukunft der Arbeit (IZA), 2013.

—: »Gender Differences in Pay«. *NBER Working Paper Series*, Nr. 7732. Cambridge, MA: National Bureau of Economic Research, 2000.

Boserup, Ester: *Woman's Role in Economic Development*. London 1970.

Coontz, Stephanie: *In schlechten wie in guten Tagen. Die Ehe – eine Liebesgeschichte*. Übers. v. Wolfdietrich Müller. Bergisch Gladbach 2006.

Drakeman, Cynthia. *Leave No One Behind: Taking Action for Transformational Change on Women's Economic Empowerment*. UN Secretary General's High Level Panel on Women's Economic Empowerment, 2017.

Eller, Cynthia: *The Myth of Matriarchal Prehistory*. Boston 2000.

Ferber, Marianne A. u. Julie A. Nelson: *Beyond Economic Man: Feminist Theory and Economics*. Chicago 1993.

Fernandez, Raquel: »Culture as Learning: The Evolution of Female Labor Force Participation Over a Century«. Cambridge, MA: National Bureau of Economic Research, 2007.

Folbre, Nancy: *Greed, Lust, and Gender: A History of Economic Ideas*. Oxford 2009.

Food and Agriculture Organization. *The State of Food and Agriculture: Women in Agri-*

culture, Closing the Gender Gap for Development. Rom: Food and Agriculture Organization, Economic and Social Department, 2010.

Gibbons, Ann: *The First Human: The Race to Discover Our Earliest Ancestors.* New York 2007.

Goldin, Claudia: »Life-Cycle Labor-Force Participation of Married Women: Historical Evidence and Implications«. *NBER Working Paper Series,* Nr. 1251. Cambridge, MA: National Bureau of Economic Research, 1983.

—: »Marriage Bars: Discrimination Against Married Women Workers, 1920's to 1950's«. *NBER Working Paper Series,* Nr. 2747. Cambridge, MA: National Bureau of Economic Research, 1988.

—: »The Quiet Revolution That Transformed Women's Employment, Education, and Family«. *AEA Papers and Proceedings* 96, Nr. 2 (Mai 2006).

—: »The U-Shaped Female Labor Force in Economic Development and Economic History«. *NBER Working Paper Series,* Nr. 4707. Cambridge, MA: National Bureau of Economic Research, 1994.

Hays-Gilpin, Kelley u. David S. Whitley: *Reader in Gender Archaeology.* London 1998.

Hrdy, Sarah: *Mother Nature: Maternal Instincts and How They Shape the Human Species.* New York 2000.

Hudson, Valerie, Bonnie Ballif-Spanvill, Mary Caprioli u. Chad Emmett: *Sex and World Peace.* New York 2014.

Inglehart, Ronald u. Pippa Norris: *Rising Tide: Gender Equality and Cultural Change Around the World.* Cambridge 2003.

Jaggar, Alison: *Feminist Politics and Human Nature.* Maryland 1988.

Joyce, Rosemary A.: *Ancient Bodies, Ancient Lives: Sex, Gender, and Archaeology.* New York 2008.

Kristoff, Nicholas D. u. Sheryl WuDunn: *Half the Sky: Turning Oppression into Opportunity for Women Worldwide.* New York 2010.

Lechman, Ewa u. Harleen Kaur. »Economic Growth and Female Labor Force Participation-Verifying the U-Feminization Hypothesis; New Evidence for 162 Countries over the Period 1990–2012«. *Economics and Sociology* 8, Nr. 1 (2015), S. 246–257.

Lerner, Gerda: *Die Entstehung des Patriarchats.* Übers. v. Walmot Müller-Falkenberg. München 1995.

Mauss, Marcel: *Die Gabe: Form und Funktion in archaischen Gesellschaften.* Übers. v. Eva Moldenhauer. Frankfurt a. M. 1990.

Nussbaum, Martha: *Sex and Social Justice.* Oxford 2000.

Phillips, Roderick: *Untying the Knot: A Short History of Divorce.* Cambridge, UK 1991.

Potts, Malcolm u. Thomas Hayden: *Sex and War: How Biology Explains Warfare and Terrorism and Offers a Path to a Safer World.* Dallas 2008.

Prahalad, C. K: *The Fortune at the Bottom of the Pyramid: Eradicating Poverty Through Profits.* Upper Saddle River, NJ 2004.

Sachs, Jeffrey: *Das Ende der Armut.* München 2005.

Sapolsky, Robert M: *Mein Leben als Pavian. Erinnerungen eines Primaten.* Übers. v. Ulrich Enderwitz. München 2001.
—: *Gewalt und Mitgefühl. Die Biologie des menschlichen Verhaltens.* Übers. v. Hainer Kober. München 2017.
—: *The Trouble with Testosterone and Other Essays on the Biology of the Human Predicament.* New York 1997.
Seifried, Charlene Haddock: *Pragmatism and Feminism: Reweaving the Social Fabric.* Chicago 1996.
Sorrentino, Constance: »International Comparisons of Labor Force Participation, 1960–1981«. *Monthly Labor Review* 106, Nr. 2 (Feb. 1983), S. 23–36.
Tyson, Laura u. Jeni Krugman: *Leave No One Behind: A Call to Action for Gender Equality and Women's Economic Empowerment.* United Nations Secretary-General's High Level Panel on Women's Economic Empowerment, 2016.
United Nations Children's Fund: *State of the World's Children: Women and Children, the Double Dividend of Gender Equality.* UNICEF, Genf 2007.
United Nations Foundation: »A Roadmap for Promoting Women's Economic Empowerment«. United Nations Foundation, ExxonMobil Foundation, 2013.
World Bank: *Women, Business and the Law Report, 2012–2018.* Washington, DC 2014.
World Economic Forum: *The Global Gender Gap Report.* Genf 2006–2018.
Wrangham, Richard: *Die Zähmung des Menschen. Warum Gewalt uns friedlicher gemacht hat. Eine neue Geschichte der Menschwerdung.* München 2019.
Yunus, Muhammad: *Die Armut besiegen.* München 2008.

REGISTER